Betriebs-Berater Schriftenreihe

D1668810

Anwalts- und Steuerberaterhaftung

von

Professor Dr. Markus Gehrlein

Richter am Bundesgerichtshof, Karlsruhe
Honorarprofessor der Universität Mannheim

5., neu bearbeitete und erweiterte Auflage 2019

Fachmedien Recht und Wirtschaft | dfv Mediengruppe | Frankfurt am Main

Bibliografische Information der Deutschen Nationalbibliothek

Die Deutsche Nationalbibliothek verzeichnet diese Publikation in der Deutschen Nationalbibliografie; detaillierte bibliografische Daten sind im Internet über http://dnb.de abrufbar.

ISBN 978-3-8005-1705-3

© 2019 Deutscher Fachverlag GmbH, Fachmedien Recht und Wirtschaft, Frankfurt am Main

www.ruw.de

Satzkonvertierung: Lichtsatz Michael Glaese GmbH, 69502 Hemsbach

Druck und Verarbeitung: WIRmachenDRUCK GmbH, 71522 Backnang

Printed in Germany

Vorwort

Gegenstand des vorliegenden Praxisbuches bildet die Anwalts- und Steuerberaterhaftung. Im Blick auf Zweck und Ziel der Erläuterungen darf auf das Vorwort der Vorauflagen verwiesen werden. Seit der vierten im Jahre 2016 erschienen Auflage ist das Werk in allen Bereichen kritisch durchgesehen und überarbeitet worden. Dabei werden bekannte Probleme, etwa zur Einbeziehung Dritter in den Beratungsvertrag oder zum Zurechnungszusammenhang, anhand der neuesten richterlichen Erkenntnisse dargestellt. Daneben werden selbstverständlich neue Entwicklungen, etwa zur konsolidierten Schadensberechnung, den Beratungspflichten im Zusammenhang mit der Erstellung von Bilanzen wie auch zur Verjährung nach neuem Recht, vertieft behandelt. Die maßgebliche höchstrichterliche Rechtsprechung wurde bis Juni des Jahres 2019 einbezogen.

Landau, Juli 2019   Markus Gehrlein

Vorwort zur 1. Auflage

Die Anwalts- und Steuerberaterhaftung bildet eine unwegsame, beinahe sperrige Rechtsmaterie, mit der Berater – und sei es auch nur als Klagevertreter – ungern in Berührung kommen. Wer aber – sei es als Klägervertreter oder Beklagter – mit einem Regressverfahren zu tun hat, wird rasch erkennen, dass er die ihm obliegenden Interessen nur sachgerecht wahrnehmen kann, wenn er mit den Grundlagen der Berufshaftung der Rechtsberater vertraut ist. Den insoweit erforderlichen Wissensstand will das vorliegende Buch vermitteln.

Die Anwalts- und Steuerberaterhaftung ist mangels einschlägiger spezieller Gesetzesgrundlagen in besonderem Maße richterrechtlich geprägt. Da sich lediglich die Beratungspflichten, aber nicht die weiteren Haftungsgrundlagen unterscheiden, kann die Anwalts- und Steuerberaterhaftung einheitlich dargestellt werden. Durch eine einfach nachvollziehbare Anleitung soll gerade auch dem Steuerberater der Einstieg in die ihm fremden zivilrechtlichen Grundlagen seiner Berufshaftung erleichtert werden.

Der Beratungsvertrag, sein Zustandekommen einschließlich der Einbeziehung Dritter in seinen Schutzbereich, bildet nebst etwaigen Ansprüchen aus cic den Ausgangspunkt der Darstellung. Breiten Raum nehmen selbstverständlich die aus dem Beratungsvertrag fließenden umfassenden Beratungspflichten des Rechtsanwalts und des Steuerberaters ein. Ihrer hohen praktischen Bedeutung gemäß werden die vielfältigen Probleme des Zurechnungszusammenhangs eingehend erörtert. Gleiches gilt für die Verjährung, zumal hier zwischen dem früheren und dem – die Rechtsprechung bislang kaum tangierenden – Rechtszustand seit Dezember 2004 zu unterscheiden ist. Schließlich wird der Umfang der Schadenser-satzpflicht behandelt. Ferner wird die Haftung der Sozietät und der ihr angehörenden Berufsträger in den Blick genommen. Abrundend widmet sich der Leitfaden bestimmten gebührenrechtlichen Fragestellungen; dabei wird die neue Grundsatzentscheidung des BGH zur Vereinbarung von Stundensätzen für Beratungsleistungen berücksichtigt.

Landau, März 2010   Markus Gehrlein

Inhaltsverzeichnis

A.
Beratungsvertrag

B.
Belehrungspflichten des Anwalts

C.
Belehrungspflichten des Steuerberaters

D.
Ursachenzusammenhang von
Pflichtverletzung und Schaden

E.
Schaden

Inhaltsverzeichnis

F.
Haftung der Sozietät und der Sozien

G.
Verjährung

H.
Prozessuale Durchsetzung

I.
Allgemeine Honorarfragen

A.
Beratungsvertrag

I. Rechtsnatur des Vertrages: Dienstvertrag

1. Vertragsart für Rechtsfolgen einer Pflichtverletzung ausschlaggebend

Im Unterschied zum Dienstverpflichteten schuldet beim Werkvertrag der Unterneh- **1** mer einen bestimmten Erfolg (§ 631 BGB). Er hat deswegen nach Maßgabe der §§ 633 ff. BGB auch für die Mangelfreiheit seines Werks einzustehen, ohne dass es – mit Ausnahme der in § 636 BGB a. F. geregelten Verpflichtung zur Leistung von Schadensersatz – darauf ankommt, ob er die Schlechtleistung zu vertreten hat. Demgegenüber enthalten die Vorschriften über den Dienstvertrag (§§ 611 ff. BGB) – abgesehen von einem nach Lage des Einzelfalls gegebenen Recht des Dienstherrn zur außerordentlichen Kündigung gem. § 626 BGB – keine Bestimmungen über die Rechtsfolgen mangelhafter Leistungen des Dienstverpflichteten. Diese Lücke ist dadurch zu schließen, dass der Dienstverpflichtete, soweit nicht Haftungsbeschränkungen eingreifen, bei Vertretenmüssen Schadensersatz nach den Grundsätzen über die **positive Vertragsverletzung** schuldet. Eine Minderung der vereinbarten Vergütung wie im Fall des § 634 BGB ist hingegen beim Dienstvertrag ausgeschlossen.[1]

2. Rechtsanwaltsvertrag

Beim Dienstvertrag wird eine Tätigkeit als solche geschuldet, beim Werkvertrag da- **2** gegen der Erfolg. Demgemäß trägt bei Letzterem der Unternehmer die Gefahr und hat in der Regel einen Vergütungsanspruch nur bei Ablieferung des Arbeitsergebnisses, während beim Dienstvertrag bereits das Tätigwerden den Leistungsinhalt darstellt.[2] Das Vertragsverhältnis zwischen einem **Rechtsanwalt und seinem „Auftraggeber"** stellt regelmäßig einen Dienstvertrag dar, der eine Geschäftsbesorgung zum Gegenstand hat (§§ 611, 675 BGB). Dies gilt für die typischen Anwaltsverträge, welche die Beratung des Mandanten oder dessen Rechtsbeistand zum Gegenstand haben. Nur ausnahmsweise kann der Anwaltsvertrag als Werkvertrag einzuordnen sein, wenn nämlich ein durch anwaltliche Arbeit herbeizuführender Erfolg den Gegenstand der Verpflichtung des Rechtsanwalts bildet. Dies ist gewöhnlich dann der Fall, wenn der Anwalt es übernimmt, Rechtsauskunft über eine konkrete Frage zu erteilen oder ein schriftliches Rechtsgutachten anzufertigen. Der Anwalt schuldet – auch soweit er sich verpflichtet, Vertragsentwürfe zu fertigen – nicht einen objektivierbaren Erfolg, sondern nur eine sach- und interessengerechte Bearbeitung. Er schuldet – neben den Vertragsentwürfen – darüber hinaus und in erster Linie die Beratung der Mandanten in den Angelegenheiten der geplanten Verträge,

---

1 BGH, Urt. v. 7.3.2002 – III ZR 12/01, WM 2002, 2248 f. = NJW 2002, 1571, 1572.
2 BGH, Urt. v. 8.12.1966 – VII ZR 114/64, NJW 1967, 719, 720.

A. Beratungsvertrag

die etwa Grundstücksübertragungen im Wege der vorweggenommenen Erbfolge betreffen. Damit stellt die Dienstleistung in Form der Beratung das prägende Hauptmerkmal des Anwaltsvertrages dar.[3] Ausnahmsweise kann es sich um einen Werkvertrag handeln, wenn nicht anwaltlicher Beistand, sondern vielmehr ein durch anwaltliche Arbeit herbeizuführender Erfolg den Gegenstand der Verpflichtung des Rechtsanwalts bildet. Dies ist gewöhnlich dann der Fall, wenn der Anwalt es übernimmt, Rechtsauskunft über eine konkrete Frage zu erteilen oder ein schriftliches **Rechtsgutachten** anzufertigen.[4]

3. Steuerberatervertrag

3   Ein Vertrag, durch den einem steuerlichen Berater, wie hier, allgemein die Wahrnehmung aller steuerlichen Interessen des Auftraggebers übertragen wird, ist regelmäßig ein Dienstvertrag, der eine Geschäftsbesorgung zum Gegenstand hat. Lediglich bei **Einzelaufträgen**, die auf eine einmalige, in sich abgeschlossene Leistung gerichtet sind, wird der Steuerberater das Risiko im Allgemeinen hinreichend abschätzen können, um für einen bestimmten Erfolg seiner Tätigkeit als Werkleistung im Sinne von § 631 BGB einzustehen. Im Übrigen ist der Umstand, dass der steuerliche Berater bei ordnungsmäßiger Verrichtung der von ihm geschuldeten Dienste des Öfteren auch greifbare Ergebnisse zustande zu bringen hat, entgegen einer teilweise vertretenen Ansicht mit der Annahme eines Dienstvertrags allgemein vereinbar.[5] Ein Werkvertrag mit Geschäftsbesorgungscharakter ist ausnahmsweise bei **Einzelaufträgen** anzunehmen, die auf eine einmalige, in sich abgeschlossene Leistung gerichtet sind, etwa die Anfertigung bestimmter Bilanzen, ein Gutachten oder die eine Rechtsauskunft zum Gegenstand haben; denn in derartigen Fällen wird der Steuerberater das Risiko im Allgemeinen hinreichend abschätzen können, um für einen bestimmten Erfolg seiner Tätigkeit als Werkleistung im Sinne von § 631 BGB einzustehen.[6] Bei dem Steuerberatervertrag kann es sich um eine werkvertragliche Verpflichtung mit Geschäftsbesorgungscharakter handeln, die nicht auf eine dauernde Beratung der GmbH gerichtet ist, sondern die eingeschränkte Aufgabe enthält, einen Weg aufzuzeigen, auf dem der Gewinn einer GmbH auf einen Dritten übertragen werden kann, ohne damit die steuerlichen Folgen einer Gewinnausschüttung an den Gesellschafter auszulösen. Dieser Auftrag ist auf die Entwicklung eines entsprechenden Konzeptes beschränkt.[7]

4. Gegenstand des Vertrages: Rechtliche Beratung

4   Ob im Einzelfall ein Anwaltsvertrag vorliegt mit der Verpflichtung, dem Auftraggeber rechtlichen Beistand zu leisten, hängt vom Inhalt der Aufgabe ab, die dem Rechtsanwalt übertragen und von diesem durchgeführt wurde. Die Rechtsberatung und -vertretung muss nicht der Schwerpunkt der anwaltlichen Tätigkeit sein. Ein An-

---

3 BGH, Urt. v. 7.3.2019 – IX ZR 221/18 Rn. 7.
4 BGH, Urt. v. 20.10.1964 – VI ZR 101/63, NJW 1965, 106.
5 BGH, Urt. v. 17.10.1991 – IX ZR 255/90, BGHZ 115, 382, 386 = WM 1992, 62 = NJW 1992, 307.
6 BGH, Urt. v. 11.5.2006 – IX ZR 63/05, WM 2006, 1411 Rn. 4 = NJW-RR 2006, 1490.
7 BGH, Urt. v. 7.12.2017 – IX ZR 25/17, ZInsO 2018, 518 Rn. 19.

waltsvertrag kann auch **anwaltsfremde Maßnahmen** umfassen, falls diese in einem engen inneren Zusammenhang mit der **rechtlichen Beistandspflicht** stehen und auch Rechtsfragen aufwerfen können. Etwas anderes gilt nur dann, wenn die Rechtsberatung und -vertretung völlig in den Hintergrund tritt und deswegen als unwesentlich erscheint. Lässt die Gesamtwürdigung aller Umstände des Einzelfalls nicht die Feststellung zu, ob ein Anwaltsvertrag vorliegt oder nicht, so ist im **Zweifel** anzunehmen, dass derjenige, der die Dienste eines Rechtsanwalts in Anspruch nimmt, ihn auch in dieser Eigenschaft beauftragen will, weil er erwartet, dass der Rechtsanwalt bei seiner Tätigkeit auch die rechtlichen Interessen des Auftraggebers wahrnehmen werde. Darum kann der Anwalt, der als Unternehmensberater zu einem Tageshonorar im Rahmen der innerbetrieblichen Weiterbildung tätig war, für die Mitwirkung an einem Unternehmenskauf eine Vergütung nach anwaltlichen Gebührensätzen beanspruchen.[8] In diesen Fällen kann der Anwalt bei der Mitwirkung an einem Unternehmensverkauf folglich nicht ohne Weiteres ein **Erfolgshonorar** verlangen.[9] Ist der Inhalt der dem Anwalt übertragenen Aufgabe in nicht unwesentlichem Umfang rechtsberatender Natur, stellt sich der zwischen ihm und seinem Auftraggeber geschlossene Vertrag – unabhängig von den Vorstellungen, die sich die Parteien über dessen Rechtsnatur machen – in seiner Gesamtheit als Anwalts-Dienstvertrag (§§ 611, 675 BGB) dar, der die Maklertätigkeit mitumfasst. Etwas anderes gilt lediglich dann, wenn die rechtsberatende Tätigkeit völlig in den **Hintergrund** tritt und keine in Betracht kommende Rolle spielt. Besteht die dem Rechtsanwalt übertragene Aufgabe in der **Vermittlung eines Kauf- oder Darlehensgeschäftes**, so ist im Zweifel, sofern nicht eindeutige und zwingende Gründe entgegenstehen, davon auszugehen, dass die Partei, die anstelle eines Maklers einen Rechtsanwalt beauftragt hat, ihn in eben dieser Eigenschaft zuzieht, also von ihm erwartet, dass er bei seinem Tätigwerden insbesondere ihre rechtlichen Interessen betreut.[10] Ein Rechtsbesorgungs- und kein Maklervertrag liegt vor, wenn der Anwalt einen Erwerber zu dem Zweck nachweist, Vermögen des Auftraggebers dem Vollstreckungszugriff seiner Gläubiger zu entziehen.[11] Hat der Rechtsanwalt im Rahmen der erbrachten Maklerleistungen seinem Auftraggeber keinen rechtlichen Rat zu erteilen, kann er sich ein Erfolgshonorar versprechen lassen.[12] Rechtsberatung hat die treuhänderische Verwaltung von Anlagebeteiligungen zum Gegenstand. Die treuhänderische Verwaltung der Beteiligung setzt nicht nur Kenntnisse des Steuerrechts,[13] sondern auch zivilrechtliche Kenntnisse voraus.[14] Dagegen gehören ein Vertrag über Vermögensverwaltung,[15] eine kaufmännische Buchführung[16] nicht zur Berufstätigkeit eines Anwalts.

---

8 BGH, Urt. v. 2.7.1998 – IX ZR 63/97, WM 1998, 2243, 2244 = NJW 1998, 3486.
9 BGH, Urt. v. 23.10.2003 – IX ZR 270/02, NJW 2004, 1169, 1170.
10 BGH, Urt. v. 10.6.1985 – III ZR 73/84, NJW 1985, 2642.
11 BGH, Urt. v. 16.9.1971 – VII ZR 312/69, BGHZ 57, 53, 56 = NJW 1971, 2227.
12 BGH, Urt. v. 31.10.1991 – IX ZR 303/90, WM 1992, 279, 280 = NJW 1992, 681, 682.
13 BGH, Urt. v. 16.1.1986 – VII ZR 61/85, BGHZ 97, 21, 25 = WM 1986, 484 = NJW 1986, 1171.
14 BGH, Urt. v. 9.11.1992 – II ZR 141/91, BGHZ 120, 157, 159 f.= WM 1992, 2132 = NJW 1993, 199.
15 BGH, Urt. v. 22.12.1966 – VII ZR 195/64, BGHZ 46, 268, 270 f. = NJW 1967, 876.
16 BGH, Urt. v. 9.4.1970 – VII ZR 146/68, BGHZ 53, 394, 396 = NJW 1970, 1189.

A. Beratungsvertrag

5. Vertrag über Prüfung des Jahresabschlusses

5 Bei der Prüfung eines Jahresabschlusses liegt ein **Werkvertrag (§ 631 BGB)** vor.[17] Verpflichtet sich der Steuerberater zur Prüfung der Insolvenzreife eines Unternehmens, handelt es sich um einen Werkvertrag, der keine steuerliche Beratung zum Gegenstand hat. Der Tätigkeitsbereich des Steuerberaters geht über die eigentliche **steuerliche Rechtsberatung** weit hinaus. Die Hilfeleistung in Steuersachen umfasst nach § 1 Abs. 2 Nr. 2 StBerG auch „die Hilfeleistung bei der **Führung von Büchern und Aufzeichnungen** sowie bei der **Aufstellung von Abschlüssen**, die für die Besteuerung von Bedeutung sind" (vgl. auch § 33 Satz 2 StBerG). Darüber hinaus ist dem Steuerberater gemäß § 57 Abs. 3 Nr. 3 StBerG ausdrücklich „eine wirtschaftsberatende, gutachtliche oder treuhänderische Tätigkeit sowie die Erteilung von Bescheinigungen über die Beachtung steuerrechtlicher Vorschriften in Vermögensübersichten und Erfolgsrechnungen" erlaubt. Davon wird auch verbreitet Gebrauch gemacht, und zwar vor allem bei der Erstellung oder Prüfung von Vermögensübersichten und Erfolgsrechnungen. Das Berufsbild des Steuerberaters kennt danach wenigstens zwei selbstständige Formen der Berufsausübung innerhalb des Sammelbegriffs „Hilfeleistung in Steuersachen", einmal die **eigentliche Steuerberatung** in der Form **echter Rechtsberatung** auf dem Gebiet des Steuerrechts und zum anderen die **Buchführungshilfe**. Von der eigentlichen Steuerberatung als Rechtsberatung auf dem Gebiet des Steuerrechts ist also die Hilfeleistung bei der Erfüllung der Buchführungspflichten zu unterscheiden, die der Rechnungslegung zuzuordnen ist. Bereits der **Gesetzgeber** hat im Rahmen der Begründung der mit § 33 StBerG nahezu inhaltsgleichen Vorgängervorschrift des § 2 StBerG a. F. in Einklang mit dem Gesetzeswortlaut darauf verwiesen, dass lediglich die **Aufstellung von Steuerbilanzen** und deren **steuerrechtliche Beurteilung** als **Steuerberatung** zu verstehen sind. Gesetzlich vorgeschriebene Prüfungen sind gemäß § 319 Abs. 1 HGB – abhängig von der Größe des Unternehmens – Wirtschaftsprüfern und vereidigten Buchprüfern vorbehalten. Dagegen können die im Streitfall den Vertragsgegenstand bildenden freiwilligen Prüfungen grundsätzlich von „jedermann" durchgeführt werden. Demgemäß besteht der eigens nach §§ 35, 36 StGebV zu vergütende Vertrag über die Abschlussprüfung unabhängig von dem über die laufende Steuerberatertätigkeit. Vor diesem Hintergrund scheidet bei Ausübung dieser Tätigkeit eine steuerrechtliche Rechtsberatung aus.[18]

6. Mediationsvertrag

a) Zulässigkeit der Tätigkeit als Mediator durch Anwalt

6 Die Mediation gehört zum Berufsbild des Rechtsanwalts. Der Vertrag zwischen dem anwaltlichen Mediator und den Konfliktparteien ist regelmäßig als mehrseitiger Anwaltsdienstvertrag im Sinne von § 611 Abs. 1, § 675 Abs. 1 BGB zu verstehen. Unbedenklich ist eine anwaltliche Tätigkeit als Mediator in Ehesachen, die im Einverständnis der Ehepartner auf den Versuch einer gütlichen Einigung der Vermö-

---

17 BGH, Urt. v. 1.2.2000 – X ZR 198/97, NJW 2000, 1107.
18 BGH, Urt. v. 14.6.2012 – IX ZR 145/11, WM 2012, 1359 = DB 2012, 1559 Rn. 9 ff.

gensinteressen gerichtet ist. Scheitert die Mediation, darf allerdings der Anwalt keinen der Ehegatten weiter vertreten.[19] Übt ein Rechtsanwalt die Tätigkeit eines Mediators aus, liegt darin kein Verstoß gegen das Verbot der Wahrnehmung widerstreitender Interessen, weil der Anwalt im Auftrag beider Konfliktparteien als Vermittler handelt, deren gemeinsames Interesse an einer einvernehmlichen Konfliktlösung verfolgt und gemäß § 2 Abs. 3 Satz 1, § 3 Abs. 1 MediationsG zur unparteiischen Verhandlungsführung verpflichtet ist.[20]

b) Pflichtverletzung

Ob dem Mediator eine Pflichtverletzung vorzuwerfen ist, hängt von dem konkreten 7
Inhalt des mit ihm geschlossenen Vertrages ab. Die Tätigkeit des Anwaltsmediators kann darauf gerichtet sein, mit den Parteien eine einvernehmliche Auseinandersetzung der vermögensrechtlichen Folgen ihrer gescheiterten Ehe zu entwickeln. Zu diesem Zweck hat der Mediator sachverhaltsaufklärend tätig zu werden, um unter Einbeziehung der von den Konfliktparteien eingebrachten rechtlichen Gesichtspunkte und Fragen eine gleichgewichtige, den Interessen beider Seiten gerecht werdende einvernehmliche Konfliktlösung zu ermöglichen. Der Anwaltsmediator hat die Belehrungen und Hinweise zu erteilen, die in der konkreten Situation einem Anwalt obliegen, und für deren Richtigkeit einzustehen. Aufklärungsfehler und unterlassene Warnungen über drohende Rechtsverluste, die den Mediator in gleichem Maße gegenüber allen Beteiligten treffen, können eine Haftung begründen.[21] Ein zentraler Aspekt der vermögensrechtlichen Auseinandersetzung bildet bei einer Ehescheidung in aller Regel der Versorgungsausgleich. Der Pflicht, die Grundlage für eine einvernehmliche Regelung des Versorgungsausgleichs zu schaffen, ist der Mediator nicht nachgekommen, wenn bis zu dem Zeitpunkt, als die Eheleute vor Gericht einen bindenden, wechselseitigen Verzicht auf den Versorgungsausgleich erklärten, die maßgeblichen Werte nicht erhoben worden waren.[22] Es kann dahinstehen, ob der Mediator verpflichtet ist, den Verlauf des gerichtlichen Scheidungsverfahrens zu begleiten und zu überwachen. Jedenfalls hat der Mediator die von ihm für die Vertretung der Eheleute eingesetzten Rechtsanwälte vor Anrufung des Gerichts zutreffend und umfassend über den Stand des Einigungsversuchs und die für die Bemessung des Versorgungsausgleichs fehlenden tatsächlichen Grundlagen zu informieren.[23] Treffen den Anwaltsmediator die Hinweispflichten eines Rechtsanwalts, muss die Belehrung an die vornehmlich betroffene Partei gerichtet werden. Dies entspricht dem in § 2 Abs. 3 MediationsG verankerten Grundsatz der Allparteilichkeit, demzufolge sämtlichen Beteiligten die gebotenen Hinweise zu geben sind. Diese Würdigung steht mit der Regelung des § 432 Abs. 1 Satz 1 BGB in Einklang, wonach bei einer Mitgläubigerschaft Auskunftsansprüche gegenüber allen Mitberechtigten zu erfüllen sind.[24]

---

19 BGH, Urt. v. 21.9.2017 – IX ZR 34/17, NJW 2017, 3442 Rn. 19.
20 BGH, Urt. v. 21.9.2017 – IX ZR 34/17, NJW 2017, 3442 Rn. 20.
21 BGH, Urt. v. 21.9.2017 – IX ZR 34/17, NJW 2017, 3442 Rn. 22.
22 BGH, Urt. v. 21.9.2017 – IX ZR 34/17, NJW 2017, 3442 Rn. 24.
23 BGH, Urt. v. 21.9.2017 – IX ZR 34/17, NJW 2017, 3442 Rn. 25.
24 BGH, Urt. v. 21.9.2017 – IX ZR 34/17, NJW 2017, 3442 Rn. 35.

II. Vertragsschluss

1. Konkludentes Verhalten

8 Da der Anwaltsvertrag zu seiner Wirksamkeit grundsätzlich keiner Form bedarf, kann er auch durch **schlüssiges Verhalten** der Vertragsparteien zustande kommen. Dies gilt auch für den Vertrag zwischen Mandant und Verkehrsanwalt. Im Interesse der Rechtssicherheit sind an die Annahme eines Vertragsschlusses durch schlüssiges Verhalten allerdings **erhöhte Anforderungen** zu stellen. Eine solche Annahme ist – sofern es an einem Erklärungsbewusstsein fehlt – nur gerechtfertigt, wenn das Verhalten eines Beteiligten von dem anderen bei Anwendung der im Verkehr erforderlichen Sorgfalt nach Treu und Glauben mit Rücksicht auf die Verkehrssitte eindeutig und zweifelsfrei als eine auf den Abschluss eines (Verkehrs-)Anwaltsvertrages gerichtete Willenserklärung aufzufassen ist. Ein Vertrag fehlt, wenn zunächst eine Deckungszusage eingeholt werden soll.[25] Die entsprechende Beurteilung obliegt grundsätzlich dem Tatrichter, der seine Entscheidung unter Berücksichtigung der §§ 133, 157 BGB aufgrund einer umfassenden Gesamtwürdigung aller Umstände zu treffen hat. Sie kann vom Revisionsgericht nur daraufhin überprüft werden, ob Verstöße gegen gesetzliche Auslegungsregeln, anerkannte Auslegungsgrundsätze, sonstige Erfahrungssätze oder Denkgesetze vorliegen oder ob die Auslegung auf Verfahrensfehlern beruht. Zu den anerkannten Auslegungsgrundsätzen zählt der Grundsatz der beiderseits interessengerechten Auslegung.[26]

9 Diese strengen Anforderungen gelten bei der Einschaltung eines Verkehrsanwalts im Berufungsverfahren umso mehr, als die Kosten eines Verkehrsanwalts hier regelmäßig nicht erstattungsfähig sind. Die Voraussetzungen für einen Verkehrsanwaltsvertrag sind als erfüllt angesehen worden, wenn die Partei die ständige schriftliche und mündliche Information des Berufungsanwalts durch den Prozessbevollmächtigten erster Instanz hinnimmt und auch ihre eigenen Erklärungen zur Sache während des Berufungsverfahrens im Wesentlichen über den Prozessbevollmächtigten erster Instanz leitet.[27] Wird der gegen den Mandanten eines Rechtsanwalts erlassene Haftbefehl unter der Voraussetzung außer Vollzug gesetzt, dass der Beschuldigte selbst eine Barkaution leistet, und ist ein Dritter bereit, ihm diesen Betrag zur Verfügung zu stellen, so werden vertragliche Beziehungen zwischen dem Dritten und dem Rechtsanwalt des Beschuldigten nicht schon dadurch begründet, dass er mit ihm die technische Abwicklung des Zahlungsvorgangs über ein Anderkonto des Rechtsanwalts vereinbart.[28] Die eigenständige Rechtspersönlichkeit der Gesellschaft bürgerlichen Rechts hat zur Folge, dass eine **Sozietät selbst Partnerin eines Beratungsvertrages** sein kann. Dabei kann sich auch eine sogenannte gemischte Sozietät, der neben Rechtsanwälten auch Mitglieder anderer Berufsgruppen angehören, zur Erbringung anwaltlicher Beratungsleistungen verpflichten. Der einer Sozietät angehörende Anwalt schließt den Anwaltsvertrag nicht in eigenem Namen, sondern na-

---

25 BGH, Urt. v. 14.2.2019 – IX ZR 203/18.
26 BGH, Urt. v. 10.1.2019 – IX ZR 89/18, NJW 2019, 1147 = WM 2019, 728 Rn. 12.
27 BGH, Urt. v. 21.3.1991 – IX ZR 186/90, NJW 1991, 2084, 2085 f. = WM 1991, 1567.
28 BGH, Urt. v. 22.7.2004 – IX ZR 132/03, NJW 2004, 3630.

mens und im Auftrag der Sozietät.[29] Die **Bewilligung von Prozesskostenhilfe** unter Beiordnung des für die Sozietät handelnden Rechtsanwalts ändert daran nichts. Die öffentlich-rechtliche Beiordnung lässt den zivilrechtlichen Mandatsvertrag unberührt, hat also auf den schon bestehenden Anwaltsvertrag – wenn nicht ausdrücklich etwas anderes vereinbart wird – keinen Einfluss.[30]

2. Abgrenzung eines Beratungsvertrages von bloßer Gefälligkeit

Die Abgrenzung, ob den Erklärungen der Parteien ein **Wille zur rechtlichen Bin-**   10 **dung** zu entnehmen ist oder die Parteien nur aufgrund einer **außerrechtlichen Gefälligkeit** handeln, ist an Hand der Umstände des jeweiligen Einzelfalles zu bewerten. Ob bei einer Partei ein Rechtsbindungswille vorhanden ist, ist danach zu beurteilen, ob die andere Partei unter den gegebenen Umständen nach Treu und Glauben mit Rücksicht auf die Verkehrssitte auf einen solchen Willen schließen musste. Dies ist anhand objektiver Kriterien aufgrund der Erklärungen und des Verhaltens der Parteien zu ermitteln, wobei vor allem die **wirtschaftliche sowie die rechtliche Bedeutung der Angelegenheit**, insbesondere für den Begünstigten, und die Interessenlage der Parteien heranzuziehen sind. Dem Umstand, dass der Berater für sein Tätigwerden **keine Vergütung** verlangt hat, kommt kein entscheidendes Gewicht zu.[31] Nach ständiger Rechtsprechung ist der **stillschweigende Abschluss eines Auskunftsvertrages** zwischen Geber und Empfänger der Auskunft und damit eine vertragliche Haftung des Auskunftgebers für die Richtigkeit seiner Auskunft regelmäßig dann anzunehmen, wenn die Auskunft für den Empfänger erkennbar von **erheblicher Bedeutung** ist und er sie zur **Grundlage wesentlicher Entschlüsse** machen will; dies gilt insbesondere in Fällen, in denen der Auskunftgeber für die Erteilung der Auskunft **besonders sachkundig** oder ein **eigenes wirtschaftliches Interesse** bei ihm im Spiel ist. Dieser Rechtsprechung ist allerdings nicht zu entnehmen, dass für das Zustandekommen eines Auskunftsvertrages ohne Rücksicht auf die Besonderheiten des jeweiligen Falles allein schon die Sachkunde des Auskunftgebers und die Bedeutung der Auskunft für den Empfänger ausreichen. Diese Umstände stellen vielmehr lediglich Indizien dar, die, wenn auch mit erheblichem Gewicht, in die Würdigung der gesamten Gegebenheiten des konkreten Falles einzubeziehen sind.[32]

Für den stillschweigenden Abschluss eines Auskunftsvertrages ist entscheidend da-   11 rauf abzustellen, ob die **Gesamtumstände** unter Berücksichtigung der Verkehrsauffassung und des Verkehrsbedürfnisses den Rückschluss zulassen, dass beide Teile nach dem objektiven Inhalt ihrer Erklärungen die **Auskunft zum Gegenstand vertraglicher Rechte und Pflichten** gemacht haben. So hat der Bundesgerichtshof bei der rechtlichen Beurteilung von Fällen, in denen der konkludente Abschluss eines Auskunftsvertrages angenommen oder in Erwägung gezogen wurde, außer der Sachkunde des Auskunftgebers und der Bedeutung seiner Auskunft für den Empfänger je-

---

29 BGH, Urt. v. 10.5.2012 – IX ZR 125/10, WM 2012, 1351 Rn. 15.
30 BGH, Urt. v. 15.7.2010 – IX ZR 227/09, WM 2010, 1718 = AnwBl 2010, 716 Rn. 6.
31 BGH, Urt. v. 18.12.2008 – IX ZR 12/05, WM 2009, 369 f. Rn. 7, 8 = NJW 2009, 1141.
32 BGH, Urt. v. 18.12.2008 – IX ZR 12/05, WM 2009, 369, 370 Rn. 10 = NJW 2009, 1141.

weils auch weitere Umstände mitberücksichtigt, die für einen Verpflichtungswillen des Auskunftgebers sprechen können, wie z. B. dessen **eigenes wirtschaftliches Interesse an dem Geschäftsabschluss**, ein **persönliches Engagement** in der Form von Zusicherungen nach Art einer Garantieübernahme, das **Versprechen eigener Nachprüfung** der Angaben des Geschäftspartners des Auskunftsempfängers, die **Hinzuziehung des Auskunftgebers zu Vertragsverhandlungen** auf Verlangen des Auskunftsempfängers oder die **Einbeziehung in solche Verhandlungen** als unabhängige neutrale Person sowie eine bereits **anderweitig bestehende Vertragsbeziehung** zwischen Auskunftsgeber und Auskunftsempfänger.[33]

12 Das Zustandekommen eines Auskunftsvertrages lässt sich nicht verneinen, wenn eine auf einen bevorstehenden Grundstücksverkauf bezogene Auskunft des Steuerberaters für den Empfänger von erkennbar erheblicher Bedeutung und zur Grundlage wesentlicher Entschlüsse bestimmt ist. Gleiches gilt für den weiteren Umstand, dass der Steuerberater für die in Rede stehende steuerliche Auskunft als besonders sachkundig anzusehen war. Eine bereits anderweitig bestehende Vertragsbeziehung zwischen Auskunftsgeber und Auskunftsempfänger lag ebenfalls vor, nachdem der Berater bereits seit mehreren Jahren regelmäßig die Einkommensteuererklärungen des Mandanten erstellte. Im Rahmen dieser Umstände ist auszuschließen, dass die Auskunft nur gefälligkeitshalber erteilt wurde. Unter Berücksichtigung der Verkehrsauffassung und des Verkehrsbedürfnisses ist vielmehr offenkundig, dass beide Teile nach dem objektiven Inhalt ihrer Erklärungen die Auskunft zum Gegenstand vertraglicher Rechte und Pflichten gemacht haben.[34]

3. Sittenwidrigkeit einer im Gebühreninteresse angedrohten Mandatskündigung

13 Eine – widerrechtliche – Drohung macht ein Rechtsgeschäft lediglich nach § 123 BGB anfechtbar; nach § 138 Abs. 1 BGB nichtig ist es nur dann, wenn **besondere Umstände** hinzukommen, die das Geschäft nach seinem Gesamtcharakter als sittenwidrig erscheinen lassen. Dies gilt auch für die Beurteilung einer in Aussicht gestellten Mandatskündigung durch den Rechtsanwalt. Solche besonderen Umstände konnte das Berufungsgericht im Rahmen einzelfallbezogener Erwägungen, insbesondere im Hinblick auf die Geschäftserfahrenheit der Beklagten und darauf, dass ihr der fragliche Vereinbarungstext bereits vier Wochen zuvor zugesandt wurde, verneinen. Auch die Revision wendet sich hiergegen nicht.[35]

4. Anfechtung einer Haftungsübernahme

14 Veranlasst der Rechtsanwalt den **persönlich nicht haftenden Gesellschafter seiner Mandantin** erstmals **unmittelbar vor einem anberaumten Gerichtstermin** mit dem Hinweis, anderenfalls das **Mandat niederzulegen**, zum **Abschluss einer Haftungsübernahme**, kann hierin eine **widerrechtliche Drohung** liegen.

---

33 BGH, Urt. v. 18.12.2008 – IX ZR 12/05, WM 2009, 369, 370 Rn. 11 = NJW 2009, 1141.
34 BGH, Urt. v. 18.12.2008 – IX ZR 12/05, WM 2009, 369, 370 Rn. 12 = NJW 2009, 1141.
35 BGH, Urt. v. 7.2.2013 – IX ZR 138/11, WM 2013, 942 = NJW 2013, 1591 Rn. 8.

a) Anspruch aus cic

Nach gefestigter Rechtsprechung begründet der Tatbestand einer rechtswidrigen   **15**
Drohung oder arglistigen Täuschung außer der Anfechtungsmöglichkeit auch einen
Schadensersatzanspruch wegen Verschuldens beim Vertragsschluss (§ 311
Abs. 2 BGB), der dem Bedrohten oder Getäuschten das Recht gibt, auch ohne Ausübung eines Gestaltungsrechts **Befreiung von der eingegangenen Verbindlichkeit**
zu verlangen, sofern dem Betroffenen durch den Vertragsschluss ein Schaden entstanden ist. Auf einen derartigen Schadensersatzanspruch findet die **Jahresfrist des
§ 124 BGB** weder direkt noch entsprechend Anwendung.[36]

b) Ankündigung der Mandatsniederlegung

In der Ankündigung eines Rechtsanwaltes, das Mandat niederzulegen, um hierdurch   **16**
eine günstigere Vergütungsabrede durchzusetzen, kann **ausnahmsweise eine
rechtswidrige Drohung** liegen. Ob eine Drohung in einem solchen Fall rechtswidrig ist, hängt von dem Verhältnis zwischen dem verfolgten Zweck und dem dazu eingesetzten Mittel ab; entscheidend ist, ob der Drohende an der Erreichung des
Zwecks ein berechtigtes Interesse hat und die Drohung nach Treu und Glauben als
ein angemessenes Mittel zur Erreichung dieses Zwecks anzusehen ist.[37]

aa) Mittel-Zweck-Relation

Aufgrund der Mittel-Zweck-Relation ist eine **widerrechtliche Drohung** gegeben,   **17**
wenn der **Verteidiger unmittelbar vor Beginn der Hauptverhandlung** erstmals
seinen Mandanten mit dem Hinweis, anderenfalls das Mandat niederzulegen, zur
Unterzeichnung einer Gebührenvereinbarung veranlasst. Unter derartigen Gegebenheiten missbraucht der Verteidiger die **Zwangslage seines Mandanten,** der sich in
der unmittelbar bevorstehenden Hauptverhandlung seines vertrauten Wahlverteidi-
gers bedienen möchte, in verwerflicher Weise zur Durchsetzung von Gebühreninteressen. Unterrichtet dagegen der Anwalt **längere Zeit vor Beginn der Hauptverhandlung** den Mandanten über den Inhalt der von ihm gewünschten Gebühren-
einbarung als Voraussetzung für die Fortsetzung der weiteren Verteidigung, so wird
dieser in der Lage sein, die ihn angesonnene Gebührenvereinbarung zurückzuweisen und rechtzeitig vor Beginn der in Rede stehenden Verhandlung auf der Grundlage einer ihm genehmen Gebührenabrede andere Wahlverteidiger einzusetzen.[38]

bb) Besondere Prozesssituation

Diese Grundsätze sind auf **jede Prozessvertretung übertragbar.** Wird **unmittel-**   **18**
bar vor dem anberaumten Verhandlungstermin der Mandant mit der Ankündigung des Prozessbevollmächtigten überrascht, er werde das **Mandat unverzüglich
niederlegen,** wird der Mandant im Anwaltsprozess nur selten in der Lage sein, einen
neuen Prozessanwalt für diesen Termin zu stellen. Da sich die Partei die Mandatsniederlegung selbst dann als eigenes Verschulden zurechnen lassen muss, wenn der

36 BGH, Urt. v. 7.2.2013 – IX ZR 138/11, WM 2013, 942 = NJW 2013, 1591 Rn. 9.
37 BGH, Urt. v. 7.2.2013 – IX ZR 138/11, WM 2013, 942 = NJW 2013, 1591 Rn. 10.
38 BGH, Urt. v. 7.2.2013 – IX ZR 138/11, WM 2013, 942 = NJW 2013, 1591 Rn. 11.

Anwalt die Kündigung zur Unzeit ausspricht, liegt es nicht fern, dass im anberaumten Termin gegen die nicht vertretene Partei **Versäumnisurteil** ergehen wird. Der Grundsatz, dass der Anwalt seinen Mandanten **nicht im Stich lassen** darf, erfährt daher im Zivilprozess besondere Bedeutung.[39]

cc) Kündigung zur Unzeit

19 Gemäß § 627 Abs. 2 Satz 1 BGB ist es dem Dienstpflichtigen verwehrt, die Kündigung des Dienstvertrages zur Unzeit auszusprechen. Eine derartige Kündigung liegt bei einem Anwaltsvertrag vor, wenn sie zu einem **Zeitpunkt** erfolgt, in dem der Mandant **nicht in der Lage** ist, sich die **notwendigen Dienste eines anderen Anwalts** zu besorgen. Daher ist es dem Anwalt verwehrt, das Mandat im oder unmittelbar vor dem Termin zur mündlichen Verhandlung niederzulegen. Verstößt der Anwalt gegen das Verbot zur Unzeit zu kündigen, ist zwar die **Kündigung regelmäßig wirksam**, der Anwalt macht sich aber **schadensersatzpflichtig** und handelt **rechtswidrig**.[40] Aus dem Umstand, dass die Kündigung wirksam ist, kann nicht geschlossen werden, der Anwalt sei zur Kündigung berechtigt, ein derartiges Verhalten sei nicht rechtswidrig. Die Kompensation durch die von § 627 Abs. 2 Satz 2 BGB angeordnete Rechtsfolge der Schadensersatzpflicht zeigt bereits, dass das Verhalten des Anwalts als widerrechtlich angesehen wird. Ein derartiges Verhalten ist nur dann nicht gegeben, wenn für die unzeitgemäße Kündigung ein **wichtiger Grund** (§ 627 Abs. 2 BGB) vorliegt. Derartige Gründe können auf objektiv äußeren Umständen sowie dem Berufsrecht beruhen oder auch in der Beziehung zwischen Anwalt und Mandanten liegen, etwa wenn der Mandant den unaufschiebbaren Kündigungswunsch des Anwalts durch **Beleidigung, tätliche Angriffe** oder **schwere Beanstandungen** auslöst. Das alleinige Interesse an einer Erhöhung oder Sicherung der Vergütung vermag dagegen keinen wichtigen Grund im Sinne dieser Bestimmung zu bilden.[41]

dd) Androhung zur Unzeit

20 Ebenso, wie es dem Anwalt grundsätzlich verwehrt ist, unmittelbar vor einem Verhandlungstermin das Mandat aus Gebühreninteresse niederzulegen, darf er eine solche Maßnahme auch zur **Unzeit nicht androhen**. Es ist ihm daher versagt, **kurz vor einem Verhandlungstermin** die **Fortführung des Mandats von der Zahlung eines weiteren Honorars** abhängig zu machen. Auch eine derartige **Drohung ist widerrechtlich**, wenn der Anwalt nicht eine **angemessene Zeit vor dem Termin** hinreichend deutlich macht, die von ihm gewünschte Vergütungsabrede sei die Voraussetzung für die Fortsetzung der weiteren Vertretung vor dem Zivilgericht. Nur dann ist der hiervon betroffene Mandant oder im Falle der Vertretung einer juristischen Person die angesprochenen Gesellschafter in der Lage, die angesonnene Ab-

---

39 BGH, Urt. v. 7.2.2013 – IX ZR 138/11, WM 2013, 942 = NJW 2013, 1591 Rn. 12.
40 BGH, Urt. v. 7.2.2013 – IX ZR 138/11, WM 2013, 942 = NJW 2013, 1591 Rn. 14.
41 BGH, Urt. v. 7.2.2013 – IX ZR 138/11, WM 2013, 942 = NJW 2013, 1591 Rn. 15.

rede zurückzuweisen und rechtzeitig vor dem in Betracht kommenden Verhandlungstermin andere Prozessbevollmächtigte zu bestellen.[42]

5. Mehrere Auftraggeber

Materiell-rechtlich steht eine Forderung wegen einer Fehlberatung mehreren Auf- **21** traggebern gemeinschaftlich zu im Sinne einer **Mitgläubigerschaft** nach § 432 Abs. 1 Satz 1 BGB zu. Dabei handelt es sich um einen Schadensersatzanspruch wegen der Verletzung eines Beratungsvertrages. Diesen Vertrag schließen mehrere Auftraggeber gemeinsam mit einem Anwalt oder einer Sozietät. Schadensersatzansprüche aus diesem Vertrag stehen deshalb beiden Auftraggebern gemeinschaftlich zu. Für das Verhältnis der beiden Auftraggeber zu dem Anwalt ist deshalb von einer einfachen **Forderungsgemeinschaft** auszugehen, die zum Anwendungsbereich des § 432 BGB gehört.[43]

6. Abwickler

Die öffentliche Bestellung eines Kanzleiabwicklers erfolgt zum Schutz der Man- **22** danten, für die im Interesse der Rechtssicherheit die reibungslose Fortführung der laufenden Angelegenheiten sichergestellt werden soll, und in diesem Zusammenhang auch zur Wahrung des Ansehens der Anwaltschaft. Zur Beendigung der schwebenden Angelegenheiten stehen dem Abwickler gemäß § 55 Abs. 2 Satz 3 BRAO die anwaltlichen Befugnisse zu, die der frühere Rechtsanwalt hatte. Der Abwickler gilt gemäß § 55 Abs. 2 Satz 4 BRAO für die schwebenden Angelegenheiten als von der Partei bevollmächtigt, sofern diese nicht für die Wahrnehmung ihrer Rechte in anderer Weise gesorgt hat. Die Partei ist weder an den Abwickler gebunden, noch muss sie ihren Auftrag von dem Abwickler fortführen lassen. Darum entscheidet der Mandant als Herr des Verfahrens darüber, ob er eine Fortsetzung der Mandatsbetreuung durch den Abwickler wünscht. Folglich sind die Mandanten berechtigt, erteilte Mandate zu kündigen. Zudem können Anwaltsverträge einvernehmlich zwischen dem Abwickler und dem Mandanten aufgehoben werden. Die Angelegenheiten der Mandanten können im Rahmen neuer Verträge von dem Abwickler selbst oder anderen Rechtsanwälten übernommen werden. Ob eine vom Abwickler veranlasste Überführung laufender Verfahren auf sich selbst oder andere Rechtsanwälte dem Sinn und Zweck der Abwicklung entspricht, bedarf keiner Entscheidung.[44]

III. Rechtsgrundlagen der Beraterhaftung

1. Positive Vertragsverletzung

Nach herkömmlicher Bewertung bildet die positive Vertragsverletzung die Rechts- **23** grundlage der Beraterhaftung. Seit der Schuldrechtsreform unterscheidet § 280

---

42 BGH, Urt. v. 7.2.2013 – IX ZR 138/11, WM 2013, 942 = NJW 2013, 1591 Rn. 16.
43 BGH, Urt. v. 16.7.2015 – IX ZR 197/14, WM 2015, 1622 Rn. 37.
44 BGH, Urt. v. 7.2.2019 – IX ZR 5/18, WM 2019, 732 Rn. 21.

A. Beratungsvertrag

Abs. 1 BGB zwischen dem **Mangelfolgeschaden**, der dem Mandanten an seinen sonstigen Rechtsgütern, insbesondere seinem Vermögen, entstanden ist gegenüber dem in § 280 Abs. 3 BGB behandelten Schadensersatz statt der Leistung (**Mangel- oder Nichterfüllungsschaden**), der in der unzureichenden Beratungsleistung selbst besteht.

24   § 280 Abs. 1 BGB erfasst jede Vertragspflicht, gleich ob es sich um eine Haupt- oder Nebenpflicht handelt. Als Rechtsfolge kann der Gläubiger im Rahmen des § 280 Abs. 1 Schadensersatz neben der geschuldeten Leistung beanspruchen; Ersatz- und Erfüllungsanspruch bestehen nebeneinander. Insoweit betrifft § 280 Abs. 1 BGB das **negative Interesse** des Mandanten, also insbesondere den Ersatz ihm entstandener Begleitschäden. Wird etwa die falsche Partei verklagt, sind die dadurch entstandenen Kosten von dem Anwalt nach § 280 Abs. 1 BGB zu ersetzen; daneben ist er zur Erfüllung seiner Leistung durch Klageerhebung gegen die richtige Partei verpflichtet. Neben dem eigentlichen Mandat im Blick auf weitere Rechtsangelegenheiten zu beachtende Warnpflichten sind § 280 Abs. 1 BGB zuzuordnen, ebenso allgemeine Schutzpflichten wie die Verkehrssicherungspflicht hinsichtlich der Kanzleiräume.

25   Von § 280 Abs. 1 BGB unterscheidet sich der in § 280 Abs. 3 BGB geregelte Anspruch auf **Schadensersatz statt der Leistung**, der an die Stelle des Anspruchs auf Leistung tritt (frühere Terminologie: Schadensersatz wegen Nichterfüllung). Hier soll ein Schadensersatzanspruch nach dem Willen des Gesetzgebers grundsätzlich erst eingreifen, nachdem dem Schuldner im Rahmen einer Fristsetzung eine Gelegenheit zur ordnungsgemäßen Nacherfüllung seiner Verpflichtung gegeben wurde (§ 281 Abs. 1 BGB). In Beratungshaftungssachen ist freilich eine Fristsetzung regelmäßig entbehrlich, weil infolge einer nicht mehr angreifbaren nachteiligen gerichtlichen Entscheidung und der dadurch bedingten Unmöglichkeit (§ 275 BGB) eine Nachholung der Leistung ausscheidet (§ 281 Abs. 2 BGB). Deswegen hat die Schuldrechtsreform die Voraussetzungen der Beraterhaftung im Grundsatz nicht umgestaltet. Der Schadensersatz statt der Leistung erfasst sämtliche Nachteile, die bei ordnungsgemäßer Beratung verhindert worden wären; deshalb ist der Mandant schadensrechtlich so zu stellen, wie wenn der Berater seine Leistungspflicht ordnungsgemäß erbracht hätte.

2. Verschulden

26   Das Verschulden wird aufgrund der Pflichtverletzung vermutet (§§ 282, 285 BGB a. F. analog). Denn das objektiv fehlerhafte Verhalten des Beraters spricht für sein Verschulden. Der Anwalt muss darlegen und beweisen, dass ihn an der objektiven Verletzung seiner Pflichten kein Verschulden trifft. Mithin gilt ein **objektivierter Sorgfaltsmaßstab**.[45]

---

45 BGH, Urt. v. 7.12.2006 – IX ZR 37/04, WM 2007, 564, 566 Rn. 20 = DStR 2007, 1599; Urt. v. 7.2.2008 – IX ZR 149/04, WM 2008, 946, 947 Rn. 18 = NJW 2008, 2041; Urt. v. 18.12.2008 – IX ZR 12/05, WM 2009, 369, 370 Rn. 16 = NJW 2009, 1141; Urt. v. 2.7.2009 – IX ZR 126/08, WM 2009, 1578, 1579 Rn. 20 = NZI 2009, 565; Urt. v. 13.6.2013 – IX ZR 155/11, WM 2013, 1754 = NJW 2013, 2965 Rn. 8.

3. Anwaltsvertrag mit Schutzwirkung zugunsten Dritter

a) Grundlagen

aa) Rechtlicher Ausgangspunkt

In Rechtsprechung und Literatur ist anerkannt, dass auch dritte, an einem Vertrag **27** nicht unmittelbar beteiligte Personen in den Schutzbereich eines Vertrages einbezogen werden können. Die Einbeziehung dritter Personen in vertragliche Beziehungen, an denen sie selbst nicht teilhaben, ist auf Vermögensschäden ausgedehnt worden. Diese Entwicklung wurde mit einer Entscheidung des Bundesgerichtshofes aus dem Jahre 1965 eingeleitet:[46] Sie betraf eine unmittelbare Haftung eines Rechtsanwalts wegen schuldhafter Säumnis gegenüber der **Tochter eines Erblassers** aus einer Vereinbarung, in der der Rechtsanwalt sich gegenüber dem Erblasser zur Mitwirkung bei der testamentarischen Erbeinsetzung der Tochter als Alleinerbin verpflichtet hatte. Der Bundesgerichtshof ließ sich in jener Entscheidung von der Annahme rechtsgeschäftlicher Sorgfaltspflichten des Rechtsanwalts gegenüber der Tochter aus dem Sinn und Zweck des Vertrages und den Grundsätzen von Treu und Glauben leiten. In jener Entscheidung stand noch **ein Schutz- und Fürsorgeverhältnis** zwischen den geschützten Dritten und dem Gläubiger im Vordergrund. Der Bundesgerichtshof hat in der Folgezeit auf dieses Erfordernis verzichtet und lediglich nach **allgemeinen Auslegungsgrundsätzen** geprüft, ob die Vertragsparteien den Willen hatten, zugunsten eines Dritten eine Schutzpflicht zu begründen. Ob ein bestimmter Dritter im Einzelfall in den Schutzbereich eines Vertrages einbezogen ist, ist zunächst eine Frage der Auslegung und insoweit vom Tatrichter zu entscheiden. Das Revisionsgericht prüft insoweit nur, ob gesetzliche oder allgemein anerkannte Auslegungsregeln, Denkgesetze oder Erfahrungssätze verletzt sind oder wesentlicher Auslegungsstoff außer Acht gelassen wurde.[47]

bb) Voraussetzungen einer Einbeziehung

Auf dieser Entwicklungslinie hat sich eine Berufshaftung für Rechtsanwälte, Sach- **28** verständige, Steuerberater und Wirtschaftsprüfer herausgebildet. Der Kreis der in den Schutz eines Vertrages einbezogenen Dritten ist unter Beachtung einer sachgerechten Abwägung der Interessen der Beteiligten dahin zu begrenzen, dass der **Dritte bestimmungsgemäß mit der Hauptleistung** in Berührung kommt. Die danach geforderte Leistungsnähe des Dritten reicht allein nicht aus. Es muss ein **schutzwürdiges Interesse des Gläubigers** an der Einbeziehung des Dritten in den Schutzbereich des Vertrages hinzutreten. Den Interessen des Schuldners, also etwa des Beraters, wird dadurch Rechnung getragen, dass die Einbeziehung Dritter und die damit für ihn verbundene Haftungserweiterung **erkennbar** sein muss.[48] Eine Einbeziehung des Dritten ist nach der Rechtsprechung des Bundesgerichtshofes und der überwiegenden Meinung in der Literatur abzulehnen, wenn ein Schutzbedürfnis des Dritten nicht besteht. Sie ist im Allgemeinen dann zu verneinen, wenn dem **Dritten**

---

46 BGH, Urt. v. 6.7.1965 – VI ZR 47/64, NJW 1965, 1955 = JZ 1966, 141.
47 BGH, Urt. v. 7.12.2017 – IX ZR 25/17, ZInsO 2018, 518 Rn. 24.
48 BGH, Urt. v. 21.7.2016 – IX 251/15, WM 2016, 1601 Rn. 17.

A. Beratungsvertrag

eigene vertragliche Ansprüche – gleich gegen wen – zustehen, die denselben oder zumindest einen gleichwertigen Inhalt haben wie diejenigen Ansprüche, die ihm über eine Einbeziehung in den Schutzbereich eines Vertrages zukämen.[49] Es ist rechtlich unerheblich, wenn ein solcher Anspruch mangels finanzieller Leistungsfähigkeit des Verpflichteten von Anfang an nicht durchsetzbar ist; denn das von der Rechtsprechung entwickelte Rechtsinstitut des Vertrags mit Schutzwirkung zugunsten Dritter bezweckt nicht die Absicherung des Risikos, dass die vertraglich verpflichtete Person zum Ersatz des Schadens finanziell nicht in der Lage ist.[50] Der in den Vertrag einbezogene Dritte erwirbt keinen primären Anspruch auf die Hauptleistung, sondern einen **sekundären Schadensersatzanspruch**.[51]

cc) Betroffene Fallkonstellationen

29 Kennzeichnend für die eine Fallgruppe ist, dass die vom Anwalt oder Steuerberater zu erbringende Leistung nach objektivem Empfängerhorizont auch dazu bestimmt ist, dass ein Dritter die Beratungsleistung als Grundlage für Dispositionen über sein eigenes Vermögen verwenden oder auf ihrer Grundlage dem Dritten ein Vermögensvorteil zugewendet werden soll.[52] Demgegenüber besteht die Besonderheit der anderen Fallgruppe darin, dass die Leistung des Anwalts nach objektivem Empfängerhorizont (auch) dazu bestimmt ist, dass der Dritte konkret feststehende Handlungsgebote, die ihn persönlich – neben dem Mandanten oder allein – treffen, einhalten und so eine – regelmäßig neben die des Mandanten tretende – persönliche Haftung vermeiden kann. Daher ergibt sich bei einer steuerlichen Beratung der GmbH eine Leistungsnähe zugunsten des Geschäftsführers aus § 34 Abs. 1 AO, wonach er kraft gesetzlicher Anordnung die steuerlichen Pflichten der Gesellschaft zu erfüllen hat, und aus § 69 AO, wonach der Geschäftsführer unter bestimmten Voraussetzungen persönlich neben der Gesellschaft für deren Steuerschulden haftet.[53]

b) Einbezogene Dritte

aa) Erben

30 Will der Erblasser Kommanditanteile zugunsten seiner Erben insgesamt erhalten, hat der von ihm mit dem Anwalt abgeschlossene Beratungsvertrag auch Schutzwirkung für die Erben. Davon ist auszugehen, soweit nach den ausdrücklichen Erklärungen oder dem schlüssigen Verhalten der Vertragsparteien bestimmten oder wenigstens objektiv abgrenzbaren Dritten Schutzrechte aus dem Vertrage zustehen sollen (§ 328 BGB). Das gilt auch für Anwaltsverträge. Hier war gerade die Vermögensübertragung auf die Erben Gegenstand der von dem Anwalt geschuldeten Beratung. Für diesen war zudem erkennbar, dass der Erblasser die gewillkürte Erbfolge nicht nur erstrebte, um seine eigenen Vorstellungen noch über seinen Tod hinaus

---

49 BGH, Urt. v. 2.7.1999 6 – X ZR 104/94, BGHZ 133, 168, 170 ff. = WM 1996, 1739 = NJW 1996, 2927; Urt. v. 10.12.2015 – IX ZR 56/15, ZIP 2016, 371 Rn. 26.
50 BGH, Urt. v. 22.7.2004 – IX ZR 132/03, NJW 2004, 3630, 3632.
51 BGH, Urt. v. 19.11.2009 – IX ZR 12/09, WM 2010, 139, 140 = NJW 2010, 1360 Rn. 10.
52 BGH, Urt. v. 21.7.2016 – IX 251/15, WM 2016, 1601 Rn. 21.
53 BGH, Urt. v. 21.7.2016 – IX 251/15, WM 2016, 1601 Rn. 22.

möglichst zu verwirklichen, sondern um seinen Sohn zu versorgen und seine pflicht-
teilsberechtigte Ehefrau zu berücksichtigen. Letztlich wollte der Erblasser sein Vermögen sogar möglichst als Ganzes erhalten wissen und nach dem Tode des Sohnes
in eine Familienstiftung überführen. Unter diesen Umständen hatte der Anwalt keinen Anlass zur Annahme, die Ehefrau solle aus dem Schutzbereich des Vertrages
ausgenommen sein, obwohl sie in dem entworfenen Testament zur hälftigen Miterb-
in bestimmt war.[54] Die begünstigten Erben sind in den Schutzbereich eines Beratungsvertrages eingebunden, der zum Ziel hat, den Erbausschluss einer anderen Person zu verwirklichen.[55]

bb) Nahe Angehörige

Die Ehefrau ist in den Schutzbereich eines Vertrages einbezogen, der die Beratung   **31**
des Mandanten beim Abschluss einer Ruhegehaltsabrede mit seinem Arbeitgeber
zum Gegenstand hat.[56] Wenn ein steuerlicher Berater von einem Ehemann, der zu-
sammen mit seiner Ehefrau gemeinschaftlich veranlagt wird, mit der Anfertigung
der Einkommensteuererklärung beauftragt wird, so ist es selbstverständlich, dass er
nicht nur die auf die Verhältnisse des Ehemanns, sondern auch die auf die Verhältnisse der Ehefrau bezüglichen Fragen richtig beantworten, von der Ehefrau steuerliche Nachteile abwenden und ihr steuerliche Vorteile sichern muss.[57] Beauftragt der
Ehemann einen Anwalt mit der klageweisen Einziehung einer Forderung, ist die
Ehefrau als Forderungsinhaberin in den Schutzbereich des Vertrages einbezogen,
wenn der Anwalt über die Forderungszuständigkeit unterrichtet ist.[58] Macht die
Hausbank die Gewährung eines Kredits von der Vorlage einer Unternehmensbilanz
abhängig, sind in den Schutzbereich des Vertrags zwischen dem Unternehmer und
dem Steuerberater auch die als Kreditgeber vorgesehenen Dritten einbezogen (hier:
Ehefrau des Unternehmers).[59]

cc) Gesellschafter

Schließen Gesellschafter im Zuge der **Errichtung einer GmbH** einen Beratungs-   **32**
vertrag mit einem Anwalt, so ist die Gesellschaft in den Schutzbereich der Abrede
einbezogen. Denn gerade die Gesellschaft ist Gegenstand der Beratung, die der Anwalt den Gründungsgesellschaftern schuldete; das Ergebnis der Beratung hatte unmittelbaren Einfluss auf den Vermögensstand (Schuldenstand) der GmbH.[60] Ein
Vertrag, durch den ein Rechtsanwalt von einer GmbH beauftragt ist, die für eine Kapitalerhöhung erforderlichen Erklärungen und Beurkundungen vorzubereiten, kann,
soweit es um die mit einer verdeckten Sacheinlage verbundenen Risiken geht,
Schutzwirkung zugunsten der an der Kapitalerhöhung teilnehmenden **Altgesell-
schafter** haben. Die mit einer verdeckten Sacheinlage verbundenen Gefahren tref-

---

54 BGH, Urt. v. 13.6.1995 – IX ZR 121/94, NJW 1995, 2551, 2552.
55 BGH, Urt. v. 13.7.1994 – IV ZR 294/93, NJW 1995, 51, 52.
56 BGH, Urt. v. 1.10.1987 – IX ZR 117/86, WM 1987, 1520, 1521 = NJW 1988, 200, 201.
57 BGH, Urt. v. 5.6.1985 – IVa ZR 55/83, WM 1985, 1274, 1275 = NJW 1986, 1050, 1051.
58 BGH, Urt. v. 19.11.2009 – IX ZR 12/09, WM 2010, 139, 140 = NJW 2010, 1360 Rn. 11.
59 BGH, Urt. v. 31.1.1993 – III ZR 15/92, WM 1993, 897 = NJW-RR 1993, 944.
60 BGH, Urt. v. 10.10.1985 – IX ZR 153/84, WM 1985, 1475, 1476 = NJW 1986, 581, 582.

fen, soweit es um das Risiko geht, die Einlage später nochmals aufbringen zu müssen, nicht die Gesellschaft, sondern die zur Einlagezahlung verpflichteten Gesellschafter. Das Ergebnis der zur Vermeidung dieser Gefahr geschuldeten Beratung hat unmittelbaren Einfluss auf die Vermögensinteressen der Gesellschafter. Insoweit bestehen keine gegenläufigen Interessen zwischen der GmbH und ihren Gesellschaftern. In einem solchen Fall sind die von einer Pflichtverletzung betroffenen Personen Adressaten der anwaltlichen Pflichten und bei pflichtwidriger Schadenszufügung dem Anwalt gegenüber schadensersatzberechtigt.[61] Eine Einbeziehung der GmbH in den Schutzbereich des mit den Gesellschafterinnen geschlossenen Vertrages kann anzunehmen sein. Das nach der Behauptung der Gesellschafterinnen von dem Beklagten erarbeitete Konzept verfolgte die haftungsrechtliche und steuerrechtliche Optimierung der Vermögensverhältnisse der Gesellschafterinnen. Durch die Beratung und die hierauf aufbauende Vertragsgestaltung sollte bewirkt werden, dass das Haftungsrisiko der Gesellschafterinnen reduziert wurde. Ein Steuerschaden der GmbH sollte bei den hierbei erforderlichen Maßnahmen möglichst vermieden werden.[62] Die klagende GmbH war in den Schutzbereich des Anwaltsvertrags einbezogen, weil gerade sie Gegenstand der Beratung war, welche der beklagte Berater dem Gründungsgesellschafter schuldete; das Ergebnis der Beratung hatte unmittelbaren Einfluss auf ihren Vermögensstand, wie der Berater wusste. Er war deshalb bei der Erfüllung seiner Beratungspflichten der Klägerin gegenüber verantwortlich. Dieser kann daher ein Anspruch auf Ersatz des Schadens, der durch eine fehlerhafte oder unzulängliche Beratung bei ihrer Gründung eingetreten ist, erwachsen sein.[63] Mehrere Gesellschaften sind in den Schutzbereich eines Vertrages einbezogen, der die steuerliche Beratung einer Gesellschafterin und der von ihr beherrschten Gesellschaften zum Gegenstand hat.[64] Hat ein Kapitalgeber seine Einlage entsprechend der Vereinbarung mit dem Vermittler von Börsentermingeschäften auf das Treuhandkonto eines Anwalts zu zahlen, so entfaltet der Treuhandvertrag zwischen dem Anwalt und dem Vermittler von Börsentermingeschäften hinsichtlich der Zahlungsabwicklung Schutzwirkung zugunsten des Kapitalgebers.[65] Ein Wirtschaftsprüfer, der einem **Kapitalanleger** wegen Prüfung des Werbeprospekts als so genannter Garant aus Prospekthaftung Schadensersatz schuldet, kann, ohne auf verjährte Ansprüche aus Prospekthaftung verweisen zu können, aus Vertrag mit Schutzwirkung zugunsten Dritter haften.[66] Ein **Darlehensvertrag** zwischen einer Bank und einer GmbH ist in Bezug auf deren Alleingesellschafter und Geschäftsführer nicht drittbezogen. Er entfaltet deshalb grundsätzlich keine Schutzwirkung zugunsten des Alleingesellschafters und Geschäftsführers. Dieser wird von der Darlehensgewährung nur mittelbar betroffen. Im Konzern steht einer solchen Wirkung das konzernrechtliche Trennungsprinzip auch dann entgegen, wenn die Konzernobergesellschaft Si-

61 BGH, Urt. v. 2.12.1999 – IX ZR 415/98, WM 2000, 199, 201 = NJW 2000, 725, 727; Urt. v. 19.5.2009 – IX ZR 43/08, WM 2009, 1376, 1377 Rn. 10 = NZG 2009, 865.
62 BGH, Urt. v. 18.2.2016 – IX ZR 191/13, ZIP 2016, 1541 Rn. 22.
63 BGH, Urt. v. 7.12.2017 – IX ZR 25/17, ZInsO 2018, 518 Rn. 25.
64 BGH, Urt. v. 10.12.2015 – IX ZR 56/15, ZIP 2016, 371 Rn. 25 ff.
65 BGH, Urt. v. 13.5.2004 – III ZR 368/03, WM 2004, 1287, 1289 = NJW-RR 2004, 1356, 1357.
66 BGH, Urt. v. 8.6.2004 – X ZR 283/02, WM 2004, 1869, 1870 = NJW 2004, 3420, 3421.

cherheiten stellt. Die Stellung eines Alleingesellschafters wird durch einen Kreditvertrag mit seiner Gesellschaft lediglich mittelbar berührt.[67] Der **Gesellschafter** kann in den zwischen der **GmbH** und einem **Steuerberater** als Abschlussprüfer geschlossenen **Prüfvertrag** einbezogen sein. Die Feststellung der wirtschaftlichen Verhältnisse stellt nach dem beiderseitigen Parteiwillen über die Interessenlage der GmbH hinaus vor allem auch eine Entscheidungsgrundlage für den Gesellschafter des Unternehmens dar, entweder zur Insolvenzvermeidung zulasten eigener Vermögenswerte geeignete Vorkehrungen zu ergreifen oder – verbunden mit Nachteilen für das eigene geschäftliche Ansehen – einer Liquidation oder der Einleitung eines Insolvenzverfahrens den Vorrang zu geben. Da die Sanierung einer Gesellschaft regelmäßig ohne die Mitwirkung ihrer Gesellschafter nicht gelingen kann, sind die Interessen der GmbH und des Gesellschafters bei der Feststellung einer etwaigen Insolvenzreife gerade auch aus dem Blickwinkel eines Beraters aufs engste miteinander verwoben.[68]

dd) Geschäftsführer

Der Geschäftsführer kann als Dritter in den Schutzbereich eines Umsatzsteuermandates einbezogen sein, welches die GmbH erteilt hat. Unrichtige Steuererklärungen und unzureichende Mitwirkung für die steuerpflichtige GmbH begründen ein **spezifisches steuerliches Haftungsrisiko**, dem der Geschäftsführer nach §§ 69, 191, 219 AO ausgesetzt ist und welches bei entsprechender Einschaltung der Berater der GmbH auf deren Tätigkeit zurückgehen kann. Ergeht nach den §§ 34, 69 AO ein Haftungsbescheid gegen den Geschäftsführer, so kann diese Heranziehung **rechtswidrig** sein, weil die offene Steuerschuld von Rechts wegen nicht besteht, die subjektiven Haftungsvoraussetzungen, Vorsatz oder grobe Fahrlässigkeit, in Wahrheit fehlen oder das Finanzamt sein Ermessen nach den §§ 191, 219 AO fehlerhaft ausgeübt hat. Ebenso kommt der Geschäftsführer einer GmbH mit der ihr gegenüber erbrachten Leistung bestimmungsgemäß in Berührung, wenn er von den steuerlichen Beratern der GmbH durch **Fehler der Buchführung, ungerechtfertigte Vorsteuerabzüge** oder **Fehlbeurteilung umsatzsteuerpflichtiger Tatbestände** als umsatzsteuerfrei in das Haftungsrisiko der §§ 69, 191, 219 AO verstrickt wird. Zwar erleidet dann die GmbH bei normativer Betrachtung keinen Schaden; sie wird nur der gesetzmäßigen Besteuerung unterworfen. Der Geschäftsführer ist aber durch seine Haftung auch im Rechtssinne geschädigt, weil er bei Erfüllung seiner Pflichten für Steuerausfälle durch die Zahlungsunfähigkeit der GmbH nicht einzustehen gehabt hätte. Für den Fall der Unterzeichnung einer vom Steuerberater entworfenen Umsatzsteuererklärung kann eine Haftung des die Unterschrift leistenden Geschäftsführers in Frage kommen, wenn er selbst nach den jeweiligen Umständen des Einzelfalls Anlass und Möglichkeiten hatte, die Richtigkeit der Steuererklärung zu überprüfen. Der strengere Pflichtenmaßstab des steuerlichen Haftungsrechts im Vergleich zur bürgerlichrechtlichen Beraterhaftung schafft demnach für den Ge-

33

---

67 BGH, Urt. v. 24.1.2006 – XI ZR 384/03, BGHZ 166, 84, 97 Rn. 51 ff. = WM 2006, 380 = NJW 2006, 830.
68 BGH, Urt. v. 14.6.2012 – IX ZR 145/11, WM 2012, 1359 = DB 2012, 1559 Rn. 21 ff.

schäftsführer einer GmbH ein spezifisches Risiko, für die Folgen einer fehlerhaften Wahrnehmung des Steuermandats der Gesellschaft in Haftung genommen zu werden, obwohl dem Haftungsschuldner weder als Organwalter noch aufgrund des Steuerberatungsvertrags obliegt, die Tätigkeit der Berater mit ähnlicher Intensität zu überwachen.[69] Der **Geschäftsführer** kann in den zwischen der **GmbH** und einem **Steuerberater** als Abschlussprüfer geschlossenen **Prüfvertrag** einbezogen sein. Der Drittschutz beruht darauf, dass von dem Inhalt des Gutachtens gegenüber dem Geschäftsführer Gebrauch gemacht werden soll. Weist das Gutachten eine Insolvenzreife der GmbH aus, ist es **Aufgabe und Verpflichtung des Geschäftsführers**, daraus die gesetzlichen Folgerungen durch die **Stellung eines Insolvenzantrages** zu ziehen (§ 15 Abs. 1 Satz 1, § 15a Abs. 1 Satz 1 InsO; § 64 Abs. 1 GmbHG a. F.). Mit Rücksicht auf die dem Geschäftsführer einer GmbH bei einer Missachtung der Insolvenzantragspflicht drohenden **Haftungsfolgen** (§ 823 Abs. 2 BGB, § 15a Abs. 1 InsO, § 64 Abs. 1 GmbHG a. F.; § 64 Satz 1 und 3 GmbHG, § 64 Abs. 2 GmbHG a. F.) schließt der Auftrag zur Feststellung der Insolvenzreife auch unter diesem Gesichtspunkt den Schutz des Geschäftsführers als Drittem ein.[70]

ee) Gegner

34 Ein Anwaltsvertrag mit Schutzwirkung zugunsten Dritter, bei dem der Anwalt nicht nur seinen Mandanten zu beraten hat, sondern auch drittschützende Pflichten gegenüber dem **Verhandlungsgegner seines Mandanten** wahrnehmen muss, ist nicht anzunehmen. Der Vertrag zwischen Rechtsanwalt und Mandant dient im Allgemeinen nicht dem Schutz des Vertragsgegners des Mandanten. Ein solcher Schutz wäre mit der **Gegenläufigkeit der Interessen** von Auftraggeber und anderem Teil nicht vereinbar. Der rechtliche Berater soll die Interessen seiner Partei wahrnehmen. Er kann nicht gleichzeitig die Pflicht haben, auf die Belange der Gegenseite Rücksicht zu nehmen und auch deren Interessen wahrzunehmen (§ 43a Abs. 4 BRAO). Zu diesem Zweck kann sich die Gegenseite eines eigenen rechtlichen Beraters bedienen. Deswegen werden Anleger nicht in den Schutzbereich eines Vertrages einbezogen, durch den der Prospektverantwortliche einen Anwalt mit der Prüfung eines Prospekts betraut.[71] Ebenso kann nicht angenommen werden, dass ein Steuerberater gegenüber dem Vertragsgegner seines Mandanten für die Richtigkeit der von seiner Seite bei den Vertragsverhandlungen auf dem Gebiet des Steuerrechts abgegebenen Erklärungen einstehen wollte.[72] Sollten wegen des fehlenden Hinweises des Beraters auf seine noch ausstehende Honorarrechnung Schadensersatzansprüche der Käuferin bestehen, kann diese sich deswegen allenfalls an die Verkäuferin, nicht aber an deren rechtlichen Berater halten. Ein Hinweis des Beraters, dass auf die Käuferin noch Anwaltskosten zukommen, hätte zum Verlangen der Herabsetzung des Kaufpreises geführt. Er hätte damit im Widerspruch zu den Interessen der eige-

---

69 BGH, Urt. v. 13.10.2011 – IX ZR 193/10, WM 2011, 2334 = NZG 2011, 1384 Rn. 7 ff.
70 BGH, Urt. v. 14.6.2012 – IX ZR 145/11, WM 2012, 1359 = DB 2012, 1559 Rn. 27 ff.
71 BGH, Beschl. v. 15.11.2018 – IX ZR 60/18.
72 BGH, Beschl. v. 21.9.2017 – IX ZR 12/17 Rn. 2.

nen Partei gestanden.[73] Belehrt der Rechtsanwalt den Beschuldigten nicht über die Möglichkeit, den Anspruch auf Rückzahlung der Kaution durch Abtretung an den Geldgeber vor Pfändungen von Gläubigern des Beschuldigten zu schützen, kann dem Geldgeber daraus kein Schadensersatzanspruch gegen den Rechtsanwalt aus einem Vertrag mit Schutzwirkung für Dritte erwachsen, weil er bereits einen Ersatzanspruch gegen den Beschuldigten hat.[74]

ff) Gesetzlicher Vertreter des Auftraggebers

Ist Gegenstand des mit einem Anwalt geschlossenen Beratungsvertrags die Bera-   **35**
tung für Entscheidungen des Mandanten, hat der Anwaltsvertrag im Allgemeinen keine Schutzwirkungen zugunsten des (gesetzlichen) Vertreters des Mandanten für Vermögenseinbußen des Vertreters, die darauf zurückzuführen sind, dass dem Vertreter im Zusammenhang mit dem Gegenstand der anwaltlichen Beratung zu Recht oder zu Unrecht eigene Pflichtverletzungen vorgeworfen werden.[75] Die Leistungen des Anwalts weisen in einem solchen Fall weder ein besonderes Näheverhältnis zu den Pflichten des Vertreters auf, noch hat der Mandant – ohne besondere Anhaltspunkte – ein eigenes Interesse an der Einbeziehung seines Vertreters in den Schutzbereich dieses Anwaltsvertrags. Der Schutz des Vertreters vor vermögensrechtlichen Nachteilen, die sich aus dem – begründeten oder unbegründeten – Verdacht einer Pflichtverletzung gegenüber dem Mandanten ergeben können, obliegt vielmehr regelmäßig dem Vertreter selbst.[76] Die Gefahr einer Binnenhaftung des Dritten als Vertreter gegenüber dem von ihm vertretenen Mandanten begründet ohne Hinzutreten besonderer Umstände regelmäßig kein Näheverhältnis, das zu einer Schutzwirkung des Beratungsvertrags zugunsten des den Mandanten vertretenden Dritten führen könnte.[77] Es fehlt auch an einem Einbeziehungsinteresse des Mandanten. Der Vertreter handelt für den Mandanten und hat dabei die gegenüber dem Mandanten bestehenden Pflichten einzuhalten. Aus Sicht des Mandanten besteht für diese Fälle im Allgemeinen kein besonderes Bedürfnis, seinen Vertreter für aufgrund der Gefahr einer Binnenhaftung entstehende Vermögensschäden durch eigene Haftungsansprüche gegen den Berater zu schützen.[78]

gg) Erfüllungsgehilfe des Vertragspartners

Wird der Anwalt als Erfüllungsgehilfe eines Beraters tätig, haftet er dem Vertrags-   **36**
partner des Geschäftsherrn in der Regel nicht. Ausgeschlossen ist ein zusätzlicher Drittschutz regelmäßig dann, wenn der Dritte wegen des verfahrensgegenständlichen Sachverhalts bereits über einen inhaltsgleichen vertraglichen Anspruch verfügt. Ob der Anspruch finanziell durchsetzbar ist, ist unerheblich. Hat eine Gesellschaft eine Beratung im Rahmen einer Auslandsinvestition übernommen und sich

---

73 BGH, Urt. v. 23.4.2009 – IX ZR 167/07, WM 2009, 1249, 1254 Rn. 42 = NJW 2009, 3297; Beschl. v. 21.9.2017 – IX ZR 12/17 Rn. 2.
74 BGH, Urt. v. 22.7.2004 – IX ZR 132/03, NJW 2004, 3630, 3632.
75 BGH, Urt. v. 21.7.2016 – IX 251/15, WM 2016, 1601 Rn. 17 ff.
76 BGH, Urt. v. 21.7.2016 – IX 251/15, WM 2016, 1601 Rn. 24.
77 BGH, Urt. v. 21.7.2016 – IX 251/15, WM 2016, 1601 Rn. 28.
78 BGH, Urt. v. 21.7.2016 – IX 251/15, WM 2016, 1601 Rn. 30.

hierbei eines Anwalts bedient, bestehen zwischen diesem und dem Investor keine vertraglichen Beziehungen. Berücksichtigten die Verträge, welche der von der Gesellschaft unterstützte und beratene Investor schloss, nicht hinreichend seine eigenen Interessen, hat die Gesellschaft für daraus entstandene Schäden einzustehen. Der Erfüllungsgehilfe haftet dem Vertragspartner seines Geschäftsherrn nicht unmittelbar. Das gilt auch dann, wenn der Vertragspartner den Erfüllungsgehilfen mit ausgewählt hat oder sich ausdrücklich mit dem Einsatz eines bestimmten Erfüllungsgehilfen einverstanden erklärt hat.[79]

c) Begrenzung der Haftung

37 Zwar ist, um die Haftung des Beraters nicht unbegrenzt auszudehnen, ein zusätzlicher Drittschutz regelmäßig ausgeschlossen, wenn der Dritte wegen des verfahrensgegenständlichen Sachverhalts bereits über einen **inhaltsgleichen vertraglichen Anspruch** verfügt. Dies kann aber nicht gelten, wenn der in den Vertrag einbezogene Dritte wegen des verfahrensgegenständlichen Sachverhalts nur über einen inhaltsgleichen **sekundären Schadensersatzanspruch** verfügt. In diesem Fall kommt nur eine gesamtschuldnerische Haftung der aus mehreren Verträgen mit Schutzwirkung verantwortlichen Anspruchsgegner entsprechend der Haftung mehrerer Schädiger als Gesamtschuldner in Betracht. Ein Verweis des geschützten Dritten auf den jeweils anderen Schädiger, der gleichstufig haftet, scheidet aus, weil andernfalls der Vertrag mit Schutzwirkung zugunsten Dritter in einer derartigen Konstellation trotz Vorliegens der Voraussetzungen im Übrigen leerliefe. Die aufgrund der Schutzwirkung haftenden mehreren Schädiger könnten sich dem sekundären Schadensersatzanspruch des Geschädigten entziehen, indem sie auf den jeweils anderen verwiesen. Obwohl beide die drittschützenden Pflichten aus einem Beratervertrag verletzt hätten, könnten sie sich allein aufgrund des Umstandes, dass der in den Schutzbereich einbezogene Dritte doppelt oder sogar mehrfach geschädigt ist, ihrer Haftung entziehen. Eine solche Sichtweise würde dem aus der ergänzenden Vertragsauslegung und dem Grundsatz von Treu und Glauben abgeleiteten Zweck des Vertrages mit Schutzwirkung zugunsten Dritter widersprechen.[80]

d) Gesamtschuld

38 Die gesamtschuldnerische Haftung mehrerer Schädiger, die wegen eines gleichgelagerten Schadens aus Verträgen mit Schutzwirkung zugunsten Dritter in Anspruch genommen werden, entspricht der gesamtschuldnerischen Haftung mehrerer Rechtsanwälte, die haftungsrechtlich mehrere Ursachen für den eingetretenen Schaden setzen. Für sie gilt, dass grundsätzlich eine Haftung als Gesamtschuldner eintritt, wenn ein Schaden haftungsrechtlich auf mehreren Ursachen beruht, die von verschiedenen Personen gesetzt worden sind. Zivilrechtlich wird in diesen Fällen nicht danach unterschieden, ob einzelne Ursachen wesentlicher sind als andere. Die Feststellung eines Schadensersatzanspruchs auch gegen die weiteren Berater der

---

79 BGH, Urt. v. 7.12.2017 – IX ZR 45/16 Rn. 13 ff.
80 BGH, Urt. v. 7.12.2017 – IX ZR 25/17, ZInsO 2018, 518 Rn. 28.

Klägerin ändert deshalb nichts an der Haftung der Beklagten für den von ihr verursachten Schaden.[81]

4. Kein Anspruch aus PVV bei fehlerhafter Vertragsgrundlage

a) Gesetzliche Verbote

Etwaige auf positiver Vertragsverletzung beruhende Schadensersatzansprüche des **39** Mandanten gegen seinen Berater setzen einen wirksamen Vertrag voraus. Ein Anspruch aus positiver Vertragsverletzung scheidet aus, wenn der zwischen den Parteien geschlossene Vertrag gegen § 5 StBerG verstößt und damit gemäß § 134 BGB nichtig ist. Verstößt ein mit einem dem Gemeinderat angehörenden Rechtsanwalt geschlossener, eine Verwaltungsstreitsache gegen die Gemeinde betreffender Beratungsvertrag möglicherweise gegen landesrechtliche Vertretungsverbote, ist die Abrede wirksam, wenn der Vertragspartner in Kenntnis dieses Umstands ein deklaratorisches Schuldanerkenntnis erteilt.[82] Unternehmer, die ein Handelsgewerbe betreiben, sind zur geschäftsmäßigen Hilfeleistung in Steuersachen befugt, soweit sie in unmittelbarem Zusammenhang mit einem Geschäft, das zu ihrem Handelsgewerbe gehört, ihren Kunden Hilfe in Steuersachen leisten (§ 4 Nr. 5 StBerG). In ähnlicher Weise regelte § 5 Nr. 1 RBerG, dass kaufmännische oder sonstige gewerbliche Unternehmer für ihre Kunden rechtliche Angelegenheiten erledigen dürfen, die mit einem Geschäft ihres Gewerbebetriebes in unmittelbarem Zusammenhang stehen. An dem maßgebenden unmittelbaren Zusammenhang im Sinne des seinerzeit noch geltenden § 5 Nr. 1 RBerG und des § 4 Nr. 5 StBerG fehlt es, wenn der **Betrieb auch ohne Rechtsbesorgung oder Rechtsberatung sinnvoll geführt** werden kann. Eine lediglich vertraglich hergestellte Verbindung reicht für einen unmittelbaren Zusammenhang im Sinne des § 4 Nr. 5 StBerG nicht aus. Bei der erlaubten Beratungstätigkeit nach dieser Vorschrift darf es sich außerdem nicht um einen **Teil der eigentlichen Berufsaufgabe** selbst, sondern nur um eine untergeordnete Hilfs- oder Nebentätigkeit im Rahmen der eigentlichen Berufsaufgabe handeln. Im Rechtsstreit wurde vorgetragen, dass eine erfolgreiche Beratung im Bereich der betrieblichen Altersversorgung ohne Berücksichtigung der steuerlichen Aspekte nicht stattfinden könne, weil ansonsten wesentliche finanzielle Auswirkungen nicht berücksichtigt würden. Bereits aus diesen Ausführungen ergibt sich, dass nicht eindeutig bestimmbar ist, ob wirtschaftliche oder steuerrechtliche Gesichtspunkte bei der Beratung im Vordergrund stehen. Dann handelt es sich bei dem steuerlichen Teil der Aufgabenerfüllung nicht nur um eine untergeordnete Nebentätigkeit, sondern um einen gewichtigen Teil der gesamten Beratungstätigkeit. Die nach § 5 StBerG verbotene unbefugte geschäftsmäßige Hilfeleistung in Steuersachen führt zur Nichtigkeit des Vertrages gemäß § 134 BGB.[83]

---

81 BGH, Urt. v. 7.12.2017 – IX ZR 25/17, ZInsO 2018, 518 Rn. 30.
82 BGH, Urt. v. 22.9.2011 – IX ZR 1/11, WM 2011, 2108.
83 BGH, Urt. v. 20.3.2008 – IX ZR 238/06, WM 2008, 950, 951 Rn. 10, 11 = VersR 2008, 1227.

A. Beratungsvertrag

b) Verbot der Wahrnehmung widerstreitender Interessen

40 Ebenso ist ein Anwaltsvertrag, mit dessen Abschluss der Rechtsanwalt gegen das Verbot (§ 43a Abs. 4 BRAO) verstößt, widerstreitende Interessen zu vertreten, nichtig.[84] Hierfür genügt, dass der Tatbestand der Verbotsnorm objektiv erfüllt ist. Ein Verschulden des Rechtsanwalts ist nicht erforderlich. Es kommt deshalb in diesem Zusammenhang nicht darauf an, ob dem Anwalt zum Zeitpunkt der Übernahme der Mandate die Verbotswidrigkeit seines Handelns bewusst war.[85] Gemäß § 43a Abs. 4 BRAO ist es einem Rechtsanwalt verboten, widerstreitende Interessen zu vertreten. Auf der Grundlage der Ermächtigung des § 59b Abs. 2 Nr. 1 lit. e BRAO konkretisiert nunmehr § 3 der Berufsordnung für Rechtsanwälte (BORA) dieses Verbot dahingehend, dass der Rechtsanwalt nicht tätig werden darf, wenn er eine andere Partei in derselben Rechtssache im widerstreitenden Interesse bereits beraten oder vertreten hat oder mit dieser Rechtssache in sonstiger Weise im Sinne der §§ 45, 46 BRAO beruflich befasst war. Grundlage der Regelung des § 43a Abs. 4 BRAO sind das Vertrauensverhältnis zum Mandanten, die Wahrung der Unabhängigkeit des Rechtsanwalts und die im Interesse der Rechtspflege gebotene Geradlinigkeit der anwaltlichen Berufsausübung.[86]

41 Die Regelung in § 43a Abs. 4 BRAO verbietet dem Rechtsanwalt nicht schlechthin, in derselben Rechtssache mehrere Mandanten zu vertreten. Dies zeigt schon die Bestimmung in § 7 RVG. Zulässig ist die Vertretung mehrerer Mandanten, wenn das Mandat auf die Wahrnehmung gleichgerichteter Interessen der Mandanten begrenzt ist. Dies kann der Fall sein, wenn mehrere Gesamtschuldner in Anspruch genommen werden und ihr gemeinsames Interesse im konkreten Verfahren ausschließlich auf die Abwehr des Anspruchs gerichtet ist. Die bloße (latente) Möglichkeit, dass später bei einem Ausgleich unter den Gesamtschuldnern unterschiedliche Interessen zutage treten, steht dem nicht entgegen. Das Anknüpfen an einen nur möglichen, im konkreten Verfahren tatsächlich aber nicht bestehenden Interessenkonflikt würde gegen das Übermaßverbot verstoßen und wäre deshalb verfassungsrechtlich unzulässig. Die Vertretung mehrerer Mandanten ist dem Rechtsanwalt daher nur verboten, wenn dabei nach den konkreten Umständen des Falles ein Interessenkonflikt tatsächlich auftritt.[87] Widerstreitende Interessen liegen folglich nicht schon dann vor, wenn der Rechtsanwalt sich gegenüber mehreren Mandanten verpflichtet, Forderungen gegen ein und denselben Schuldner durchzusetzen und insbesondere die Zwangsvollstreckung gegen diesen zu betreiben. In einem solchen Fall kann zwar der Erfolg des einen Mandanten den Misserfolg des anderen Mandanten, der nicht mehr zum Zuge gekommen ist, bedeuten. Das wäre aber nicht anders, wenn die Mandanten von unterschiedlichen Rechtsanwälten vertreten würden. Die Mandatsverträge verpflichten den Anwalt nur, für jeden einzelnen Mandanten das bestmögliche Ergebnis zu erzielen. Bevorzugt der Anwalt den einen vor dem anderen Man-

---

84 BGH, Urt. v. 12.5.2016 – IX ZR 241/14, NJW 2016, 2561 Rn. 7 ff.
85 BGH, Urt. v. 10.1.2019 – IX ZR 89/18, NJW 2019, 1147 = WM 2019, 728 Rn. 24.
86 BGH, Urt. v. 10.1.2019 – IX ZR 89/18, NJW 2019, 1147 = WM 2019, 728 Rn. 20.
87 BGH, Urt. v. 10.1.2019 – IX ZR 89/18, NJW 2019, 1147 = WM 2019, 728 Rn. 21.

danten, indem er Anträge bevorzugt oder nachrangig stellt, liegen Pflichtverletzungen im Rahmen des jeweiligen Mandatsverhältnisses vor. An den grundsätzlich miteinander zu vereinbarenden Pflichten aus den einzelnen Verträgen ändert sich durch eine solche Pflichtverletzung hingegen nichts.[88]

Ein Rechtsanwalt verstößt hingegen mit der Vertretung mehrerer Gesamtschuldner   **42** gegen das Verbot der Vertretung widerstreitender Interessen, wenn das Mandat nicht auf die Abwehr des Anspruchs im gemeinsamen Interesse der Gesamtschuldner beschränkt ist und nach den konkreten Umständen des Falles ein Interessenkonflikt tatsächlich auftritt. Er vertritt in der Regel widerstreitende Interessen, wenn er in dem zwischen dem Bauherrn und dem Bauunternehmer wegen eines Schadensfalls geführten selbstständigen Beweisverfahren das unbeschränkte Mandat zur Vertretung mehrerer als Streithelfer beigetretener Sonderfachleute übernimmt, die teils mit der Planung, teils mit der Bauüberwachung beauftragt wurden. Hier ist den Beteiligten daran gelegen, ihre eigenen Verursachungsbeiträge zulasten der Mitverpflichteten zu minimieren. So kann es etwa darum gehen, dass der Schaden nicht durch Fehler aus dem eigenen Bereich der Entwurfsplanung verursacht wurde, sondern durch Fehler bei der Ausführungsplanung oder bei der Bauausführung.[89]

Der Rechtsanwalt ist der berufene unabhängige Berater und Vertreter in allen   **43** Rechtsangelegenheiten (§ 3 Abs. 1 BRAO). Die Wahrnehmung anwaltlicher Aufgaben setzt den unabhängigen, verschwiegenen und nur den Interessen des eigenen Mandanten verpflichteten Rechtsanwalt voraus. Der Mandant, welcher dem Anwalt die Schließung eines Anwaltsvertrages anträgt, darf von diesem Leitbild eines Rechtsanwalts ausgehen. Nimmt der Anwalt das Mandat an, erklärt er damit seine Bereitschaft, fortan die Interessen des Mandanten ohne Rücksicht auf die Interessen Dritter umfassend zu vertreten. Für konkurrierende Interessen Dritter gilt insoweit nichts anderes als für die gegenläufigen Interessen des Gegners des Mandanten. Will der Anwalt nur eingeschränkt für den Mandanten tätig werden, hat er dies vor Abschluss des Vertrages klarzustellen. Der Mandant kann dann selbst entscheiden, ob er dies – etwa in der Erwartung besonderer Kompetenz des Anwalts oder einer besseren Verhandlungsposition gegenüber dem Gegner – hinnehmen oder ob er einen anderen, ausschließlich seinen – des Mandanten – eigenen Interessen verpflichteten Anwalt beauftragen will. Gleiches gilt, wenn sich nachträglich Interessenkonflikte abzeichnen, die nur ein eingeschränktes Tätigwerden des Anwalts erlauben.[90] Darum handelt der Anwalt pflichtwidrig, wenn er die Vollstreckung eines Mandanten gegen einen Schuldner zurückstellt, weil andere von ihm betreute Mandanten ebenfalls gegen diesen vorgehen.

5. Anspruch aus cic

Im Falle der Vertragsnichtigkeit ist der Mandant aber nicht schutzlos gestellt. Fehlt   **44** es an einem wirksamen Beratungsvertrag, kommt grundsätzlich ein Ersatzanspruch

---

88 BGH, Urt. v. 7.9.2016 – IX ZR 74/16 Rn. 18.
89 BGH, Urt. v. 10.1.2019 – IX ZR 89/18, NJW 2019, 1147 = WM 2019, 728 Rn. 22.
90 BGH, Urt. v. 7.9.2016 – IX ZR 74/16 Rn. 17.

aus Verschulden bei Vertragsschluss (jetzt § 311 Abs. 2 BGB) in Betracht.[91] Der Mandant ist dann so zu stellen, wie wenn er von einem berufsrechtlich nicht verhinderten Berater **zutreffend unterrichtet** worden wäre.[92] Dies gilt aber nicht, wenn der Auftraggeber als Steuerberatungsgesellschaft selbst Berufsträger ist.

45 Beruht die Nichtigkeit des Vertrages auf einem **Wirksamkeitshindernis**, das aus der Sphäre einer Partei stammt, kann diese wegen **mangelnder Aufklärung** des Vertragspartners aus culpa in contrahendo schadensersatzpflichtig sein. Es ist die Pflicht des Hilfeleistenden, der mit Rücksicht auf das Verbot des § 5 StBerG nur einen Teil seiner vertraglich übernommenen Tätigkeit erbringen darf, auf die Grenzen seiner Leistungsbefugnis unmissverständlich hinzuweisen. Der steuerliche Berater hat schon bei der Erteilung des Mandates grundsätzlich von der Belehrungsbedürftigkeit seines Auftraggebers auszugehen. Dies gilt sogar gegenüber **rechtlich und wirtschaftlich erfahrenen Personen**. Behauptet der Berater, der Mandant habe die Rechtslage gekannt und sei deshalb nicht belehrungsbedürftig gewesen, so trifft ihn insoweit die **Beweislast**. Die allgemeine Vermutung, der Auftraggeber sei sich schon als Berufsträger gemäß § 3 Nr. 3 StBerG im Wettbewerb mit Personen, die nach § 4 StBerG allenfalls zur beschränkten Hilfeleistung in Steuersachen befugt sind, über die Abgrenzung von erlaubter und verbotener Steuerberatung im Klaren gewesen, entkräftet das entsprechend § 282 BGB a. F. auch bei der culpa in contrahendo **vermutete Verschulden** des Anspruchsgegners an dem unterbliebenen berufsrechtlichen Hinweis. Denn der Anspruchsgegner durfte, ohne sich dem Vorwurf der Fahrlässigkeit auszusetzen, die hier in Rede stehenden berufsrechtlichen Kenntnisse des Auftraggebers und ihre Anwendung bei der Auftragsvergabe voraussetzen. Die Rechtsprechung des Bundesgerichtshofs, nach welcher es dem Auftraggeber auch nicht als **mitwirkendes Verschulden** vorgeworfen werden kann, er hätte das, worüber ihn sein Berater hätte aufklären sollen, bei entsprechenden Bemühungen auch ohne fremde Hilfe erkennen können, betrifft die **Schlechterfüllung wirksamer Verträge**. Sie ist auf den hier behaupteten Sachverhalt des Übernahmeverschuldens nach den hierfür geltenden Sonderregeln nicht übertragbar.[93]

6. Anspruch aus § 823 Abs. 2 BGB, § 5 StBerG

46 § 5 StBerG ist zwar Schutzgesetz im Sinne des § 823 Abs. 2 BGB und schützt grundsätzlich auch die Steuerpflichtigen vor unsachgemäßer Beratung und Vertretung durch unfähige und ungeeignete Berater. Die Norm bezweckt indes nicht den Schutz einer **Steuerberatungsgesellschaft**, deren Vertreter sich bewusst sind oder zumindest sein müssen, dass der von ihnen beauftragte Berater nicht zu der angeblich vereinbarten steuerlichen Hilfeleistung befugt ist.[94]

---

91 BGH, Urt. v. 12.5.2016 – IX ZR 241/14, NJW 2016, 2561 Rn. 13.
92 BGH, Urt. v. 10.12.2009 – IX ZR 238/07, BFH/NV 2010, 592 Rn. 9 f.
93 BGH, Urt. v. 20.3.2008 – IX ZR 238/06, WM 2008, 950, 951 Rn. 12 ff. = VersR 2008, 1227.
94 BGH, Urt. v. 20.3.2008 – IX ZR 238/06, WM 2008, 950, 952 Rn. 19 = VersR 2008, 1227.

7. Treuhänderische Pflichten eines Anwalts gegenüber Prozessgegner

Zwar handelt ein Rechtsanwalt, der auf einem Anderkonto Geld erhält, welches von **47** einem Dritten in Erfüllung einer mit dem Mandanten getroffenen Vereinbarung geleistet wird, schon im Blick auf das Verbot der Vertretung widerstreitender Interessen (§ 43a Abs. 4, § 59b Abs. 2 Nr. 1 lit. e BRAO) in aller Regel allein als Vertreter seines Auftraggebers. Jedoch ist eine zusätzliche vertragliche Verpflichtung des Rechtsanwalts in Betracht zu ziehen, wenn sich aus den getroffenen Abreden oder besonderen Umständen des Falles ausnahmsweise etwas anderes ergibt. Dies kann etwa gelten, wenn einem Sicherungsbedürfnis des Zahlenden durch den Abschluss einer Treuhandvereinbarung mit dem Anwalt genügt werden soll. In dieser Weise verhält es sich, wenn im Interesse des Prozessgegners eine besondere Vertragsabrede zwischen ihm und dem Anwalt über die Voraussetzungen der Erfüllung der Zahlungspflicht getroffen worden war. Dann haftet der Anwalt, der dieser Abrede zuwider von dem Prozessgegner empfangene Gelder an den eigenen Mandanten freigibt.[95]

8. Treuhänderische Pflichten eines Anwalts gegenüber Dritten

Wer als **Verteidiger** zum Zwecke der **Hinterlegung einer Kaution** bei Gericht bestimmte Gelder von dritter Seite für einen Mandanten entgegennimmt, begründet **48** dadurch keine zusätzlichen vertraglichen Pflichten gegenüber dem Geldgeber, sofern sich nicht aus den getroffenen Absprachen oder den besonderen Umständen des Falles ausnahmsweise etwas anderes ergibt. Für die Annahme einer treuhänderischen Verwaltung besteht in Fällen, in denen der Anwalt lediglich einen Geldbetrag zu Kautionszwecken entgegennimmt, kein Anlass, weil er das Geld nicht für den Einzahler verwaltet, sondern es alsbald entsprechend der vom Mandanten erteilten Weisung an die Hinterlegungsstelle weiterleiten soll. Nichts anderes hat zu gelten für eine Fallgestaltung, bei der die Außervollzugsetzung des Haftbefehls nicht von der Stellung einer Kaution, sondern von der Zahlung eines Abschlagsbetrages auf rückständige Steuern abhängig gemacht wird. Der Rechtsanwalt, der auf einem Anderkonto Geld erhält, welches von einem Dritten in Erfüllung einer mit dem Mandanten getroffenen Vereinbarung geleistet wird, handelt in der Regel allein als Vertreter seines Auftraggebers. Das folgt im Ansatz schon aus dem Verbot der Vertretung widerstreitender Interessen (§ 43a Abs. 4, § 59b Abs. 2 Nr. 1 lit. e BRAO), weil die Interessen des Dritten in der Regel nicht mit denjenigen der vom Anwalt vertretenen Partei identisch sind.[96]

Eine andere Frage ist es, ob der Verteidiger in einer solchen Gestaltung die Zweck- **49** bestimmung für das Geld beachten muss oder dieses von vornherein anderweitig verwenden und als freies Vermögen seines Mandanten behandeln darf, etwa nach dessen anderweitigen Weisungen darüber verfügen oder mit seinen eigenen Ansprüchen gegen den Mandanten aufrechnen und sich so befriedigen darf. Ein **allgemeiner**, nicht mit Rechtsberatung verbundener **Auftrag** kann auch mit einem Anwalt

---

95 BGH, Beschl. v. 24.5.2012 – IX ZR 212/11 Rn. 3.
96 BGH, Urt. v. 8.1.2009 – IX ZR 229/07, WM 2009, 327, 328 Rn. 11 = NJW 2009, 840.

zustande kommen. Er kann konkludent geschlossen werden, wenn das Verhalten des einen Teils bei Anwendung der im Verkehr erforderlichen Sorgfalt nach Treu und Glauben gemäß §§ 133, 157 BGB als eine auf den Abschluss eines entsprechenden Vertrages gerichtete Willenserklärung aufzufassen war und das Verhalten des anderen Teils als Annahme des Auftrags gedeutet werden durfte. Nach Treu und Glauben sowie der Verkehrssitte durfte der Geldgeber und musste der beklagte Verteidiger annehmen, dass aufgrund der Umstände des Streitfalls eine **Verwendung des Geldbetrages** durch den allein über das Konto verfügungsberechtigten Beklagten auch im Verhältnis zu dem Geldgeber nur zu dem **vorgesehenen Zweck** erfolgen durfte, insoweit also vom Geldgeber eine Bindung in Form eines Auftrags erwartet wurde, die der Verteidiger auch akzeptiert hat. Demgemäß durfte der Verteidiger nur zu diesem Zweck über den erlangten Geldbetrag verfügen. Eine Verfügung zu anderen Zwecken hätte der Zustimmung des Geldgebers bedurft.[97]

50 Der Verteidiger hat den in Rede stehenden Betrag im Sinne von § 667 BGB zur **Ausführung des Auftrags** erhalten. Von der Verpflichtung, das eingezahlte Geld wieder zurückzuzahlen, wäre der Verteidiger nur frei geworden, wenn er das Geld auftragsgemäß weitergeleitet hätte. Da dies nicht geschehen ist, hat er den Betrag an den Geldgeber zurückzuzahlen. Ob der Beschuldigte nach seiner Haftentlassung den Verteidiger angewiesen hat, den Betrag anderweitig zu verwenden, ist unerheblich. Die Bindung der Mittelverwendung zwischen den Parteien konnte der Mandant des Verteidigers nicht aufheben oder ändern. Der Beschuldigte sollte, ebenso wie der Verteidiger, nicht befugt sein, das Geld anderweitig, etwa für seine Lebensführung oder für Anschaffungen oder zur Schuldentilgung zu verwenden. Derjenige, der darlehenshalber Geld für eine Kaution zur Verfügung stellt, will lediglich dazu beitragen, dass der Beschuldigte wieder auf freien Fuß gesetzt wird. Er erwartet, dass er nach Wegfall dieses Zwecks das Geld wieder zurückerhält.[98]

9. Prozessführung durch anwaltlichen Insolvenzverwalter

51 Die Insolvenzordnung begründet keine Verpflichtung des Insolvenzverwalters, vor der Erhebung einer Klage oder während des Prozesses die Interessen des Prozessgegners an einer eventuellen Erstattung seiner Kosten zu berücksichtigen. Demgegenüber hat der Insolvenzverwalter im Blick auf seine Innenhaftung zu dem Schuldner und zu den Insolvenzgläubigern einer strengeren Prüfung der Prozessaussichten zu genügen. Ist der Insolvenzverwalter selbst Rechtsanwalt, schuldet er den Beteiligten bei der gerichtlichen Durchsetzung der Rechte grundsätzlich dieselbe Sorgfalt wie ein Rechtsanwalt seinem Mandanten.[99]

52 Der Insolvenzverwalter kann sein Amt als solches weder ganz noch teilweise auf eine andere Person übertragen; vielmehr ist er mit diesem höchstpersönlich betraut. Insolvenzverfahrensspezifische Handlungen darf er nur persönlich vornehmen. Dazu gehören etwa die Führung eines Anfechtungsprozesses, die Aufnahme eines

---

97 BGH, Urt. v. 8.1.2009 – IX ZR 229/07, WM 2009, 327, 328 Rn. 12 ff. = NJW 2009, 840.
98 BGH, Urt. v. 8.1.2009 – IX ZR 229/07, WM 2009, 327, 328 Rn. 19 f. = NJW 2009, 840.
99 BGH, Beschl. v. 29.10.2015 – IX ZR 33/15 Rn. 3.

nach § 240 ZPO unterbrochenen Rechtsstreits oder sonstige Entscheidungen über die Art der Sammlung und Verwertung der Masse. Die Übertragung von Aufgaben an Mitarbeiter oder Dritte, etwa an einen Rechtsanwalt, wird durch den Grundsatz der Höchstpersönlichkeit des Amtes zwar nicht ausgeschlossen, der Verwalter erfüllt die ihm obliegenden insolvenzspezifischen Pflichten jedoch nicht ohne Weiteres durch die Einschaltung dieser Fachleute.[100] Zwischen dem Insolvenzverwalter und den Beteiligten des Insolvenzverfahrens, denen gegenüber ihm die Insolvenzordnung insolvenzspezifische Pflichten auferlegt, besteht eine derartige gesetzliche Sonderverbindung. Unter der Geltung der Konkursordnung hat der Bundesgerichtshof daher § 278 BGB angewandt, wenn der Verwalter sich zur Erfüllung seiner Pflichten anderer Personen bediente. Nichts anderes gilt für diejenigen Pflichten, welche die Insolvenzordnung dem Verwalter gegenüber den Beteiligten des Insolvenzverfahrens auferlegt. Der Verwalter ist den Insolvenzgläubigern zur Sammlung und Verwertung der Masse verpflichtet, damit auch zur Einziehung von zur Masse gehörenden Forderungen. Bedient er sich dabei einer Hilfsperson, hat er für deren Pflichtverletzung und deren Verschulden grundsätzlich nach § 278 BGB einzustehen. Für die Richtigkeit dieser Annahme spricht jetzt § 60 Abs. 2 InsO. Nach dieser Vorschrift ist der Verwalter unter bestimmten Voraussetzungen dann, wenn er Angestellte des Schuldners im Rahmen ihrer bisherigen Tätigkeit einsetzt, nur für deren Überwachung und für Entscheidungen von besonderer Bedeutung verantwortlich; § 278 BGB ist nicht anwendbar. Das heißt im Umkehrschluss, dass § 278 BGB für sonstige Hilfspersonen grundsätzlich anwendbar ist.[101] Der Insolvenzverwalter hat gegenüber den Insolvenzgläubigern das Verschulden eines Rechtsanwalts, den er mit der Durchsetzung einer zur Masse gehörenden Forderung beauftragt hat, in gleichem Umfang zu vertreten wie eigenes Verschulden.

10. Haftungsfreizeichnung

Nach § 51a Abs. 1 Nr. 1 BRAO kann der Anspruch des Auftraggebers auf Ersatz   **53** eines **(auch grob)** fahrlässig verursachten Schadens durch schriftliche Vereinbarung im Einzelfall – also eine **Individualabrede** – bis zur Höhe der Mindestversicherungssumme beschränkt werden. Die Mindestversicherungssumme beträgt 250.000 € (§ 51 Abs. 4 BRAO). Mit Hilfe von **vorformulierten Vertragsbedingungen** kann die Haftung bei **einfacher Fahrlässigkeit** auf den vierfachen Betrag der Mindestversicherungssumme (1.000.000 €) beschränkt werden, falls insoweit tatsächlich Versicherungsschutz besteht (§ 51a Abs. 1 Nr. 2 BRAO). Sozietäten können die Haftung auf eine persönliche Haftung der mandatsbearbeitenden Sozien beschränken, sofern diese namentlich bezeichnet sind. Die Zustimmungserklärung zu einer solchen Beschränkung darf keine anderen Erklärungen enthalten und muss vom Auftraggeber unterschrieben sein (§ 51a Abs. 2 BRAO). Entsprechende Bestimmungen gelten für **Steuerberater** (§ 67a StBerG) und **Wirtschaftsprüfer** (§ 54a WPO), die im Unterschied und weitergehend als Anwälte stets auch die Haf-

---

100 BGH, Urt. v. 3.3.2016 – IX ZR 119/15, WM 2016, 617 Rn. 17.
101 BGH, Urt. v. 3.3.2016 – IX ZR 119/15, WM 2016, 617 Rn. 19.

tung für grobe Fahrlässigkeit ausschließen können. Auch eine vor Inkrafttreten der seit dem Jahr 2000 geltenden Bestimmung vereinbarte Haftungsbeschränkung ist nicht generell wegen Sittenwidrigkeit (§ 138 BGB) als unwirksam zu erachten. Vielmehr lassen sich aus der gesetzlichen Regelung unter Berücksichtigung der früheren Standesregeln gewichtige Anhaltspunkte dafür entnehmen, was insoweit in den letzten Jahren vor dem Inkrafttreten der Neuregelung guter Sitte entsprach. Die Standesregeln können zwar nicht als Rechtsnormen zur Regelung der anwaltlichen Berufspflichten anerkannt werden. Sie sind jedoch als Ausdruck der damals geltenden Standesauffassung und damit der tatsächlich ausgeübten Sitte zu verstehen. Nach § 49 Abs. 1 RichtlRA waren – nur – solche Haftungsbeschränkungen, die die in § 48 festgelegte Mindestsumme der Berufshaftpflichtversicherung unterschritten, in der Regel unzulässig. Daran knüpft vom Ansatz her das neue Recht an. Das spricht dafür, die damals vereinbarten Freizeichnungen im Wesentlichen danach zu bewerten, ob sie sich an den seinerzeit geltenden Mindestversicherungssummen ausrichteten. Eine Haftungsbegrenzung auf einen infolge „normaler" Fahrlässigkeit beruhenden Schaden war somit nach dem alten Anwaltsrecht grundsätzlich nicht zu beanstanden. Eine Haftungsfreistellung für **Vorsatz** scheidet aus (§ 276 Abs. 3 BGB).

11. Handakte

54 Ein Rechtsberater ist grundsätzlich verpflichtet, seinem Mandanten auf Verlangen die gesamte Handakte herauszugeben. Soweit der Berater die Herausgabe mit Rücksicht auf Geheimhaltungsinteressen sonstiger Mandanten verweigert, hat er dies unter Angabe näherer Tatsachen nachvollziehbar darzulegen.

a) Inhalt

55 Gemäß § 50 Abs. 1 BRAO muss der Rechtsanwalt durch Anlegen von Handakten ein geordnetes Bild über die von ihm entfaltete Tätigkeit geben können. Um dieser Verpflichtung zu genügen, hat der Anwalt zu jedem Mandat eine eigenständige Akte anzulegen. Die Pflicht zur Anlegung der Handakte ist lückenlos. Die Norm bezweckt die Sicherstellung der Mindestvoraussetzung einer Verwaltungsstruktur für die anwaltliche Tätigkeit einerseits und die Schaffung eines Beweismittels für den Rechtsanwalt und seinen Mandanten andererseits. Die Regelung dient dem Schutz des Mandanten, der mit der Handakte ein Beweismittel für ein etwaiges Fehlverhalten des Anwalts erhält. Die Führung einer Handakte für unterschiedliche Verfahren stellt darum regelmäßig einen Organisationsmangel des Rechtsanwalts dar.[102]

b) Herausgabepflicht

56 Zu den nach § 667 BGB herauszugebenden Unterlagen gehören die Handakten des Rechtsanwalts. Diese Herausgabepflicht wird auch in § 50 BRAO vorausgesetzt. Dokumente, die der Rechtsanwalt aus Anlass seiner beruflichen Tätigkeit von dem Auftraggeber oder für ihn erhalten hat, hat er gemäß § 50 Abs. 1 BRAO seinem Auftraggeber auf Verlangen herauszugeben. Dabei fallen die Unterlagen, die dem Bera-

---

102 BGH, Urt. v. 17.5.2018 – IX ZR 243/17, NJW 2018, 2319 Rn. 25.

ter von seinem Auftraggeber ausgehändigt worden sind, unter die erste Alternative und der Schriftverkehr, den der Anwalt für seinen Auftraggeber geführt hat, unter die zweite Alternative des § 667 BGB. Aus der Geschäftsbesorgung erlangt ist daher insbesondere der gesamte dritt-gerichtete Schriftverkehr, den der Rechtsanwalt für den Auftraggeber erhalten und geführt hat, also sowohl die dem Rechtsanwalt zugegangenen Schriftstücke als auch Kopien eigener Schreiben des Rechtsanwalts. Die herauszugebenden Unterlagen umfassen auch Notizen über Besprechungen, die der Berater im Rahmen der Besorgung des Geschäfts geführt hat.[103]

c) Entgegenstehende Belange

Der Berater ist jedoch nicht stets zur umfassenden Herausgabe der Handakte ver-   **57**
pflichtet. Ausnahmsweise können Eigeninteressen des Anwalts oder Geheimhaltungsinteressen Dritter Vorrang genießen.[104]

aa) Persönliche Eindrücke

Eine Ausnahme hinsichtlich der Herausgabepflicht gilt für solche Unterlagen, die   **58**
nicht lediglich über das Tun im Rahmen der Vertragserfüllung Aufschluss geben, sondern persönliche Eindrücke, die der Anwalt in den Gesprächen gewonnen hat, wiedergeben. Aufzeichnungen des Anwalts über derartige persönliche Eindrücke sind oft nützlich; sie sind im Zweifel jedoch nicht für die Einsicht durch den Mandanten bestimmt und eine solche wäre dem Anwalt auch nicht zumutbar. Ein Anwalt, der zur Herausgabe von Handakten verpflichtet ist, braucht daher nicht auch derartige Aufzeichnungen offenzulegen. Darüber hinaus wird dem Anwalt bei der Ausführung des Mandats ein gewisser Freiraum zuzuerkennen sein, vertrauliche „Hintergrundinformationen" zu sammeln, die er auch und gerade im wohl verstandenen Interesse seines Mandanten sowie im Interesse der Rechtspflege diesem gegenüber verschweigen darf. Aufzeichnungen über derartige Vorgänge unterliegen nicht der Herausgabepflicht.[105]

bb) Geheimhaltungsinteressen sonstiger Mandanten

Zudem bestehen Verschwiegenheitspflichten des auf Herausgabe der Handakte in   **59**
Anspruch genommenen Rechtsanwalts mit Rücksicht auf Interessen seiner sonstigen Mandanten. Die Verschwiegenheitspflicht findet ihre Grundlage in dem auf einem besonderen Vertrauensverhältnis beruhenden Anwaltsvertrag. Der Rechtsanwalt ist zudem berufsrechtlich gemäß § 43a Abs. 2 Satz 1 BRAO zur Verschwiegenheit verpflichtet. Diese Verschwiegenheitspflicht, die sich auf alles bezieht, was dem Anwalt in Ausübung seines Berufs bekannt geworden ist, betrifft insbesondere Kenntnisse aus einzelnen Mandatsverhältnissen, die sonstigen Mandanten nicht offenbart werden dürfen.[106] Persönliche Geheimhaltungsinteressen von an Besprechungen mit dem Anwalt beteiligten dritten Personen vermögen für diesen zumindest nicht ein

---

103 BGH, Urt. v. 17.5.2018 – IX ZR 243/17, NJW 2018, 2319 Rn. 12.
104 BGH, Urt. v. 17.5.2018 – IX ZR 243/17, NJW 2018, 2319 Rn. 14.
105 BGH, Urt. v. 17.5.2018 – IX ZR 243/17, NJW 2018, 2319 Rn. 15.
106 BGH, Urt. v. 17.5.2018 – IX ZR 243/17, NJW 2018, 2319 Rn. 16.

uneingeschränktes Auskunftsverweigerungsrecht zu begründen. Dies hat der Bundesgerichtshof für Gespräche entschieden, die der Anwalt der späteren Schuldnerin mit deren Organmitgliedern geführt hat. Ein Auskunftsverweigerungsrecht kommt in einer solchen Konstellation nur dann in Betracht, wenn zwischen dem Anwalt und dem einzelnen Organmitglied eine besondere Vertrauensbeziehung bestanden hat, die individuell begründet worden ist, etwa dadurch, dass das betreffende Mitglied den Anwalt ausdrücklich um eine persönliche Beratung gebeten hat.[107]

cc) Darlegungspflichten

60 Soweit der Anwalt unter Berufung auf Verschwiegenheitspflichten die Herausgabe der Handakte verweigert, hat er den Darlegungspflichten eines Zeugen zu genügen, der ein Zeugnisverweigerungsrecht in Anspruch nimmt (vgl. § 386 Abs. 1, § 383 Abs. 1 Nr. 6 ZPO). Ist der Grund der Herausgabeverweigerung nicht ohne Weiteres erkennbar, ist die Angabe näherer Tatsachen unerlässlich. Das Gericht muss sich auf der Grundlage der Sachverhaltsangaben, ohne dass das Geheimnis aufzudecken ist, ein Bild davon machen können, um was es geht. Deshalb müssen die Angaben so weit ins Einzelne gehen, dass dem Richter ein Urteil über den Weigerungsgrund möglich ist. Handelt es sich um eine Auskunftsverweigerung aus beruflichen Gründen, bedarf es der beweisgeeigneten Darlegung, dass es sich um Tatsachen handelt, die im Rahmen der Berufsausübung anvertraut oder bekannt geworden sind. Insoweit ist in geeigneten Sachverhalten von der anerkannten Befugnis Gebrauch zu machen, eine vollständig anonymisierte Darstellung abzugeben, die keine Bezugsherstellung zu den beteiligten Personen gestattet. Im Blick auf die Tatsachen, aus denen die Auskunftsverweigerung hergeleitet wird, ist nach Möglichkeit Beweis anzubieten.[108]

d) Eigentum

aa) Grundsatz

61 Urkunden, Schriftstücke und andere Unterlagen, die der Mandant dem Rechtsanwalt überlässt, werden Inhalt der Handakte. Das Eigentum des Mandanten an diesen Schriftstücken wird durch die Einfügung in die Handakte nicht berührt. Schriftstücke, die der Anwalt in Wahrnehmung seines Auftrags für den Mandanten entgegennimmt und an ihn gemäß § 667 BGB, § 50 Abs. 3 BRAO hinauszugeben hat, gehen unmittelbar in das Eigentum des Mandanten über. Der Anwalt wird bei dem Eigentumserwerb hinsichtlich der dinglichen Einigung als Vertreter (§ 164 Abs. 1 BGB) und hinsichtlich der Übergabe als Besitzmittler (§§ 929, 868, 675 BGB) des Mandanten tätig. Die ihm gehörenden Unterlagen sind dem Mandanten spätestens mit Mandatsende auszuhändigen. Dagegen erwirbt der Rechtsanwalt das Eigentum an den Schriftstücken, die er für sich selbst gefertigt hat oder die für ihn bestimmt sind.[109]

---

107 BGH, Urt. v. 17.5.2018 – IX ZR 243/17, NJW 2018, 2319 Rn. 17.
108 BGH, Urt. v. 17.5.2018 – IX ZR 243/17, NJW 2018, 2319 Rn. 19.
109 BGH, Urt. v. 7.2.2019 – IX ZR 5/18, WM 2019, 732 Rn. 17.

bb) Übertragung

Der Abwickler kann das Eigentum an den Handakten des früheren Rechtsanwalts **62** auf dessen Mandanten übertragen. Der Abwickler, der nur Mandate des ehemaligen Rechtsanwalts in eigener Person weiterführt, aber nicht in allgemeine Verträge und Eigentumsrechte des ehemaligen Rechtsanwalts einrückt, ist ebenso wie ein allgemeiner Vertreter gemäß § 53 Abs. 10 Satz 1, § 55 Abs. 3 Satz 1 BRAO in der Lage, namens des früheren Rechtsanwalts im bürgerlich-rechtlichen Sinne über Kanzleigegenstände und folglich auch die Handakten zu verfügen.[110]

Die zur Eigentumsübertragung ferner erforderliche Übergabe setzt voraus, dass der **63** Erwerber unmittelbaren (§ 854 BGB) oder mittelbaren (§ 868 BGB) endgültigen Besitz an der Sache erlangt.[111] Die gemäß § 929 Satz 1 BGB erforderliche Übergabe fand statt, indem der Abwickler als Besitzmittler den unmittelbaren Besitz an den Akten auf die Mandanten übertrug. Anschließend konnten die Mandanten die ihnen übereigneten Handakten den neu gewählten Anwälten aushändigen. Als Alternative konnte eine Übergabe nach § 929 Satz 1, § 868 BGB dadurch geschehen, dass der Abwickler die Akten unter Aufgabe des unmittelbaren Besitzes auf Weisung der Mandanten den diesen durch einen Geschäftsbesorgungsvertrag verbundenen (§ 675 BGB) neuen Anwälten als Besitzmittler der Mandanten aushändigte. Soweit der Abwickler selbst Mandate übernahm, wurde die Übergabe der Handakten gemäß § 929 Satz 1, § 868 BGB durch einen Besitzmittlerwechsel vollzogen, indem der Beklagte seinen Besitzmittlerwillen vereinbarungsgemäß zugunsten der Mandanten und nicht mehr der Schuldnerin ausübte.[112]

---

110 BGH, Urt. v. 7.2.2019 – IX ZR 5/18, WM 2019, 732 Rn. 24.
111 BGH, Urt. v. 7.2.2019 – IX ZR 5/18, WM 2019, 732 Rn. 25.
112 BGH, Urt. v. 7.2.2019 – IX ZR 5/18, WM 2019, 732 Rn. 26.

B.
Belehrungspflichten des Anwalts

I. Grundsatz

Soweit der Mandant nicht eindeutig zu erkennen gibt, dass er des Rates nur in einer **1**
bestimmten Richtung bedarf, ist der Rechtsanwalt grundsätzlich zur allgemeinen,
umfassenden und möglichst erschöpfenden Belehrung des Auftraggebers verpflichtet. Unkundige muss er über die Folgen ihrer Erklärungen belehren und vor Irrtümern bewahren. In den Grenzen des Mandats hat er dem Mandanten diejenigen
Schritte anzuraten, die zu dem erstrebten Ziele zu führen geeignet sind, und **Nachteile für den Auftraggeber** zu verhindern, soweit solche voraussehbar und vermeidbar sind. Dazu hat er dem Auftraggeber den **sichersten und gefahrlosesten
Weg** vorzuschlagen und ihn über mögliche Risiken aufzuklären, damit der Mandant
zu einer sachgerechten Entscheidung in der Lage ist. Der konkrete Umfang der anwaltlichen Pflichten richtet sich nach dem erteilten Mandat und den Umständen des
einzelnen Falles. Ziel der anwaltlichen Rechtsberatung ist es, dem Mandanten eigenverantwortliche, sachgerechte (Grund-)Entscheidungen („Weichenstellungen")
in seiner Rechtsangelegenheit zu ermöglichen. Dazu muss sich der Anwalt über die
Sach- und Rechtslage klar werden und diese dem Auftraggeber verständlich darstellen. Der Mandant benötigt, insbesondere wenn er juristischer Laie ist, **nicht unbedingt eine vollständige rechtliche Analyse**, sondern allein die Hinweise, die ihm
im Hinblick auf die aktuelle Situation und sein konkretes Anliegen die notwendige
Entscheidungsgrundlage liefern. Erscheint unter mehreren rechtlich möglichen Alternativen die eine deutlich vorteilhafter als die andere, hat der Anwalt darauf hinzuweisen und eine entsprechende Empfehlung zu erteilen.[1] Der anwaltsvertragliche
Anspruch des Mandanten auf umfassende Beratung wird nicht dadurch eingeschränkt, dass der Mandant die gerade einem Dritten in Auftrag gegebene rechtliche
Prüfung auch selbst hätte vornehmen können. Die rechtliche Bearbeitung des ihm
anvertrauten Falles obliegt dem Rechtsanwalt auch im Verhältnis zu einem **rechtskundigen Mandanten**. Eine Einschränkung der Beratungspflicht folgt nicht aus
dem Umstand, dass die verantwortlichen Anwälte und die Geschäftsführer der zu
beratenden GmbH personenidentisch sind.[2]

1. Erschöpfende Belehrung

Ein Rechtsanwalt ist im Rahmen des ihm erteilten Mandates verpflichtet, den Auf- **2**
traggeber umfassend zu belehren, seine Belange nach jeder Richtung wahrzunehmen und seinen Auftrag so zu erledigen, dass Nachteile für den Mandanten möglichst vermieden werden. Droht dem Mandanten ein Rechtsverlust, hat er diesem

---

1 BGH, Urt. v. 1.3.2007 – IX ZR 261/03, WM 2007, 1183, 1184 Rn. 9, 10 = BGHZ 171, 261 = NJW
  2007, 2485.
2 BGH, Urt. v. 10.5.2012 – IX ZR 125/10, WM 2012, 1351 Rn. 20.

durch geeignete Maßnahmen entgegenzuwirken.[3] Ein Rechtsanwalt ist kraft des Anwaltsvertrages (§ 675 Abs. 1 BGB) verpflichtet, die Interessen seines Auftraggebers **nach jeder Richtung umfassend** wahrzunehmen. Der Anwalt, der die Beratung einer Partei in einem Zivilprozess übernimmt, ist zum Schadensersatz verpflichtet, wenn er durch sein Verschulden bewirkt, dass die Partei einen Prozess verliert, den sie bei sachgemäßer Vertretung gewonnen hätte. Er muss sie über die Gesichtspunkte und Umstände, die für ihr ferneres Verhalten in der Angelegenheit entscheidend sein können, **eingehend und erschöpfend** belehren. Dabei muss der Rechtsanwalt sein Verhalten so einrichten, dass er Schädigungen seines Auftraggebers, deren Möglichkeit auch nur von einem Rechtskundigen vorausgesehen werden kann, vermeidet.[4] Der mit der Prozessführung betraute Rechtsanwalt ist seinem Mandanten gegenüber verpflichtet, dafür einzutreten, dass die zugunsten des Mandanten sprechenden **tatsächlichen und rechtlichen Gesichtspunkte** so umfassend wie möglich ermittelt und bei der Entscheidung des Gerichts berücksichtigt werden. Mit Rücksicht auf das auch bei Richtern nur unvollkommene menschliche Erkenntnisvermögen und die niemals auszuschließende Möglichkeit eines Irrtums ist es Pflicht des Rechtsanwalts, nach Kräften dem Aufkommen von Irrtümern und Versehen des Gerichts entgegenzuwirken.[5]

3 Im Zivilprozess obliegt die Beibringung des Tatsachenstoffs in erster Linie der Partei. Der für sie tätige Anwalt ist über den Tatsachenvortrag hinaus verpflichtet, den Versuch zu unternehmen, das Gericht davon zu überzeugen, dass und warum seine Rechtsauffassung richtig ist. Daher muss der Rechtsanwalt alles – einschließlich Rechtsausführungen – vorbringen, was die Entscheidung günstig beeinflussen kann. Kann die Klage auf **verschiedene rechtliche Gesichtspunkte** gestützt werden, ist der Sachvortrag so zu gestalten, dass alle in Betracht kommenden Gründe im Rahmen der zur Verfügung stehenden Möglichkeiten konkret dargelegt werden. Hat der Anwalt eine ihm übertragene Aufgabe nicht sachgerecht erledigt und auf diese Weise zusätzliche tatsächliche oder rechtliche Schwierigkeiten hervorgerufen, sind die dadurch ausgelösten Wirkungen ihm grundsätzlich zuzurechnen. Folglich haftet er für die Folgen eines gerichtlichen Fehlers, sofern dieser auf Problemen beruht, die der Anwalt durch eine Pflichtverletzung erst geschaffen hat oder bei vertragsgemäßem Arbeiten hätte vermeiden müssen. Etwaige **Versäumnisse des Gerichts** schließen die Mitverantwortung des Rechtsanwalts für eigenes Versehen grundsätzlich nicht aus. Der Verpflichtung, „das Rechtsdickicht zu lichten", ist der Rechtsanwalt folglich nicht wegen der dem Gericht obliegenden Rechtsprüfung (**„iura novit curia"**) enthoben.[6]

4 Kommt als Anspruchsgrundlage eines Frachtschadens neben Sorgfaltspflichtverstößen bei der Verschiffung der Güter auch ihre unzureichende, nicht den vertraglichen Vereinbarungen (Abschluss bloße Strandungsfalldeckung statt All-Risk-Versiche-

---

3 BGH, Urt. v. 17.3.2016 – IX ZR 142/14, AnwBl 2016, 524 Rn. 9.
4 BGH, Urt. v. 10.3.2011 – IX ZR 82/10, WM 2011, 993 Rn. 11 = ZInsO 2011, 980.
5 BGH, Urt. v. 18.12.2008 – IX ZR 179/07, WM 2009, 324, 325 Rn. 8 = NJW 2009, 987; Beschl. v. 14.10.2010 – IX ZR 4/10 Rn. 9; Urt. v. 10.12.2015 – IX ZR 272/14, WM 2016, 180 Rn. 7.
6 BGH, Urt. v. 10.12.2015 – IX ZR 272/14, WM 2016, 180 Rn. 8.

rung) entsprechende Versicherung in Betracht, hat der Rechtsanwalt zu diesem selbstständig das Klagebegehren tragenden rechtlichen Gesichtspunkt schlüssig vorzutragen. Da es sich bei dieser speziellen Versicherungsart nicht um einen – wie etwa Eigentum – jedermann geläufigen einfachen Rechtsbegriff, bedurfte es der Erläuterung, dass eine solche Versicherung verschuldensunabhängig sämtliche bei der Beförderung erlittenen Beschädigungen ausgeglichen hätte. Darauf aufbauend war dieser eigenständige Vertragsanspruch durch die weitere Darlegung zu untermauern, dass bei Abschluss einer All-Risk-Versicherung der eingetretene Schaden unabhängig von einer Verursachung durch die Prozessgegnerin alleine wegen der Möglichkeit einer Inanspruchnahme des Versicherers vermieden worden wäre. Deswegen äußerte sich aus der Warte der Klägerin die maßgebliche schadensursächliche Pflichtverletzung der Beklagten des Vorprozesses darin, dass diese den vereinbarten Versicherungsschutz nicht geschaffen und dadurch den Regress gegen den Versicherer vereitelt hatte.[7]

2. Einschränkungen

Die Erklärungen des rechtlichen Beraters müssen dem Mandanten, der verlässlich   5 über bestimmte Rechtsfolgen unterrichtet werden will, um darauf seine Entscheidung gründen zu können, eine annähernd **zutreffende Vorstellung von den Handlungsmöglichkeiten** und deren Vor- und Nachteilen vermitteln. Allerdings kann nach Art und Umfang des Mandats eine eingeschränkte Belehrung ausreichend sein, etwa bei **besonderer Eilbedürftigkeit** oder bei einem **Aufwand**, der außer Verhältnis zum Streitgegenstand steht. Eine in jeder Hinsicht lückenlose Aufklärung über alle rechtlichen Zusammenhänge und Folgen trägt vor allem bei schwieriger Sach- und Rechtslage die Gefahr in sich, den Mandanten zu überfordern und ihm so den Blick auf die für die Entscheidung wichtigen Gesichtspunkte zu verstellen. Dies würde dem Sinn und Zweck der geschuldeten Beratung zuwiderlaufen. Der Rechtsanwalt hat dem Auftraggeber daher nur die Hinweise zu erteilen, die ihm die für seine Entscheidung notwendigen Informationen liefern. Inhalt und Umfang der vom Rechtsanwalt zu leistenden Aufklärung haben sich dabei immer nach den für ihn erkennbaren Interessen des Mandanten zu richten.[8] Deswegen genügt bei einer komplexen Rechtslage der Hinweis, dass zur Vermeidung der Verjährung „sofort" Klage zu erheben ist.[9]

3. Handlungsalternativen

Zur Prüfung der Handlungsalternativen, die sich dem Auftraggeber bei pflichtgemä-   6 ßer Beratung stellen, müssen deren jeweilige Rechtsfolgen miteinander und mit den Handlungszielen des Mandanten verglichen werden. Ist der Mandant über seine Handlungsmöglichkeiten hinreichend belehrt worden und hat er gleichwohl einen nicht zielführenden Antrag gewünscht, stellt die Verfolgung des Herausgabean-

---

7 BGH, Urt. v. 10.12.2015 – IX ZR 272/14, WM 2016, 180 Rn. 12.
8 BGH, Urt. v. 1.3.2007 – IX ZR 261/03, WM 2007, 1183, 1184 f. Rn. 11.
9 BGH, Urt. v. 9.6.2011 – IX ZR 75/10 Rn. 12 ff.

spruchs im Wege des einstweiligen Rechtsschutzes kein pflichtwidriges Verhalten dar.[10] Führen sämtliche in Betracht kommenden Alternativen nicht zur Verwirklichung des von dem Mandanten verfolgten Ziels, seinen Kaufpreisanspruch gegen den vermutlich zahlungsschwachen Gegner durchzusetzen und diesen vor Befriedigung des Kaufpreisanspruchs an einer Weiterveräußerung der unter Eigentumsvorbehalt gelieferten Ware zu hindern, fehlt es an einer Pflichtverletzung, wenn der Anwalt die Handlungsmöglichkeiten nebst der ihnen innewohnenden Risiken und Nachteile aufzeigt.[11] Es besteht keine Verpflichtung des Anwalts, den Mandanten anstelle eines **Regelinsolvenzverfahrens** auf die Möglichkeit eines **Verbraucherinsolvenzverfahrens** hinzuweisen. Ob ein Insolvenzverfahren über das Vermögen einer natürlichen Person als Regelinsolvenzverfahren oder als Verbraucherinsolvenzverfahren durchgeführt wird, steht nicht im Belieben des Schuldners, sondern richtet sich nach den **objektiven Gegebenheiten**. Die besonderen Vorschriften über das Verbraucherinsolvenzverfahren (§§ 305–314 InsO) kommen nur zur Anwendung, wenn die in § 304 InsO genannten Voraussetzungen vorliegen. Andernfalls gelten die allgemeinen Vorschriften.[12]

4. Bewahrung des Mandanten vor Gefahren und Nachteilen: Sicherster Weg

7 Nach ständiger Rechtsprechung des Bundesgerichtshofs ist der Rechtsanwalt im Rahmen seines Auftrags verpflichtet, seinen Mandanten vor voraussehbaren und vermeidbaren Nachteilen zu bewahren. Er hat deshalb, wenn verschiedene Maßnahmen in Betracht kommen, den relativ **sichersten Weg** zu gehen. Will er einen weniger sicheren Weg beschreiten, muss er zumindest seinen Auftraggeber zuvor über die insoweit bestehenden Gefahren belehren und ein weiteres Verhalten von dessen Entscheidung abhängig machen.[13] Der mit der Prozessführung betraute Rechtsanwalt ist mit Rücksicht auf das auch bei Richtern nur unvollkommene menschliche Erkenntnisvermögen und die niemals auszuschließende Möglichkeit eines Irrtums verpflichtet, nach Kräften dem Aufkommen von **Irrtümern und Versehen des Gerichts** entgegenzuwirken. Ist für den Prozessbevollmächtigten offenkundig, dass das Gericht die tatsächlich erfolgte Einzahlung des Gerichtskostenvorschusses nicht beachtet und trotz unbedingt erhobener Klage von einem bloßen Prozesskostenhilfegesuch ausgeht, hat er dieses Missverständnis auszuräumen, um zwecks Einhaltung der Klagefrist die alsbaldige Zustellung der Klage sicherzustellen.[14]

8 **Beispiele:** Beabsichtigt der Mandant eine rechtlich bedenkliche Maßnahme, so hat der Anwalt ihn auf die Rechtslage hinzuweisen, die gegen den beabsichtigten Weg sprechenden Gründe zu erläutern und über die bei Verstoß gegen die gesetzliche Regelung drohenden Risiken zu belehren. Erhält ein Rechtsanwalt vom Vor-

10 BGH, Urt. v. 1.3.2007 – IX ZR 261/03, WM 2007, 1183, 1185 Rn. 20.

11 BGH, Urt. v. 1.3.2007 – IX ZR 261/03, WM 2007, 1183, 1185 Rn. 22 ff.

12 BGH, Urt. v. 20.1.2011 – IX ZR 238/08, WM 2011, 414 Rn. 8 f. = NJW 2011, 1678.

13 BGH, Urt. v. 10.3.2011 – IX ZR 82/10, WM 2011, 993 Rn. 11 = ZInsO 2011, 980; Urt. v. 10.5.2012 – IX ZR 125/10, WM 2012, 1351 Rn. 22; Urt. v. 13.6.2013 – IX ZR 155/11, WM 2013, 1754 Rn. 8 = NJW 2013, 2965.

14 BGH, Urt. v. 17.9.2009 – IX ZR 74/08, WM 2009, 2138, 2139 Rn. 7 = NJW 2010, 73.

stand einer erkennbar dauernd **zahlungsunfähigen** oder **überschuldeten** Genossenschaft den Auftrag, mit den Gläubigern einen außergerichtlichen Vergleich anzustreben, hat er die Vorstandsmitglieder über die Pflicht, einen Antrag auf Eröffnung des Insolvenzverfahrens zu stellen, sowie das Verbot, Zahlungen zu leisten, zu belehren. Die Betreuung der Genossenschaft durch einen Verband enthebt den Rechtsanwalt grundsätzlich nicht dieser Verpflichtung.[15] Der Anwalt darf für seinen Mandanten keinen Mahnbescheid mehr beantragen, wenn gegen den Schuldner bereits ein Antrag auf Eröffnung des Insolvenzverfahrens gestellt ist und eine etwaige Zahlung der Anfechtung unterliegt.[16] Zwar kann der Anwalt seinem Mandanten das mit der Insolvenz des Schuldners verbundene Risiko der Uneinbringlichkeit der Forderung nicht abnehmen. Jedoch muss er den Mandanten so weit belehren, dass dieser in Kenntnis der absehbaren Chancen und Risiken eine eigenverantwortliche Entscheidung über das weitere Vorgehen treffen kann. Gibt es Anhaltspunkte dafür, dass die Insolvenz des Schuldners des Mandanten bevorsteht, muss der Anwalt den Mandanten über das Risiko der fehlenden Insolvenzfestigkeit der im letzten Monat vor dem Antrag auf Eröffnung des Insolvenzverfahrens oder nach diesem Antrag durch Zwangsvollstreckung erlangten Sicherheit gem. § 88 InsO ebenso hinweisen wie auf die Anfechtbarkeit erhaltener Sicherheiten und Zahlungen gemäß §§ 130, 131 InsO. Die Anfechtbarkeit von Rechtshandlungen des Schuldners einerseits (§§ 130, 131, 133 InsO) und von Maßnahmen der Zwangsvollstreckung andererseits (§ 133 Abs. 1 InsO) hat der Anwalt zu kennen.[17] Die Insolvenzfestigkeit von Versorgungsbezügen ist durch den Anwalt sicherzustellen.[18] Eine unterlassene Zwangsvollstreckung ist nur dann pflichtwidrig, wenn pfändbares Vermögen vorhanden war und entweder bekannt war oder mit den Möglichkeiten, welche die Zivilprozessordnung bietet, ermittelt werden konnte. Anders als in den bereits entschiedenen Fällen des Forderungsverlustes durch Verjährung oder Ablauf einer Ausschlussfrist geht es hier nicht um einen durch die Pflichtverletzung adäquat verursachten Schaden; die Erleichterung der Darlegungs- und Beweislast des § 287 ZPO gilt nicht.[19]

Unterlässt es der Berufungsanwalt, auf ein die Rechtsauffassung seines Mandanten stützendes Urteil des Bundesgerichtshofs hinzuweisen, und verliert der Mandant deshalb den Prozess, wird der Zurechnungszusammenhang zwischen dem Anwaltsfehler und dem dadurch entstandenen Schaden nicht deshalb unterbrochen, weil auch das Gericht die Entscheidung des Bundesgerichtshofs übersehen hat.[20] Wird der Veräußerer von Aktien auf die Zahlung der Einlageschuld in Anspruch genommen, hat der Anwalt auf den rechtlichen Aspekt hinzuweisen, dass mangels der Möglichkeit eines gutgläubigen Erwerbs eine Enthaftung von der

---

15 BGH, Urt. v. 26.10.2000 – IX ZR 289/99, WM 2001, 98 = NJW 2001, 517, 518.
16 BGH, Urt. v. 8.1.2004 – IX ZR 30/03, WM 2004, 481, 482.
17 BGH, Urt. v. 7.9.2017 – IX ZR 71/16, WM 2017, 1938 Rn. 11.
18 BGH, Urt. v. 21.7.2005 – IX ZR 49/02, WM 2005, 2110, 2111 = NJW 2005, 3275, 3276.
19 BGH, Urt. v. 7.9.2017 – IX ZR 71/16, WM 2017, 1938 Rn. 13.
20 BGH, Urt. v. 18.12.2008 – IX ZR 12/05, WM 2009, 369 = NJW 2009, 1141.

Einlageschuld eingetreten ist.[21] Möglichen Bedenken wegen Verstößen gegen das RBerG ist entgegenzuwirken, indem der Satzungszweck einer mit dem Forderungseinzug betrauten **GmbH eng gefasst wird**.[22]

9 Der Rechtsanwalt muss auch in Verfahren der **Amtsermittlung** Sorge tragen, dass die zugunsten seines Mandanten sprechenden rechtlichen Gesichtspunkte möglichst umfassend berücksichtigt werden, um seinen Mandanten vor einer Fehlentscheidung des Gerichts zu bewahren.[23] Der Anwalt hat Vorsorge dagegen zu treffen, dass der Anspruch seines Auftraggebers **verjährt**.[24] Besteht die Gefahr, dass sich das zur Entscheidung berufene Gericht bei der Beurteilung der Verjährung einer dem Mandanten ungünstigeren Betrachtungsweise anschließt, hat der Beklagte dem Mandanten zur Vermeidung der Verjährung den relativ sichersten Weg zu empfehlen. Im Falle der Eilbedürftigkeit und einer komplexen Rechtslage genügt es, wenn er den Mandant auf die Notwendigkeit einer „sofortigen" Klageerhebung hinweist. Wählt der Rechtsanwalt eine Formulierung, die – wie hier der Begriff „sofort" – die Notwendigkeit eines ohne jeden Aufschub gebotenen Vorgehens unmissverständlich vor Augen führt, kann ihm nicht vorgeworfen werden, andere Begriffe wie „umgehend", „prompt" oder „auf der Stelle", die keinen zusätzlichen Bedeutungsgehalt aufweisen, verwendet zu haben.[25] Die Verpflichtung des Rechtsanwalts, den Mandanten vor der Verjährung von ohne Weiteres erkennbaren Ansprüchen gegen Dritte zu schützen, setzt nicht erst kurz vor Ablauf der Verjährungsfrist ein. Vielmehr sind Vorkehrungen dagegen, dass es nicht zur Verjährung kommt, erforderlich, sobald infolge des dem Anwalt erteilten Auftrags oder der von ihm gewählten Vorgehensweise die **Gefahr** besteht, dass der Anspruch gegen den Dritten aus dem Blick gerät. Dieses Risiko muss ein sorgfältiger Rechtsanwalt besonders bei Ansprüchen beachten, die erst bei ungünstigem Ausgang der aktuell geführten rechtlichen Auseinandersetzung Bedeutung gewinnen. Dort ist regelmäßig nicht absehbar, zu welchem Zeitpunkt Ansprüche gegen den Dritten eventuell gerichtlich geltend gemacht werden müssen.[26] Ein Anwalt, der von seinem Mandanten beauftragt wird, dessen Rechte gegenüber einem **säumigen Schuldner** wahrzunehmen, ist vertraglich verpflichtet, Vorkehrungen schon gegen eine drohende Verjährung zu treffen. Die Pflicht setzt wesentlich früher ein als der Eintritt der Verjährung selbst. Sie entsteht in der Regel spätestens dann, wenn ein Rechtsanwalt Dispositionen trifft, die das Risiko der Verjährung erhöhen. Sie kann auch nach risikoerhöhenden Unterlassungen eingreifen.[27] Wird vor Eintritt der Verjährung für den Zedenten Klage erhoben, hat der Anwalt durch Abschluss eines Treuhandvertrages mit dem Zessionar dafür Sorge zu tragen, dass die Verjährungshemmung zugunsten des Forderungsinhabers

---

21 BGH, Beschl. v. 14.10.2010 – IX ZR 4/10 Rn. 10.
22 BGH, Urt. v. 10.5.2012 – IX ZR 125/10, WM 2012, 1351 Rn. 21 ff.
23 BGH, Urt. v. 7.10.2010 – IX ZR 191/09, FamRZ 2010, 2067 Rn. 9.
24 BGH, Urt. v. 23.6.1981 – VI ZR 42/80, NJW 1981, 2714; BGH, Urt. v. 19.11.2009 – IX ZR 12/09, WM 2010, 139, 140 = NJW 2010, 1360 Rn. 12.
25 BGH, Urt. v. 9.6.2011 – IX ZR 75/10 Rn. 12 ff., 15.
26 BGH, Urt. v. 29.11.2001 – IX ZR 278/00, WM 2002, 504, 505.
27 BGH, Urt. v. 6.11.2008 – IX ZR 158/07, WM 2009, 282, 282 Rn. 14.

verwirklicht wird.[28] Ein Anwalt, der von seinem Mandanten beauftragt wird, seine Rechte gegenüber einer Vielzahl von Schuldnern wahrzunehmen, und sich aus prozesstaktischen Gründen dazu entschließt, zunächst nur einen oder einige wenige „Musterprozesse" gegen einen oder einzelne Schuldner zu führen, ist verpflichtet, die Verjährung der Ansprüche gegen die übrigen Schuldner im Auge zu behalten und erforderlichenfalls zu verhindern.[29]

Eine **gemeinsame Beratung scheidungswilliger Ehegatten** mit dem Ziel einer ein-   **10** vernehmlichen Scheidung ist, wenngleich es sich um eine einheitliche Rechtssache und gegenläufige Interessen handelt, im Grundsatz möglich. Wenn die gemeinsame Beratung der Eheleute nicht zu der beabsichtigten Scheidungsfolgenvereinbarung führt und es trotz anfänglicher Übereinstimmungen während der anwaltlichen Beratung zu einem Interessenwiderstreit kommt, darf der Rechtsanwalt für keinen der beiden Ehepartner mehr tätig werden.[30] Das bis dahin entstandene Honorar kann der Anwalt nur verlangen, wenn er die Eheleute darauf hingewiesen hat, dass sie bei einem Scheitern einer einvernehmlichen Scheidung seine Gebühren zu bezahlen haben und jeweils einen neuen Anwalt mit der Folge des Entstehens weiterer Gebührenansprüche beauftragen müssen.[31] Wünschen beide Ehegatten wegen einer anderweitigen Schwangerschaft der Frau eine rasche **Ehescheidung**, hat der Anwalt sie darauf hinzuweisen, dass ein notarieller Verzicht auf den Versorgungsausgleich vereinbart werden kann, ohne dass daran (§ 1408 Abs. 2 Satz 2 BGB) die alsbaldige Ehescheidung scheitert (§ 1587o BGB).[32] Der Anwalt hat schon zur Vermeidung weiterer Unterhaltszahlungen alsbald nach Mandatierung **Ehelichkeitsanfechtungsklage** zu erheben.[33] Ist infolge des Anwaltsfehlers zwar noch kein Schaden eingetreten, besteht jedoch die Gefahr, dass dem Mandanten in Zukunft ein finanzieller Nachteil erwächst, so hat der Anwalt bei Weiterbearbeitung des Mandats von sich aus alles in seinen Kräften Stehende zu tun, um seinen Auftraggeber vor Schaden zu bewahren. Ist dies nur noch durch vermehrten Aufwand – etwa eine zusätzliche Beratung oder einen Rechtsbehelf – möglich, den der rechtliche Berater bei sachgerechtem Handeln vermieden hätte, können daraus entstehende zusätzliche **Kosten** nicht zulasten seines Auftraggebers gehen.[34] Hat der Auftraggeber einen Prozess in erster Instanz aufgrund unzureichenden Vortrags seines Prozessbevollmächtigten verloren, darf er, ohne sich dem Einwand des Mitverschuldens auszusetzen, die Einlegung der Berufung von dessen Erklärung abhängig machen, dass er den Auftraggeber von den Kosten der zweiten Instanz freistelle, falls ergänzender Vortrag im Hinblick auf die Verspätungsvorschriften nicht zugelassen und deshalb die Berufung zurückgewiesen werde.[35]

---

28 BGH, Urt. v. 19.11.2009 – IX ZR 12/09, WM 2010, 139, 140 Rn. 13 = NJW 2010, 1360.
29 BGH, Urt. v. 18.3.1993 – IX ZR 120/92, NJW 1993, 1779, 1780.
30 BGH, Urt. v. 19.9.2013 – IX ZR 322/12, WM 2014, 87 Rn. 8 = NJW 2013, 3725.
31 BGH, Urt. v. 19.9.2013 – IX ZR 322/12, WM 2014, 87 Rn. 10 ff. = NJW 2013, 3725.
32 BGH, Urt. v. 15.4.2010 – IX ZR 223/07, NJW 2010, 1961 Rn. 18 ff. = FamRZ 2010, 1154.
33 BGH, Urt. v. 23.9.2004 – IX ZR 137/03, NJW-RR 2005, 494, 496.
34 BGH, Urt. v. 10.2.1994 – IX ZR 109/93, NJW 1994, 1472, 1473.
35 BGH, Urt. v. 6.10.2005 – IX ZR 111/02, NJW 2006, 288.

B. Belehrungspflichten des Anwalts

11 Der Anwalt handelt pflichtwidrig, wenn er es versäumt, gegen die Zahlungsklage einer Wohnungskäuferin aus abgetretenem Recht mit der **Berufungsbegründung** geltend zu machen, dass der Kläger nach Erlass des erstinstanzlichen Urteils die (angebliche) Forderung der Wohnungskäuferin gegen sich aus dem angefochtenen Urteil erster Instanz aufgrund seiner entgegengesetzten vollstreckbaren Forderung aus dem notariellen Kaufvertrag über die Eigentumswohnungen hatte pfänden und sich zur Einziehung überweisen lassen. Auf diesem Weg hätte er durch Beseitigung des Titels sicher die weitere Vollstreckung der Wohnungskäuferin verhindern können. Sein Vorgehen, die rechtskräftige Titulierung ihres Zahlungsanspruchs hinzunehmen, um notfalls die weitere Vollstreckung in einem Zweitprozess für unzulässig erklären zu lassen, war **risikobehaftet**, zumal die Wohnungskäuferin im Erstprozess bereits zu erkennen gegeben hatte, die Pfändung und Überweisung des Klägers nicht anzuerkennen, weil sie es bei dem Zahlungsantrag, gerichtet auf Zahlung an sich selbst, belassen hatte.[36]

12 Grundsätzlich hat ein Rechtsanwalt zu verhindern, dass sein Mandant durch einen Fristablauf Rechtsnachteile erleidet, weshalb er von Amts wegen zu beachtende Ausschlussfristen unverzüglich zu erfassen und zu überwachen hat. Wird wegen eines Verschuldens des Rechtsanwalts eine zu überwachende Frist nicht eingehalten, so dass eine **Wiedereinsetzung** nicht gewährt werden kann, handelt er insoweit pflichtwidrig. Dies gilt auch für die Versäumung der Wiedereinsetzungsfrist des § 234 Abs. 1 Satz 1 ZPO.[37] Der deutliche Hinweis des gegnerischen Anwalts, dass die Klagebegründung nicht rechtzeitig eingereicht sei, kann die Kenntnis von einer Fristversäumnis begründen. Stellt der Anwalt gleichwohl in einer solchen Situation für seinen Mandanten kein Wiedereinsetzungsgesuch, handelt er pflichtwidrig.[38] Ist die Dauer der Wiedereinsetzungsfrist in einer WEG-Sache ungeklärt, muss der Anwalt im Interesse seines Mandanten die kürzere Frist zugrunde legen.[39]

5. Steuerliche Beratung

13 Ein Steuerberater oder Steuerbevollmächtigter, der nicht gleichzeitig Rechtsbeistand oder Rechtsanwalt ist, ist seinem Vertragspartner und den in den Schutzbereich des Mandatsvertrages einbezogenen Personen gegenüber verpflichtet, sich bei seiner rechtsberatenden und rechtsbesorgenden Tätigkeit auf die ihm vorbehaltenen Rechtsgebiete zu beschränken. Einen Mandanten, der Hilfe in allgemeinrechtlichen Angelegenheiten benötigt, hat er an einen Rechtsanwalt oder Notar zu verweisen. Diese Entscheidung betrifft nicht den umgekehrten Fall, dass ein Rechtsanwalt Rat in steuerlichen Angelegenheiten erteilt. Der steuerliche Berater gefährdet die Interessen seines Mandanten, wenn er mit der Beratung in allgemeinrechtlichen Angelegenheiten eine Aufgabe übernimmt, die er im Allgemeinen mangels fachlicher Qualifikation nicht sachgerecht erledigen kann. Für einen Rechtsanwalt, der in steuerli-

---

36 BGH, Urt. v. 10.3.2011 – IX ZR 82/10, WM 2011, 993 Rn. 12 = ZInsO 2011, 980.
37 BGH, Urt. v. 24.9.2015 – IX ZR 206/14, NJW 2015, 3519 Rn. 9 = WM 2016, 136.
38 BGH, Urt. v. 24.9.2015 – IX ZR 206/14, NJW 2015, 3519 Rn. 11 ff. = WM 2016, 136.
39 BGH, Urt. v. 24.9.2015 – IX ZR 206/14, NJW 2015, 3519 Rn. 16 = WM 2016, 136.

chen Angelegenheiten Rechtsrat erteilt, treffen diese Gesichtspunkte nicht zu. Er ist der berufene unabhängige Berater und Vertreter in allen Rechtsangelegenheiten. Seine Pflichten bei der steuerlichen Beratung eines Mandanten beurteilen sich daher nach denselben Grundsätzen wie bei der Beratung in anderen Rechtsangelegenheiten. Mithin trifft den Anwalt und Notar, der aus steuerlichen Gründen zum Erwerb einer Eigentumswohnung rät, die Haftung, wenn die vorgestellte steuerliche Abschreibung nicht erzielt werden kann.[40]

6. Sachverhaltsaufklärung

Es gehört zu den grundlegenden Pflichten eines Anwalts, zu Beginn eines Mandats **14** zunächst den Sachverhalt möglichst genau zu klären, den er beurteilen soll. Zwar darf der Anwalt den **tatsächlichen Angaben** des Mandanten vertrauen und braucht, solange er deren Unrichtigkeit nicht kennt, keine eigenen Nachforschungen anzustellen.[41] Anders verhält es sich, wenn gegen die Richtigkeit der Angaben des Mandanten auch aus der Sicht des Anwalts Bedenken bestehen. Einen allgemeinen Rechtssatz des Inhalts, dass sich ein Anwalt immer und unter allen Umständen auf die Vollständigkeit und Richtigkeit einer ihm vom Mandanten vorgelegten Urkunde verlassen darf, gibt es nicht.[42] Die Pflicht des Rechtsanwalts zur richtigen und vollständigen Beratung des Mandanten setzt voraus, dass er zunächst durch Befragung seines Auftraggebers den Sachverhalt klärt, auf den es für die rechtliche Beurteilung ankommen kann. Ist der mitgeteilte Sachverhalt **unklar oder unvollständig**, darf der Rechtsanwalt sich nicht mit der rechtlichen Würdigung des ihm Vorgetragenen begnügen, sondern muss sich bemühen, durch Befragung des Ratsuchenden ein möglichst vollständiges und objektives Bild der Sachlage zu gewinnen. Auf die Richtigkeit tatsächlicher Angaben seines Mandanten darf der Rechtsanwalt dabei so lange vertrauen und braucht insoweit keine eigenen Nachforschungen anzustellen, als er die Unrichtigkeit der Angaben weder kennt noch erkennen muss. Dies gilt jedoch nur für Informationen tatsächlicher Art, nicht für die rechtliche Beurteilung eines tatsächlichen Geschehens.[43] Erscheint nach den Umständen für eine zutreffende rechtliche Einordnung die Kenntnis weiterer Tatsachen erforderlich und ist deren rechtliche Bedeutsamkeit für den Mandanten nicht ohne Weiteres ersichtlich, darf sich der Anwalt nicht mit dem begnügen, was sein Auftraggeber berichtet, sondern hat sich durch zusätzliche Fragen um eine ergänzende Aufklärung zu bemühen. Geht es um eine gesellschaftsrechtliche Beratung, muss sich der Anwalt den Gesellschaftsvertrag vorlegen lassen.[44]

Der Anwalt darf nicht auf die Richtigkeit von Informationen vertrauen, die nur **15** scheinbar tatsächlicher Natur sind. Teilt der Mandant insb. sog. **Rechtstatsachen** mit, hat der Anwalt sie durch Rückfragen in die zugrunde liegenden tatsächlichen

---

40 BGH, Urt. v. 22.10.1987 – IX ZR 175/86, NJW 1988, 563, 565 f.; BGH, Urt. v. 23.11.1995 – IX ZR 225/94, WM 1996, 542, 547 = NJW 1996, 842, 845.
41 BGH, Urt. v. 19.1.2006 – IX ZR 232/01, WM 2006, 927, 929 Rn. 22 = NJW-RR 2006, 923.
42 BGH, Beschl. v. 30.6.2011 – IX ZR 139/10 Rn. 2.
43 BGH, Urt. v. 14.2.2019 – IX ZR 181/17, ZInsO 2019, 631 Rn. 9.
44 BGH, Urt. v. 19.1.2006 – IX ZR 232/01, WM 2006, 927, 929 Rn. 22 = NJW-RR 2006, 923.

Umstände und Vorgänge aufzulösen oder, sofern dies keine zuverlässige Klärung erwarten lässt, weitere Ermittlungen – etwa über den Zeitpunkt der Zustellung eines Urteils – anzustellen.[45] Bei rechtlichen Angaben des Mandanten muss der Anwalt damit rechnen, dass der Mandant die damit verbundenen Beurteilungen nicht verlässlich genug allein vornehmen kann, weil ihm entsprechende Erfahrungen und Kenntnisse fehlen. Die Ausnahme, dass sich ein Rechtsanwalt grundsätzlich auf tatsächliche Angaben seines Mandanten verlassen darf, gilt deshalb nicht in Bezug auf Informationen, die nur scheinbar tatsächlicher Natur sind. Teilt der Mandant insbesondere sogenannte Rechtstatsachen mit, hat der Anwalt sie durch Rückfragen in die zugrunde liegenden tatsächlichen Umstände und Vorgänge aufzulösen oder, sofern dies keine zuverlässige Klärung erwarten lässt, weitere Ermittlungen anzustellen.[46]

16 Angaben des Mandanten über den Zugang einer Kündigung betreffen – nicht anders als Angaben über die Zustellung eines Urteils – eine sogenannte Rechtstatsache. Der im Gesetz verwendete Begriff des Zugangs wird rechtlich bestimmt. Der Zugang einer Willenserklärung unter Abwesenden setzt voraus, dass sie so in den Bereich des Empfängers gelangt ist, dass dieser unter normalen Verhältnissen die Möglichkeit hat, vom Inhalt der Erklärung Kenntnis zu nehmen. Wird ein Brief in den Briefkasten des Empfängers eingeworfen, ist der Zugang bewirkt, sobald nach der Verkehrsanschauung mit der nächsten Entnahme zu rechnen ist. Ein Schreiben gilt deshalb dann als am Tag seines Einwurfs in den Briefkasten als zugegangen, wenn nach den Gepflogenheiten des Verkehrs eine Entnahme durch den Adressaten noch am gleichen Tag zu erwarten war. Erreicht eine Erklärung den Briefkasten des Empfängers dagegen zu einer Tageszeit, zu der nach den Gepflogenheiten des Verkehrs eine Entnahme durch den Adressaten nicht mehr erwartet werden kann, ist die Willenserklärung nicht mehr an diesem Tag, sondern erst zu einem späteren Zeitpunkt zugegangen.[47] Angesichts dieser Unwägbarkeiten darf der Anwalt bei der Übermittlung der Kündigung eines Arbeitnehmers durch Boten im Wege des Briefeinwurfs den von dem Mandanten mitgeteilten Zustellungszeitpunkt nicht ungeprüft zugrunde legen.[48] Der Prozessbevollmächtigte einer Partei ist nicht verpflichtet, um dem Vorwurf nachlässigen Verhaltens zu entgehen, umfangreiche **staatsanwaltschaftliche Ermittlungsakten** im Einzelnen darauf durchzusehen, ob ihnen Anhaltspunkte für bestimmte Pflichtverletzungen zu entnehmen sein könnten, die nach dem bisherigen Sachstand nicht im Raum stehen.[49]

17 Andererseits treffen auch den Mandanten **Mitwirkungspflichten** bei der Sachverhaltsaufklärung. Die Erhebung einer unschlüssigen Klage kann dem Anwalt nicht vorgeworfen werden, wenn der Mandant verlangte Informationen versäumt. Ist der Anwalt selbst bei Anstrengung der äußersten Sorgfalt nicht in der Lage, durch Auswertung ihm überlassener Unterlagen die geltend gemachte Forderung ordnungsge-

---

45 BGH, Urt. v. 21.4.1994 – IX ZR 150/93, WM 1994, 1805, 1806 = NJW 1994, 2293.
46 BGH, Urt. v. 14.2.2019 – IX ZR 181/17, ZInsO 2019, 631 Rn. 9.
47 BGH, Urt. v. 14.2.2019 – IX ZR 181/17, ZInsO 2019, 631 Rn. 11.
48 BGH, Urt. v. 14.2.2019 – IX ZR 181/17, ZInsO 2019, 631 Rn. 12.
49 BGH, Urt. v. 6.11.2008 – III ZR 231/07, WM 2008, 2355, 2358 Rn. 16.

mäß darzulegen, trifft den Mandanten die Verpflichtung, den offenen Rechnungsbe-
stand unter Vorlage der einzelnen Rechnungen zu beschreiben, soweit erforderlich
inhaltliche Informationen über die jeweils abgerechneten Leistungen zu geben sowie die Umstände der jeweiligen Beauftragung vorzutragen und das gesamte Zah-
lenwerk mit der Klageforderung nachvollziehbar in Deckung zu bringen. Betrifft
der Rechtsstreit einen in tatsächlicher Hinsicht komplexen Sachverhalt wie etwa
eine Punktesache und ist der Mandant zu einer umfassenden mündlichen Informationserteilung außerstande, ist der Anwalt im Interesse seines Mandanten gehalten,
von ihm **ergänzende schriftliche Angaben** zu verlangen, weil andernfalls eine
schlüssige Klagebegründung überhaupt nicht gefertigt werden könnte.[50]

7. Handeln innerhalb der Rechtsordnung

Die steuerliche Beratung hat sich vertragsgemäß auf der Grundlage der wahren Tat- **18**
sachen innerhalb der Grenzen der Rechtsordnung und insbesondere der einschlägigen steuerrechtlichen Normen zu bewegen. Der steuerliche Berater hat zwar in erster Linie die Aufgabe, die steuerlichen Interessen seines Mandanten wahrzunehmen
und damit die Steuerlast für ihn möglichst gering zu halten. Er muss sich dabei aber
im Rahmen der Rechtsordnung halten. Die Beratung ist an einer dem Mandanten
günstigen Behördenpraxis auszurichten, sofern diese mit dem Gesetz nicht schlechterdings unvereinbar ist. Verstößt jedoch eine von dem Mandanten ausdrücklich gewünschte Handhabung gegen steuerliche Rechtsvorschriften, so muss der Berater
notfalls das Mandat beenden. Erst recht darf der Berater schon zur Vermeidung eigenen ordnungswidrigen Handelns (§ 378 Abs. 1 AO) nicht von sich aus einen Vor-
gang den Steuerbehörden gegenüber in einer Weise deklarieren, die zu einer Verkür-
zung des staatlichen Steueranspruchs führt.[51]

II. Umfang der Belehrungspflicht

1. Umfassendes Mandat

Soweit der Mandant nicht eindeutig zu erkennen gibt, dass er des Rates nur in einer **19**
bestimmten Richtung bedarf, ist der Rechtsanwalt zur **allgemeinen, umfassenden
und möglichst erschöpfenden Belehrung des Auftraggebers** verpflichtet. Unkundige muss er über die Folgen ihrer Erklärungen belehren und vor Irrtümern bewahren. In den Grenzen des Mandats hat er dem Mandanten diejenigen Schritte anzuraten, die zu dem erstrebten Ziele zu führen geeignet sind, und Nachteile für den Auftraggeber zu verhindern, soweit solche voraussehbar und vermeidbar sind. Dazu hat
er dem Auftraggeber den **sichersten und gefahrlosesten Weg** vorzuschlagen und
ihn über mögliche Risiken aufzuklären, damit der Mandant zu einer sachgerechten
Entscheidung in der Lage ist. Die Erklärungen des rechtlichen Beraters müssen dem
Mandanten, der verlässlich über bestimmte Rechtsfolgen unterrichtet werden will,
um darauf seine Entscheidung gründen zu können, eine annähernd zutreffende Vor-

---

50 BGH, Beschl. v. 15.10.2009 – IX ZR 232/08 Rn. 3, 4.
51 BGH, Urt. v. 9.11.2017 – IX ZR 270/16, NJW 2018, 541 Rn. 28 f.

stellung von den Handlungsmöglichkeiten und deren Vor- und Nachteilen vermitteln. Hingegen ist es nicht Aufgabe des Beraters, dem Mandanten grundlegende Entschlüsse in dessen Angelegenheiten abzunehmen.[52] Die anwaltsvertraglichen Pflichten eines Rechtsanwalts werden nicht dadurch geschmälert, dass mit derselben Angelegenheit noch ein weiterer Rechtsanwalt betraut worden ist. Ebenso wenig wird die Prüfungspflicht eines Rechtsanwalts dadurch eingeschränkt, dass er die zu klärenden Rechtsfragen bereits in einem anderen Mandatsverhältnis untersucht hat.[53]

20 **Beispiele**: War das von Eltern erteilte vorgerichtliche Beratungsmandat auf die Wahrnehmung ihrer Interessen im Zusammenhang mit einem von ihren Kindern in der Wohnung verursachten Brandschaden und den hierauf gerichteten Ansprüchen der Vermieterin bezogen, so erfasste es damit auch die Frage nach einer Einstandspflicht der Haftpflichtversicherung. Die erteilte Auskunft einer fehlenden Eintrittspflicht der Privathaftpflichtversicherung war unrichtig, weil nach § 152 VVG a. F. – jetzt § 103 VVG – für die Haftpflichtversicherung der subjektive Risikoausschluss nur für vorsätzliches und widerrechtliches Handeln des Versicherungsnehmers gilt und § 61 VVG a. F. hierdurch eingeschränkt wird. Dementsprechend besteht nach § 4 Abs. 2 Nr. 1 Satz 1 AHB ein Risikoausschluss nur für Versicherungsansprüche aller Personen, die den Schaden vorsätzlich herbeigeführt haben. Damit sind die Anwälte zum Ersatz des durch die unzutreffende Auskunft entstandenen Schadens verpflichtet.[54] Der Absonderungsberechtigte wird in der Wohlverhaltensphase eines Verbraucherinsolvenzverfahrens nur dann bei der Verteilung berücksichtigt, wenn er innerhalb von zwei Wochen nach der öffentlichen Bekanntmachung des Schlussverzeichnisses eine Erklärung gemäß § 190 Abs. 1 InsO abgegeben hat. Der Anwalt verletzt darum schuldhaft seine anwaltlichen Pflichten, wenn er die Ausschlussfrist des § 190 Abs. 1 in Verbindung mit § 189 InsO hat verstreichen lassen.[55] Zur Wahrung von Regressansprüchen gegen Dritte hat der Rechtsanwalt eine verjährungshemmende **Streitverkündung** zu empfehlen.[56] Ist aus tatsächlichen oder rechtlichen Gründen zweifelhaft, ob ein vertraglicher Anspruch im Wege der Vertragsübernahme auf einen Dritten als Rechtsnachfolger des ursprünglichen Vertragspartners übergegangen ist, hat der Rechtsanwalt, der zur Klage gegen den Dritten rät, seinem Mandanten zu empfehlen, dessen ursprünglichen Vertragspartner den Streit zu verkünden. Zwar ist eine Streitverkündung ungeeignet, bei unklarer Rechts- oder Beweislage den Anspruchsgegner des Klägers festzustellen, wenn dieser im Verhältnis zu jedem in Betracht kommenden Anspruchsgegner beweispflichtig ist. Dies gilt aber nicht im Verhältnis zu dem ursprünglichen Vertragspartner, der beweisen muss, dass die ihn treffenden Pflichten auf einen Rechtsnachfolger übergegangen sind. Wird gegen den Rechtsnachfolger Klage erhoben und dem ursprünglichen Vertrags-

---

52 BGH, Urt. v. 7.2.2008 – IX ZR 149/04, WM 2008, 946 f. Rn. 12, 13 = NJW 2008, 2041; BGH, Urt. v. 13.3.2008 – IX ZR 136/07, WM 2008, 1560, 1561 Rn. 14 = NJW-RR 2008, 1235.

53 BGH, Urt. v. 10.5.2012 – IX ZR 125/10, WM 2012, 1351 Rn. 19.

54 BGH, Urt. v. 9.7.2009 – IX ZR 88/08, WM 2009, 1722, 1723 Rn. 9 = NJW 2009, 3025.

55 BGH, Urt. v. 2.7.2009 – IX ZR 126/08, WM 2009, 1578 f. Rn. 10 ff. = NZI 2009, 565.

56 BGH, Urt. v. 8.12.2011 – IX ZR 204/09, NJW 2012, 674 Rn. 7.

partner der Streit verkündet, kann dieser nach Abweisung der Klage nicht mehr gelten machen, der Vorprozess sei insoweit falsch entschieden worden.[57] Wird in einem Grundstückskaufvertrag auf bestehende Mietverträge hingewiesen, genügt der Anwalt gegenüber dem Käufer, der das Haus selbst nutzen will, seinen Beratungspflichten nicht damit, dass er von einem Erwerb abrät. Vielmehr hätte er den Käufer konkret darauf hinweisen müssen, dass die im Mietvertrag enthaltene Verlängerungsoption Formulierungen aufwies, die darauf hindeuteten, dass der Vermieter der Verlängerung nicht widersprechen konnte und daher der Mietvertrag mit der Mieterin fortbestand. Der Anwalt hat den Käufer auch nicht darüber belehrt, wie den vorstehend geschilderten Unsicherheiten bei der Auslegung des Mietvertrages am sichersten und gefahrlosesten begegnet werden könnte. Es waren zwei Wege denkbar. Zum einen hätte der Käufer vom Erwerb des Hauses Abstand nehmen können. Und zum zweiten hätte er das Haus unter Vereinbarung eines Rücktrittsrechts für den Fall, dass der Mietvertrag fortbesteht, erwerben können.[58] Eine **erteilte Belehrung** muss nicht wiederholt werden.[59] Eine besondere **Nachdrücklichkeit** oder **Eindringlichkeit** der Beratung kann ebenso nicht gefordert werden.[60]

2. Beschränktes Mandat

Der konkrete Umfang der anwaltlichen Pflichten richtet sich nach dem erteilten **21** Mandat und den Umständen des einzelnen Falles. Ein beschränktes Mandat liegt vor, wenn der Anwalt den Mandanten nur hinsichtlich eines Teils der Rechtsangelegenheit zu beraten hat oder nur in einer bestimmten Art, Richtung und Reichweite. Ziel der anwaltlichen Rechtsberatung ist es, dem Mandanten eigenverantwortliche, sachgerechte **(Grund-)Entscheidungen** („Weichenstellungen") in seiner Rechtsangelegenheit zu ermöglichen. Bei einem gegenständlich beschränkten Mandat kann der Rechtsanwalt zu Hinweisen und Warnungen außerhalb des eigentlichen Vertragsgenstandes verpflichtet sein. Solche Warn- und Hinweispflichten knüpfen an das Informations- und Wissensgefälle zwischen dem Anwalt und seinem Mandanten an. Sie folgen aus § 242 BGB und sollen verhindern, dass das Ziel des Beratungsvertrages trotz der für sich genommen vertragsgemäßen Beraterleistung verfehlt wird. Voraussetzung derartiger Pflichten ist, dass die dem Mandanten drohenden Gefahren dem **Anwalt bekannt** oder für ihn **offenkundig** sind oder sich ihm bei **ordnungsgemäßer Bearbeitung des Mandats aufdrängen**; Voraussetzung ist weiter, dass der Anwalt Grund zu der Annahme hat, dass sein Auftraggeber sich der Gefahren nicht bewusst ist.[61] Dies gilt insbesondere dann, wenn die Gefahren Interessen des Auftraggebers betreffen, die mit dem beschränkten Auftragsgegenstand im **engen Zusammenhang** stehen. Offenkundig bedeutet „für einen durchschnittlichen Berater

57 BGH, Urt. v. 16.9.2010 – IX ZR 203/08, WM 2010, 2183 Rn. 13 = NJW 2010, 3576.
58 BGH, Urt. v. 7.2.2008 – IX ZR 149/04, WM 2008, 946, 947 Rn. 14 ff. = NJW 2008, 2041.
59 BGH, Urt. v. 26.6.2008 – IX ZR 145/05, WM 2008, 1563, 1565 Rn. 21 = NJW-RR 2008, 1594.
60 BGH, Urt. v. 5.2.1987 – IX ZR 65/86, WM 1987, 590, 591 = NJW 1987, 1322, 1323; Beschl. v. 1.7.2010 – IX ZR 129/09 Rn. 2; v. 14.7.2016 – IX ZR 291/14 Rn. 12.
61 BGH, Urt. v. 21.6.2018 – IX ZR 80/17 Rn. 12 mwN.

auf den ersten Blick ersichtlich", die **Gefahren** müssen sich bei ordnungsgemäßer Bearbeitung **aufdrängen**.[62] Hat der Anwalt die Gefahr nicht erkannt, kommt es darauf an, ob sie offenkundig und für einen durchschnittlichen Berater auf den ersten Blick erkennbar war.[63] Eine Hinweispflicht kommt vor allem in Betracht, wenn Ansprüche gegen Dritte zu verjähren drohen. Nach dem gerade für Verjährungsfragen maßgeblichen „**Gebot des sichersten Weges**" muss der Anwalt die Gefahr erkennen, dass im Hinblick auf die zu § 197 BGB a. F. ergangene höchstrichterliche Rechtsprechung Ersatzansprüche wegen der Nichtentrichtung monatlicher Darlehenszinsen der vierjährigen Verjährungsfrist unterliegen.[64] Auch wenn der Anwalt nur mit der Führung der Verhandlungen zur **Weiterführung des Pachtverhältnisses** beauftragt worden sein sollte, so schließt dies nicht aus, dass hierbei auch etwaige **Ausgleichsansprüche** aus dem bisherigen Vertragsverhältnis mit einzubeziehen waren.[65]

22   **Beispiele**: Auch bei einem auf die Verfolgung von Rückgriffsansprüchen gegen einen früheren Berater eingeschränkten Mandat kann einen Rechtsanwalt die nebenvertragliche Warn- und Hinweispflicht treffen, auf den möglichen Regress gegen den Steuerberater (oder – bei der Anwaltshaftung – gegen seinen Kollegen) und die kurze Verjährung eines solchen Regressanspruchs aufmerksam zu machen. Voraussetzung ist nur, dass die Gefahr der Verjährung ihm bekannt oder offenkundig, dem Auftraggeber jedoch möglicherweise unbekannt ist. Insbesondere kann ein Rechtsanwalt, dem die Führung eines Rechtsstreits vor dem Finanzgericht oder die Führung eines Regressprozesses gegen einen anderen, zuvor gegenteilig beratenden Steuerberater übertragen worden ist, verpflichtet sein, für den Fall des negativen Ausgangs dieses Rechtsstreits das Bestehen von Regressansprüchen gegen den zuvor mit der Sache befassten Steuerberater in Betracht zu ziehen und zu prüfen, ob insoweit Verjährung droht.[66] Auch kann der Anwalt, der mit der Verfolgung von Regressansprüchen gegen einen früheren Berater betraut ist, zur Prüfung verpflichtet sein, ob etwaige Regressansprüche gegen einen weiteren Berater verjähren können.[67] Der Belehrungspflicht wird nicht genügt, wenn der Anwalt dem Mandanten ein an den anderen Anwalt gerichtetes, die Verjährungsfrage betreffendes Schreiben lediglich zur Kenntnisnahme übermittelt.[68] Der **Prozessanwalt** ist im Rahmen des beschränkten Mandats nicht der rechtlichen Prüfung des ihm von dem Verkehrsanwalt im Entwurf mitgeteilten Schriftsatzes enthoben.[69] Wird der Anwalt mit der Vertretung des Mandanten im Zusam-

---

62 BGH, Beschl. v. 29.9.2011 – IX ZR 184/08 Rn. 6.
63 BGH, Urt. v. 21.6.2018 – IX ZR 80/17 Rn. 15.
64 BGH, Urt. v. 13.3.2008 – IX ZR 136/07, WM 2008, 1560, 1561 f. Rn. 15 ff. = NJW-RR 2008, 1235; BGH, Urt. v. 26.6.2008 – IX ZR 145/05, WM 2008, 1563, 1564 Rn. 14 = NJW-RR 2008, 1594.
65 BGH, Urt. v. 26.6.2008 – IX ZR 145/05, WM 2008, 1563, 1564 Rn. 14 = NJW-RR 2008, 1594.
66 BGH, Urt. v. 7.5.2015 – IX ZR 186/14 Rn. 10 mwN.
67 BGH, Urt. v. 8.5.2008 – IX ZR 211/07, DStR 2008, 1299 Rn. 11.
68 BGH, Beschl. v. 23.9.2010 – IX ZR 215/09 Rn. 5.
69 BGH, Urt. v. 28.6.1990 – IX ZR 209/89, NJW-RR 1990, 1241, 1243 f.; BGH, Beschl. v. 13.12.2007 – IX ZR 206/05 Rn. 4.

menhang mit dem Antrag auf Gewährung einer Erwerbsunfähigkeitsrente betraut, muss er den Mandanten nicht darauf hinweisen, dass eine Weiterbeschäftigung auf einem geeigneten Arbeitsplatz die Stellung eines entsprechenden Antrags binnen zwei Wochen nach Erhalt des Rentenbescheids voraussetzt.[70]

3. Tätigkeit als Anwalt und Steuerberater

Wird ein Rechtsanwalt und Steuerberater in letztgenannter Eigenschaft als Berater 23
bei der Entscheidung über eine Kapitalerhöhung hinzugezogen, ist er in seiner weiteren Eigenschaft als Rechtsanwalt berechtigt und verpflichtet, den Mandanten im Zusammenhang mit der erbetenen steuerlichen Beratung auf die **rechtlichen und wirtschaftlichen Risiken einer verdeckten Sacheinlage** hinzuweisen. Will sich der Berater auf eine reine Steuerberatung beschränken, muss er dem Mandanten empfehlen, sich wegen der rechtlichen Umsetzung der Kapitalerhöhung an einen mit gesellschaftsrechtlichen Fragestellungen vertrauten Rechtsanwalt zu wenden. Mit seinem Vorschlag, sich anstelle einer Sacheinlage des Patents von der GmbH den darauf entfallenden Verkaufserlös auszahlen zu lassen und sodann die Kapitalerhöhung im Wege einer Bareinlage vorzunehmen, hat der Anwalt und Steuerberater die von dem Gesellschafter verwirklichte verdeckte Sacheinlage zumindest fahrlässig veranlasst und wegen der damit verbundenen Gefahr einer Doppelzahlung seine Beratungspflichten verletzt.[71]

4. Wirtschaftliche Interessenwahrnehmung

Der Mandant braucht nicht auf die wirtschaftlichen Risiken einer Darlehensvergabe 24
an eine Einzelperson hingewiesen zu werden, zumal wenn bekannt war, dass diese von Banken kein Darlehen erhielt. Der Anwalt ist als Rechtsberater grundsätzlich nicht verpflichtet, die **wirtschaftlichen Interessen** seines Mandanten wahrzunehmen und ihm auf unternehmerischem Gebiet zur Verhütung eines Forderungsausfalls Ratschläge zu erteilen.[72]

III. Rechtsprüfung

1. Schlüssigkeit

Der anwaltliche Berater wäre überfordert, wenn von ihm allgemein verlangt würde, 25
dass er über eine im Wesentlichen lückenlose Gesetzeskenntnis verfügen und sie in das Beratungsgeschehen einbringen müsste. Erwartet wird von ihm nur eine mandatsbezogene Rechtskenntnis, die zudem mit der Informationspflicht des Mandanten in Wechselwirkung steht: Grundsätzlich darf der Rechtsanwalt auf die Richtigkeit und die Vollständigkeit der tatsächlichen Angaben seines Auftraggebers vertrauen, ohne eigene Nachforschungen anstellen zu müssen. Dies gilt insbesondere für die Informationserteilung, welche die berufliche Tätigkeit des Auftraggebers be-

---

70 BGH, Urt. v. 21.6.2018 – IX ZR 80/17 Rn. 15 ff.
71 BGH, Urt. v. 19.5.2009 – IX ZR 43/08, WM 2009, 1376, 1377 Rn. 12 = NZG 2009, 865.
72 BGH, Beschl. v. 19.6.2008 – IX ZR 18/07, BRAK-Mitt 2008, 262 Rn. 7.

trifft. Der Rechtsanwalt muss sich allerdings um zusätzliche Aufklärung bemühen, wenn den Umständen nach für eine zutreffende rechtliche Einordnung die Kenntnis weiterer Tatsachen erforderlich und deren Bedeutung für den Mandanten nicht ohne Weiteres ersichtlich ist.[73] Rechtsprüfung und Rechtsberatung setzen zwingend die Kenntnis der einschlägigen Rechtsnormen voraus, zu denen auch die auf der Grundlage von Bundesgesetzen erlassenen Rechtsverordnungen gehören. Notfalls muss sich der anwaltliche Berater die mandatsbezogenen Rechtskenntnisse, soweit sie nicht zu seinem präsenten Wissen gehören, ungesäumt verschaffen und sich auch in eine Spezialmaterie einarbeiten. Dies gilt auch, soweit es sich um eine entlegene Rechtsmaterie handelt.[74] Die vom Anwalt zu verlangenden mandatsbezogenen Kenntnisse kann und wird sich der Anwalt jedoch nur hinsichtlich des Gegenstandes des Mandats verschaffen. Kenntnisse, die für die Beratung nicht erforderlich sind, die für den Mandanten aber gleichwohl nützlich sein könnten, braucht der Anwalt nicht zu haben; er ist auch nicht verpflichtet, sie aus Anlass des Mandates zu erwerben.[75]

26 Der Rechtsanwalt (wie auch der Steuerberater) hat seine Tätigkeit für den Mandanten darum in erster Linie an der höchstrichterlichen Rechtsprechung auszurichten; denn diese hat richtungweisende Bedeutung für Entwicklung und Anwendung des Rechts. Hinweise, Belehrungen und Empfehlungen sind in der Regel an der höchstrichterlichen Rechtsprechung auszurichten.[76] Der Anwalt muss sich deshalb über die Entwicklung der höchstrichterlichen Rechtsprechung nicht nur anhand der amtlichen Sammlungen, sondern auch der einschlägigen Fachzeitschriften unterrichten Eine Pflicht, darüber hinaus die veröffentlichte Instanzrechtsprechung und das Schrifttum sowie hierbei insbesondere die Aufsatzliteratur heranzuziehen, besteht zwar grundsätzlich nur in beschränktem Maße; strengere Anforderungen sind jedoch zu stellen, wenn ein Rechtsgebiet ersichtlich in der Entwicklung begriffen und (weitere) höchstrichterliche Rechtsprechung zu erwarten ist. Dann muss ein Anwalt, der eine Angelegenheit aus diesem Bereich zu bearbeiten hat, auch Spezialzeitschriften in angemessener Zeit durchsehen. Ihm muss dabei freilich insgesamt ein „realistischer Toleranzrahmen" zugebilligt werden.[77] Besteht keine gesteigerte Beobachtungs- und Recherchepflicht, muss der rechtliche Berater über die in den **amtlichen Sammlungen** und in den **einschlägigen allgemeinen Fachzeitschriften** – im Bereich des Steuerrechts sind dies das „Bundessteuerblatt" und das „Deutsche Steuerrecht" – veröffentlichten Entscheidungen der obersten Bundesgerichte orientiert sein. Eine allein in BFH/NV publizierte, nicht mit einem amtlichen Leitsatz versehene Entscheidung des BFH muss dem Berater dagegen nicht geläufig sein.[78]

---

73 BGH, Urt. v. 22.9.2005 – IX ZR 23/04, WM 2005, 2197, 2199 = NJW 2006, 501, 502.
74 BGH, Urt. v. 22.9.2005 – IX ZR 23/04, WM 2005, 2197, 2198 = NJW 2006, 501, 502.
75 BGH, Urt. v. 21.6.2018 – IX ZR 80/17 Rn. 18.
76 BGH, Urt. v. 17.3.2016 – IX ZR 142/14, AnwBl 2016, 524 Rn. 9.
77 BGH, Urt. v. 21.9.2000 – IX ZR 127/99, WM 2000, 2431, 2435 = NJW 2001, 675, 678; v. 25.9.2014 – IX ZR 199/13 Rn. 12.
78 BGH, Urt. v. 23.9.2010 – IX ZR 26/09, WM 2010, 2050 Rn. 17 ff. = DStR 2010, 2374; v. 25.9.2014 – IX ZR 199/13 Rn. 14.

Fehlt eine höchstrichterliche Rechtsprechung, kann der Rechtsanwalt sich die erforderlichen Kenntnisse etwa durch Einsichtnahme in eines der üblichen Erläuterungsbücher verschaffen. Ungewöhnliche Fallgestaltungen, die weder Gegenstand einer höchstrichterlichen oder instanzgerichtlichen Entscheidung waren noch in einem der gängigen Kommentare oder Lehrbüchern behandelt wurden, hat er auf der Grundlage eigener, juristisch begründeter Überlegungen zu bearbeiten.[79] Würde es sich um Rechtsfortbildung handeln, die nicht unmittelbar aus dem Gesetz folgt und die bisher nicht Gegenstand einer höchstrichterlichen Rechtsprechung, einschlägiger instanzgerichtlicher Rechtsprechung oder Literatur war, gereicht es dem Anwalt nicht zum Verschulden, dass er sich nicht für die vom Berufungsgericht allein für richtig gehaltene Maßnahme entschieden hat.[80]

Der Patentanwalt verletzt seine Pflichten aus dem Anwaltsvertrag, wenn er seinem **27** Mandanten gegenüber erklärt, dessen Patent werde mit Sicherheit für nichtig erklärt werden, wenn eine solche Prognose objektiv zumindest zweifelhaft ist.[81] Ist für den beratenden Rechtsanwalt erkennbar, dass ein zu erwartender Rechtsstreit nahezu sicher oder jedenfalls mit sehr hoher Wahrscheinlichkeit für seinen Mandanten verlorengehen wird, so genügt er seiner Beratungspflicht in der Regel nicht schon durch den Hinweis, dass ein **Risiko bestehe** und der Ausgang des Rechtsstreites offen sei; er muss vielmehr von sich aus deutlicher zum hohen Grad des Risikos und zur **Wahrscheinlichkeit eines Prozessverlustes** Stellung nehmen. Versäumt er dies, hat er die Verfahrenskosten zu tragen.[82] Ist eine Klage praktisch aussichtslos, muss der Rechtsanwalt dies klar herausstellen und darf sich nicht mit dem Hinweis begnügen, die Erfolgsaussichten seien offen.[83] Der Anwalt verhält sich pflichtwidrig, wenn er zur Vermeidung eines Entzugs zur freiwilligen Rückgabe der Kassenarztzulassung rät, aber nicht darauf hinweist, dass schon aufgrund der persönlichen und wirtschaftlichen Verhältnisse die Wiederzulassung des Mandanten ausgeschlossen ist.[84]

Für die Beurteilung, ob bei pflichtgemäßem Verhalten des Beraters das Ausgangs- **28** verfahren zugunsten des Mandanten hätte ausgehen müssen, ist die **Rechtslage zu dem damaligen Zeitpunk**t maßgeblich. Die jeweils geltende Rechtslage muss unter Einbeziehung der von der **höchstrichterlichen Rechtsprechung** herausgearbeiteten Regeln und Grundsätze bestimmt werden. Dies ist schon deshalb notwendig, weil die Aufgabe des Richters sich nach dem Grundgesetz nicht darauf beschränkt, Gesetze in den Grenzen des möglichen Wortsinns anzuwenden. Der Richter ist vielmehr insbesondere dort, wo Rechtsfragen gesetzlich nicht geregelt sind oder der Wortlaut einer Vorschrift in Spannung zu verfassungsrechtlichen Wertvorstellungen

---

79 BGH, Urt. v. 17.3.2016 – IX ZR 142/14, AnwBl 2016, 524 Rn. 9.
80 BGH, Urt. v. 17.3.2016 – IX ZR 142/14, AnwBl 2016, 524 Rn. 12.
81 BGH, Urt. v. 30.11.1999 – IX ZR 181/99, NJW-RR 2000, 791, 792.
82 BGH, Urt. v. 8.12.1983 – I ZR 183/81, BGHZ 89, 178, 182 = NJW 1984, 791; BGH, Urt. v. 10.3.1988 – IX ZR 194/87, NJW 1988, 2113.
83 BGH, Urt. v. 10.5.2012 – IX ZR 125/10, WM 2012, 1351 Rn. 22; Beschl. v. 9.10.2014 – IX ZR 144/13 Rn. 2.
84 BGH, Urt. v. 23.11.2006 – IX ZR 21/03, WM 2007, 419, 420 Rn. 14, 15.

steht, zu schöpferischer Rechtsfindung berufen. Aber auch im Bereich bloßer Gesetzesauslegung führt eine ständige höchstrichterliche Rechtsprechung aufgrund der ihr von der Praxis zugebilligten Autorität in der Regel zu einer einheitlichen Rechtsanwendung. Diese Wirkung wird zusätzlich gefördert durch die verfahrensrechtlichen Bestimmungen, die eine unmittelbare Bindungswirkung der Entscheidungen sowie die Zulassung der Revision oder die Vorlage einer Sache an den Bundesgerichtshof anordnen.[85] Von einem Rechtsanwalt, der das Mandat zur Führung eines Prozesses vor dem Bundesverfassungsgericht annimmt, ist zu verlangen, dass er sich mit der verfassungsrechtlichen Materie auseinandersetzt, die einschlägige Rechtsprechung zu den aufgeworfenen Fragen prüft, die Erfolgsaussichten einer beabsichtigten Verfassungsbeschwerde eingehend abwägt und sich entsprechend den Ergebnissen seiner Prüfung verhält.[86] Den Berater entlastet es nicht, wenn er die einschlägige, von ihm nicht berücksichtigte höchstrichterliche Rechtsprechung für falsch hält.[87] Höchstrichterliche Rechtsprechung kann nur in dem Ausnahmefall außer Betracht bleiben, dass diese mit anerkannten Rechtsgrundsätzen, insbesondere dem Verfassungsrecht, in Widerspruch steht.[88]

29 Der Rechtsanwalt hat sich nur mit den tatsächlichen Angaben zu befassen, die zur pflichtgemäßen Erledigung des ihm übertragenen Auftrags zu beachten sind. Er braucht sich grundsätzlich nicht um die Aufklärung von Vorgängen zu bemühen, die weder nach den vom Auftraggeber erteilten Informationen noch aus Rechtsgründen in einer inneren Beziehung zu dem Sachverhalt stehen, aus dem der Mandant einen Anspruch gegen seinen Vertragspartner herleiten will.[89] Erscheint nach pflichtgemäßer Prüfung der Sach- und Rechtslage eine beabsichtigte Klage nahezu sicher oder jedenfalls mit hoher Wahrscheinlichkeit als aussichtslos, so muss der Anwalt auf den damit verbundenen Grad der Gefahr eines Prozessverlustes hinweisen.[90] Wer als Rechtsanwalt die Vertretung der beklagten Partei in einem Zivilprozess übernimmt, muss grundsätzlich prüfen, ob die gegnerische Klage eventuell schon an **fehlender Schlüssigkeit** scheitert. Sind bei verkehrsüblicher Sorgfalt solche Mängel erkennbar, so hat der Prozessbevollmächtigte sie grundsätzlich im Rechtsstreit geltend zu machen. Eine solche Verpflichtung entspricht dem in § 1 Abs. 3 BORA zum Ausdruck gekommenen Selbstverständnis der Anwaltschaft und begegnet auch keinen verfassungsrechtlichen Bedenken.[91] Der Anwalt muss erkennen, dass eine Aufrechnung gegen eine nicht der Pfändung unterworfene Forderung nach § 394 Satz 1 BGB unzulässig ist.

30 Der mit der Prozessführung betraute Rechtsanwalt ist seinem Mandanten gegenüber verpflichtet, dafür einzutreten, dass die zugunsten des Mandanten sprechenden **tat-**

---

85 BGH, Urt. v. 28.9.2000 – IX ZR 6/99, BGHZ 145, 256, 262 = WM 2000, 2439, 2442 = NJW 2001, 146.
86 BVerfG, Beschl. v. 9.6.2004 – 1 BvR 915/04, NJW 2004, 2959.
87 BGH, Urt. v. 28.9.2000 – IX ZR 6/99, BGHZ 145, 256, 263 = WM 2000, 2439 = NJW 2001, 146.
88 BGH, Urt. v. 28.9.2000 – IX ZR 6/99, BGHZ 145, 256, 264 = WM 2000, 2439 = NJW 2001, 146.
89 BGH, Urt. v. 7.2.2002 – IX ZR 209/00, WM 2002, 1077, 1078 = NJW 2002, 1413.
90 BGH, Urt. v. 13.3.1997 – IX ZR 81/96, WM 1997, 1392, 1393 = NJW 1997, 2168, 2169.
91 BGH, Urt. v. 24.5.2007 – IX ZR 142/05, WM 2007, 1425, 1426 f. Rn. 14 = NJW-RR 2007, 1553.

sächlichen und rechtlichen Gesichtspunkte so umfassend wie möglich ermittelt und bei der Entscheidung des Gerichts berücksichtigt werden. Zwar weist die Zivilprozessordnung die Entscheidung und damit die rechtliche Beurteilung des Streitfalles dem Gericht zu; dieses trägt für sein Urteil die volle Verantwortung. Es widerspräche jedoch der rechtlichen und tatsächlichen Stellung der Prozessbevollmächtigten in den Tatsacheninstanzen, würde man ihre Aufgabe allein in der Beibringung des Tatsachenmaterials sehen. Der Möglichkeit, auf die rechtliche Beurteilung des Gerichts Einfluss zu nehmen, entspricht im Verhältnis zum Mandanten die Pflicht, diese Möglichkeit zu nutzen. Mit Rücksicht auf das auch bei Richtern nur **unvollkommene menschliche Erkenntnisvermögen** und die niemals auszuschließende Möglichkeit eines Irrtums, ist es Pflicht des Rechtsanwalts, nach Kräften dem Aufkommen von Irrtümern und Versehen des Gerichts entgegenzuwirken. Dies entspricht auch dem Selbstverständnis der Anwaltschaft (§ 1 Abs. 3 BORA). Diese Pflicht hat der Anwalt verletzt, indem er weder in der schriftlichen Berufungserwiderung noch in der mündlichen Verhandlung noch in einem auf ihren Antrag nachzulassenden Schriftsatz auf die Entscheidung des Bundesgerichtshofs vom 29. Mai 2000 (NJW-RR 2000, 1463) zur **konkludenten Vereinbarung über die Umlegung von Nebenkosten** durch jahrelange Übung hingewiesen hat.[92] Es ist Aufgabe des Rechtsanwalts, der einen Anspruch seines Mandanten klageweise geltend machen soll, die **zugunsten seiner Partei sprechenden tatsächlichen und rechtlichen Gesichtspunkte** so umfassend wie möglich darzustellen, damit sie das Gericht bei seiner Entscheidung berücksichtigen kann. Er darf sich nicht ohne Weiteres mit dem begnügen, was sein Auftraggeber ihm an Informationen liefert, sondern muss um **zusätzliche Aufklärung** bemüht sein, wenn den Umständen nach für eine zutreffende rechtliche Einordnung die Kenntnis weiterer Tatsachen erforderlich und deren Bedeutung für den Mandanten nicht ohne Weiteres ersichtlich ist. Er ist zu **rechtzeitigem Vortrag** verpflichtet und muss damit verhindern, dass einzelne Angriffs- oder Verteidigungsmittel als verspätet zurückgewiesen werden. Er hat, wenn mehrere Maßnahmen in Betracht kommen, diejenige zu treffen, welche die **sicherste** und **gefahrloseste** ist, und, wenn mehrere Wege möglich sind, um den erstrebten Erfolg zu erreichen, den zu wählen, auf dem dieser am sichersten erreichbar ist.[93] Hat das Gericht in Einklang mit der für die Berechnung des Zugewinnausgleichs maßgeblichen Rechtslage dem Anwalt den **Hinweis erteilt** (§ 139 ZPO), die Werte des Endvermögens seines Mandanten im Einzelnen darzulegen, so handelt der Anwalt pflichtwidrig, wenn er entsprechenden Sachvortrag versäumt. Der ausdrückliche Hinweis auf die Vorlage von Belegen über die „Abwicklung des Unternehmens nach Einstellung des Betriebes" musste den Anwalt veranlassen, zum Substanzwert der bei Aufgabe seines Unternehmens noch vorhandenen Betriebsgegenstände vorzutragen. Obwohl das Gericht einen dahingehenden Hinweis abermals in der mündlichen Verhandlung erteilte, hat der Anwalt pflichtwidrig davon abgesehen, einen

---

92 BGH, Urt. v. 18.12.2008 – IX ZR 179/07, WM 2008, 324, 325 Rn. 8, 9 = NJW 2009, 987.
93 BGH, Urt. v. 13.6.2013 – IX ZR 155/11, WM 2013, 1754 Rn. 8 = NJW 2013, 2965.

Schriftsatznachlass zu beantragen, um – falls er den früheren Hinweis missverstanden hatte – die gebotene Darlegung nachzuholen.[94]

2. Rechtsmittelchancen

31 In welchem Umfang der Anwalt den Mandanten nach einem Instanzverlust über die Aussichten eines Rechtsmittels zu belehren hat, ist allerdings durch die Rechtsprechung des Bundesgerichtshofs noch nicht umfassend geklärt. Eine entsprechende Belehrungspflicht besteht jedenfalls hinsichtlich der **formellen Voraussetzungen** des Rechtsmittels, bei ohne Weiteres erkennbarer Divergenz zur höchstrichterlichen Rechtsprechung sowie in den Fällen, in denen der Fehler des Urteils auch darauf beruht, dass der Rechtsanwalt nicht sachgerecht gearbeitet, er das unrichtige Urteil also mitverschuldet hat. Unter solchen Umständen erfordert es die vorausgegangene Pflichtwidrigkeit, den Mandanten konkret auf die Umstände hinzuweisen, die ein Rechtsmittel aussichtsreich erscheinen lassen. Dagegen gehört es ohne gesonderten Auftrag nicht zu den Aufgaben eines Berufungsanwalts, die materiellen Gründe des Berufungsurteils einer eingehenden Prüfung auf ihre Richtigkeit zu unterziehen, erfolgversprechende Angriffspunkte herauszuarbeiten und sie auf ihre **Revisibilität** hin zu untersuchen.[95] Der Anwalt muss prüfen, ob ein Rechtsmittel auf die Versagung rechtlichen Gehörs (Art. 103 Abs. 1 GG) gestützt werden kann. Fehlerhaft ist es, wenn der Anwalt erklärt, ein zurückgenommenes Rechtsmittel könne ohne Weiteres weiterverfolgt werden.[96] Nach der **Niederlegung des Mandats** bleibt der Rechtsanwalt verpflichtet, seine frühere Partei über eine an ihn erfolgte Zustellung unverzüglich zu unterrichten. Darauf, dass der frühere Prozessbevollmächtigte die nachwirkende Pflicht ordnungsgemäß erfüllt hat, darf sich die Partei verlassen. Solange der ehemalige Mandant keine Zustellungsnachricht von seinem ehemaligen Rechtsanwalt erhalten hat, braucht er nicht damit zu rechnen, dass der ehemalige Rechtsanwalt die Zustellung entgegengenommen und die Einspruchsfrist in Gang gesetzt hatte. Selbst wenn dem **Versäumnisurteil** eine Rechtsmittelbelehrung beigegeben war, kann der Kläger mangels eigener Kenntnis des Zustellungszeitpunkts den Ablauf der Zweiwochenfrist nicht berechnen.[97]

32 Ist in der Berufungsinstanz ein Versäumnisurteil gegen den Kläger ergangen und ist nach form- und fristgerechtem Einspruch für diesen im Einspruchstermin niemand erschienen, weil sein Prozessbevollmächtigter unmittelbar vor der geplanten Fahrt zum Termin wegen einer akuten Erkrankung (hier: Übelkeit und Durchfall) einen Arzt hat aufsuchen müssen, setzt die Zulässigkeit der Revision gegen ein zweites Versäumnisurteil die schlüssige Darlegung voraus, dass kein Fall der schuldhaften (Termins-)Versäumung vorgelegen hat. Daran fehlt es, wenn dem Kläger ein Verschulden seines Prozessbevollmächtigten gemäß § 85 Abs. 2 ZPO zuzurechnen ist. Dies wurde im Streitfall darin gesehen, dass er das Berufungsgericht nicht rechtzei-

---

94 BGH, Beschl. v. 14.5.2009 – IX ZR 165/08 Rn. 3.
95 BGH, Urt. v. 24.5.2007 – IX ZR 142/05, WM 2007, 1425, 1425 Rn. 12 = NJW-RR 2007, 1553.
96 BGH, Urt. v. 6.2.2014 – IX ZR 217/12, NJW 2014, 1800 Rn. 13.
97 BGH, Beschl. v. 6.10.2011 – IX ZR 21/09 Rn. 3.

tig selbst oder durch einen Dritten telefonisch über seine krankheitsbedingte Verhandlungsunfähigkeit in Kenntnis gesetzt hatte. In Ansehung des von dem Prozessbevollmächtigten selbst geschilderten zeitlichen Ablaufs einer Übelkeit am Morgen des Verhandlungstages mit Verschlechterung der Krankheitssymptome auf der Autofahrt zur Kanzlei, kurzzeitiger Verbesserung der Symptome und deshalb möglichem Aufsuchen eines Arztes wäre es ihm ohne Weiteres möglich und zumutbar gewesen, vor dem Termin das Gericht zu informieren oder informieren zu lassen.[98]

Der Rechtsanwalt, der die Vertretung der beklagten Partei in einem Zivilprozess **33** übernimmt, hat zu prüfen, ob die gegnerische Klage eventuell schon an der **fehlenden Schlüssigkeit** scheitert. Sind bei verkehrsüblicher Sorgfalt solche Mängel erkennbar, so hat der Prozessbevollmächtigte sie grundsätzlich im Rechtsstreit geltend zu machen. Übernimmt der Anwalt die **Vertretung eines Berufungsbeklagten**, hat er ebenso zu prüfen, ob die mit der Berufung verfolgte **Rechtsverteidigung schon aus Rechtsgründen aussichtslos** ist (oder umgekehrt ohne Weiteres Erfolg hat, so dass eine Klagerücknahme angezeigt ist). Der Hinweis auf eine die Rechtsauffassung der Mandantin stützende Entscheidung des Bundesgerichtshofs war geeignet, der gegnerischen Berufung den Boden zu entziehen. Der Gegner hätte durch sie veranlasst werden können, die Berufung zurückzunehmen. Das Gericht hätte sich ihr anschließen können. Hätte es abweichen wollen, hätte es zur Sicherung einer einheitlichen Rechtsprechung (§ 543 Abs. 2 Satz 1 Nr. 2 Fall 2 ZPO) die Revision zulassen müssen; hätte es die Entscheidung deshalb, weil der vom Bundesgerichtshof entschiedene Fall das gewerbliche Mietrecht und nicht das Wohnraummietrecht betraf, für nicht einschlägig gehalten, wäre der Zulassungsgrund der grundsätzlichen Bedeutung erfüllt gewesen (§ 543 Abs. 2 Satz 1 Nr. 1 ZPO). Eine unterbliebene Zulassung hätte wegen des Entzugs des gesetzlichen Richters (Art. 101 Abs. 1 GG) und wegen Verletzung des Rechts auf Gewährung effektiven Rechtsschutzes (Art. 2 Abs. 1 i.V.m. Art. 20 Abs. 3 GG) mit der Verfassungsbeschwerde angegriffen werden können. Ein mit verkehrsüblicher Sorgfalt arbeitender Anwalt hätte die fragliche Entscheidung im Zuge der Bearbeitung des Mandats auch ohne sonderliche Mühe auffinden und verarbeiten können. Sie war im maßgeblichen Zeitpunkt der Übernahme der Vertretung bereits in mehreren juristischen Zeitschriften veröffentlicht worden und wurde zudem in einem **gängigen Kommentar zum BGB** nachgewiesen (Palandt).[99] Bis zur Entscheidung des Mandanten über die endgültige Durchführung der Berufung muss der Anwalt darauf hinwirken, dass keine vollendeten Tatsachen geschaffen wurden. In diesem Rahmen ist er grundsätzlich gehalten, einerseits der möglichen **Zwangsvollstreckung** aus dem gegen Sicherheitsleistung vorläufig vollstreckbaren landgerichtlichen Urteil mit geeigneten Rechtsbehelfen entgegenzutreten und andererseits dem Mandanten zu verdeutlichen, dass eine Zwangsvollstreckung den Gegner bei erfolgreicher Berufung gemäß § 717 Abs. 2 ZPO zum Schadensersatz verpflichtet.[100] Auch bei Beweisschwierigkeiten hat der mit der Geltendmachung von Schmerzensgeld betraute Rechtsanwalt

---

98 BGH, Urt. v. 24.9.2014 – IX ZR 207/14, NJW-RR 2016, 60 Rn. 5 ff.
99 BGH, Urt. v. 18.12.2008 – IX ZR 179/07, WM 2008, 324, 325 Rn. 11, 12 = NJW 2009, 987.
100 BGH, Urt. v. 10.7.2003 – IX ZR 5/00, WM 2004, 436, 437.

zu psychischen Beeinträchtigungen des Mandanten vorzutragen und insoweit die Einholung eines Sachverständigengutachtens zu beantragen. Ist eine Substantiierung der Körperschäden nicht möglich, kann sich die Einholung eines Privatgutachtens anbieten.[101] Das **Berufungsverfahren** ist dazu zu nutzen, Lücken des erstinstanzlichen Sachvortrags unter Darlegung der Schuldlosigkeit der Verspätung zu schließen.[102]

34 Der Berufungsanwalt darf dem **Anraten, das Rechtsmittel zurückzunehmen**, nicht folgen, ohne dass sein Mandant über die Möglichkeiten der Prozessordnung, gegen die vorläufige Auffassung des Gerichts sprechende tatsächliche und rechtliche Gesichtspunkte in der Instanz oder durch ein Rechtsmittel zur Geltung zu bringen, so aufgeklärt worden ist, dass er die **wägbaren Prozessaussichten** beurteilen kann. Den Berufungsanwalt trifft die Pflicht, eine vom **Gericht im Verlauf der Instanz vertretene Rechtsansicht** im Interesse seines Mandanten zu überprüfen, selbst wenn sie durch Nachweise von Rechtsprechung und Schrifttum belegt ist. Eine solche Rechtsansicht erscheint dann nicht unvertretbar, kann aber trotzdem von Haus aus unrichtig oder überholt sein. Kommt ein solcher Fehler des Gerichts in Betracht, muss der Prozessanwalt die **Möglichkeiten der Verfahrensordnung nutzen**, um die zugunsten seines Mandanten sprechenden tatsächlichen und rechtlichen Gesichtspunkte so umfassend zur Geltung zu bringen, wie die Umstände es zulassen. Der Schutz des Mandanten gebietet es, dass diese Tatsachen und Argumente bei der gerichtlichen Entscheidung berücksichtigt werden können. Unterbleibt eine solche Einwirkung auf das Gericht, weil der Mandant einer Rücknahme des Rechtsmittels zustimmt, so handelt der Prozessanwalt nur dann pflichtmäßig, wenn er zuvor den Mandanten zutreffend über die **verbleibenden Möglichkeiten aufgeklärt** hat, in der Instanz oder durch ein Rechtsmittel den Prozess zu einem günstigeren Ende zu bringen. Der Mandant muss gerade in einer solchen kritischen Lage die wägbaren Prozessaussichten beurteilen können.[103] Es entlastet den Rechtsanwalt in seiner Rechtsprüfung und Aufklärung des Mandanten auch nicht, dass ein mit **drei Berufsrichtern besetztes Kollegialgericht** die Erfolgsaussicht des eingelegten Rechtsmittels nach einer Beratung verneint hat. Die aus der **Notarhaftung** bekannten Grundsätze zur Entschuldigung eines Verhaltens, welches ein Kollegialgericht als objektiv rechtmäßig erachtet hat, können auf die Anwaltshaftung schon im Ansatz nicht übertragen werden. Das ist gesicherte Rechtsprechung des Bundesgerichtshofs.[104]

35 Der Umfang der einem **Korrespondenz- oder Verkehrsanwalt** obliegenden Pflichten richtet sich in erster Linie nach dem erteilten Auftrag. Regelmäßig gehört es zu den Aufgaben eines Verkehrsanwalts, den Mandanten zu beraten, den rechtlich relevanten Sachverhalt zu ermitteln und die Informationen des Mandanten aufzunehmen, zu verarbeiten und fehlerfrei an den Prozessanwalt weiterzuleiten. Er

---

101 BGH, Urt. v. 13.6.2013 – IX ZR 155/11, WM 2013, 1754 = NJW 2013, 2965 Rn. 10.
102 BGH, Urt. v. 13.6.2013 – IX ZR 155/11, WM 2013, 1754 = NJW 2013, 2965 Rn. 10.
103 BGH, Urt. v. 11.4.2013 – IX ZR 94/10, WM 2013, 1426 = VersR 2013, 1312 Rn. 4.
104 BGH, Urt. v. 11.4.2013 – IX ZR 94/10, WM 2013, 1426 = VersR 2013, 1312 Rn. 5.

hat den Auftraggeber über den Fortgang des Rechtsstreits zu unterrichten, insbesondere über gerichtliche Auflagen und Hinweise. Diese hat er selbst zu prüfen und dem Mandanten zu erläutern. Auf die Vornahme danach erforderlicher Maßnahmen hat er selbst hinzuwirken. Zur **Überwachung** des Prozessbevollmächtigten ist der Verkehrsanwalt im Allgemeinen ohne besonderen Auftrag nicht verpflichtet. Wenn die von dem Berufungsgericht beanstandete Unschlüssigkeit der Klage auch den von dem Verkehrsanwalt in erster Instanz gehaltenen Vortrag betraf, hat er in besonderem Maße dafür Sorge zu tragen, dass dieser Mangel im laufenden Berufungsverfahren behoben wird. Im Einzelfall kann eine Beschränkung dieser Pflicht eingreifen, wenn der Mandant zum Zwecke der Zeitersparnis seinen Verkehrsanwalt lediglich bittet, Kontakt zu dem Berufungsanwalt herzustellen, damit dieser entsprechend einem Hinweis des Berufungsgerichts ergänzend vorträgt.[105]

Die Sorgfaltspflichten bei der **Erteilung eines Rechtsmittelauftrags** durch einen **36** Rechtsanwalt der Vorinstanz beschränken sich nicht darauf, rechtzeitig ein Auftragsschreiben zu versenden. Der Absender muss sich vielmehr grundsätzlich innerhalb der Rechtsmittelfrist, gegebenenfalls durch Rückfrage, rechtzeitig **vergewissern**, ob der beauftragte Rechtsanwalt den Auftrag übernimmt; eine Ausnahme gilt nur dann, wenn zwischen dem Absender und dem Rechtsmittelanwalt im Einzelfall oder allgemein eine Absprache dahin besteht, dass dieser Rechtsmittelaufträge annehmen, prüfen und ausführen wird. Im Falle der Ablehnung des Mandats durch den zunächst in Aussicht genommenen Rechtsanwalt muss der Auftraggeber in der Lage sein, den Rechtsmittelauftrag noch rechtzeitig einem anderen Rechtsanwalt zu erteilen, um die Durchführung des Rechtsmittels zu gewährleisten.[106] Übernimmt es ein Instanzanwalt, im Auftrag seiner Partei nach seiner Wahl einen beim Bundesgerichtshof zugelassenen Rechtsanwalt mit der Einlegung einer zugelassenen Revision zu beauftragen, will dieser das Mandat aber nur nach Abschluss einer Honorarvereinbarung übernehmen, muss sich der Instanzanwalt vergewissern, dass die Honorarvereinbarung mit seinem Mandanten rechtzeitig abgeschlossen wird, und andernfalls einen anderen beim Bundesgerichtshof zugelassenen Rechtsanwalt beauftragen.[107]

3. Hinweispflichten vor Vergleichsschluss

Ein Rechtsanwalt ist innerhalb der Grenzen des ihm erteilten Mandats verpflichtet, **37** seinen Auftraggeber umfassend und erschöpfend zu belehren, um ihm eine eigenverantwortliche, sachgerechte Entscheidung darüber zu ermöglichen, wie er seine Interessen in rechtlicher und wirtschaftlicher Hinsicht zur Geltung bringen will. Dies gilt in besonderer Weise, wenn ein Rechtsstreit durch einen Vergleich beendet werden soll. Eigenverantwortlich kann der Mandant diese Entscheidung nur treffen, wenn ihm die **Chancen und Risiken** der Prozessführung verdeutlicht werden, also die Aussichten, den Prozess zu gewinnen oder zu verlieren. Sodann muss der Man-

---

105 BGH, Urt. v. 12.11.2009 – IX ZR 152/08, WM 2010, 372 Rn. 13, 14.
106 BGH, Beschl. v. 5.6.2014 – IX ZR 239/13, NJW 2014, 2656 Rn. 14 f.
107 BGH, Beschl. v. 5.6.2014 – IX ZR 239/13, NJW 2014, 2656 Rn. 18.

dant über **Inhalt und Tragweite des beabsichtigten Vergleichs** informiert werden. Eine Aufklärung in der zweiten Richtung ist insbesondere dann erforderlich, wenn Anhaltspunkte dafür bestehen, dass der Mandant erwartet, durch einen Vergleich bestimmte Rechtspositionen gewahrt zu wissen, und der Anwalt beabsichtigt, den Vergleich mit einem abweichenden Inhalt abzuschließen.[108] Auch ein ausdrücklicher **gerichtlicher Vergleichsvorschlag** vermag den Rechtsanwalt nicht von seiner Verantwortung bei der Beratung der Partei zu entbinden.[109] Der Rechtsanwalt ist verpflichtet, die Interessen des Mandanten umfassend und nach allen Richtungen wahrzunehmen und ihn vor vermeidbaren Nachteilen zu bewahren.[110] Im Rahmen von Vergleichsgesprächen hat der Anwalt seinem Mandanten zustehende Gestaltungsrechte auszuüben, um die Durchsetzung der wirtschaftlichen Ziele seiner Partei zu fördern.[111] Erwägt der Mandant den Abschluss eines Vergleichs, muss der Rechtsanwalt ihm dessen **Vor- und Nachteile** darlegen. Dies gilt in besonderem Maße, wenn es sich um einen **Abfindungsvergleich** handelt.[112] Ein Abfindungsvergleich zur Regulierung der Schäden aus einer **Körperverletzung** ist regelmäßig von erheblicher Tragweite. Deshalb ist es Aufgabe des Rechtsanwalts, seinen Mandanten darüber zu belehren, dass Fehleinschätzungen über die künftige Entwicklung der unfallbedingten Körperschäden zu den von ihm in dem Abfindungsvergleich zu übernehmenden Risiken gehören und dass er bei Verwirklichung dieser Risiken grundsätzlich keine Schadensersatzansprüche mehr geltend machen kann. In diesem Fall darf der Anwalt den Vergleich nur schließen, wenn er den Mandanten entsprechend belehrt und dieser zugestimmt hat.[113] Zwar ist einem Anwalt, der an Vergleichsverhandlungen mitwirkt, ein Ermessensspielraum zuzubilligen, weil er sonst ein für ihn nicht mehr tragbares Risiko einginge. Jedoch hat der Anwalt von einem Vergleich abzuraten, wenn er für die von ihm vertretene Partei eine **unangemessene Benachteiligung** darstellt und insbesondere **begründete Aussicht** besteht, im Falle einer streitigen Entscheidung ein wesentlich **günstigeres Ergebnis** zu erzielen; zumindest muss der Rechtsanwalt bei einer Beratung darauf hinweisen.[114] Dann greift die **Vermutung** ein, dass der Mandant dem Rat gefolgt wäre.[115] **Wünscht der Mandant** den Abschluss eines bestimmten mit der Gegenseite abgestimmten Vergleichs, ist dem Anwalt ein Sorgfaltspflichtverstoß vorzuwerfen, wenn er keine Vorsorge dafür trifft,

---

108 BGH, Urt. v. 15.1.2009 – IX ZR 166/07, WM 2009, 571, 572 Rn. 10 = NJW 2009, 1589.
109 BGH, Urt. v. 11.3.2010 – IX ZR 104/08, WM 2010, 815 Rn. 8 = NJW 2010, 1357; OLG Saarbrücken, VersR 2002, 1378, 1380.
110 BGH, Urt. v. 13.4.2000 – IX ZR 372/98, WM 2000, 1353 f. = NJW 2000, 1944.
111 BGH, Beschl. v. 21.10.2010 – IX ZR 84/10 Rn. 4.
112 BGH, Urt. v. 13.4.2000 – IX ZR 372/98, WM 2000, 1353 f. = NJW 2000, 1944; v. 14.7.2016 – IX ZR 291/14 Rn. 8.
113 BGH, Urt. v. 21.4.1994 – IX ZR 123/93, NJW 1994, 2085, 2086.
114 BGH, Urt. v. 14.1.1993 – IX ZR 76/92, NJW 1993, 1325, 1328; v. 7.12.1995 – IX ZR 238/94, NJW-RR 1996, 567, 568; BGH, Urt. v. 11.3.2010 – IX ZR 104/08, WM 2010, 815 Rn. 8 = NJW 2010, 1357; v. 14.7.2016 – IX ZR 291/14 Rn. 8.
115 BGH, Urt. v. 14.1.1993 – IX ZR 76/92, NJW 1993, 1325, 1329; Urt. v. 11.3.2010 – IX ZR 104/08, WM 2010, 815 Rn. 8 = NJW 2010, 1357; v. 14.7.2016 – IX ZR 291/14 Rn. 8.

dass das Ergebnis der zwischen den Parteien tatsächlich getroffenen Einigung in dem gerichtlichen Vergleich vollständig und zutreffend protokolliert wird.[116]

4. Hinweis auf Bindungen zu Gegner

Durch die Annahme des Mandats gegen eine Bank, für die ein Mitglied seiner So- **38** zietät in anderen Angelegenheiten tätig ist, verstößt der Anwalt nicht gegen das Verbot, widerstreitende Interessen zu vertreten (§ 43a BRAO). Dieses Verbot, auf dessen Einhaltung der Mandant grundsätzlich nicht verzichten kann, betrifft nur die **Vertretung in derselben Rechtssache** (vgl. auch § 3 Abs. 1 BORA). Darum geht es nicht, wenn der Anwalt den Gegner seines Mandanten regelmäßig vertritt.[117] Eine **Offenbarungspflicht** hat der Bundesgerichtshof für den Fall angenommen, dass der Rechtsanwalt während des Mandatsverhältnisses in einer anderen Sache einen **Dritten gegen den Mandanten** vertrat, weil der Mandant in der Regel darauf vertraute, dass der von ihm beauftragte Anwalt nur seine Interessen und nicht auch gleichzeitig die Interessen Dritter gegen ihn wahrnehme. So lag der Fall hier ebenfalls nicht. Der Sozius des beklagten Anwalts war nicht für Dritte gegen den Kläger tätig. Die Rechtssachen, in denen er die Bank vertrat, hatten mit dem Kläger nichts zu tun.[118]

Über diese Fallgestaltung hinaus hat ein Rechtsanwalt jedoch auch offenzulegen, **39** dass er oder ein anderes Mitglied seiner Sozietät den **Gegner** der Person, welche ihm ein neues Mandat anträgt, **häufig in Rechtsangelegenheiten vertritt**, und zwar **unabhängig** davon, ob ein **tatsächlicher oder rechtlicher Zusammenhang** zu dem neuen Mandat besteht. Die Wahrnehmung anwaltlicher Aufgaben setzt den unabhängigen, verschwiegenen und nur den Interessen des eigenen Mandanten verpflichteten Rechtsanwalt voraus. Wird ein Anwalt oder dessen Sozius häufig für eine bestimmte Partei tätig, kann aus der Sicht anderer Mandanten fraglich sein, ob die entgegengesetzten eigenen Interessen mit gleichem Nachdruck vertreten werden wie gegenüber einem dem Anwalt völlig gleichgültigen Gegner. Häufige Aufträge derselben Partei können zu wirtschaftlicher Abhängigkeit oder zu einer besonderen Identifizierung mit deren Angelegenheiten führen und die Fähigkeit des Anwalts, sich in der gebotenen umfassenden, nur den Interessen des Auftraggebers verpflichteten Art und Weise für einen Gegner der Partei einzusetzen, beeinträchtigen. Bei Verhandlungen über den Abschluss eines Vertrages besteht regelmäßig die Verpflichtung, den anderen Teil über Umstände aufzuklären, die für seine Entschließung von wesentlicher Bedeutung sein können. Häufiges Tätigwerden für den Gegner ist ein derartiger Umstand. War der beklagte Anwalt aus Rücksicht gegenüber der Bank von vornherein **nicht bereit**, den **Mandanten erforderlichenfalls auch vor Gericht zu vertreten**, musste er dies vor Annahme des Mandats erst recht offenbaren. Ein uneingeschränktes Mandat umfasst regelmäßig auch die Vertretung

---

116 BGH, Beschl. v. 11.2.2010 – IX ZR 141/09.
117 BGH, Urt. v. 8.11.2008 – IX ZR 5/06, WM 2008, 371 Rn. 9 = BGHZ 174, 186 = NJW 2008, 1307.
118 BGH, Urt. v. 8.11.2008 – IX ZR 5/06, WM 2008, 371 Rn. 10 = BGHZ 174, 186 = NJW 2008, 1307.

vor Gericht. Der Mandant kann regelmäßig davon ausgehen, dass der Anwalt, der ihn berät und außergerichtlich vertritt, auch eine Klage oder eine Klageerwiderung für ihn fertigt, einreicht und in der mündlichen Verhandlung für ihn auftritt. Ein Rechtsanwalt, der ein ihm angebotenes Mandat nur eingeschränkt übernehmen kann (§ 78 ZPO) oder will, muss deshalb seine Vorbehalte offenlegen, damit der Mandant entscheiden kann, ob er den Auftrag selbst unter diesen Voraussetzungen erteilen will.[119]

5. Rechtsgutachten

40 Auf der Grundlage einer rechtlich fehlerfreien Begutachtung kann der Mandant seine Interessen sachgerecht wahrnehmen, indem er abhängig von dem inhaltlichen Ergebnis entweder erfolgversprechende Maßnahmen ergreift oder aus Gründen des Selbstschutzes von fruchtlosen Schritten Abstand nimmt. Erweist sich ein Gutachten als richtig, ist es ohne Bedeutung, ob es den mit der Rechtsordnung nicht zu vereinbarenden und damit als Leitlinie anwaltlichen Handelns ungeeigneten Wunsch- und Begehrensvorstellungen des Mandanten widerspricht. Es liegt in der Natur der Sache, dass ein Gutachten – je nach Blickwinkel der Interessenlage – günstig oder nachteilig ausfallen kann. Allein entscheidend für seinen Nutzen ist, ob das Gutachten die Erfolgschancen des von dem Mandanten begehrten Prozessverhaltens zutreffend abbildet. Auch ein ihm objektiv nachteiliges Gutachten entspricht unter dem Gesichtspunkt des beratungsgerechten Verhaltens den wohlverstandenen Interessen des Mandanten, der von ihm nachteiligen, kostenträchtigen Schritten einer objektiv aussichtslosen Rechtsverfolgung oder Rechtsverteidigung abgehalten wird. Aus objektiver Warte hat ein inhaltlich beanstandungsfreies Gutachten für den Mandanten auch dann Interesse, wenn er sich über den darin zum Ausdruck kommenden Rat hinwegsetzt.[120]

41 Stand das von der Durchführung eines Rechtsmittels abratende Gutachten des Beraters unbedingt in Einklang mit der Rechtsordnung, kann ihm ein Nutzen nicht deshalb abgesprochen werden, weil es – denknotwendig – keine Hilfestellung für die von einem anderen Berater in Verkennung der Rechtslage vorgeschlagene Rechtsmitteldurchfürung enthielt. Der bleibende Wert des Gutachtens äußert sich darin, dass es in Übereinstimmung mit der Rechtsordnung und dem objektiven Interesse des Mandanten von einer Fortsetzung des Verfahrens abriet. Objektiv unerreichbare Ziele können nicht Maßstab pflichtgemäßen anwaltlichen Handelns sein. War die Begutachtung des Beraters zutreffend, hätte der Mandant durch ihre Befolgung die Kosten der Beauftragung des weiteren Beraters, dessen Einschaltung objektiv entbehrlich war, erspart.[121]

---

119 BGH, Urt. v. 8.11.2008 – IX ZR 5/06, WM 2008, 371 Rn. 11 ff. = BGHZ 174, 186 = NJW 2008, 1307.
120 BGH, Urt. v. 16.2.2017 – IX ZR 165/16, NJW 2017, 3376 Rn. 26.
121 BGH, Urt. v. 16.2.2017 – IX ZR 165/16, NJW 2017, 3376 Rn. 27.

6. Auftragsrechtliche Nebenpflichten

Auf den Anwaltsvertrag findet gemäß § 675 BGB auch die Bestimmung des § 667 **42** BGB Anwendung. Der Anwalt hat dem Mandanten daher alles, was er aus der Geschäftsbesorgung erlangt, herauszugeben. Aus der Geschäftsbesorgung erlangt ist jeder Vorteil, den der Beauftragte aufgrund eines inneren Zusammenhangs mit dem geführten Geschäft erhalten hat. Dass die Zuwendung eines Dritten nach dessen Willen nicht für den Auftraggeber bestimmt war, steht dem Herausgabeanspruch nicht entgegen. § 667 BGB erfasst auch solche Zahlungen, weil sie die Gefahr begründen, dass der Dienstverpflichtete dadurch zum Nachteil seines Auftraggebers beeinflusst wird. Deshalb muss etwa ein Steuerberater, der es übernommen hat, seinem Mandanten auch Vermögensanlageempfehlungen zu erteilen, eine ohne Kenntnis des Auftraggebers empfangene **Provision** an diesen auskehren.[122]

IV. Weisungen

Grundsätzlich ist der rechtliche Berater – der Rechtsanwalt ebenso wie der Steuer- **43** berater – verpflichtet, die Weisungen seines Mandanten zu befolgen, selbst wenn dies zu Nachteilen für den Mandanten führen kann. Dies folgt schon daraus, dass für den Anwaltsvertrag gemäß § 675 BGB die Vorschrift des § 665 BGB entsprechende Anwendung findet. Weicht der Berater von einer Weisung des Mandanten ab, liegt darin eine Pflichtverletzung, die ihn grundsätzlich zum Schadensersatz verpflichtet. Allerdings hat der Berater den erteilten Weisungen nicht blindlings Folge zu leisten. Gerade bei qualifizierten Dienstleistungen wie einer Rechtsberatung muss der Beauftragte stets auch auf den Sinn der ihm erteilten Weisungen achten, damit dem Mandanten nicht durch äußerlich zwar dem Auftrag entsprechende, der Sache nach aber nicht gebotene Schritte Nachteile entstehen. Nach § 675 Abs. 1, § 665 BGB ist der Berater zwar berechtigt, von den Weisungen des Auftraggebers abzuweichen, wenn er den Umständen nach annehmen darf, dass der Auftraggeber bei Kenntnis der Sachlage die Abweichung billigen würde. Vor der Abweichung hat er jedoch dem Auftraggeber Anzeige zu machen und dessen Entscheidung abzuwarten, wenn nicht mit dem Aufschub Gefahr verbunden ist.[123] Dem Berater ist vorzuwerfen, dass die Selbstanzeige seines Mandanten von seinem Büro versehentlich und folglich absprachewidrig ohne dessen vorheriges Einverständnis an die Finanzbehörden herausgegeben wurde. Da ausdrücklich vereinbart war, die Selbstanzeige nur in Abstimmung mit dem Mandanten der zuständigen Stelle zu eröffnen, hatte der Berater in seinem Büro durch geeignete Vorkehrungen sicherzustellen, dass der Schriftsatz nicht ohne vorherige Freigabe in den Postausgang gelangt. Der Rechtsanwalt muss für eine Büroorganisation Sorge tragen, die verhindert, dass Schriftsätze durch das Büropersonal eigenmächtig versandt werden.[124] Unter Beachtung der wohl verstandenen Interessen des Mandanten bestand kein anerkennenswerter Grund dafür, den Schriftsatz entgegen der getroffenen Absprache ohne dessen vorheriges Einver-

122 BGH, Urt. v. 30.5.2000 – IX ZR 121/99, WM 2000, 1596, 1599 f. = NJW 2000, 2669.
123 BGH, Urt. v. 9.11.2017 – IX ZR 270/16, NJW 2018, 541 Rn. 11.
124 BGH, Urt. v. 9.11.2017 – IX ZR 270/16, NJW 2018, 541 Rn. 13.

ständnis dem Adressaten kundzugeben. Die bei dem Mandanten durchgeführte Außenprüfung des Finanzamts hatte keinen Anhalt für den Verdacht einer Steuerhinterziehung ergeben. Deshalb war nicht zu befürchten, dass gegen ihn alsbald Ermittlungen eingeleitet würden, die zur Aufdeckung des strafbaren Sachverhalts führen konnten. Bei dieser Sachlage war mit dem Aufschub der Maßnahme bis zu einer – ohnehin kurzfristig durchführbaren – Rücksprache keine Gefahr verbunden.[125]

44 Ein Rechtsanwalt, der entsprechend einer wirksamen Weisung des Bevollmächtigten seines Mandanten eine für diesen eingezogene Forderung an einen Dritten auskehrt, handelt nicht pflichtwidrig, wenn es an einem evidenten Missbrauch der Vertretungsmacht fehlt. Mit dem Begriff der Handlungsvollmacht wird regelmäßig die Befugnis zur allgemeinen – umfassenden – Vertretung zum Ausdruck gebracht.[126] Eine Handlungsvollmacht begründet mangels entgegenstehender tatrichterlicher Feststellungen grundsätzlich die Befugnis des Vertreters, gegenüber dem Anwalt eine bindende Anordnung über die Verwendung der von ihm zugunsten des Vertretenen eingezogenen Gelder zu treffen.[127] Ein durch massive Verdachtsmomente zutage getretener evidenter Missbrauch der Vertretungsmacht ist für den Anwalt nicht gegeben. Die Mandantin hatte den Vertreter mit dem Einzug der Forderung im Rahmen einer Inkasso- und Handlungsvollmacht beauftragt. Gleiches galt nach dem Inhalt der Urkunde für weitere Forderungen. Bei dieser Sachlage durfte der Anwalt davon ausgehen, dass der Vertreter berechtigt war, über den Einzug der hier betroffenen Forderung frei zu disponieren.[128]

V. Vertragsmängel

1. Gesetzes- und Sittenverstoß

45 Ein Anwalt, der zuvor als Notar einen GmbH-Gesellschaftsvertrag beurkundete, darf einen Gesellschafter bei der Abwehr eines auf Einzahlung der Stammeinlage gerichteten Anspruchs nicht vertreten. Ein Verstoß gegen § 45 Abs. 1 Nr. 1 BRAO führt zur Nichtigkeit des Anwaltsvertrages.[129] Die **Ausnutzung eines Parteiverrats** führt zur Sittenwidrigkeit (§ 138 BGB) des Beratervertrages.[130] Die Vereinbarung eines Entgelts für eine Leistung kann zur Sittenwidrigkeit eines Rechtsgeschäfts führen, wenn die **Kommerzialisierung dieser Leistung** rechtlich missbilligt wird. Hierunter fallen beispielsweise die entgeltliche Weitergabe betrieblich erlangter Informationen durch den Kreditsachbearbeiter einer Bank an einen Bankkunden, die Zusage einer Entschädigung bei Rücknahme einer Strafanzeige wegen Vergewaltigung unter Ausnutzung einer psychischen Zwangslage oder die entgeltliche Verschaffung öffentlicher Ämter und Titel. Die **entgeltliche Verschaffung von Informationen** über **Vermögenswerte** eines Titelschuldners, in welche mit Aussicht auf

---

125 BGH, Urt. v. 9.11.2017 – IX ZR 270/16, NJW 2018, 541 Rn. 15.
126 BGH, Urt. v. 11.5.2017 – IX ZR 238/15, NJW 2017, 3373 Rn. 11.
127 BGH, Urt. v. 11.5.2017 – IX ZR 238/15, NJW 2017, 3373 Rn. 13.
128 BGH, Urt. v. 11.5.2017 – IX ZR 238/15, NJW 2017, 3373 Rn. 21.
129 BGH, Urt. v. 21.10.2010 – IX ZR 48/10, WM 2010, 2374 Rn. 12 ff. = NJW 2011, 373.
130 BGH, Beschl. v. 9.6.2011 – IX ZR 38/10 Rn. 19.

Erfolg vollstreckt werden kann, ist für sich genommen rechtlich nicht zu missbilligen. Bleibt die Zwangsvollstreckung wegen fehlender Vermögenswerte des Schuldners erfolglos, so ist der Schuldner zwar im Verfahren zur Abgabe der eidesstattlichen Versicherung nach §§ 807, 900 ZPO verpflichtet, sämtliche Vermögenswerte zu offenbaren. Allein die Strafbewehrung der Wahrheitspflicht des Schuldners (§ 156 StGB) garantiert jedoch nicht, dass diese auch eingehalten wird. Stellt ein Gläubiger selbst Ermittlungen zu pfändbaren Vermögenswerten des Schuldners an und vereinbart er für entsprechende Informationen ein Entgelt, so verfolgt er ein legitimes Interesse.[131]

2. Fernabsatz

Anwaltsverträge sind Verträge über die Erbringung einer Dienstleistung im Sinne **46** von § 312b Abs. 1 Satz 1 BGB aF und können als solche den Regeln über Fernabsatzverträge unterworfen sein.[132] Der Begriff der Dienstleistung im Sinne des § 312b Abs. 1 Satz 1 BGB aF ist mit Blick auf den vom Fernabsatzrecht verfolgten Zweck und die unionsrechtliche Herkunft des Begriffs der Dienstleistungen weit auszulegen. Im Kern geht es um Dienstverträge, die keine Arbeitsverträge sind, um Werk- und Werklieferungsverträge und Geschäftsbesorgungsverhältnisse. Gemeinsames Merkmal ist, dass eine entgeltliche, tätigkeitsbezogene Leistung an den Verbraucher erbracht wird, insbesondere gewerblicher, kaufmännischer, handwerklicher oder freiberuflicher Art.[133] Eine allgemeine Unanwendbarkeit des Fernabsatzrechts auf Anwaltsverträge würde der Lebenswirklichkeit nicht gerecht. Die Existenz und Zulässigkeit sogenannter „Anwalts- oder Steuerberater-Hotlines", von „Telekanzleien" oder die Versteigerung anwaltlicher Beratungsleistungen über das Internet belegen, dass sich auch Rechtsanwälte für abzuschließende Beratungsverträge moderner Vertriebsformen unter Einsatz von Fernkommunikationsmitteln bedienen.[134] Der Vertrag ist unter ausschließlicher Verwendung von Fernkommunikationsmitteln geschlossen worden. Entscheidend ist, dass es ohne gleichzeitige körperliche Anwesenheit der Vertragsparteien zum Vertragsschluss gekommen ist.[135]

Wird ein Vertrag ohne persönlichen Kontakt unter ausschließlicher Verwendung **47** von Fernkommunikationsmitteln im Sinne des § 312b Abs. 2 BGB aF geschlossen, wird widerleglich vermutet, dass der Vertrag im Rahmen eines solchen Systems geschlossen wurde. Ein für den Fernabsatz organisiertes Vertriebs- oder Dienstleistungssystem liegt vor, wenn der Unternehmer in seinem Betrieb die personellen, sachlichen und organisatorischen Voraussetzungen geschaffen hat, die notwendig sind, regelmäßig Geschäfte im Fernabsatz zu bewältigen. Ausreichend ist die planmäßige Werbung eines Unternehmers mit dem Angebot telefonischer Bestellung und Zusendung der Ware. Demgegenüber genügt es nicht, dass der Unternehmer auf

131 BGH, Beschl. v. 9.6.2011 – IX ZR 38/10 Rn. 21, 22.
132 BGH, Urt. v. 23.11.2017 – IX ZR 204/16, ZIP 2018, 279 Rn. 11.
133 BGH, Urt. v. 23.11.2017 – IX ZR 204/16, ZIP 2018, 279 Rn. 12.
134 BGH, Urt. v. 23.11.2017 – IX ZR 204/16, ZIP 2018, 279 Rn. 14.
135 BGH, Urt. v. 23.11.2017 – IX ZR 204/16, ZIP 2018, 279 Rn. 15.

seiner Homepage lediglich Informationen (etwa über seine Waren bzw. seine Dienstleistungen und seine Kontaktdaten) zur Verfügung stellt. Ebenso wenig könnte bei einem Rechtsanwalt ein für den Fernabsatz organisiertes Vertriebs- oder Dienstleistungssystem bejaht werden, wenn dieser lediglich die technischen Möglichkeiten zum Abschluss eines Anwaltsvertrags im Fernabsatz, etwa einen Briefkasten, elektronische Postfächer und/oder Telefon- und Faxanschlüsse vorhält, die auch sonst zur Bewältigung des Betriebs einer Anwaltskanzlei erforderlich sind.[136] Ein Strukturvertrieb oder ein diesem zumindest vergleichbares Vertriebssystem erfüllt die Voraussetzungen für ein auf den Fernabsatz organisiertes Vertriebs- oder Dienstleistungssystem. Die Voraussetzungen des § 312b BGB aF sind auch erfüllt, wenn der Unternehmer ein fremdes Organisations- und Dienstleistungserbringungssystem nutzt.[137]

3. Unwirksamkeit der Vollmacht bei Ausübung verbotener Rechtsberatung

48 Ein ohne die Erlaubnis nach Art. 1 § 1 RBerG abgeschlossener Geschäftsbesorgungsvertrag, der umfassende Befugnisse enthält, ist nichtig und die Nichtigkeit erfasst neben der umfassenden Abschlussvollmacht auch eine der Geschäftsbesorgerin erteilte **Prozessvollmacht zur Abgabe einer Zwangsvollstreckungsunterwerfungserklärung.** Der Verstoß gegen Art. 1 § 1 Abs. 1 Satz 1 RBerG i.V.m. § 134 BGB wirkt sich danach auch auf die prozessuale Vollmacht aus, weil andernfalls Sinn und Zweck des gesetzlichen Verbots nicht zu erreichen wären. Es muss die Wirksamkeit jeder Rechtshandlung verhindert werden, die seitens des unerlaubt rechtsberatenden Geschäftsbesorgers für seinen Auftraggeber vorgenommen wird. Es wäre nicht hinzunehmen, könnte die Treuhänderin die Auftraggeber nicht aus einer materiell-rechtlichen Haftungsübernahme (§ 780 BGB) wirksam verpflichten, wohl aber zu ihren Lasten eine prozessuale Unterwerfungserklärung abgeben und auf diese Weise einen – ungleich gefährlicheren – Vollstreckungstitel schaffen. Die besonderen rechtlichen Folgen, die mit der Vollstreckungsunterwerfung nach § 794 Abs. 1 Nr. 5 ZPO verbunden sind, gebieten daher die Anwendung des § 134 BGB. Die Wahrnehmung der der Treuhänderin übertragenen Aufgaben setzt auch und gerade auf prozessualem Gebiet gesicherte Rechtskenntnisse voraus, über die im Allgemeinen nur Rechtsanwälte und – nach behördlicher Sachkundeprüfung – Personen verfügen, denen eine Erlaubnis zur Besorgung fremder Rechtsangelegenheiten erteilt worden ist. Wird weder ein Rechtsanwalt noch eine Person tätig, die die erforderliche Erlaubnis vorweisen kann, sind die auf prozessualem Gebiet vorgenommenen Handlungen unwirksam. Die gleichen Gesichtspunkte werden dafür angeführt, dass ein Verlust der Zulassung zur Rechtsanwaltschaft zugleich die einem Rechtsanwalt erteilte Prozessvollmacht entfallen lässt.[138]

---

136 BGH, Urt. v. 23.11.2017 – IX ZR 204/16, ZIP 2018, 279 Rn. 19.
137 BGH, Urt. v. 23.11.2017 – IX ZR 204/16, ZIP 2018, 279 Rn. 20.
138 BGH, Urt. v. 14.5.2009 – IX ZR 60/08, WM 2009, 1296, 1297 f. Rn. 10, 11 = MDR 2009, 996.

4. Wirksamkeit der Prozessvollmacht trotz Interessenwiderstreit

Ein Verstoß gegen das Verbot der Wahrnehmung widerstreitender Interessen (§ 43a   **49**
Abs. 4 BRAO) führt nicht zur Nichtigkeit (§ 134 BGB) der **Prozessvollmacht**. Es
entspricht anerkannter höchstrichterlicher Rechtsprechung, dass die Wirksamkeit
der einem Rechtsanwalt erteilten Vollmacht und der von ihm namens der Partei vorgenommenen Rechtshandlungen unabhängig vom Zustandekommen oder von der
Wirksamkeit des Anwaltsvertrages ist. Die Wirksamkeit von Rechtshandlungen
eines Rechtsanwalts wird nicht durch einen Verstoß gegen ein berufsrechtliches Tä-
tigkeitsverbot berührt. Selbst bei Zuwiderhandlung gegen umfassende und generelle
Tätigkeitsverbote bleiben die Handlungen des Rechtsanwalts wirksam, um die Beteiligten im Interesse der Rechtssicherheit zu schützen.[139] Der **Schutz des Mandanten** gebietet keine Erstreckung der etwaigen Unwirksamkeit des Geschäftsbesor-
gungsvertrages auf die Prozessvollmacht. Im Gegensatz zu Fallgruppen eines Verstoßes gegen das RBerG steht die Eigenschaft des Prozessbevollmächtigten der
Beklagten als zugelassener Anwalt nicht in Zweifel. Das Bedürfnis, die Mandanten
vor ungeeigneten Rechtsvertretern zu schützen, wird nicht berührt. Bei einer Erstreckung der Nichtigkeitsfolge des Anwaltsvertrages auf die Prozessvollmacht, würde
das Vertrauen der Beklagten sowie der übrigen Prozessbeteiligten, dass die Prozess-
handlungen des von ihr beauftragten Anwalts wirksam sind, außer Acht gelassen.
Daher ist an der bisherigen Rechtsprechung festzuhalten. Die Erwägung, die Unwirksamkeit der Prozessvollmacht ergebe sich auch daraus, dass der Prozessbevollmächtigte der Beklagten in einem **kollusiven Zusammenwirken** mit ihr versucht
habe, den Vergütungsanspruch der Anwaltssozietät zu vereiteln, ist nicht beachtlich.
Materiell-rechtliche Bestimmungen des Vertretungsrechts und hierauf gegründete
Erwägungen finden auf die prozessuale Vollmacht keine Anwendung. Die Vorschriften der §§ 78 ff. ZPO bilden für die Prozessvollmacht ein Sonderrecht. Materiell-rechtliche Regelungen über die Vollmacht können daher nur Geltung erlangen,
wenn die Zivilprozessordnung auf sie verweist oder in ihnen allgemeine Rechtsgedanken der Stellvertretung zum Ausdruck kommen.[140]

---

139 BGH, Urt. v. 14.5.2009 – IX ZR 60/08, WM 2009, 1296, 1297 Rn. 7 ff. = MDR 2009, 996.
140 BGH, Urt. v. 14.5.2009 – IX ZR 60/08, WM 2009, 1296, 1298 Rn. 12, 13 = MDR 2009, 996.

C.
Belehrungspflichten des Steuerberaters

I. Beratung über steuerliche Vor- und Nachteile

Die Vertragspflichten eines Steuerberaters beschränken sich in der Regel auf das **1** Steuerrecht (§§ 1-3, 33 StBerG); eine geschäftsmäßige Besorgung anderer Rechtsangelegenheiten einschließlich der Rechtsberatung ist ihm grundsätzlich untersagt.[1] Steuerberater sind berechtigt, geschäftsmäßig ihre Mandanten in Steuerverwaltungsverfahren und Finanzgerichtsstreitigkeiten zu vertreten (§ 33 Satz 1 StBerG, § 80 Abs. 1 AO, § 62 Abs. 2 FGO). Dadurch soll auf dem Gebiet des Steuerrechts eine sachgemäße, die Interessen des Rechtssuchenden wahrende Vertretung gewährleistet werden.[2] Der um Rat ersuchte steuerliche Berater ist zu einer umfassenden und möglichst erschöpfenden Belehrung seines Auftraggebers verpflichtet. Er hat dem Mandanten diejenigen Schritte anzuraten, die zu dem erstrebten Ziel zu führen geeignet sind, und Nachteile für den Auftraggeber zu verhindern, soweit solche vorhersehbar und vermeidbar sind. Dazu hat er dem Auftraggeber den relativ sichersten und ungefährlichsten Weg zu dem angestrebten steuerlichen Ziel aufzuzeigen und die für den Erfolg notwendigen Schritte vorzuschlagen, damit der Mandant eine sachgerechte Entscheidung treffen kann.[3]

Beispiele: Der Steuerberater darf für seinen Auftraggeber grundsätzlich nur auf **2** dem Gebiet des Steuerrechts tätig werden (§§ 1, 32, 33 StBerG); ein Vertrag, der die geschäftsmäßige Besorgung einer anderen **Rechtsangelegenheit** betrifft, ist gemäß § 134 BGB in Verbindung mit dem hier noch anwendbaren Art. 1 § 1 RBerG grundsätzlich nichtig. Sofern der Steuerberater zu einer außerhalb des Steuerrechts gelagerten Rechtsberatung nicht befugt ist, hat er seinen Mandanten aufzufordern, einen mit den notwendigen Kenntnissen ausgestatteten **Rechtsanwalt aufzusuchen**.[4] Kommt die Inanspruchnahme alternativer Steuervergünstigungen mit unterschiedlichen Rechtsfolgen in Betracht, hat der Steuerberater grundsätzlich über die verschiedenen Möglichkeiten auch dann umfassend zu belehren, wenn noch nicht erkennbar ist, ob die unterschiedlichen Rechtsfolgen für den Mandanten jemals bedeutsam werden.[5] In einer hochkomplexen Steuerangelegenheit führte das von dem Berater entwickelte Vertragskonzept infolge der Verwirklichung der Rückausnahme des § 8b Abs. 4 Satz 2 Nr. 2 KStG bestimmungsgemäß zur Steuerfreiheit des von der Mandantin bei dem Verkauf ihrer Enkelgesellschaften erzielten Veräußerungsgewinns. Allerdings war fraglich, ob die Mandantin infolge einer zwischenzeitlichen Gesetzesänderung die Rückausnah-

---

1 BGH, Urt. v. 7.5.2015 – IX ZR 186/14 Rn. 8.
2 BGH, Urt. v. 7.5.2015 – IX ZR 186/14 Rn. 11.
3 BGH, Urt. v. 19.3.2009 – IX ZR 214/07, NJW 2009, 2949 f. Rn. 9.
4 BGH, Urt. v. 19.5.2009 – IX ZR 43/08, WM 2009, 1376, 1377 Rn. 11 = NZG 2009, 865.
5 BGH, Urt. v. 16.10.2003 – IX ZR 167/02, WM 2004, 472 f. = NJW-RR 2004, 1210.

me bezogen auf den Veräußerungszeitpunkt tatsächlich in Anspruch nehmen durfte. Deswegen warf sie dem Berater das Versäumnis vor, anstelle der Veräußerung der Anteile an ihrer Tochtergesellschaft nicht den steuerrechtlich sichereren Weg einer Veräußerung der Beteiligungen an den Enkelgesellschaften durch ihre Tochtergesellschaft empfohlen zu haben. Wegen der hier gegebenen konzernrechtlichen Verflechtung bestand indessen die Gefahr, dass die Mandantin die erstrebte Steuerersparnis mit Hilfe der von ihr bevorzugten gesellschaftsrechtlichen Gestaltung einer Veräußerung der Beteiligungen durch ihre Tochtergesellschaft ebenfalls nicht realisieren konnte. Da ihre Tochtergesellschaft den durch den Verkauf ihrer Anteile an den in einer neu gegründeten Holdinggesellschaft gebündelten Enkelgesellschaften erzielten Erlös als Organgesellschaft aufgrund des Gewinnabführungsvertrages an die Mandantin als Organträgerin hätte abführen müssen, wäre nach § 15 Nr. 2 Satz und 2 KStG für die Anwendung des § 8b KStG auf die steuerlichen Verhältnisse der Mandantin abzustellen gewesen. Dann wäre der Sachverhalt wegen des bestehenden Ergebnisabführungsvertrages und der durch § 15 Nr. 2 Satz 1 und 2 KStG angeordneten Anwendung des § 8b KStG auch auf der Grundlage des von der Mandantin bevorzugten Weges im Ergebnis steuerrechtlich so zu beurteilen gewesen, wie wenn sie selbst die Veräußerung vorgenommen hätte.[6] Zweck der Steuerberatung ist es, die dem Auftraggeber fehlende Sach- und Rechtskunde auf diesem Gebiet zu ersetzen. Die pflichtgemäße Steuerberatung anlässlich der Aufstellung von Jahresabschlüssen und der Erarbeitung von Steuererklärungen verlangt daher sachgerechte Hinweise über die Art, die Größe und die mögliche Höhe eines **Steuerrisikos**, um den Auftraggeber in die Lage zu versetzen, eigenverantwortlich seine Rechte und Interessen zu wahren und eine Fehlentscheidung zu vermeiden.[7] Der Steuerberater muss auf die Folgen einer verdeckten Gewinnausschüttung, das damit verbundene Risiko und seine Größe hinweisen.[8] Hat der Berater die vereinbarte Begrenzung des Kaufpreises auf 77 % der im notariellen Vertrag näher beschriebenen Forderungen befürwortet, weil er rechtsfehlerhaft annahm, der günstige Steuersatz gemäß § 34 EStG gelange insoweit zur Anwendung, so beeinflusste die von ihm zu vertretende Pflichtverletzung damit die Gestaltung des Kaufvertrages, den der Mandant mit dem Erwerber geschlossen hat. Ein daraus entstandener Schaden ist vom **Schutzzweck der Beratungspflicht** des Beraters gedeckt; denn dessen Aufgabe bestand darin, den Mandanten hinsichtlich der Art und Höhe des Kaufpreises unter steuerlichen Aspekten zu beraten.[9] Ein Steuerberater ist grundsätzlich zwar nicht verpflichtet, einem Mandanten den **Kirchenaustritt** zu empfehlen. Hat er jedoch aufgrund des ihm erteilten Auftrags die steuerlichen Vor- und Nachteile verschiedener Gestaltungsmöglichkeiten darzustellen, so muss er in der Regel auf die anfallende Kirchensteuer hinweisen. Das gilt jedenfalls dann, wenn diese das übliche Maß übersteigt, also nicht lediglich 8 oder 9 v. H. der zu zahlenden

---

6 BGH, Urt. v. 19.3.2009 – IX ZR 214/07, NJW 2009, 2949, 2951 Rn. 18 ff.
7 BGH, Urt. v. 23.2.2012 – IX ZR 92/08, WM 2012, 758 Rn. 11.
8 BGH, Urt. v. 23.2.2012 – IX ZR 92/08, WM 2012, 758 Rn. 8 ff.
9 BGH, Urt. v. 13.12.2007 – IX ZR 130/06, WM 2008, 611, 613 Rn. 15 = NJW-RR 2008, 798.

Lohn- oder Einkommensteuer beträgt.[10] Ist die Auslegung des unbestimmten Rechtsbegriffs einer Steuernorm wie der verdeckten Gewinnausschüttung offen und für die vom Steuerpflichtigen zu treffende Entscheidung bedeutsam, muss der verantwortliche Berater grundsätzlich auf das mit der **ungewissen Beurteilung der Rechtslage** verbundene Risiko hinweisen.[11] Der Steuerberater hat seine vertraglichen Pflichten gegenüber dem Mandanten verletzt, indem er es **unterließ, auftragsgemäß für diesen Einspruch gegen einen Feststellungsbescheid** einzulegen. Dadurch ist der Feststellungsbescheid bestandskräftig geworden und hat zu einem Schaden in Höhe der auf dessen Grundlage berechneten Steuer geführt.[12] Der Steuerberater handelt pflichtwidrig, wenn er es unterlässt, seinen Mandanten darauf hinzuweisen, dass dieser Anspruch auf eine steuerliche Sonderbehandlung nach dem sogenannten **Sanierungserlass** hat. Der Mandant hätte mit einem etwaigen Einspruch dem Finanzamt das Vorliegen der im Sanierungserlass genannten Voraussetzungen für den Erlass der Steuern aus einem Sanierungsgewinn nachweisen können, worauf hinzuweisen der Steuerberater pflichtwidrig unterlassen hat.[13] Ebenso hat sich der Steuerberater pflichtwidrig verhalten, wenn der die im **Zuge einer Rechtsnachfolge** übernommene Akte des Mandanten aufgrund eines Versehens nicht erfasst. Er wäre verpflichtet gewesen, den übernommenen Bestand einschließlich der Akte innerhalb angemessener Frist daraufhin zu überprüfen, ob Handlungsbedarf bestand, und den Mandanten vollständig und richtig vom Stand des Einspruchsverfahrens zu unterrichten. Das hat er nicht getan.[14] Der Steuerberater ist **nicht zu einer Belehrung über einen Schadensersatzanspruch gegen den früheren Berater** und die insoweit laufenden Verjährungsfristen verpflichtet.[15] Allerdings muss er den Mandanten darauf hinweisen, dass ein während der Tätigkeit des früheren Beraters ergangener Feststellungsbescheid in Bestandskraft erwachsen ist.[16]

II. Dauermandat

Obwohl für die steuerberatenden Berufe das Dauermandat typisch ist, schreibt die **3** Steuerberatergebührenverordnung als Regel eine Gebührenberechnung nach Einzeltätigkeiten vor. Die Anforderung eines **Pauschalhonorars** ist nur unter bestimmten, in der Verordnung näher bezeichneten Voraussetzungen und nur nach vorheriger schriftlicher Vereinbarung zulässig. Die Art und Weise der Rechnungstellung kann deshalb für die Entscheidung der Frage, ob einem steuerlichen Berater ein Dauermandat oder eine Reihe von Einzelaufträgen erteilt worden ist, nicht ausschlaggebend sein. Es kommt daher insoweit auf die **Verkehrsauffassung** und auf die **tatsächliche Übung** der Parteien an. Ein „umfassendes Dauermandat", welches

10 BGH, Urt. v. 18.5.2006 – IX ZR 53/05, WM 2006, 1736, 1737 Rn. 7 = NJW-RR 2006, 1645.
11 BGH, Urt. v. 20.10.2005 – IX ZR 127/04, WM 2005, 2345 = NJW-RR 2006, 273.
12 BGH, Urt. v. 14.11.2013 – IX ZR 215/12, DB 2014, 479 Rn. 13.
13 BGH, Urt. v. 13.3.2014 – IX ZR 23/10 Rn. 21.
14 BGH, Urt. v. 14.11.2013 – IX ZR 215/12, DB 2014, 479 Rn. 22.
15 BGH, Urt. v. 7.5.2015 – IX ZR 186/14 Rn. 8 ff.
16 BGH, Urt. v. 14.11.2013 – IX ZR 215/12, DB 2014, 479 Rn. 26.

alle Steuerarten umfasst, die für den Auftraggeber in Betracht kommen, verpflichtet zur Beratung einschließlich der Möglichkeiten zu zivilrechtlichen Steuergestaltungen auch jenseits der konkret bearbeiteten Angelegenheiten.[17] Im Zweifel wird man davon ausgehen können, dass ein steuerlicher Berater, der sich im Rahmen eines Dauermandats hauptsächlich den üblichen Routinearbeiten widmet, seinen Mandanten auch zur Beratung in anderen Steuerrechtsfragen zur Verfügung steht. Das gilt auf jeden Fall dann, wenn es sich um Fragen handelt, die keine besonderen steuerlichen Schwierigkeiten bieten. Er schuldet dann insoweit als vertragliche Leistung eine sachgerechte Beratung. Wenn der Mandant mit einer bestimmten, über die Routineangelegenheiten hinausgehenden Frage – etwa die steuerlichen Folgen eines Hauskaufs – an den Steuerberater herangetreten ist, so wird darin nur die Geltendmachung des Anspruchs aus dem Dauermandat, nicht aber ein Antrag auf Abschluss eines besonderen, auf eine spezielle Frage beschränkten Beratungsvertrages zu sehen sein.[18] Arbeitet ein Steuerberater unter Aspekten der Steuerersparnis einen Gesellschaftsvertrag aus, so ist der Auftrag, obwohl er, was die steuerliche Prüfung betraf, auch erlaubte Tätigkeit umfasste, insgesamt gemäß § 134 BGB ohne rechtliche Wirkung. Wenn der Steuerberater dann in dem zu seinen Berufspflichten gehörenden Bereich mangelhaft gearbeitet hat, kann er haftungsrechtlich nicht allein deshalb besser stehen, weil die ihm im Einzelfall übertragene Aufgabe auch ihm verbotene Leistungen umfasste. Infolgedessen rechtfertigt die aus dem **Dauermandat begründete Rechtsbeziehung** eine Haftung nach Vertragsgrundsätzen, obwohl der erteilte Einzelauftrag unwirksam war.[19]

4   Der Steuerberater ist verpflichtet, sich mit den steuerrechtlichen Punkten zu befassen, die zur pflichtgemäßen Erledigung des ihm erteilten Auftrags zu beachten sind. Zu den vertraglichen Nebenpflichten des Steuerberaters gehört es, den Mandanten vor Schaden zu bewahren (§ 242 BGB) und auf Fehlentscheidungen, die für ihn offen zutage liegen, hinzuweisen. Ist nur ein eingeschränktes Mandat gegeben, muss der Berater den Mandanten auch **außerhalb dieses Mandats** vor Gefahren warnen, die sich bei ordnungsgemäßer Bearbeitung aufdrängen, wenn er Grund zu der Annahme hat, dass sein Auftraggeber sich dieser Gefahr nicht bewusst ist. Entsprechende Pflichten, bei denen es sich in aller Regel nur um Nebenpflichten handelt, können sich unter besonderen Umständen nach Treu und Glauben auch **über die Vertragsabwicklung** hinaus daraus ergeben, dass kein Beteiligter den Vertragszweck nachträglich vereiteln oder gefährden darf.[20]

5   Es ist nicht Aufgabe des mit der allgemeinen steuerlichen Beratung der GmbH beauftragten Beraters, die Gesellschaft bei einer Unterdeckung in der Handelsbilanz darauf hinzuweisen, dass es die Pflicht des Geschäftsführers ist, eine Überprüfung vorzunehmen oder in Auftrag zu geben, ob **Insolvenzreife** eingetreten ist und gegebenenfalls gemäß **§ 15a InsO Antrag auf Eröffnung eines Insolvenzverfahrens**

---

17 BGH, Urt. v. 23.2.2012 – IX ZR 92/08, WM 2012, 758 Rn. 9.
18 BGH, Urt. v. 25.11.1987 – IVa ZR 162/86, WM 1988, 166, 167.
19 BGH, Urt. v. 30.9.1999 – IX ZR 139/98, WM 1999, 2360, 2361.
20 BGH, Urt. v. 7.12.2017 – IX ZR 25/17, ZInsO 2018, 518 Rn. 16.

gestellt werden muss. Anders als bei einem **ausdrücklichen Auftrag** zur Prüfung der Insolvenzreife eines Unternehmens besteht eine solche Pflicht bei einem **allgemeinen steuerrechtlichen Mandat** nicht. Sie würde die Verantwortlichkeit des Beraters, sich mit den steuerrechtlichen Angelegenheiten zu befassen, erheblich erweitern. Der Berater müsste dann trotz der Beschränkung seiner Hauptpflichten auf die steuerrechtliche Beratung auch die allgemeine wirtschaftsrechtliche Beratung, zu der die Prüfung des Vorliegens von Insolvenzgründen zu zählen ist, im Blick haben und der Gesellschaft neben steuerrechtlichen Ratschlägen ohne besonderen Auftrag auch insolvenz- und gesellschaftsrechtliche Hinweise erteilen.[21] Die im Schrifttum mehrheitlich und vereinzelt auch in der Rechtsprechung vertretene Auffassung, der Steuerberater habe im Rahmen seiner Vertragspflichten zur Beratung und Schadensverhütung kraft seines überlegenen Wissens den Geschäftsführer einer GmbH darüber aufzuklären, dass er verpflichtet sei, zur Klärung der Insolvenzreife eine Überschuldungsbilanz aufzustellen und bei Feststellung der Überschuldung die Eröffnung des Insolvenzverfahrens über das Vermögen der Gesellschaft fristgerecht zu beantragen, wenn Überschuldung der Gesellschaft gemäß § 19 Abs. 2 InsO unmittelbar drohe oder bereits eingetreten sei, ist mit der **Beschränkung der Pflichten des Steuerberaters auf die steuerliche Beratung bei einem allgemeinen steuerrechtlichen Mandat** nicht in Übereinstimmung zu bringen. Auch aus der vertraglichen Nebenpflicht, den Mandanten vor Schaden zu bewahren, ergibt sich nicht die Verpflichtung des Steuerberaters, auf einen möglicherweise bestehenden Anlass zur Prüfung der Insolvenzreife hinzuweisen. Eine – möglicherweise auch drittschützende – Haftung des Steuerberaters für einen Insolvenzverschleppungsschaden kann deshalb nur eintreten, wenn dieser ausdrücklich mit der Prüfung der Insolvenzreife eines Unternehmens beauftragt ist.[22] Eine entsprechende **drittschützende Pflicht** trifft den steuerlichen Berater auch gegenüber dem Geschäftsführer der Gesellschaft nicht. Fehlt es schon an einer Hinweis- und Warnpflicht des Beraters gegenüber seiner Auftraggeberin, so scheitert eine aus einem Vertrag mit Schutzwirkung zugunsten Dritter bereits daran scheitert, dass den Berater aus dem mit der GmbH abgeschlossenen allgemeinen Steuerberatungsvertrag keine Schutzpflichten hinsichtlich der Aufklärung über eine möglicherweise bestehende Insolvenzantragspflicht treffen.[23] Weist die von dem Steuerberater entsprechend seinem Pflichtenkreis erstellte **Handelsbilanz** eine tatsächlich gegebene bilanzielle Überschuldung nicht aus, ist er hingegen uneingeschränkt ersatzpflichtig.[24]

Soweit der allgemeine steuerliche Berater den eine bilanzielle Überschuldung einer GmbH ausweisenden Jahresabschluss gefertigt hat, kann mithin aus etwaigen insolvenzrechtlichen Fehlleistungen eine Haftung nicht hergeleitet werden. Anders verhält es sich aber, wenn der steuerliche Berater nicht lediglich eine Handelsbilanz erstellt, sondern darüber hinaus unter Bezug auf Rangrücktrittsvereinbarungen und den Firmenwert durch die weitergehende Formulierung, dass es sich um eine „Über-   **6**

---

21 BGH, Urt. v. 7.3.2013 – IX ZR 64/12, DB 2013, 928 Rn. 15.
22 BGH, Urt. v. 7.3.2013 – IX ZR 64/12, DB 2013, 928 Rn. 19.
23 BGH, Urt. v. 7.3.2013 – IX ZR 64/12, DB 2013, 928 Rn. 24 ff.
24 BGH, Urt. v. 7.3.2013 – IX ZR 64/12, DB 2013, 928 Rn. 22.

schuldung rein bilanzieller Natur" handele, eine **insolvenzrechtliche Überschuldung der Gesellschaft ausschließt**. In dem Hinweis auf eine rein bilanzielle Überschuldung findet die **Bewertung unmissverständlichen Ausdruck**, dass eine **insolvenzrechtliche Überschuldung gerade nicht vorliegt**. Der Hinweis auf die Rangrücktrittsvereinbarungen und den Firmenwert offenbart, dass der Steuerberater eine **über die steuerliche Bilanzierung hinausgehende Prüfung gefertigt** hat. Aufgrund der wirtschaftlichen und rechtlichen Bedeutung der Angelegenheit handelt es sich bei der Prüfung der Insolvenzreife nicht um eine bloße Gefälligkeit des Beraters, sondern um eine zusätzliche Prüfung, auf deren Richtigkeit die GmbH vertrauen darf. Wurde von ihm eine tatsächlich bestehende insolvenzrechtliche Überschuldung verkannt, hat der Steuerberater folglich gemäß § 634 Nr. 4 BGB Schadensersatz zu leisten. Für diese Verpflichtung einer als GbR geführten Steuerberatersozietät hat auch der zwischenzeitlich ausgeschiedene sachbearbeitende Steuerberater gemäß § 128 Satz 1, § 129 HGB persönlich einzustehen, wenn er der Sozietät zu dem Zeitpunkt, als die Pflichtwidrigkeit verwirklicht wurde, als Gesellschafter angehörte.[25] Weist die von dem Steuerberater entsprechend seinem Pflichtenkreis erstellte Handelsbilanz eine tatsächlich gegebene bilanzielle Überschuldung nicht aus, ist er uneingeschränkt ersatzpflichtig.[26]

7 Tritt der Steuerberater bei einem rein steuerrechtlichen Mandat in **konkrete Erörterungen** über eine etwaige Insolvenzreife der von ihm beratenen Gesellschaft ein, ohne die Frage nach dem Insolvenzgrund zu beantworten, hat er das **Vertretungsorgan darauf hinzuweisen**, dass eine verbindliche Klärung nur erreicht werden kann, indem ihm oder einem fachlich geeigneten Dritten ein entsprechender Prüfauftrag erteilt wird. In einer solchen Gestaltung wird dem Berater nicht angesonnen, schon bei einem „äußeren Anlass" oder „äußeren Verdacht" einer Insolvenz den Mandanten auf die Notwendigkeit einer Prüfung hinzuweisen. Vielmehr wird der steuerliche Berater in einem **Beratungsgespräch** von dem Mandanten unmittelbar mit der konkreten Frage einer Insolvenzreife des Unternehmens konfrontiert. In einem solchen Fall muss der Berater schon mit Rücksicht auf die vielfältigen damit verbundenen rechtlichen Folgen dem Mandanten einen **Weg aufzeigen**, der ihm die Feststellung ermöglicht, ob eine Insolvenz vorliegt oder nicht. Dies kann geschehen, indem der steuerliche Berater auf der Grundlage eines ihm dann erteilten besonderen Auftrags selbst eine verbindliche gutachtliche Stellungnahme abgibt. Sieht sich der steuerliche Berater hierzu – sei es wegen fehlender Fachkunde oder mit Rücksicht auf eine komplexe Tatsachengrundlage – nicht in der Lage, muss er den Mandanten darauf hinweisen, zum Zwecke der erbetenen Klärung einem geeigneten Dritten einen Prüfauftrag zu erteilen.[27]

---

25 BGH, Urt. v. 6.6.2013 – IX ZR 204/12, WM 2013, 1323 Rn. 13 = DB 2013, 1542 = ZIP 2013, 1332.
26 BGH, Urt. v. 18.2.1987 – IVa ZR 232/85, GmbHR 1987, 463; v. 7.3.2013 – IX ZR 64/12, NZG 2013, 675 Rn. 22.
27 BGH, Beschl. v. 6.2.2014 – IX ZR 53/13, ZInsO 2014, 546 Rn. 4 f. = DB 2014, 655.

III. Beschränktes Mandat

1. Grundlagen

Die Aufgaben eines Steuerberaters richten sich nach Inhalt und Umfang des erteil- **8** ten Mandats. Folglich ist er verpflichtet, sich mit den steuerrechtlichen Punkten zu befassen, die zur pflichtgemäßen Erledigung des ihm **erteilten Auftrags** zu beachten sind. Nur in den hierdurch gezogenen Grenzen hat er den Auftraggeber auch ungefragt über die bei der Bearbeitung auftauchenden steuerrechtlichen Fragen zu belehren. Müsste der Steuerberater Vorgänge, die ihm lediglich bei Gelegenheit des erteilten Auftrags bekannt geworden sind, jedoch in keiner unmittelbaren Beziehung zu der von ihm übernommenen Aufgabe stehen, jeweils daraufhin untersuchen, ob sie Veranlassung zu einem Rat oder Hinweis an den Mandanten geben, würde das zu einer erheblichen Ausweitung der geschuldeten Tätigkeit und damit gerade auf dem komplexen und unübersichtlichen Gebiet des Steuerrechts zu einer untragbaren Verschärfung der Anforderungen an die vertraglichen Hauptleistungen führen. Der Aufgabenkreis des Steuerberaters bestimmt sich somit in solchen Fällen ebenso wie derjenige eines Anwalts, welcher ein auf eine konkrete Tätigkeit beschränktes Mandat erhalten hat. Der mit der Fertigung des Jahresabschlusses betraute Steuerberater hat nicht von sich aus zu untersuchen, ob beim Erwerb eines Grundstücks die Voraussetzungen für eine Befreiung von der Grunderwerbsteuer vorlagen. Der Steuerberater hat den Mandanten nur dann auf eine **außerhalb seines Auftrages** liegende steuerliche – nicht zivilrechtliche[28] – Fehlentscheidung hinzuweisen, wenn sie für einen durchschnittlichen Berater auf den **ersten Blick** ersichtlich ist oder er aufgrund seines persönlichen Wissens die Sach- und Rechtslage positiv kennt.[29] Erarbeitet ein Steuerberater mehrmals hintereinander für eine GmbH den steuerlichen Jahresabschluss oder die Erklärungen zu Körperschaftsteuern und Gewerbesteuern, so muss er auch in einem hierauf beschränkten Dauermandat die innerhalb seines Gegenstands liegenden Gestaltungsfragen, aus denen sich verdeckte Gewinnausschüttungen ergeben können, mit der Auftraggeberin erörtern und auf das Risiko und seine Größe hinweisen.[30] Ist der Mandant **anderweitig fachkundig** beraten, kann eine derartige Warnpflicht jedoch nur eingeschränkt gelten. Hat etwa ein Steuerberater nur den Auftrag, einen von dem Mandanten als Spezialisten eingeschalteten anderen Steuerberater als Mitprüfer zu begleiten, muss der allgemeine Steuerberater den Spezialisten nicht überwachen.[31] Der Steuerberater muss den Mandanten vor etwaigen Fehlleistungen des anderen Beraters allerdings dann warnen, wenn er diese erkennt oder erkennen kann und zugleich annehmen muss, dass der Mandant die Gefahr möglicherweise nicht bemerkt.[32]

---

28 BGH, Urt. v. 7.5.2015 – IX ZR 186/14 Rn. 8.
29 BGH, Urt. v. 26.1.1995 – IX ZR 10/94, BGHZ 128, 358, 361 = WM 1995, 721 = NJW 1995, 958; Beschl. v. 18.3.2010 – IX ZR 192/08, BFH/NV 2010, 1405 Rn. 2.
30 BGH, Urt. v. 23.2.2012 – IX ZR 92/08 Rn. 8 ff.
31 BGH, Urt. v. 21.7.2005 – IX ZR 6/02, WM 2005, 1904, 1905 = NJW-RR 2005, 1511.
32 BGH, Beschl. v. 18.3.2010 – IX ZR 192/08, BFH/NV 2010, 1405 Rn. 2.

C. Belehrungspflichten des Steuerberaters

9 Der **steuerliche Auskunftsvertrag** ist einem beschränkten Mandat gleich zu achten. Nach der Rechtsprechung des muss ein Steuerberater, dem lediglich ein eingeschränktes Mandat erteilt ist, den Mandanten auch vor außerhalb seines Auftrages liegenden steuerlichen Fehlentscheidungen warnen, wenn sie ihm bekannt oder für einen durchschnittlichen Berater auf den ersten Blick ersichtlich sind, wenn er Grund zu der Annahme hat, dass sich der Auftraggeber der ihm drohenden Nachteile nicht bewusst ist. Dies gilt insbesondere dann, wenn die Gefahr Interessen des Auftraggebers betrifft, die mit dem beschränkten Auftragsgegenstand in engem Zusammenhang stehen.[33] Da der Mandant von sich aus erwähnt hatte, die Spekulationsfrist sei noch nicht abgelaufen, und den Einstandspreis mit dem voraussichtlichen Verkaufspreis verglichen hatte, war für den Steuerberater die Gefahr offenkundig, dass dem Mandanten die drohende Maximierung des steuerlichen Gewinns durch Anrechnung der Abschreibungen auf den Einstandspreis nicht bewusst war. Deshalb hätte der Beklagte den Mandanten darauf hinweisen müssen, infolge des Buchgewinns sei mit einer erheblichen Steuerbelastung zu rechnen.[34]

2. Pflichten im Falle der Begleitung eines anderen steuerlichen Beraters

10 Die Pflicht des Steuerberaters, seinen Mandanten auch vor außerhalb seines Auftrags liegenden steuerlichen Fehlentscheidungen zu warnen, wenn sie ihm bekannt oder für einen durchschnittlichen Berater auf den ersten Blick ersichtlich sind, gilt zwar nur eingeschränkt, wenn der Mandant hinsichtlich dieser Frage anderweitig fachkundig beraten ist. Der Steuerberater muss den Mandanten aber vor etwaigen Fehlleistungen des anderen Beraters dann warnen, wenn er diese erkennt oder erkennen kann und zugleich annehmen muss, dass der Mandant die Gefahr möglicherweise nicht bemerkt.[35] Indem der beklagte steuerliche Berater bei der Umsetzung einer Gestaltungsberatung im Blick auf die Inanspruchnahme des Schachtelprivilegs nicht auf die Risiken des Auseinanderfallens der Beurkundung der Gründung der klagenden GmbH und der nachlaufenden Beurkundung der Kapitalerhöhung und des Anteilstausches hinwies, verletzte er zumindest seine nachvertragliche Pflicht, erhebliche Rechtsnachteile von der Klägerin abzuwenden. Ihm musste die Gefahr des Verlustes der Vorteile des Schachtelprivilegs, welche ihm als für derartige Vertragsgestaltungen besonders qualifiziertem Berater bekannt war, ins Auge springen. Die Gefahr, dass eine Beurkundung der Kapitalerhöhung und des Anteilstausches erst nach der Eintragung der Klägerin erfolgte, war offensichtlich. Der Berater hätte deshalb den Gesellschafter der Klägerin auf keinen Fall in dem Vorhaben bestärken dürfen, die noch ausstehenden Beurkundungen auf einen späteren Zeitpunkt zu verschieben. Wenigstens hätte er ihn darauf hinweisen müssen, dass noch vor der Eintragung der Klägerin in das Handelsregister die entsprechenden Beurkundungen vorgenommen werden mussten. Insoweit lagen im Hinblick auf die besondere Sachkunde, aufgrund derer der Berater beauftragt war, besondere Umstände vor, die ihn verpflichteten, die drohenden Rechtsnachteile von der Klägerin abzuwenden. Damit

---

33 BGH, Urt. v. 18.12.2008 – IX ZR 12/05, WM 2009, 369, 370 Rn. 14 = NJW 2009, 1141.
34 BGH, Urt. v. 18.12.2008 – IX ZR 12/05, WM 2009, 369, 370 Rn. 15 = NJW 2009, 1141.
35 BGH, Urt. v. 7.12.2017 – IX ZR 25/17, ZInsO 2018, 518 Rn. 17.

kommt es nicht mehr entscheidend darauf an, dass der Berater es auch in der Folgezeit, in der er die Klägerin bei der Beurkundung der Kapitalerhöhung und des Anteilstausches unterstützt und begleitet hat, weiterhin unterließ, auf die gewerbesteuerrechtlichen Risiken der Gewinnausschüttung innerhalb des Erhebungszeitraums ohne Sicherstellung der gesellschaftsrechtlichen Beteiligung zu Beginn dieses Zeitraums hinzuweisen.[36] Die Hinzuziehung des weiteren Beraters bei der Umsetzung des Konzepts entlastet den Beklagten nicht. Dieser musste als besonders sachkundiger Berater erkennen, dass der weitere Berater die fehlende Einhaltung der Voraussetzungen des Schachtelprivilegs übersah und die GmbH damit in die Gefahr brachte, den möglicherweise eintretenden Verlust des Privilegs nicht zu bemerken. Mit Fallgruppen, in denen eine Hinweis- und Warnpflicht nur eingeschränkt besteht, weil der Mandant anderweitig beraten ist, ist der Streitfall deshalb nicht vergleichbar. Von einer zutreffenden Beratung durch den weiteren Berater konnte die Beklagte nicht ausgehen. Der Beklagte hatte im Gegenteil erhebliche Anhaltspunkte dafür, dass der weitere Berater die GmbH der Gefahr aussetzte, die Vorteile des Schachtelprivilegs zu verlieren. Diese Gefahr hat der Beklagte selbst vertieft, weil sein Partner anlässlich des Telefonats den Gesellschafter darin bestärkte, einstweilen von der Beurkundung der Kapitalerhöhung und des Anteilstausches abzusehen.[37]

3. Makler

Ein Makler steht zu seinem Auftraggeber als dessen Interessenvertreter in einem besonderen Treueverhältnis, aus dem sich für ihn bei der Erfüllung seiner Aufgaben bestimmte Aufklärungs- und **Beratungspflichten** ergeben können. Eine sachgemäße Interessenwahrnehmung gebietet es, den Auftraggeber nicht nur über dasjenige aufzuklären, was unerlässlich ist, um ihn vor Schaden zu bewahren, sondern auch über alle dem Makler bekannten Umstände, die für die Entschließung des Auftraggebers von Bedeutung sein können. Wie weit diese Unterrichtungspflicht im Einzelnen reicht, hängt von den Umständen des jeweiligen Falles ab.[38]   **11**

Einen Makler trifft beim Fehlen einer entsprechenden Vereinbarung grundsätzlich **12** **keine vertragliche Nebenpflicht**, steuerrechtliche Fragen zu prüfen, die sich im Zusammenhang mit dem Vertrag stellen, den er vermittelt oder für dessen Abschluss er eine Gelegenheit nachweist, und seinen Auftraggeber über die in diesem Zusammenhang relevanten Umstände aufzuklären. Makler sind zwar gemäß § 4 Nr. 5 StBerG berechtigt, zu einschlägigen steuerlichen Fragen Auskünfte zu geben und zu beraten; sie sind dazu aber gegenüber dem Auftraggeber nach dem Maklervertrag grundsätzlich nicht verpflichtet.[39]

Abweichendes gilt allerdings ausnahmsweise etwa dann, wenn der Makler sich hin- **13** sichtlich bestimmter **Steuerfragen als Fachmann** geriert. Erweckt er dadurch bei dem Auftraggeber ein berechtigtes Vertrauen, dass für ihn in dieser Hinsicht unvor-

---

36 BGH, Urt. v. 7.12.2017 – IX ZR 25/17, ZInsO 2018, 518 Rn. 20.
37 BGH, Urt. v. 7.12.2017 – IX ZR 25/17, ZInsO 2018, 518 Rn. 22.
38 BGH, Urt. v. 17.5.2018 – IX ZR 243/17 Rn. 12.
39 BGH, Urt. v. 12.7.2018 – I ZR 152/17 Rn. 13.

teilhafte Vertragsgestaltungen vermieden werden, muss er sich an diesem Eindruck festhalten lassen. Des Weiteren können sich gewisse Beratungspflichten zu rechtlichen und steuerlichen Standardfragen auf einem bestimmten Gebiet für den Makler im Einzelfall daraus ergeben, dass er sich – beispielsweise in seiner Werbung – einer langjährigen Tätigkeit und Erfahrung auf diesem Gebiet berühmt. Außerdem muss der Makler den Auftraggeber dann, wenn dieser hinsichtlich vertragsrelevanter Umstände **erkennbar rechtlicher Belehrung** bedarf, anraten, insoweit fachmännischen Rat einzuholen. Gesteigerte Beratungs- und Aufklärungspflichten bestehen für den Makler schließlich dann, wenn er den Auftraggeber zu einem riskanten Vorgehen veranlasst oder ihn sonst zu einem unvorteilhaften und überstürzten Vertragsschluss verleitet.[40] Ein Makler, der einen Grundstückskauf vermittelt, ist nur dann gehalten, auf mögliche steuerrechtliche Folgen des vermittelten Geschäfts hinzuweisen, wenn er aufgrund besonderer Umstände des Einzelfalls Anlass zu der Vermutung haben muss, seinem Kunden drohe ein Schaden, weil dieser sich nicht der Gefahr des Entstehens einer besonderen Steuerpflicht bewusst ist. Davon ist im Streitfall nicht auszugehen.[41]

IV. Hinweispflicht auf neue rechtliche Entwicklungen

14 Den Steuerberater können im Verhältnis zu seinem Mandanten Hinweispflichten treffen. Die Hinweise können grundsätzlich vertretungsberechtigten Personen des Mandanten erteilt werden. Bei besonderer Bedeutung der Angelegenheit kann der Berater verpflichtet sein, den Hinweis persönlich dem Mandanten zu erteilen.[42]

1. Beachtung der höchstrichterlichen Rechtsprechung

15 Der Steuerberater hat aufgrund seiner Verpflichtung, die Interessen des Mandanten bestmöglich zu wahren, die sich aus einem bestimmten Verhalten der Finanzbehörde für diesen ergebenden günstigen Rechtsfolgen sogar dann zu beachten, wenn es mit einer höchstrichterlichen Rechtsprechung nicht in Einklang steht. Erst recht muss er daher seine Beratung an eine den steuerlichen Absichten des Mandanten entgegenkommende **höchstrichterliche Rechtsprechung** auch dann anpassen, wenn diese in der Literatur bekämpft wird und nicht auszuschließen ist, dass sie sich in Zukunft ändert. Dies folgt aus seiner Aufgabe, den zur Durchsetzung der Interessen des Mandanten günstigsten zulässigen Weg zu wählen. Bei der Bewertung, ob der Steuerberater seinen Pflichten genügt hat, kommt es auf die einschlägige höchstrichterliche Rechtsprechung an.[43] Für die Beurteilung, ob der Steuerberater seinen Pflichten zur Beachtung höchstrichterlicher Rechtsprechung gerecht geworden ist, kommt es in der Regel allein auf die Rechtslage an, die sich infolge der Rechtsprechung im **Zeitpunkt der Beratung** ergibt. Ist diese Rechtsprechung für das von dem Mandaten angestrebte **steuerliche Ergebnis günstig, gilt das in besonderem**

---

40 BGH, Urt. v. 12.7.2018 – I ZR 152/17 Rn. 14.
41 BGH, Urt. v. 12.7.2018 – I ZR 152/17 Rn. 19.
42 BGH, Urt. v. 23.2.2012 – IX ZR 92/08 Rn. 12.
43 BGH, Urt. v. 3.6.1993 – IX ZR 173/92, WM 1993, 1677, 1678 = NJW 1993, 2799, 2800.

Maße. Ein Jahre später vollzogener Wandel der Rechtsprechung hat auf die Beurteilung, ob die Beratung pflichtwidrig war, keinen Einfluss mehr.[44]

2. Hinweispflicht auf mögliche Rechtsprechungsänderung

Der Steuerberater, der mit der Prüfung eines Steuerbescheides beauftragt ist, muss   **16**
mit seinem Mandanten die Möglichkeit eines Einspruchs wegen möglicher Verfassungswidrigkeit des anzuwendenden Steuergesetzes nicht erörtern, so lange keine entsprechende Vorlage eines Finanzgerichts an das Bundesverfassungsgericht veröffentlicht ist oder sich ein gleich starker Hinweis auf die Verfassungswidrigkeit der Besteuerung aus anderen Umständen, insbesondere einer in ähnlichem Zusammenhang ergangenen, im Bundessteuerblatt veröffentlichten Entscheidung des Bundesverfassungsgerichts ergibt. Der Steuerberater ist im Einzelfall noch nicht verpflichtet, die Möglichkeit eines Einspruchs wegen Verletzung der Erhebungsgleichheit mit seinem Mandanten zu erörtern, wenn weder der Gesetzgeber die vorliegenden Hinweise auf die gleichheitswidrige Besteuerung erkennbar zum Anlass genommen hat, dem Mangel abzuhelfen, noch die Fachkreise hierauf in breit geführter Diskussion reagiert haben. Wegen der richtungweisenden Bedeutung, die höchstrichterlichen Entscheidungen für die Rechtswirklichkeit zukommt, hat sich der Berater bei der Wahrnehmung seines Mandats grundsätzlich an dieser Rechtsprechung auszurichten. Maßgeblich ist die jeweils aktuelle höchstrichterliche Rechtsprechung im Zeitpunkt seiner Inanspruchnahme. Hierbei darf der Berater in der Regel auf deren Fortbestand vertrauen, weil von einer gefestigten höchstrichterlichen Rechtsprechung nur in Ausnahmefällen abgewichen zu werden pflegt. Entgegenstehende Judikatur von Instanzgerichten und vereinzelte Stimmen im Schrifttum verpflichten den Rechtsanwalt regelmäßig nicht, bei der Wahrnehmung seiner Aufgaben die abweichende Meinung zu berücksichtigen. Eine Änderung der Rechtsprechung hat er allerdings in Betracht zu ziehen, wenn ein oberstes Gericht darauf hinweist oder neue Entwicklungen in Rechtsprechung und Rechtswissenschaft Auswirkungen auf eine ältere Rechtsprechung haben können und es zu einer bestimmten Frage an neueren höchstrichterlichen Entscheidungen fehlt. Eine Verpflichtung des Beraters, die Rechtsprechung der Instanzgerichte und das Schrifttum einschließlich der Aufsatzliteratur heranzuziehen, kann ausnahmsweise auch dann bestehen, wenn ein Rechtsgebiet aufgrund eindeutiger Umstände in der Entwicklung begriffen und (neue) höchstrichterliche Rechtsprechung zu erwarten ist. Hat ein Rechtsanwalt eine Angelegenheit aus einem solchen Bereich zu bearbeiten, muss er auch Spezialzeitschriften in angemessener Zeit durchsehen, wobei ihm ein „realistischer Toleranzrahmen" zuzubilligen ist. Grundsätzlich wird darauf abzustellen sein, mit welchem Grad an Deutlichkeit (Evidenz) eine neue Rechtsentwicklung in eine bestimmte Richtung weist und eine neue Antwort auf eine bisher anders entschiedene Frage nahelegt. Ferner kann ins Gewicht fallen, mit welchem Aufwand – auch an Kosten – der neuen Rechtsentwicklung im Interesse des Mandanten Rechnung getragen werden kann.[45]

---

44 BGH, Urt. v. 3.6.1993 – IX ZR 173/92, WM 1993, 1677, 1678 = NJW 1993, 2799, 2800.
45 BGH, Urt. v. 6.11.2008 – IX ZR 140/07, WM 2009, 90 f. Rn. 9, 10 = BGHZ 178, 258 = NJW 2009, 1593; v. 25.9.2014 – IX ZR 199/13 Rn. 12.

Wird in der Tages- oder der Fachpresse über Vorschläge zur Änderung des Steuerrechts berichtet, die im Falle ihrer Verwirklichung das von dem Mandanten des Beraters erstrebte Ziel unter Umständen vereiteln oder beeinträchtigen, kann der Steuerberater gehalten sein, sich aus allgemein zugänglichen Quellen über den näheren Inhalt und den Verfahrensstand solcher Überlegungen zu unterrichten.[46] Der Steuerberater ist ohne besonderen Anlass nicht verpflichtet, die Jahresberichte des Bundesfinanzhofs einzusehen. Auch wenn der Bericht also jedermann zugänglich ist, richtet er sich doch vorrangig an die Vertreter der allgemeinen Presse und der Fachpresse, die ihn publizistisch verwerten. Der einzelne Steuerberater kann sich darauf verlassen, die für ihn bedeutsamen Informationen der allgemeinen Presse und der Fachliteratur entnehmen zu können.[47]

3. Hinweispflicht auf mögliche Verfassungs- oder Gemeinschaftswidrigkeit der Besteuerungsgrundlage

17   An die Sorgfaltspflichten des Steuerberaters bei der Prüfung eines Steuerbescheides auf die Verfassungsmäßigkeit der gesetzlichen Besteuerungsgrundlage sind entsprechende Maßstäbe anzulegen. Danach darf ein Steuerberater grundsätzlich auf die **Verfassungsmäßigkeit** des von der Steuerverwaltung angewendeten **Steuergesetzes vertrauen**. Die Verwaltung hat Gesetze trotz bestehender Zweifel an deren Verfassungsmäßigkeit anzuwenden. Gleiches gilt für die mit dem Steuerfall befassten Gerichte. Erst wenn ein Gericht von der Verfassungswidrigkeit einer entscheidungserheblichen Norm überzeugt ist, hat es das Verfahren auszusetzen und nach Art. 100 Abs. 1 GG eine Entscheidung des Bundesverfassungsgerichts einzuholen; bloße **verfassungsrechtliche Zweifel** berechtigen noch nicht zur Vorlage an das Bundesverfassungsgericht. Daher wird eine Steuernorm bei bloßen verfassungsrechtlichen Bedenken von der Finanzverwaltung und den Finanzgerichten angewendet werden. Der Mandant kann unter dieser Voraussetzung seine verfassungsrechtlichen Bedenken erst nach Erschöpfung des Rechtsweges im Wege einer Verfassungsbeschwerde (Art. 93 Abs. 1 Nr. 4a GG, § 90 Abs. 2 Satz 1 BVerfGG) durchsetzen. Aus der Grundpflicht des Steuerberaters, den Mandanten im Rahmen seines Mandats umfassend und möglichst erschöpfend steuerlich zu beraten, kann sich ausnahmsweise die Pflicht ergeben, auch auf eine mögliche Verfassungswidrigkeit eines bislang als verfassungsmäßig behandelten Steuergesetzes hinzuweisen.[48] Diese Grundsätze sind auf den Fall der etwaigen **Gemeinschaftswidrigkeit** einer Steuernorm trotz abweichender Vorlagevoraussetzungen entsprechend anzuwenden. Bestehen Zweifel an der Vereinbarkeit des innerstaatlichen mit dem Gemeinschaftsrecht und versäumt das letztinstanzlich befasste Gericht das gemäß dem hier noch anzuwendenden Art. 234 Abs. 3 EGV gebotene Vorabentscheidungsersuchen an den Gerichtshof der

---

46 BGH, Urt. v. 15.7.2004 – IX ZR 472/00, WM 2005, 896 = NJW 2004, 3487.
47 BGH, Urt. v. 25.9.2014 – IX ZR 199/13 Rn. 15.
48 BGH, Urt. v. 6.11.2008 – IX ZR 140/07, WM 2009, 90, 91 Rn. 11, 12, 13 = BGHZ 178, 258 = NJW 2009, 1593.

Europäischen Gemeinschaften, kann der Betroffene mit einer Rüge der Verletzung des Art. 101 Abs. 1 Satz 1 GG die Vorlage erzwingen.[49]

Ein **Ausnahmefall** kann etwa gegeben sein, wenn das Bundesverfassungsgericht in   **18** einer Senatsentscheidung in ähnlichem Zusammenhang eine Verfassungsfrage behandelt und dabei eine **aussagekräftige Vorentscheidung** auch für die verfassungsrechtliche Beurteilung des anhängigen Besteuerungsfalls getroffen hat. Eine Hinweispflicht auf etwaige verfassungsrechtliche Bedenken gegen die Besteuerungsgrundlage kann auch dann bestehen, wenn ein Gericht einen **Vorlagebeschluss an das Bundesverfassungsgericht** nach Art. 100 Abs. 1 GG gefasst und der Berater hiervon Kenntnis erlangt hat. Einzelne Stimmen in der Literatur, welche eine Steuernorm – auch unter Berufung auf neue Gesichtspunkte – für verfassungswidrig halten, begründen auch in **Fällen schwerwiegender wirtschaftlicher Bedeutung** noch keinen Anlass für ein Rechtsgespräch mit dem Mandanten, weil solche Bedenken in den letzten Jahren vielfach erhoben worden sind und sich in den wenigsten Fällen als zutreffend herausgestellt haben. Gleiches gilt grundsätzlich für eine vereinzelte instanzgerichtliche Entscheidung, welche die Verfassungsmäßigkeit eines Steuergesetzes diskutiert, letztlich aber bestätigt, mag gegen sie auch der Bundesfinanzhof mit dem Ziel angerufen worden sein, eine Vorlage an das Bundesverfassungsgericht zu erreichen.[50] Nach diesen musste im Streitfall der Steuerberater nicht mit der Möglichkeit einer Verfassungswidrigkeit der Besteuerung von Gewinnen aus Spekulationsgeschäften nach § 23 Abs. 1 Satz 1 Nr. 1 lit. b EStG a. F. rechnen. Der mit der Anmeldung von **Umsatzsteuer aus dem Betrieb von Geldspielautomaten** betraute Steuerberater braucht den Mandanten auf eine etwaige Gemeinschaftswidrigkeit der Besteuerung aus § 4 Nr. 9 b) UStG 2004 erst hinzuweisen, sobald der Bundesfinanzhof dahin lautende Bedenken in einer Entscheidung, die dem Steuerberater bekannt sein muss, äußert.[51]

4. Hinweis auf Notwendigkeit der Zuziehung eines anderen Beraters

Die Vertragspflichten eines Steuerberaters beschränken sich in der Regel auf das   **19** Steuerrecht (§§ 1–3, 33 StBerG); eine geschäftsmäßige Besorgung anderer Rechtsangelegenheiten einschließlich der Rechtsberatung ist ihm untersagt. Ein Steuerberater, der mit der Vertretung im Verfahren über einen Einspruch gegen einen Steuerbescheid beauftragt ist, ist nicht verpflichtet, seinen Mandanten auf einen **möglichen Regressanspruch gegen einen früheren Steuerberater** und auf die drohende Verjährung eines solchen Anspruchs hinzuweisen.[52] Ein mit der Vertretung beauftragter Steuerberater hat die steuerlichen Interessen seines Mandanten im Rahmen des Mandats umfassend wahrzunehmen. Darüber hinaus gehende rechtliche Interessen seines Mandanten wie mögliche zivilrechtliche Regressansprüche, die bei einem ungünstigen Ausgang des Einspruchs- oder Klageverfahrens gegen Dritte be-

---

49 BGH, Urt. v. 23.9.2010 – IX ZR 26/09, WM 2010, 2050 Rn. 9 = DStR 2010, 2374.
50 BGH, Urt. v. 6.11.2008 – IX ZR 140/07, WM 2009, 90, 91 f. Rn. 14–16 = BGHZ 178, 258 = NJW 2009, 1593.
51 BGH, Urt. v. 23.9.2010 – IX ZR 26/09, WM 2010, 2050 Rn. 9 ff. = DStR 2010, 2374.
52 BGH, Urt. v. 7.5.2015 – IX ZR 186/14 Rn. 8.

stehen können, liegen jedoch außerhalb seines Auftrags. Die für die Beurteilung eines solchen Regressanspruchs und insbesondere seiner Verjährung erforderlichen besonderen Rechtskenntnisse kann ein Mandant von einem Steuerberater, der besondere Rechtskenntnisse allein auf dem Gebiet des Steuerrechts besitzt, regelmäßig nicht erwarten.[53] Der Steuerberater, der bei der Prüfung einer Beitragspflicht oder bei der Berechnung der Höhe der abzuführenden Beiträge auf Schwierigkeiten tatsächlicher oder rechtlicher Art stößt oder dem sich die Rechtslage als unklar darstellt, darf den sich stellenden **sozialversicherungsrechtlichen Fragen** nicht selbst nachgehen, sondern muss seinem Mandanten anheimgeben, einen mit den notwendigen Erfahrungen ausgestatteten Rechtsanwalt aufzusuchen. Zur Beratung in sozialversicherungsrechtlichen Fragen dürfte ein Steuerberater weder berechtigt noch verpflichtet sein.[54] Der steuerliche Berater, der im Auftrag des Arbeitgebers die Lohnabrechnungen besorgt, muss grundsätzlich prüfen, ob für Arbeitnehmer eine Schlechtleistung von der Versicherungspflicht in Betracht kommt, wenn Beiträge nicht abgeführt werden.[55] In allgemein-rechtlichen Angelegenheiten – etwa der Gestaltung eines Gesellschaftsvertrages – hat der Steuerberater die Einschaltung eines Rechtsanwalts zu empfehlen.[56]

5. Einholung einer Auskunft der Finanzverwaltung

20 Zweck der Steuerberatung ist es, die dem Auftraggeber fehlende Sach- und Rechtskunde auf diesem Gebiet zu ersetzen. Die pflichtgemäße Steuerberatung verlangt daher sachgerechte Hinweise über die Art, die Größe und die mögliche Höhe eines Steuerrisikos, um den Auftraggeber in die Lage zu versetzen, eigenverantwortlich seine Rechte und Interessen zu wahren und eine Fehlentscheidung zu vermeiden. Dies kann ferner die Verpflichtung des Steuerberaters einschließen, den Mandanten auf die **Möglichkeit einer verbindlichen Auskunft** des Finanzamts hinzuweisen und diese gegebenenfalls auch zu beantragen. Nach dem **Gebot des sichersten Weges** kommt dies insbesondere dann in Betracht, wenn die Rechtslage nach Ausschöpfung der eigenen Erkenntnismöglichkeiten ungeklärt und die Angelegenheit von schwerwiegender Bedeutung für die Entscheidung des Mandanten ist. Betrifft die Beratung in einem solchen Fall eine einschneidende, dauerhafte und später praktisch nicht mehr rückgängig zu machende rechtliche Gestaltung, hat der Steuerberater die Einholung einer Auskunft des Finanzamtes zu empfehlen.[57]

6. Bewahrung vor strafrechtlicher Verfolgung

21 Ein Steuerberater, der es durch einen von ihm erteilten Rat oder durch die von ihm veranlasste unzutreffende Darstellung steuerlich bedeutsamer Vorgänge verschuldet, dass gegen seinen Mandanten wegen leichtfertiger Steuerverkürzung ein Bußgeld verhängt wird, kann verpflichtet sein, jenem den darin bestehenden Vermö-

---

53 BGH, Urt. v. 7.5.2015 – IX ZR 186/14 Rn. 11.
54 BGH, Urt. v. 12.2.2004 – IX ZR 246/02, NJW-RR 2004, 1358, 1359.
55 BGH, Urt. v. 23.9.2004 – IX ZR 148/03, NJW-RR 2005, 1223, 1224.
56 BGH, Urt. v. 19.5.2009 – IX ZR 43/08, WM 2009, 1376, 1377 Rn. 12 = NZG 2009, 865.
57 BGH, Urt. v. 15.11.2007 – IX ZR 34/04, WM 2008, 41, 42 Rn. 10 = NJW 2008, 440.

gensschaden zu ersetzen. Diese Ersatzpflicht greift nicht ein, wenn der Mandant vorsätzlich Steuern verkürzt hat, weil er sich dann über die Rechtswidrigkeit seines Tuns im Klaren ist und keiner Aufklärung bedarf.[58] Der Steuerberater ist seinem Mandanten gegenüber vertraglich verpflichtet, diesen davor zu bewahren, dass er seine eigenen öffentlich-rechtlichen Verpflichtungen dem Finanzamt gegenüber vernachlässigt. Ist die steuerrechtliche Lage vielschichtig und für einen Laien undurchsichtig, besteht die Aufgabe des Beraters nicht nur darin, die seinem Mandanten zustehenden Steuervorteile auszuschöpfen, sondern er hat ihn auch davor zu bewahren, sich durch Überschreitung des zulässigen Rahmens der **steuerstrafrechtlichen Verfolgung** auszusetzen. Diese Schutzpflicht gilt regelmäßig auch bei leichtfertigem Verhalten des Mandanten. Ist er sich allerdings über die Rechtswidrigkeit eines bestimmten Vorgehens im Klaren, dann bedarf er keiner Aufklärung seitens des Beraters. Begeht der Mandant – allein oder gemeinsam mit dem Steuerberater oder von diesem angestiftet – eine vorsätzliche Steuerhinterziehung, so kann er die sein Vermögen treffenden steuerstrafrechtlichen Folgen also nicht auf seinen Berater abwälzen.[59] Der mit einem rechtlichen Berater geschlossene Vertrag kann also darauf gerichtet sein, den Mandanten vor der Begehung einer Straftat oder Ordnungswidrigkeit und deren Folgen zu schützen, nicht aber, dem Mandanten die Früchte einer von diesem vorsätzlich verübten Steuerhinterziehung zu wahren.[60]

7. Hinweispflichten nach Mandatsende

Der Steuerberater muss wie der Rechtsanwalt auf eine ihm erkennbare Gefahr, die **22** dem Auftraggeber bei Beendigung des Mandats insbesondere durch den mit einem Rechtsverlust verbundenen **Ablauf einer Frist** droht, jedenfalls dann hinweisen, wenn er die Gefahr selbst mitverursacht hat. Dem steht Fall gleich, dass der Mandant für den Berater erkennbar aufgrund von dessen früherem Verhalten darauf vertraut, dass dieser das Erforderliche von sich aus veranlassen werde.[61]

V. Weisungen

Der Steuerberater darf einen im Auftrag des Mandanten eingelegten Einspruch nicht **23** eigenmächtig zurücknehmen. Der Auftraggeber trägt das Misserfolgs- und Kostenrisiko des Auftrags; deswegen hat er und nicht der Berater die grundlegenden Entscheidungen darüber zu treffen, in welcher Weise seine Interessen wahrgenommen werden sollen. Der Berater darf, auch wenn er über ein höheres Maß an Sachkunde und Erfahrung in schwierigen Rechts- und Sachlagen verfügt, nicht seine Entscheidung an die Stelle derjenigen seines Mandanten setzen. Weicht der Berater von einer Weisung des Mandanten ab, liegt darin eine **Pflichtverletzung**, die ihn zum Schadensersatz verpflichten kann.[62] Wird ein Steuerberater beauftragt, Einspruch gegen

---

58 BGH, Urt. v. 9.11.2017 – IX ZR 270/16, NJW 2018, 541 Rn. 32.
59 BGH, Urt. v. 15.4.2010 – IX ZR 189/09, WM 2010, 993 Rn. 9 = DStR 2010, 1695.
60 BGH, Urt. v. 9.11.2017 – IX ZR 270/16, NJW 2018, 541 Rn. 31.
61 BGH, Urt. v. 18.1.2001 – IX ZR 223/99, NJW 2001, 1644.
62 BGH, Urt. v. 25.9.2014 – IX ZR 199/13 Rn. 19.

einen Steuerbescheid einzulegen, heißt das in aller Regel zugleich, dass der auftragsgemäß eingelegte Einspruch durchgeführt und nicht zurückgenommen werden soll.[63] Will der Steuerberater einen Einspruch auf Empfehlung der Finanzverwaltung zurücknehmen, muss er den Mandanten davon in Kenntnis setzen und seine Entscheidung abwarten.[64]

VI. Verzug

24 Ein steuerlicher Berater kommt mit der Erfüllung seiner Vertragspflichten gegenüber seinem Mandanten nicht allein deswegen in Verzug, weil die Steuererklärung nicht innerhalb der hoheitlich festgesetzten Frist beim Finanzamt eingeht. Erfüllt der steuerliche Berater seine Pflicht, die pünktliche Abgabe der Steuererklärung mit Rat und Tat zu fördern, schuldhaft nicht ordnungsgemäß, so haftet er wegen positiver Vertragsverletzung. Steuerliche Berater verpflichten sich zur sorgfältigen und fachkundigen Beratung sowie Betreuung des Mandanten, insbesondere dazu, dass sie ihrerseits alle Schritte rechtzeitig vorbereiten, die für ein fristgebundenes Handeln ihres Mandanten erforderlich sind. Sie übernehmen jedoch regelmäßig nicht die Gewähr für das rechtzeitige Gelingen des Bemühens. Dementsprechend verpflichtet sich der steuerliche Berater, nach besten Kräften mit Rat und Tat im Rahmen des Zumutbaren mitzuwirken, dass der steuerpflichtige Mandant die festgesetzten Fristen für die Abgabe der Steuererklärung einhalten kann. Er hat rechtzeitig sowie klar und unmissverständlich darauf hinzuweisen, welche bestimmten einzelnen Unterlagen für die ordnungsgemäße Geschäftsbesorgung nötig sind. Auf Unstimmigkeiten in dem ihm vom Mandanten vorgelegten Material muss er achten. Die wesentlichen tatsächlichen Voraussetzungen muss er durch Rückfragen und Erörterung mit dem Mandanten zu klären versuchen. Über notwendige weitere Mitwirkungshandlungen muss er den Mandanten erforderlichenfalls rechtzeitig belehren. Eine schuldhafte Verletzung dieser Pflichten kann ihn nach den Grundsätzen der positiven Vertragsverletzung schadensersatzpflichtig machen. Hingegen gerät er in Verzug mit seiner vertraglichen Hauptpflicht zur Bearbeitung der Steuererklärungen regelmäßig erst, wenn er trotz **Mahnung** fällige Dienstpflichten nicht erfüllt. Gegenüber dem Steuerpflichtigen von der Finanzverwaltung gesetzte Fristen sind für dessen vertragliche Beziehungen zu seinem steuerlichen Berater nur verbindlich, wenn sie vertraglich Leistungsinhalt geworden sind.[65] Der Berater kommt hingegen mit seiner Leistung in Verzug (§ 285 BGB), wenn er hat trotz Mahnung die ihm übertragene Aufgabe, eine Bilanz für das abgelaufene Jahr zu erstellen, nicht erfüllt. In diesem Fall hat er nicht lediglich eine vom Finanzamt gesetzte Frist versäumt, sondern ist trotz Mahnung seines Auftraggebers untätig geblieben und hat die aufgrund des Steuerberatervertrages geschuldeten Arbeiten nicht ausgeführt.[66]

---

63 BGH, Urt. v. 25.9.2014 – IX ZR 199/13 Rn. 20.
64 BGH, Urt. v. 25.9.2014 – IX ZR 199/13 Rn. 21.
65 BGH, Urt. v. 17.10.1991 – IX ZR 255/90, BGHZ 115, 382, 389 = WM 1992, 62 = NJW 1992, 307.
66 BGH, Urt. v. 27.9.2001 – IX ZR 281/00, WM 2001, 2450, 2450 f. = NJW 2002, 825.

VII. Anlageberatung

1. Eigener Rat

Die Vertragspflichten eines Steuerberaters beschränken sich in der Regel auf das **25** Steuerrecht (§§ 1 bis 3, 33 StBerG). Inhalt und Umfang der Pflichten des Steuerberaters richten sich nach dem im Einzelfall zwischen ihm und dem Mandanten geschlossenen Vertrag. Der Steuerberater hat grundsätzlich von der Belehrungsbedürftigkeit seines Auftraggebers in steuerlichen Dingen auszugehen. Er schuldet diesem, wenn es um die Beteiligung an einer steuersparenden Vermögensanlage geht, grundsätzlich eine umfassende Aufklärung über die Arten und Möglichkeiten der zu erzielenden Verlustzuweisungen und über deren Vorteile, Nachteile und Risiken in steuerlicher Hinsicht. Dagegen trifft ihn eine Verpflichtung, wirtschaftlich zu beraten, nur, wenn er einen weitergehenden, auch die Anlageberatung einschließenden Auftrag erhalten hat oder von sich aus eine bestimmte Beteiligung empfiehlt. Erst dann darf der Mandant darauf vertrauen, der Steuerberater habe die für ihn wesentlichen wirtschaftlichen Umstände berücksichtigt und einen auf seine aktuelle finanzielle Situation zugeschnittenen Rat erteilt.[67]

2. Hinweis auf Provisionsvereinbarung mit Drittem

Der steuerliche Berater handelt seinem Mandanten gegenüber pflichtwidrig, wenn **26** er diesen zu einem Vertragsschluss mit einem Dritten veranlasst, ohne zu offenbaren, dass für ihn wirtschaftliche Vorteile mit einem solchen Vertragsschluss verbunden sind. Dies folgt aus den jeden Steuerberater treffenden Aufklärungs- und Beratungspflichten.[68]

Der um Rat ersuchte steuerliche Berater ist zu einer umfassenden und möglichst erschöpfenden Belehrung seines Auftraggebers verpflichtet. Er hat mit dem Mandanten auch Fragen der Steueroptimierung und der steuergünstigsten Geldanlage zu erörtern. Der Mandant hat einen Anspruch darauf, dass sein Berater diesbezügliche Fragen mit völliger Objektivität beantwortet, sich also ausschließlich vom Interesse des Mandanten leiten und sich nicht durch unsachliche Gesichtspunkte, insbesondere nicht durch zu erwartende persönliche Vermögensvorteile, beeinflussen lässt. Der Mandant darf aufgrund dieses Vertragsverhältnisses eine vertrauensvolle, allein durch eine Wahrnehmung seiner Interessen bestimmte Zusammenarbeit mit dem Steuerberater erwarten. Der Steuerberater handelt mit dem nur allgemeinen Hinweis auf beliebige Anlagemöglichkeiten – wenn nicht weiteres hinzutritt – nicht pflichtwidrig. Der Gefahr, einen Mandanten aufgrund eines eigenen wirtschaftlichen Vorteils nicht mehr unvoreingenommen zu beraten und diesem nicht die für eine eigenverantwortliche Entscheidung erforderlichen Grundlagen zu vermitteln, kann der Steuerberater nur dadurch entgehen, dass er dem Mandanten, dem er einen bestimmten Vertragspartner empfiehlt, seinen eigenen wirtschaftlichen Vorteil – etwa **27**

---

67 BGH, Urt. v. 6.12.2018 – IX ZR 176/16 Rn. 17.
68 BGH, Urt. v. 6.12.2018 – IX ZR 176/16 Rn. 19.

ein erteiltes Provisionsversprechen – offenbart. Unterlässt er dies, handelt er pflichtwidrig.[69]

28 Es ist rechtlich bedenklich, wenn Unternehmen, die steuerbegünstigte Vermögens-
anlagen anbieten, steuerlichen Beratern eine Provision für den Fall versprechen,
dass sie ihren Mandanten zu einem Vertragsschluss mit diesem Unternehmen veranlassen. Es liegt in der Natur der Sache, dass steuerliche Berater mit ihren Mandanten
auch die Frage erörtern, in welcher Weise diese ihr Vermögen am steuergünstigsten
anlegen. Der Mandant hat einen Anspruch darauf, dass sein Berater diesbezügliche
Fragen mit völliger Objektivität beantwortet, sich also ausschließlich vom Interesse
des Mandanten leiten und sich nicht durch unsachliche Gesichtspunkte, insbesondere nicht durch zu erwartende persönliche Vermögensvorteile, beeinflussen lässt.
Durch eine Provisionsvereinbarung gerät der steuerliche Berater in die Gefahr, seinen Mandanten nicht mehr unvoreingenommen zu beraten. In einer solchen Lage
kann er dem Vorwurf des Treubruchs nur dadurch entgegen, dass er den Mandanten,
denen er die Beteiligung an dem betreffenden Projekt nahelegt, das ihm erteilte Provisionsversprechen **offenbart**.[70] Nimmt er heimlich Provisionen entgegen, ist er
nach §§ 667, 675 zu deren Auskehr an den Mandanten verpflichtet.[71] Dies gilt auch
dann, wenn die Provisionen an einen Strohmann des Beraters gezahlt werden.[72]

VIII. Rückgabe von Akten

1. Umfang

29 Gemäß § 675 Abs. 1, § 667 BGB hat der Steuerberater seinem Mandanten alles herauszugeben, was er zur **Ausführung des Auftrags** erhält und was er aus der **Geschäftsbesorgung erlangt**. Denn er wird aufgrund eines Geschäftsbesorgungsver-
trages tätig. Zur Ausführung des Auftrags erhalten ist alles, was dem Beauftragten
zum Zwecke der Geschäftsbesorgung zur Verfügung gestellt worden ist. Aus der
Geschäftsbesorgung erlangt ist jeder Vorteil, den der Beauftragte aufgrund eines inneren Zusammenhangs mit dem geführten Geschäft erhalten hat. Nach dieser Alternative sind auch die vom Beauftragten über die Geschäftsbesorgung **selbst angeleg-
ten Akten, sonstigen Unterlagen** und **Dateien** – mit Ausnahme von privaten Aufzeichnungen – herauszugeben. Rechtlich bestehen darum keine Bedenken dagegen,
die Zustimmung zur Datenübertragung als Inhalt der Verpflichtung zur Herausgabe
der vom Steuerberater bei einem Dritten abgespeicherten Daten anzusehen. Anders
verhält es sich jedoch mit dem **(vertraglichen) Arbeitsergebnis** des Steuerberaters,
das der Mandant zur Erfüllung seiner steuerlichen Pflichten benötigt und das der
Berater ihm aus dem Steuerberatervertrag schuldet. Denn das vertraglich geschuldete Arbeitsergebnis steht im Austauschverhältnis des gegenseitigen Vertrages; es
ist nicht i. S. der § 675 Abs. 1, § 667 Alt. 2 BGB erlangt, sondern Gegenstand des

---

69 BGH, Urt. v. 6.12.2018 – IX ZR 176/16 Rn. 20.
70 BGH, Urt. v. 6.12.2018 – IX ZR 176/16; v. 19.6.1985 – IVa ZR 196/83, BGHZ 95, 81, 83 f. = WM
     1985, 1071 = NJW 1985, 2523.
71 BGH, Urt. v. 7.1.1963 – VII ZR 149/61, BGHZ 39, 1, 2 f. = NJW 1963, 649.
72 BGH, Urt. v. 18.12.1990 – XI ZR 176/89, NJW 1991, 1224.

vertraglichen Erfüllungsanspruchs. Bei den von dem Berater der DATEV übermittelten Datenbeständen kann es sich um körperlich erfassbare Arbeitsergebnisse handeln. Wenn die bei der DATEV abgespeicherten Daten unmittelbar **Bestandteil der Buchführung** oder der „**Jahresabschlussarbeiten**" sind, hat der Mandant keinen Anspruch aus § 675 Abs. 1, § 667 BGB auf deren Herausgabe. Das gilt auch dann, wenn es sich zur Sicherung der Daten angelegte Doppel der bei dem Berater vorhandenen Datenbestände handeln sollte. Denn das vertraglich geschuldete Arbeitsergebnis kann der Mandant nicht honorarfrei beanspruchen. Soweit es sich hingegen um von dem Berater eingegebene Daten handelt, die ihm von dem Mandanten zum Zwecke der Geschäftsbesorgung zur Verfügung gestellt worden waren, ist der Anspruch auf Zustimmung zur Datenübertragung begründet. Sofern der Berater die von dem Mandanten gelieferten Daten und Unterlagen ausgewertet und für die noch zu leistende eigentliche Buchführung geordnet und rechnerisch aufbereitet hat, handelt es sich noch nicht um das vertraglich geschuldete Arbeitsergebnis selbst. Vielmehr wird dieses durch Systematisierung und Weiterverarbeitung der gelieferten „Rohdaten" erst vorbereitet. Dieser Fall ist mit demjenigen vergleichbar, in dem der Beauftragte über die Geschäftsbesorgung selbst Akten anlegt. Diese sind gem. § 675 Abs. 1, § 667 Alt. 2 BGB herauszugeben.[73]

2. Zurückbehaltungsrecht

Das Recht des Steuerberaters, wegen seiner Gebührenforderungen Unterlagen zu- **30** rückzubehalten, richtet sich mangels einer § 50 BRAO vergleichbaren Sonderregelung allein nach den allgemeinen Bestimmungen. Es kann offenbleiben, ob es die Natur des Schuldverhältnisses zwischen Steuerberater und Mandant ausschließt, dem Steuerberater ein Zurückbehaltungsrecht wegen Gebührenforderungen an solchen Unterlagen zuzuerkennen, die er im Rahmen des Vertragsverhältnisses von seinem Mandanten oder von Dritten für ihn erhalten hat. Jedenfalls bei Unterlagen, die der Steuerberater **für seinen Mandanten erstellt hat**, kann ihm ein Zurückbehaltungsrecht wegen Gebührenforderungen nicht unter Berufung auf die Natur des Schuldverhältnisses abgesprochen werden. Dies gilt auch dann, wenn es sich um ein dauerndes Vertragsverhältnis handelt. Unterlagen wie eine Hauptabschlussübersicht, die der Steuerberater selbst gefertigt hat, sind das **Ergebnis seiner Leistung** und regelmäßig insofern ersetzbar, als sie gegebenenfalls auf der Grundlage der Buchhaltungsunterlagen des Mandanten von einem Dritten neu erstellt werden könnten. Die Natur des Schuldverhältnisses spricht daher nicht dagegen, dem Steuerberater für die Durchsetzung fälliger Gebührenforderungen ein Zurückbehaltungsrecht als Druckmittel zuzugestehen. Ein Zurückbehaltungsrecht aus § 273 BGB ist auch dann nicht ausgeschlossen, wenn dem Steuerberater nur Gebührenforderungen zustehen sollten, die sich auf andere Abrechnungsjahre beziehen als die herausverlangten Unterlagen. Auch in diesem Fall beruhen die beiderseitigen Ansprüche auf demselben Vertragsverhältnis. Die Ausübung eines Zurückbehaltungsrechts des Steuerberaters an seinen Arbeitsergebnissen kann ausnahmsweise

---

73 BGH, Urt. v. 11.3.2004 – IX ZR 178/03, WM 2004, 2216 = NJW-RR 2004, 1290.

gegen **Treu und Glauben** verstoßen, wenn seine Gegenforderung unverhältnismäßig gering ist oder wenn die Zurückbehaltung dem Mandanten einen unverhältnismäßig hohen, auch bei Abwägung mit den Interessen des Steuerberaters nicht zu rechtfertigenden Schaden zufügen würde.[74]

IX. Haftung wegen Bilanzierungsfehlern

1. Vertragsinhalt

31 Der Auftrag einer Kapitalgesellschaft, einen nach §§ 242, 264 HGB erforderlichen Jahresabschluss zu erstellen, enthält stets eine werkvertragliche Verpflichtung mit Geschäftsbesorgungscharakter. Dies gilt jedenfalls, wenn der Steuerberater einen nur auf die Erstellung des Jahresabschlusses gerichteten Einzelauftrag erhält. Es kann daher offenbleiben, inwieweit Werkvertragsrecht zur Anwendung kommt, wenn es sich beim zu erstellenden Jahresabschluss nur um eine Einzelleistung im Rahmen eines Dauermandats handelt. Denn bei der Erstellung eines Jahresabschlusses handelt es sich um einen fest umrissenen Leistungsgegenstand, nicht hingegen um eine allgemeine, laufende Beratungstätigkeit.[75] Die Gesellschaft will mit einem solchen Auftrag stets die sie treffenden handelsrechtlichen Pflichten erfüllen und möchte deshalb einen entsprechenden Jahresabschluss als Ergebnis erhalten. Der Inhalt eines nach §§ 242, 264 HGB erforderlichen Jahresabschlusses wird dabei weitgehend durch die gesetzlichen Anforderungen und die eröffneten Gestaltungsmöglichkeiten festgelegt.[76]

2. Bilanzierung nach Fortführungs- oder Liquidationswerten

32 Der mit der Erstellung des Jahresabschlusses beauftragte Steuerberater schuldet grundsätzlich einen den handelsrechtlichen Vorschriften entsprechenden, die Grenzen der zulässigen Gestaltungsmöglichkeiten nicht überschreitenden und in diesem Sinne richtigen Jahresabschluss. Gemäß § 252 Abs. 1 Nr. 2 HGB ist in einer Handelsbilanz bei der Bewertung von der Fortführung der Unternehmenstätigkeit auszugehen, sofern dem nicht tatsächliche oder rechtliche Gegebenheiten entgegenstehen. Von diesen Grundsätzen darf gemäß § 252 Abs. 2 HGB nur in begründeten Ausnahmefällen abgewichen werden. § 264 Abs. 2 Satz 1 HGB bestimmt schließlich, dass der Jahresabschluss der Kapitalgesellschaft unter Beachtung der Grundsätze ordnungsmäßiger Buchführung ein den tatsächlichen Verhältnissen entsprechendes Bild der Vermögens-, Finanz- und Ertragslage der Kapitalgesellschaft zu vermitteln hat.[77] Die Fortführung der Unternehmenstätigkeit ist nach dem Gesetz der zunächst zu unterstellende Regelfall; es spricht so lange eine Vermutung dafür, wie nicht Umstände sichtbar werden, welche die Fortführung unwahrscheinlich erscheinen lassen oder zweifelsfreie Kenntnis von der Unmöglichkeit der Fortführung besteht. Daher

---

74 BGH, Urt. v. 17.2.1988 – IVa ZR 262/86, WM 1988, 627 = NJW 1988, 2607.
75 BGH, Urt. v. 26.1.2017 – IX ZR 285/14, WM 2017, 383 Rn. 14.
76 BGH, Urt. v. 26.1.2017 – IX ZR 285/14, WM 2017, 383 Rn. 15.
77 BGH, Urt. v. 26.1.2017 – IX ZR 285/14, WM 2017, 383 Rn. 19.

ist selbst bei Zweifeln an der Überlebensfähigkeit des Unternehmens unter Fortführungsgesichtspunkten zu bilanzieren. Die Fortführungsvermutung entfällt erst, wenn es objektiv fehlerhaft wäre, von der Aufrechterhaltung der Unternehmenstätigkeit auszugehen. Eine Bewertung zu Liquidationswerten hat zu erfolgen, wenn feststeht, dass das Unternehmen nicht mehr fortgeführt werden kann.[78] Liegt ein Insolvenzgrund vor, ist für die handelsrechtliche Bilanzierung entscheidend, ob eine Fortführung der Unternehmenstätigkeit auch nach Eröffnung des Insolvenzverfahrens zu erwarten oder damit zu rechnen ist, dass das Unternehmen noch vor dem Insolvenzantrag, bereits im Eröffnungsverfahren (§ 22 Abs. 1 Satz 2 Nr. 2 InsO) oder alsbald nach Insolvenzeröffnung stillgelegt werden wird (§§ 157, 158 InsO). Abzustellen ist dabei darauf, ob die Unternehmenstätigkeit aufgrund der Insolvenzreife innerhalb des Prognosezeitraums eingestellt werden wird. Daher kann trotz eines Insolvenzgrundes handelsrechtlich eine Bilanzierung nach Fortführungswerten zulässig sein, wenn ein glaubhafter Fortführungsinsolvenzplan vorliegt, eine übertragende Sanierung innerhalb des Prognosezeitraums angestrebt wird und möglich ist.[79]

3. Pflichtverletzung des Steuerberaters

Die Haftung des Steuerberaters setzt voraus, dass er die falsche Bilanzierung nach   **33**
Fortführungswerten nach Umfang und Inhalt des erteilten Auftrags auch zu verantworten hat. Ein Steuerberater haftet nicht für jeden objektiv zu Unrecht auf der Grundlage von Fortführungswerten erstellten Jahresabschluss. Er darf jedoch dem von ihm erstellten Jahresabschluss keine Fortführungswerte zugrunde legen, wenn auf der Grundlage der ihm zur Verfügung stehenden Informationen die Vermutung des § 252 Abs. 1 Nr. 2 HGB entweder widerlegt erscheint oder ernsthafte Zweifel bestehen, die nicht ausgeräumt werden.[80] Dies kommt etwa in Betracht, wenn das Unternehmen erhebliche Verluste erwirtschaftet, eine zu geringe Eigenkapitalausstattung aufweist oder in Liquiditätsschwierigkeiten gerät. Ein weiteres Indiz ist die bilanzielle Überschuldung. Zwar ist diese allein kein Insolvenzgrund; jedoch kann eine bilanzielle Überschuldung ein Indiz für von § 252 Abs. 1 Nr. 2 HGB verlangte tatsächliche Gegebenheiten darstellen und Anlass geben, eine insolvenzrechtliche Überschuldung zu prüfen.[81] Trotz dem Steuerberater erkennbarer Zweifel an der Fortführungsvermutung ist der von ihm erstellte Jahresabschluss jedoch mangelfrei, wenn der Steuerberater die Gesellschaft auf die konkreten Umstände hingewiesen hat, deretwegen keine ausreichende Grundlage vorhanden war, um ungeprüft Fortführungswerte nach § 252 Abs. 1 Nr. 2 HGB zugrunde legen zu können, die Gesellschaft ihn aber ausdrücklich angewiesen hat, gleichwohl die handelsrechtliche Bilanz mit Fortführungswerten zu erstellen. Beruht der Mangel eines Werks auf Anweisungen oder verbindlichen Vorgaben des Bestellers, entfällt die Haftung für

---

78 BGH, Urt. v. 26.1.2017 – IX ZR 285/14, WM 2017, 383 Rn. 25.
79 BGH, Urt. v. 26.1.2017 – IX ZR 285/14, WM 2017, 383 Rn. 27.
80 BGH, Urt. v. 26.1.2017 – IX ZR 285/14, WM 2017, 383 Rn. 29.
81 BGH, Urt. v. 26.1.2017 – IX ZR 285/14, WM 2017, 383 Rn. 34.

Mängel, sofern der Unternehmer die erforderlichen Prüfungen durchgeführt und die notwendigen Hinweise gegeben hat.[82]

4. Warn- und Hinweispflicht im Blick auf Insolvenzreife

34 Eine Hinweispflicht des Steuerberaters besteht auch außerhalb des beschränkten Mandatsgegenstandes, soweit die Gefahren dem Steuerberater bekannt oder für ihn offenkundig sind oder sich ihm bei ordnungsgemäßer Bearbeitung aufdrängen und wenn er Grund zu der Annahme hat, dass sein Auftraggeber sich der Gefahr nicht bewusst ist.[83] Trotz inhaltlich richtiger Bilanz können zugunsten des Mandanten Hinweis- und Warnpflichten bestehen, wenn der Steuerberater einen Insolvenz-grund erkennt oder für ihn ernsthafte Anhaltspunkte für einen möglichen Insolvenz-grund offenkundig sind und er annehmen muss, dass die mögliche Insolvenzreife der Mandantin nicht bewusst ist. Solche Anhaltspunkte können für den Steuerbera-ter etwa dann offenkundig sein, wenn die Jahresabschlüsse der Gesellschaft in auf-einanderfolgenden Jahren wiederholt nicht durch Eigenkapital gedeckte Fehlbeträ-ge aufweisen. Dies kommt weiter in Betracht, wenn für den Steuerberater offenkun-dig ist, dass die bilanziell überschuldete Gesellschaft über keine stillen Reserven verfügt. Maßgeblich für die Frage, ob eine Hinweis- und Warnpflicht des Steuerbe-raters besteht, sind dabei nur die von ihm für den zu erstellenden Jahresabschluss zu prüfenden Umstände.[84]

---

82 BGH, Urt. v. 26.1.2017 – IX ZR 285/14, WM 2017, 383 Rn. 38.
83 BGH, Urt. v. 26.1.2017 – IX ZR 285/14, WM 2017, 383 Rn. 44.
84 BGH, Urt. v. 26.1.2017 – IX ZR 285/14, WM 2017, 383 Rn. 45.

D.
Ursachenzusammenhang von Pflichtverletzung und Schaden

I. Haftungsbegründende und haftungsausfüllende Kausalität

Die sog. **haftungsbegründende Kausalität** betrifft den Ursachenzusammenhang **1** zwischen dem Verhalten des Beraters und der eingetretenen Pflichtverletzung. Anders als im Rahmen des § 823 Abs. 1 braucht die Pflichtverletzung nicht zur Verletzung eines speziellen Rechtsguts geführt zu haben. Es genügt, wenn für den Mandanten infolge der Pflichtverletzung nachteilige Folgen eintreten können.[1] Der Bereich des Haftungsgrundes, der nach § 286 ZPO zu beweisen ist, erstreckt sich bei einem Schadensersatzanspruch wegen einer Vertragsverletzung also bis zu der Feststellung, dass der Vertragspartner von dem Verstoß so betroffen ist, dass nachteilige Folgen für ihn eintreten können.[2] Der Begriff des „Betroffenseins" mag unscharf sein; die damit gemeinte Voraussetzung ist aber jedenfalls erfüllt, wenn dem anderen pflichtwidrig eine vermögenswerte Chance nicht verschafft oder erhalten wird.[3] Diese Kausalität ist in Anwalts- und Steuerberatungshaftungssachen regelmäßig nicht problematisch, weil die Verantwortlichkeit des Beraters für den Beratungsfehler feststeht. Die darauf aufbauende Feststellung, dass zwischen der Pflichtverletzung und dem eingetretenen Schaden ein Zurechnungszusammenhang besteht, ist Gegenstand der sog. **haftungsausfüllenden Kausalität**. Der rechtliche Berater, der seinem Auftraggeber wegen positiver Vertragsverletzung zum Schadensersatz verpflichtet ist, hat diesen durch die Schadensersatzleistung so zu stellen, wie er bei pflichtgemäßem Verhalten des rechtlichen Beraters stünde. Danach muss die tatsächliche Vermögenslage derjenigen gegenübergestellt werden, die sich ohne den Fehler des rechtlichen Beraters ergeben hätte. Das erfordert einen Gesamtvermögensvergleich, der alle von dem haftungsbegründenden Ereignis betroffenen finanziellen Positionen umfasst. Hierbei ist grundsätzlich die gesamte Schadensentwicklung bis zur letzten mündlichen Verhandlung in den Tatsacheninstanzen in die Schadensberechnung einzubeziehen.[4] Bei einem Schadensersatzanspruch aus Vertragsverletzung gehört der Ursachenzusammenhang zwischen der Pflichtverletzung und dem Schadenseintritt nicht zur **haftungsbegründenden**, sondern zur **haftungsausfüllenden Kausalität**, für deren Nachweis anstelle der strengen Beweisführungsmaßstäbe des § 286 ZPO die Beweiserleichterungen des § 287 ZPO und insbe-

---

1 *Bormann*, NJW 2002, 2145, 2149.
2 BGH, Urt. v. 28.4.1982 – IVa ZR 8/81, NJW 1983, 998, 999.
3 BGH, Urt. v. 8.5.1989 – II ZR 229/88, NJW 1989, 2687, 2688.
4 BGH, Urt. v. 19.1.2006 – IX ZR 232/01, WM 2006, 927, 930 Rn. 25 = NJW-RR 2006, 923.

sondere des Anscheinsbeweises Anwendung finden.[5] Beweisprobleme ergeben sich für den Mandanten insbesondere im Rahmen der haftungsausfüllenden Kausalität, weil er bei mehreren Entscheidungsalternativen den Nachweis zu führen hat, wie er sich entschieden hätte und sich auf der Grundlage dieser Entscheidung seine Vermögenslage entwickelt hätte.

II. Kausalität im natürlichen Sinne

2 Die Ursächlichkeit der Pflichtverletzung des Anwalts für den Schaden hängt davon ab, welchen Verlauf die Dinge bei pflichtgemäßem Verhalten genommen hätten.[6] Wird eine Streitverkündung versäumt und deswegen ein dem Mandanten nachteiliger Vergleich geschlossen, so beruht der Schaden auf dem anwaltlichen Pflichtversäumnis. Wäre der Streit rechtzeitig verkündet worden, hätte die Partei nicht den Vergleich geschlossen. Sie hätte die Abweisung der Klage riskiert und anschließend auf der Grundlage der Streitverkündung ihren gesamten Schaden gegen den noch in Betracht kommenden Verpflichteten durchgesetzt.[7] Hat der Anwalt die Ehefrau pflichtwidrig nicht über die Möglichkeit eines **Ausschlusses des Versorgungsausgleichs** belehrt, setzt ein Schadensersatzanspruch der Ehefrau voraus, dass ihr früherer Ehemann sich auf eine Vereinbarung zu seinem Nachteil eingelassen hätte und diese Vereinbarung durch das Familiengericht nach der Bestimmung des § 1587o Abs. 2 Satz 3 BGB a. F. genehmigt worden wäre.[8] Wird dem Anwalt vorgeworfen, einen dem Mandanten günstigen Vergleich nicht zustande gebracht zu haben, obliegt dem Mandant der Nachweis, dass der Gegner zu einem Vergleichsschluss bereit war.[9] Wir dem Anwalt vorgeworfen, dem Mandanten anstelle eines Eigenantrags auf Eröffnung eines Regelinsolvenzverfahrens nicht zu einem Eigenantrag auf Eröffnung eines Verbraucherinsolvenzverfahrens geraten zu haben, ist bei der Schadensberechnung zu beachten, dass auch bei Durchführung eines Verbraucherinsolvenzverfahrens Verfahrenskosten (Gerichtskosten nach Nr. 2310 ff. des Kostenverzeichnisses, Anlage 1 zum Gerichtskostengesetz, und die Vergütung des Treuhänders, § 313 Abs. 1 Satz 3, § 63 Abs. 1 InsO) angefallen wären und Nachteile durch die Verwertung des Schuldnervermögens nicht vermeidbar gewesen wäre.[10]

III. Kausalität beim Tätigwerden mehrerer Anwälte

1. Gesamtkausalität

3 Beruht ein Schaden haftungsrechtlich auf **mehreren Ursachen**, die von verschiedenen Personen gesetzt worden sind, so haften diese grundsätzlich als **Gesamtschuldner**. Zivilrechtlich wird in diesen Fällen nicht danach unterschieden, ob einzelne Ur-

---

5 BGH, Urt. v. 20.3.2008 – IX ZR 104/05, WM 2008, 1042, 1043 Rn. 12 = NJW 2008, 2647.
6 BGH, Urt. v. 10.3.2011 – IX ZR 82/10, WM 2011, 993 Rn. 22 = ZInsO 2011, 980.
7 BGH, Urt. v. 16.9.2010 – IX ZR 203/08, WM 2010, 2183 Rn. 15 = NJW 2010, 3576.
8 BGH, Urt. v. 7.10.2010 – IX ZR 191/09, FamRZ 2010, 2067 Rn. 24.
9 Beschl. v. 30.9.2010 – IX ZR 136/08 Rn. 7 ff.
10 BGH, Urt. v. 20.1.2011 – IX ZR 238/08, WM 2011, 414 Rn. 13 = NJW 2011, 1678.

sachen wesentlicher sind als andere. Das gilt grundsätzlich auch, wenn eine Ursache für sich allein den Schaden nicht herbeigeführt hat, es dazu vielmehr des Hinzutretens weiterer Ursachen im Sinne einer kumulativen **Gesamtkausalität** bedurfte. Ein adäquater Zusammenhang besteht, wenn eine Tatsache im Allgemeinen und nicht nur unter besonders eigenartigen, ganz unwahrscheinlichen und nach dem regelmäßigen Verlauf der Dinge außer Betracht zu lassenden Umständen zur Herbeiführung eines Erfolges geeignet war. Verschuldet ein Rechtsanwalt durch fehlerhafte Beratung, dass sein Mandant einen ihm ungünstigen notariellen Vertrag schließt, so entfällt die Haftung des Rechtsanwalts nicht deswegen, weil der beurkundende Notar den ihm erkennbaren Fehler bei der Beurkundung nicht berichtigt.[11] Hat der erste der nacheinander tätig gewordenen Anwälte einen schadensursächlichen Fehler begangen, der vom zweiten Anwalt nicht erkannt oder nicht behoben wurde, durfte sich der Auftraggeber auf eine sachgerechte Vertragserfüllung des zuerst tätigen Anwalts verlassen. Dies hat zur Folge, dass die Anwälte, die jeweils im Rahmen ihrer selbstständigen Pflichtenkreise zum Schaden des Mandanten schuldhaft beigetragen haben, diesem grundsätzlich als **Gesamtschuldner** haften.[12]

2. Doppelkausalität

In Fällen der Doppelkausalität wird der Zurechnungszusammenhang zwischen der **4** ersten Pflichtverletzung und dem Schaden durch die zweite Pflichtverletzung nicht unterbrochen. Da beide Pflichtverletzungen **allein geeignet** waren, den gesamten Schaden herbei zu führen, ist jede der Pflichtverletzungen als kausal anzusehen. Das führt, wenn die Pflichtverletzungen **verschiedenen Personen** zuzurechnen sind, dazu, dass beide für den Schaden haften. Fallen beide Pflichtverletzungen **demselben Anwalt** zur Last, kann der Anspruch auf jede der beiden Pflichtverletzungen gestützt werden. Deshalb kommt es dann im Ergebnis nicht darauf an, ob auch hinsichtlich der zweiten Pflichtverletzung rechtzeitig Klage erhoben wurde.[13] Der Zurechnungszusammenhang wird grundsätzlich nicht dadurch unterbrochen, dass nach dem pflichtwidrig handelnden Anwalt eine **andere rechtskundige Person** mit der Angelegenheit befasst worden ist und noch in der Lage gewesen wäre, den Schadenseintritt zu verhindern, wenn sie die ihr obliegende Sorgfaltspflicht beachtet hätte. Die Zurechnungsgrenze ist erst dann überschritten, wenn der erste Anwalt den später mandatierten Kollegen noch rechtzeitig vor Eintritt des Schadens auf den Fehler hinweist und jener trotzdem aus sachwidrigen Erwägungen die gebotene Maßnahme unterlässt.[14] Dies ist nicht anzunehmen, wenn der dem Zweitanwalt erteilte Hinweis die gebotene Klarheit vermissen lässt.[15] Sind mehrere, nacheinander tätig gewordene Anwälte für den Schaden verantwortlich, handelt es sich um einen Fall der sogenannten **Doppelkausalität**. Den Schaden hätten dann beide Berater verursacht, wobei jeder der Beiträge auch allein für den Schaden kausal

---

11 BGH, Urt. v. 10.5.1990 – IX ZR 113/89, NJW 1990, 2882, 2883.
12 BGH, Urt. v. 20.1.1994 – IX ZR 46/93, WM 1994, 948, 949 = NJW 1994, 1211, 1212.
13 BGH, Urt. v. 16.7.2015 – IX ZR 197/14, WM 2015, 1622 Rn. 97.
14 BGH, Urt. v. 1.3.2007 – IX ZR 261/03, WM 2007, 1183, 1188 Rn. 45 = NJW 2007, 2485.
15 BGH, Urt. v. 21.9.2017 – IX ZR 34/17, NJW 2017, 3442 Rn. 32 ff.

wäre.[16] Allerdings haftet der nachmandatierte Anwalt allein, soweit er einen **zusätzlichen Schaden** verursacht. In dem Vorverfahren wurde der Mandant in dem auf Darlehensrückzahlung gerichteten Klageverfahren nicht durch die beklagte Sozietät, sondern seine jetzigen Instanzbevollmächtigten vertreten. Der entstandene Kostenschaden ist darum haftungsrechtlich diesen Bevollmächtigten und nicht der beklagten Sozietät zuzurechnen. Der zweitberatende Anwalt hat in eigener Verantwortung eine Klageerhebung auch gegen eine weitere Beklagte empfohlen und durchgeführt. Diese auf einer persönlichen Entschließung beruhende Schadensursache kann dem erstberatenden Anwalt nicht zugerechnet werden.[17]

IV. Vermutung beratungsgerechten Verhaltens

1. Keine Beweislastumkehr zulasten des Beraters

5 In Fällen der Rechts- und Steuerberaterhaftung bestimmen sich Beweiserleichterungen für den Ursachenzusammenhang zwischen Pflichtverletzung und Schaden nach den **Grundsätzen des Anscheinsbeweises**. Vorausgesetzt ist demnach ein Sachverhalt, der nach der Lebenserfahrung aufgrund objektiv deutlich für eine bestimmte Reaktion sprechender **Umstände einer typisierenden Betrachtungsweise** zugänglich ist. Dies ist anzunehmen, wenn bei zutreffender rechtlicher Beratung vom Standpunkt eines vernünftigen Betrachters aus **allein eine Entscheidung nahe gelegen** hätte. Demgegenüber vermag auf anderem Gebiet ergangene Rechtsprechung zum aufklärungsrichtigen Verhalten weder Klärungs- noch Rechtsfortbildungsbedarf zu begründen. Dies gilt auch für die neueren Entscheidungen zur Anlageberatungshaftung. Danach besteht zulasten des Anlageberaters eine zur Beweislastumkehr führende widerlegbare tatsächliche Vermutung, dass der Schaden bei pflichtgemäßer Aufklärung nicht eingetreten wäre. Sie wird mit dem besonderen Schutzzweck der Aufklärungspflicht gerechtfertigt und greift auch dann ein, wenn der pflichtgemäß aufgeklärte Anleger verschiedene Handlungsalternativen gehabt hätte. Auf Umstände, die nach der Lebenserfahrung typischerweise die Annahme eines bestimmten Geschehensablaufs rechtfertigen, ist diese Rechtsprechung wegen ihrer Begründung aus dem Schutzzweck der verletzten Pflicht nicht angewiesen. Mit dem Ansatz einer widerlegbaren tatsächlichen Vermutung hat sich der BGH schon auseinandergesetzt und entschieden, dass nur die Grundsätze des Anscheinsbeweises zu einer angemessenen Risikoverteilung zwischen rechtlichem Berater und Mandanten führen. Daran wird festgehalten.[18]

2. Voraussetzungen des Anscheinsbeweises

6 Wie sich der Mandant bei vertragsgerechter Beratung verhalten hätte, zählt zur **haftungsausfüllenden Kausalität**, die der Mandant nach § 287 ZPO zu beweisen hat.

---

16 BGH, Urt. v. 8.5.2008 – IX ZR 211/07, DStRE 2008, 1299, 1301 Rn. 18.
17 BGH, Urt. v. 5.2.2009 – IX ZR 18/07, WM 2009, 669, 671 Rn. 15 = NJW 2009, 1597.
18 BGH, Beschl. v. 15.5.2014 – IX ZR 267/12, WM 2014, 1379 Rn. 2 ff.; Urt. v. 16.7.2015 – IX ZR 197/14, WM 2015, 1622 Rn. 23; Urt. v. 6.12.2018 – IX ZR 176/16 Rn. 23.

Im Rahmen von Verträgen mit **rechtlichen oder steuerlichen Beratern** gilt die Vermutung, dass der Mandant beratungsgemäß gehandelt hätte, nur, wenn im Hinblick auf die Interessenlage oder andere objektive Umstände **eine bestimmte Entschließung** des zutreffend unterrichteten Mandanten mit Wahrscheinlichkeit zu erwarten gewesen wäre.[19] Voraussetzung sind danach tatsächliche Feststellungen, die im Falle sachgerechter Aufklärung durch den Berater aus der Sicht eines vernünftig urteilenden Mandanten eindeutig eine bestimmte tatsächliche Reaktion nahegelegt hätten. Die **Beweiserleichterung** für den Mandanten gilt also **nicht generell.** Sie setzt einen Tatbestand voraus, bei dem der Ursachenzusammenhang zwischen der Pflichtverletzung des Beraters und einem bestimmten Verhalten seines Mandanten typischerweise gegeben ist, beruht also auf Umständen, die nach der Lebenserfahrung eine bestimmte tatsächliche Vermutung rechtfertigen.[20] Um dies beurteilen zu können, müssen bestehende Handlungsalternativen miteinander verglichen werden, die nach pflichtgemäßer Beratung zur Verfügung gestanden hätten. Die Regeln des Anscheinsbeweises sind unanwendbar, wenn unter wirtschaftlichen Gesichtspunkten unterschiedliche Schritte in Betracht kommen und der Berater dem Mandanten lediglich die erforderlichen fachlichen Informationen für eine sachgerechte Entscheidung zu geben hat.[21] Kommen mehrere objektiv gleich vernünftige Verhaltensweisen in Betracht, hat der Mandant grundsätzlich den Weg zu bezeichnen, für den er sich entschieden hätte. Lässt der Mandant offen, für welche von mehreren Vorgehensweisen er sich entschieden hätte, ist die notwendige Schadenswahrscheinlichkeit nur gegeben, wenn diese sich für **alle in Betracht kommenden Ursachenverläufe** – nicht notwendig in gleicher Weise – ergibt. Will der Mandant sich in diesem Fall nicht – auch nicht in einer durch Hilfsvorbringen gestaffelten Reihenfolge – festlegen, welchen Weg er bei ordnungsgemäßer Beratung gegangen wäre, muss er folglich für jede einzelne der von ihm aufgezeigten Alternativen die notwendige Schadenswahrscheinlichkeit nachweisen.[22] Ist für die behauptete Vorgehensweise notwendigerweise die **Bereitschaft Dritter** erforderlich, den beabsichtigten Weg mitzugehen, muss der Mandant dessen Bereitschaft hierzu im damaligen maßgeblichen Zeitpunkt darlegen und beweisen. Dabei ist es ausreichend, wenn er darlegt und beweist, dass er jedenfalls die Variante gewählt hätte, bei welcher der Dritte nachweisbar mitgewirkt hätte.[23]

Die hypothetische Entscheidung einer juristischen Person ist grundsätzlich nicht anders zu beurteilen als die einer natürlichen Person, weil insoweit auf die maßgeblichen Entscheidungsträger (Geschäftsführer, Gesellschafter) abzustellen ist.[24] Der Vermutung steht nicht entgegen, dass die verantwortlichen Anwälte und die Ge-   **7**

19 BGH, Urt. v. 16.7.2015 – IX ZR 197/14, WM 2015, 1622 Rn. 25.
20 BGH, Urt. v. 16.7.2015 – IX ZR 197/14, WM 2015, 1622 Rn. 26; Urt. 5.2.2009 – IX ZR 6/06, WM 2009, 715, 716 Rn. 7, 9 = NJW 2009, 1591; grundlegend BGH, Urt. v. 30.9.1993 – IX ZR 73/93, BGHZ 123, 311, 314 f. = WM 1994, 78 = NJW 1993, 3259; Urt. v. 6.12.2018 – IX ZR 176/16 Rn. 23.
21 BGH, Urt. v. 16.7.2015 – IX ZR 197/14, WM 2015, 1622 Rn. 26.
22 BGH, Urt. v. 16.7.2015 – IX ZR 197/14, WM 2015, 1622 Rn. 27.
23 BGH, Urt. v. 16.7.2015 – IX ZR 197/14, WM 2015, 1622 Rn. 28.
24 BGH, Beschl. v. 21.6.2007 – IX ZR 123/05.

schäftsführer der zu beratenden GmbH personenidentisch sind.[25] Im Unterschied zum Arzthaftungsrecht kann aus einem **groben Fehler** des Anwalts keine Beweiserleichterung zugunsten des Mandanten hergeleitet werden.[26]

3. Beispiele für Vermutung

8 Der Beweis des ersten Anscheins spricht dafür, dass der Mandant bei einem zutreffenden Hinweis für die zu beachtende Frist zwecks Vermeidung weiterer Unterhaltszahlungen rechtzeitig Vaterschaftsfeststellungsklage erhoben hätte.[27] Gleichfalls ist davon auszugehen, dass der Mandant im Falle eines Hinweises über einen gegen seinen Schuldner gestellten Insolvenzeröffnungsantrag aus Kostengründen von dem Antrag auf Erlass eines Mahnbescheids abgesehen hätte.[28] Hatte der Berater von einer durch die Aufdeckung stiller Reserven mit steuerlichen Nachteilen verbundenen Betriebsaufgabe abzuraten, ist davon auszugehen, dass der Mandant der Empfehlung gefolgt wäre.[29] Auch darf vermutet werden, dass der Mandant der Empfehlung einer Streitverkündung gefolgt wäre.[30] Ebenso kommt ein Anscheinsbeweis in Betracht, wenn bei zutreffender Beratung lediglich die Möglichkeit bestand, von einem bestimmten Verkauf Abstand zu nehmen.[31] Die Vermutung greift ein, wenn durch eine Änderung des Satzungszwecks der mit einem Forderungseinzug betrauten GmbH ein Verstoß gegen das RBerG vermieden worden wäre.[32] Hat der Anwalt mit zutreffenden Erwägungen von einer einstweiligen Verfügung abgeraten, so liegen Tatsachen vor, die den Anscheinsbeweis entkräften. Dem Mandanten, der einen **richtigen Vorschlag** des Anwalts **ablehnt**, kommt im Haftungsprozess die Vermutung beratungsgemäßen Verhaltens nicht zugute.[33] Es spricht grundsätzlich der Beweis des ersten Anscheins dafür, dass der Mandant eine Bitte seines Rechtsanwalts um **Informationen und Unterlagen** erfüllt hätte.[34] Hätte der Anwalt von einem Vergleichsschluss abzuraten, weil eine streitige Auseinandersetzung für den Mandanten wesentlich vorteilhafter gewesen wäre, greift die **Vermutung** ein, dass der Mandant dem Rat gefolgt wäre.[35] Ebenso kann davon ausgegangen werden, dass der Mandat dem Rat, die Klage gegen den falschen Beklagten zurückzunehmen und den richtigen Beklagten zu belangen, nachgekommen wäre. Es streitet die Vermutung beratungsgerechten Verhaltens dafür, dass der Kläger bei zutreffender Unterrichtung durch den Anwalt darüber, wer richtiger Beklagter ist, die Klage gegen diese Partei gerichtet hätte.[36] Wenn der Steuerberater den Mandanten pflichtmäßig über die Er-

---

25 BGH, Urt. v. 10.5.2012 – IX ZR 125/10, WM 2012, 1351 Rn. 41 ff.
26 BGH, Urt. v. 9.6.1994 – IX ZR 125/93, BGHZ 126, 217, 223 = NJW 1994, 3295.
27 BGH, Urt. v. 23.9.2004 – IX ZR 137/03, NJW-RR 2005, 494, 496.
28 BGH, Urt. v. 8.1.2004 – IX ZR 30/03, WM 2004, 481, 483.
29 BGH, Urt. v. 23.10.2003 – IX ZR 249/02, WM 2004, 475, 476 = NJW 2004, 444.
30 BGH, Urt. v. 16.9.2010 – IX ZR 203/08, WM 2010, 2183 Rn. 13 = NJW 2010, 3576.
31 BGH, Urt. v. 18.12.2008 – IX ZR 12/05, WM 2009, 369, 371 Rn. 19 = NJW 2009, 1141.
32 BGH, Urt. v. 10.5.2012 – IX ZR 125/10, WM 2012, 1351 Rn. 38.
33 BGH, Urt. v. 1.3.2007 – IX ZR 261/03, WM 2007, 1183, 1188 Rn. 44 = NJW 2007, 2485.
34 BGH, Urt. v. 20.6.1996 – IX ZR 106/05, WM 1996, 1832, 1835 f. = NJW 1996, 2929, 2932.
35 BGH, Urt. v. 14.1.1993 – IX ZR 76/92, NJW 1993, 1325, 1329.
36 BGH, Urt. v. 12.5.2011 – IX ZR 11/10, IBR 2011, 412 Rn. 14.

folgsaussichten des Einspruchs nach Ablehnung eines Erlassantrags belehrt hätte, hätte dieser gegen den Bescheid des Finanzamtes entsprechend der Belehrung Einspruch eingelegt und ihm günstige Unterlagen vorgelegt. Nach den Grundsätzen des beratungsgerechten Verhaltens ist nämlich zugunsten des Mandanten zu vermuten, er wäre bei pflichtgemäßer Beratung den Hinweisen des Beraters gefolgt, weil im Falle einer sachgerechten Aufklärung aus der Sicht eines vernünftig urteilenden Mandanten eindeutig die Einlegung des Einspruchs und die Vorlage der Unterlagen oder die Benennung des Zeugen nahegelegen hätte.[37] Es spricht ein Beweis des ersten Anscheins dafür, dass ein Mandant, der die Klärung einer bestimmten Rechtsfrage erstrebt, nicht der Empfehlung der Finanzverwaltung zur Einspruchsrücknahme gefolgt wäre.[38] Geht es um die pflichtwidrig unterlassene Beratung hinsichtlich der einzuhaltenden zeitlichen Abfolge bei der Gründung der klagenden GmbH und der Beurkundung der Kapitalerhöhung und eines Anteilstausches, ist zutreffend von der Vermutung beratungsgerechten Verhaltens und der Ursächlich der Pflichtverletzung für den entstandenen Schaden auszugehen. Die Annahme, der Gesellschafter hätte die Beurkundung der Kapitalerhöhung und des Anteilstausches auch dann unterlassen, wenn ihn der Berater auf die Risiken einer nachlaufenden Beurkundung der weiteren Teilakte hingewiesen hätte, ist nicht gerechtfertigt. Dass er die Alternative der Verschiebung der Gewinnausschüttung in das Folgejahr auch bei sachgerechter Beratung ernsthaft in Erwägung gezogen hätte, wurde nicht festgestellt. Zu dem Anlass für den Auftrag, ein Konzept zu entwickeln, mittels dessen der hohe Gewinn der GmbH nicht öffentlich wurde, gehörte es, dass dieses Konzept noch im laufenden Jahr umgesetzt wurde.[39]

Darlegungs- und beweispflichtig für eine **vorvertragliche Pflichtverletzung** und **9** für die haftungsbegründende Kausalität, also das Entstehen eines durch die Pflichtverletzung herbeigeführten Vermögensnachteils, ist der Mandant. Gleiches gilt für die **haftungsausfüllende Kausalität.** Der Mandant hat darzulegen und zu beweisen, dass er bei vollständiger und rechtzeitiger Aufklärung über die regelmäßig von dem Anwalt übernommenen Mandate des Gegners den streitigen Anwaltsauftrag nicht erteilt hätte. Neben der Beweiserleichterung des § 287 ZPO kann der Beweis auch durch die Regeln des **Beweises des ersten Anscheins** erleichtert werden, etwa dann, wenn nach der Lebenserfahrung nur eine bestimmte Entscheidung des Mandanten in Betracht gekommen wäre. Die Regeln, die der Bundesgerichtshof für Beratungspflichtverletzungen entwickelt hat, gelten auch für die Verletzung vorvertraglicher Hinweispflichten. Wenn der Mandant das Mandat alsbald nach Erhalt der relevanten Informationen gekündigt hat, spricht der Beweis des ersten Anscheins dafür, dass er das Mandat bei vollständiger Aufklärung gar nicht erst erteilt hätte.[40]

---

37 BGH, Urt. v. 13.3.2014 – IX ZR 23/10 Rn. 22.
38 BGH, Urt. v. 25.9.2014 – IX ZR 199/13 Rn. 27.
39 BGH, Urt. v. 7.12.2017 – IX ZR 25/17, ZInsO 2018, 518 Rn. 31.
40 BGH, Urt. v. 8.11.2008 – IX ZR 5/06, WM 2008, 371, 373 Rn. 19 = BGHZ 174, 186 = NJW 2008, 1307.

4. Beispiele fehlender Vermutung

10 Hat der Steuerberater den Mandanten nicht auf die vor einer steuerbegünstigten Veräußerung eines Grundstücks notwendige Wartefrist hingewiesen, scheidet ein Anscheinsbeweis des Inhalts, dass der Mandant von einer Veräußerung abgesehen hätte, aus, weil neben dieser gleichwohl die Alternative eines aus Liquiditätsgründen oder wegen eines günstigen Kaufpreises vorzugswürdigen Verkaufs bestand.[41] Bei zutreffender Beratung über die Gefahren einer durch den Verkauf von Patenten bewirkten verdeckten Sacheinlage bestehen unterschiedliche Handlungsalternativen, nämlich die Patente insgesamt als Sacheinlage oder im Wege einer gemischten Sacheinlage nur zu einem Teil von 16/25 unter gleichzeitigem Verkauf des Rests in die GmbH einzubringen. Falls der objektive Wert der Patente tatsächlich nicht den Betrag der Einlage erreicht, kommt auch ein Verzicht auf eine Teilhabe an der Kapitalerhöhung in Betracht.[42] Bestand bei zutreffender Beratung die Alternative, eine GmbH unter Ausschluss des Mitgesellschafters weiterzuführen oder sie zu liquidieren, ist für einen Anscheinsbeweis kein Raum.[43] Im Fall der zutreffenden Beratung, dass das Stammkapital an die GmbH zu zahlen ist und von dieser nicht in ihrer Eigenschaft als Komplementärin an eine GmbH & Co KG weitergeleitet werden darf, kann sich der Mandant gleichwohl für eine Zahlung an die GmbH & Co KG entscheiden, wenn diese aus wirtschaftlichen Gründen dringend auf die Mittel angewiesen ist.[44] Konnte der Mandant eine Steuerersparnis durch Beteiligung seiner Angehörigen an dem Betriebsgrundstück oder der GmbH erzielen, so stand er gleichwohl vor der weiteren wirtschaftlich sinnvollen Alternative, ob er seine Vermögensangelegenheiten allein unter Berücksichtigung steuerlicher Vorteile durch eine Vermögensverlagerung auf nahe Angehörige ordnet oder ob er wegen des mit der Steuerersparnis verbundenen Vermögensopfers auf die steuerlich günstige Gestaltung verzichtet.[45] Die Regeln des Anscheinsbeweises sind ferner unanwendbar, wenn unter wirtschaftlichen Gesichtspunkten **unterschiedliche Schritte** in Betracht kommen und der Anwalt dem Mandanten lediglich die erforderliche Information für eine sachgerechte Entscheidung zu geben hat. Dem Mandanten, der einen richtigen Vorschlag des Anwalts ablehnt, kommt im Haftungsprozess die Vermutung beratungsgerechten Verhaltens nicht zugute. Danach scheidet ein Anscheinsbeweis aus, wenn bei zutreffender Belehrung über die Risiken eines Kaufvertrages mehrere Handlungsmöglichkeiten in Betracht kamen, nämlich eine Abstandnahme von dem Kauf, die Vereinbarung eines vertraglichen Rücktrittsrechts oder der Vertragsschluss und die anschließende Geltendmachung von Ersatzansprüchen.[46] Entsprechendes gilt, wenn einer verjährungshemmenden Klageerhebung die Alternative einer Fortsetzung der Verhandlungen mit dem Gegner[47] oder dem Ab-

---

41 BGH, Urt. 5.2.2009 – IX ZR 6/06, WM 2009, 715, 716 f. Rn. 11 ff. = NJW 2009, 1591.
42 BGH, Urt. v. 19.5.2009 – IX ZR 43/08, WM 2009, 1376, 1377 f. Rn. 16 = NZG 2009, 865.
43 BGH, Urt. v. 19.1.2006 – IX ZR 232/01, WM 2006, 927, 930 Rn. 26 = NJW-RR 2006, 923.
44 BGH, Urt. v. 10.12.2009 – IX ZR 238/07, BFH/NV 2010, 592 Rn. 11.
45 BGH, Urt. v. 20.3.2008 – IX ZR 104/05, WM 2008, 1042, 1043 Rn. 13 = NJW 2008, 2647.
46 BGH, Urt. v. 7.2.2008 – IX ZR 149/04, WM 2008, 946, 947 Rn. 21 = NJW 2008, 2041.
47 BGH, Urt. v. 26.6.2008 – IX ZR 145/05, WM 2008, 1563, 1565 Rn. 24 = NJW-RR 2008, 1594.

schluss eines Vergleichs vor Beginn der mündlichen Verhandlung die Rücknahme der Klage bzw. die teilweise Anerkennung der Widerklage[48] gegenübersteht. Ein Anscheinsbeweis zugunsten eines nicht über die **Insolvenzreife seiner GmbH** unterrichteten Gesellschafters dürfte ausscheiden, weil bei wirtschaftlicher Betrachtungsweise unterschiedliche Maßnahmen in Betracht kommen. Lag bei der GmbH Insolvenzreife vor, bestand zum einen die Möglichkeit, einen **Insolvenzantrag zu stellen**. Dem Gesellschafter steht jedoch die Alternative offen, innerhalb der Insolvenzantragsfrist (§ 15a Abs. 1 Satz 1 InsO; § 64 Abs. 1 GmbHG a. F.) eine Umstrukturierung vorzunehmen und insbesondere die Insolvenz durch Zuführung weiterer Mittel abzuwenden, um für die Zukunft einen wirtschaftlich erfolgreichen Geschäftsbetrieb der GmbH sicherzustellen. Bei dieser Sachlage ist – wenn nicht eine Sanierungsfähigkeit der GmbH angesichts der finanziellen Möglichkeiten des Gesellschafters bei vernünftiger Betrachtung von vornherein ausgeschlossen war – für einen Anscheinsbeweis kein Raum.[49]

Hat der Anwalt versäumt, den Mandanten darauf hinzuweisen, dass die vereinbarte **11** Mithaftung der Ehefrau des Käufers eines Geschäftsanteils für den Kaufpreis und ein außerdem gewährtes Darlehen an deren wirtschaftlicher Überforderung scheitert, bestehen ebenfalls mehrere Handlungsmöglichkeiten: Der Mandant konnte sich in Ansehung der wirtschaftlich gesunden Lage der GmbH gleichwohl zu einer Darlehensvergabe allein an den Käufer entschließen, umgekehrt wegen des erhöhten Rückzahlungsrisikos von einer Darlehensgewährung einschließlich einer Beteiligung des Käufers Abstand nehmen und sein Unternehmen auch künftig allein führen oder nach einem neuen solventen Interessenten Ausschau halten.[50] Bestanden zwei Alternativen, wie der Mandant bei zutreffender Belehrung reagieren konnte, scheidet ein Anscheinsbeweis aus, wenn die steuerlichen Vorteile beider in Betracht kommender Abschreibungsalternativen unterschiedlich hoch waren.[51] Die Vermutung beratungsgerechten Verhaltens greift nicht ein, wenn es darum geht, ob der Mandant der Empfehlung gefolgt wäre, sich zur Klärung der Frage, ob bei einer Veräußerung des Betriebsvermögens unter Ausschluss des Betriebsgrundstücks der ermäßigte Steuersatz nach §§ 16, 34 EStG anfällt, um eine verbindliche Auskunft der Finanzbehörde zu bemühen. Für diesen Anwendungsfall des Anscheinsbeweises ist kein Raum, wenn nicht nur eine einzige, sondern **mehrere Entschlussmöglichkeiten** ernsthaft in Betracht kommen und sämtliche gewisse Risiken in sich bergen, die zu gewichten und untereinander abzuwägen sind. Für die Einholung einer verbindlichen Auskunft spricht, dass auf diese Weise, falls sich das Finanzamt darauf einlässt, Klarheit zu schaffen ist, ob und wie der Mandant einen ermäßigten Steuersatz auf einen Veräußerungserlös in Anspruch nehmen kann. Erteilt das Finanzamt eine positive Auskunft, begründet diese für den Mandanten Vertrauensschutz. War die Auskunft negativ, konnte der Mandant versuchen, auch einen entsprechenden

---

48 BGH, Beschl. v. 17.7.2008 – IX ZR 6/05, BRAK-Mitt 2008, 262 Rn. 13 f.

49 BGH, Urt. v. 14.6.2012 – IX ZR 145/11, WM 2012, 1359 Rn. 40 = DB 2012, 1559; Urt. v. 6.6.2013 – IX ZR 204/12, WM 2013, 1323 Rn. 16 = DB 2013, 1542 = ZIP 2013, 1332.

50 BGH, Beschl. v. 19.6.2008 – IX ZR 18/07, BRAK-Mitt 2008, 262 Rn. 5.

51 BGH, Urt. v. 16.10.2003 – IX ZR 167/02, WM 2004, 472, 473 = NJW-RR 2004, 1210.

Grundstücksanteil an den Erwerber der Teil-Beteiligungen zu veräußern und so doch noch den ermäßigten Steuersatz in Anspruch zu nehmen. Es gab jedoch auch Argumente dagegen, sich um eine verbindliche Auskunft zu bemühen. Ob die Finanzbehörde eine solche erteilen würde, war keineswegs sicher. Insofern hatte diese einen Ermessensspielraum. Das Ersuchen an die Finanzbehörde war zudem geeignet, die bisherige Praxis einer sorgfältigen kritischen Prüfung zu unterziehen. Immerhin hatte gerade die für den Mandanten zuständige Finanzbehörde bisher stets die dem Steuerpflichtigen günstige Auffassung vertreten. Sollte sie nunmehr eine verbindliche Auskunft erteilen und sich insofern festlegen, konnte dies Anlass für eine vertiefte Prüfung und die Vorwegnahme der späteren Kehrtwendung sein.[52] Hat der Steuerberater den Rat erteilt, sich an eine bestimmte Gesellschaft zwecks Zeichnung steuerbegünstigter Fonds zu wenden, ohne seine eigene Beteiligung an dieser Gesellschaft zu offenbaren, kommt ein Anscheinsbeweis nicht zum Zuge, weil der Mandant nach Aufdeckung der Beteiligung eine Zeichnung unterlassen oder gerade wegen der Verbindung zu dem Berater tätigen konnte.[53] Die Vermutung greift nicht ein, wenn der Kausalverlauf eine rechtswidrige Mitwirkung einer Behörde voraussetzt.[54] Behauptet der Mandant eine bestimmte, die Mitwirkung eines Dritten erfordernde Entschließung, hat er die Mitwirkungsbereitschaft des Dritten nachzuweisen.[55] Macht der Mandat geltend, er hätte im Falle einer zutreffenden steuerlichen Beratung ein Unternehmen zu günstigeren Konditionen erwerben können, ist der Beweis geführt, wenn feststeht, dass sich der Veräußerer des Unternehmens bereitgefunden hätte, etwaige Steuerrisiken vertraglich zu übernehmen.[56]

5. Keine Vermutung bei höchstpersönlicher Entscheidung

12 Der Mandant hat nach § 287 Abs. 1 ZPO darzulegen und zu beweisen, dass er bei vollständiger Beratung über anfallende Kirchensteuern aus der Kirche ausgetreten wäre; auf einen **Beweis des ersten Anscheins kann er sich nicht berufen**. Der Anscheinsbeweis ist nicht nur dann unanwendbar, wenn unter wirtschaftlichen Gesichtspunkten verschiedene Verhaltensweisen ernsthaft in Betracht kommen. Die für die Beraterhaftung entwickelte und auf diesem Gebiet mittlerweile allgemein anerkannte Vermutung beratungsgerechten Verhaltens stellt vielmehr eine Ausnahme zu dem allgemeinen Grundsatz dar, dass es keinen Anscheinsbeweis für individuelle Verhaltensweisen von Menschen in bestimmten Lebenslagen gibt. Entscheidungen, die auch von **nicht wirtschaftlichen Überlegungen bestimmt** werden, können nicht auf ihre wirtschaftliche Vernünftigkeit reduziert werden. Es gibt keinen Erfahrungssatz dahingehend, dass die Entscheidung über eine **Kirchenmitgliedschaft** oder andere Entscheidungen höchstpersönlicher Natur wie etwa diejenige, eine **Ehe** einzugehen, oder diejenige, sich auf Dauer von seinem **Ehegatten zu trennen**, in der ganz überwiegenden Mehrheit aller Fälle ausschließlich aufgrund

52 BGH, Urt. v. 15.11.2007 – IX ZR 34/04, WM 2008, 41, 43 Rn. 13 f. = NJW 2008, 440.
53 BGH, Urt. v. 6.12.2018 – IX ZR 176/16, DB 2019, 179 Rn. 27.
54 BGH, Beschl. v. 14.6.2012 – IX ZR 199/11 Rn. 8.
55 BGH, Urt. v. 19.1.2006 – IX ZR 232/01, WM 2006, 927, 930 Rn. 30 = NJW-RR 2006, 923.
56 BGH, Beschl. v. 10.11.2011 – IX ZR 52/09 Rn. 2.

wirtschaftlicher Überlegungen getroffen wird. Nur unter dieser Voraussetzung wäre der Schluss von wirtschaftlichen Gegebenheiten auf die hypothetische Entscheidung jedoch gerechtfertigt. Ob und in welchem Maße wirtschaftliche Überlegungen insoweit eine Rolle spielen, hängt vielmehr von der persönlichen Einstellung des Einzelnen ab, der häufig auch dann Mitglied einer Kirche werden oder bleiben will, wenn die Mitgliedschaft finanzielle Nachteile mit sich bringt.[57] Ebenso scheidet ein Anscheinsbeweis im Blick auf die Erhebung einer Klage gegen einen nahen Angehörigen aus, weil ein solches Vorgehen das Verwandtschaftsverhältnis erheblich belasten kann.[58]

6. Entkräftung der Vermutung

In Verträgen mit rechtlichen Beratern gilt die Vermutung, dass der Mandant beratungsgemäß gehandelt hätte, nur, wenn nach der Lebenserfahrung bei vertragsgemäßer Leistung des Beraters lediglich ein bestimmtes Verhalten nahegelegen hätte. Diese Vermutung bewirkt keine Beweislastumkehr, sondern bildet einen Anwendungsfall des **Anscheinsbeweises**. Der rechtliche Berater kann ihn daher entkräften, indem er Tatsachen beweist, die für ein atypisches Verhalten des Mandanten sprechen. Eine auf die Typizität eines bestimmten Geschehensablaufs gegründete Beweisregel rechtfertigt keine volle Beweislastumkehr; denn die Beweiserleichterung beruht hier auf Erfahrungssätzen, die im Einzelfall erschüttert werden können, wenn die konkrete Möglichkeit eines anderen Kausalverlaufs dargetan und bewiesen wird. Bei der Vermutung, um die es hier geht, handelt es sich um einen Anwendungsfall des Anscheinsbeweises. Es ist geboten, die Vermutung des beratungsgemäßen Verhaltens auf Sachverhalte zu beschränken, die nach der Lebenserfahrung aufgrund objektiv deutlich für eine bestimmte Entscheidung sprechender Umstände einer typisierenden Betrachtungsweise zugänglich sind. Der rechtliche Berater wäre unbillig benachteiligt, wenn er die zu seinen Lasten gehende Vermutung nur durch den **vollen Gegenbeweis** entkräften könnte, weil er dann häufig Tatsachen beweisen oder widerlegen müsste, die ganz oder vorwiegend im Einfluss- und Kenntnisbereich seines Auftraggebers liegen. Damit wäre er in aller Regel überfordert, so dass eine zugunsten des Mandanten geltende Vermutung im Ergebnis praktisch unwiderlegbar wäre. Es muss daher genügen, wenn Umstände aus seiner Sphäre feststehen, die darauf hindeuten, er hätte im konkreten Fall eine andere als die der Vermutung entsprechende Entscheidung getroffen. Beweist der rechtliche Berater solche Tatsachen, die einen atypischen Kausalverlauf möglich erscheinen lassen, ist es dem Mandanten zumutbar, nunmehr selbst den Beweis zu führen, wie er bei sachgerechter Aufklärung oder Beratung reagiert hätte.[59]

13

---

57 BGH, Urt. v. 18.5.2006 – IX ZR 53/05, WM 2006, 1736, 1738 Rn. 15 = NJW-RR 2006, 1645.
58 BGH, Beschl. v. 24.5.2012 – IX ZR 152/10 Rn. 2.
59 BGH, Urt. v. 30.9.1993 – IX ZR 73/93, BGHZ 123, 311, 315, 316 = WM 1994, 78 = NJW 1993, 3259; v. 10.5.2012 – IX ZR 125/10, WM 2012, 1351 Rn. 36.

V. Maßgeblichkeit der Beurteilung des Regressgerichts für Schadensentstehung

1. Früheres gerichtliches Verfahren

14 Um die Ursächlichkeit der Pflichtverletzung eines Rechtsanwalts für den geltend gemachten Schaden festzustellen, ist zu prüfen, welchen Verlauf die Dinge bei pflichtgemäßem Verhalten genommen hätten. Ist im Haftpflichtprozess die Frage, ob dem Mandanten durch eine schuldhafte Pflichtverletzung des Rechtsanwalts ein Schaden entstanden ist, vom Ausgang eines anderen Gerichtsverfahrens (im Folgenden: Vor- oder Ausgangsprozess) abhängig, muss das **Regressgericht** selbst prüfen, wie jenes Verfahren richtigerweise zu entscheiden gewesen wäre. Welche rechtliche Beurteilung das mit dem Vorprozess befasste Gericht seiner Entscheidung zugrunde gelegt hätte, ist ohne Belang. Vielmehr ist die Sicht des Regressgerichts maßgeblich. Dies gilt selbst dann, wenn feststeht, welchen Ausgang das frühere Verfahren bei pflichtgemäßem Verhalten des Anwalts genommen hätte.[60] Unterlässt es der Berufungsanwalt, auf ein die Rechtsauffassung seines Mandanten stützendes Urteil des Bundesgerichtshofs hinzuweisen, und verliert der Mandant deshalb den Prozess, wird der Zurechnungszusammenhang zwischen dem Anwaltsfehler und dem dadurch entstandenen Schaden nicht deshalb unterbrochen, weil auch das Gericht die Entscheidung des Bundesgerichtshofs übersehen hat.[61] Bei der Beurteilung, ob dem Mandanten aus fehlerhafter Beratung ein Schaden entstanden ist, hat das für den Regressprozess zuständige Gericht also nicht darauf abzustellen, wie das damals angerufene Gericht ohne die Pflichtverletzung tatsächlich entschieden hätte, sondern aufgrund der gesamten Sach- und Rechtslage selbstständig darüber zu befinden, wie das betreffende Verfahren ohne den dem Berater zur Last fallenden Fehler richtigerweise hätte ausgehen müssen. Wesentlich für diese Rechtsprechung ist vor allem die Erwägung, dass es bei wertender Betrachtungsweise nicht als Schaden im Rechtssinne angesehen werden kann, wenn sich im Haftungsprozess herausstellt, dass die Partei im Vorprozess objektiv zu Recht unterlegen war.[62]

2. Entscheidung anderer Gerichtsbarkeit

15 Der im Schadensersatzprozess zuständige Richter hat bei der Beantwortung von Fragen, die der Kontrolle einer anderen Gerichtsbarkeit als der Ziviljustiz unterstehen, sich an der dort geltenden höchstrichterlichen Rechtsprechung auszurichten, die sich in dem für die Beurteilung maßgeblichen Zeitpunkt gebildet hatte. Untersteht die im Ausgangsverfahren getroffene Entscheidung der Kontrolle einer anderen Gerichtsbarkeit als der Ziviljustiz, sind die dort zuständigen Richter aufgrund ihrer speziellen Kenntnisse und beruflichen Erfahrungen besonders geeignet, die in dem jeweiligen Rechtsgebiet auftretenden Fragen zu beurteilen, weil sie in der

60 BGH, Urt. v. 15.11.2007 – IX ZR 44/04, WM 2008, 317 f. Rn. 9 = BGHZ 174, 205 = NJW 2008, 1309.
61 BGH, Urt. v. 18.12.2008 – IX ZR 179/07, WM 2009, 324 = NJW 2009, 987.
62 BGH, Urt. v. 3.6.1993 – IX ZR 173/92, WM 1993, 1677, 1679 = NJW 1993, 2799, 2801.

Regel über ein reicheres Fachwissen verfügen als der Zivilrichter. Es entspricht deshalb den berechtigten Belangen beider Parteien, dass der im Schadensersatzprozess zuständige Richter bei der Beantwortung von Fragen aus einem ihm fernliegenden Rechtsgebiet sich an der **höchstrichterlichen Rechtsprechung** ausrichtet, die sich in dem für die Beurteilung maßgeblichen Zeitpunkt gebildet hatte. Der BGH ist insbesondere im Steuerrecht schon in der Vergangenheit so verfahren. Er hat sich regelmäßig der Rechtsprechung des Bundesfinanzhofs angeschlossen, ohne in eine eigenständige Erörterung der jeweiligen Problematik einzutreten, die anderenfalls unentbehrlich gewesen wäre.[63]

3. Früheres Verwaltungsverfahren

Kommt es für die Feststellung der Ursächlichkeit einer Pflichtverletzung darauf an, wie die Entscheidung einer **(Finanz-)Behörde** ausgefallen wäre, ist im Allgemeinen darauf abzustellen, wie nach Auffassung des über den Ersatzanspruch entscheidenden Gerichts richtigerweise hätte entschieden werden müssen. Hätte eine **Verwaltungsbehörde** nach Ermessen zu entscheiden gehabt, ist jedoch ausschlaggebend, welche Ermessensentscheidung die Behörde tatsächlich getroffen hätte; hätte sich die tatsächlich getroffene Entscheidung nicht im Rahmen des der Verwaltung eingeräumten Ermessens gehalten, ist allerdings darauf abzustellen, wie das Inzidentverfahren nach Meinung des Regressgerichts hätte ausgehen müssen. Umfasst ein **Mitunternehmeranteil auch Sonderbetriebsvermögen**, das zu den wesentlichen Betriebsgrundlagen zählt, ist bei Veräußerung eines Teilanteils der dabei entstehende Gewinn nur dann ermäßigt zu besteuern, wenn auch ein entsprechender Bruchteil des Sonderbetriebsvermögens veräußert wird. Das Betriebsgrundstück gehört zu den wesentlichen Betriebsgrundlagen. In dem Zeitpunkt, als die verbindliche Auskunft hätte erteilt werden müssen, wenn darum nachgesucht worden wäre und das Finanzamt sich zu der Erteilung entschlossen hätte, wäre eine abweichende Antwort nicht rechtens gewesen. Denn die Grundlagen der rechtlichen Beurteilung waren damals keine anderen.[64] Demgemäß ist auch der Schaden zu ersetzen, der letztlich erst durch das Eingreifen eines Dritten, etwa des Gerichts des Vorprozesses, eintritt.[65] Für die **ertragsteuerliche Behandlung von Sanierungsgewinnen** hat das Bundesministerium für Finanzen im Einvernehmen mit den obersten Finanzbehörden der Länder eine **Verwaltungsvorschrift** erlassen, welche die Anwendung der Billigkeitsregeln für diese Fälle vereinheitlichen soll. Mit Ausnahme einer modifizierten Verrechnung vorhandener Verluste und negativer Einkünfte setzt diese im Ergebnis die Rechtsfolge des früheren § 3 Nr. 66 EStG im Wege der Billigkeit wieder in Kraft. Die von der Rechtsprechung zum früheren § 3 Nr. 66 EStG gefundenen Rechtsgrundsätze wurden im weitem Umfang inhaltlich übernommen. Nach Randzahl 13 des Schreibens ist dieses in allen noch offenen Fällen anzuwenden, für die

16

---

63 BGH, Urt. v. 28.9.2000 – IX ZR 6/99, BGHZ 145, 256, 264 = WM 2000, 2439 = NJW 2001, 146; BGH, Beschl. v. 11.5.2010 – IX ZR 80/07, BRAK-Mitt. 2010, 167.

64 BGH, Urt. v. 15.11.2007 – IX ZR 34/04, WM 2008, 41, 43 Rn. 15 ff. = NJW 2008, 440.

65 BGH, Urt. v. 15.11.2007 – IX ZR 44/04, WM 2008, 317, 318 Rn. 11 = BGHZ 174, 205 = NJW 2008, 1309.

die Regelung des § 3 Nr. 66 EStG nicht mehr gilt, also für alle Sanierungsgewinne, die nach dem 31. Dezember 1997 entstanden sind. Liegen die im Sanierungserlass geregelten Voraussetzungen der steuerlichen Sonderbehandlung vor, ist das der Finanzverwaltung **eingeräumte Ermessen** gemäß den Vorgaben in dem Sanierungserlass **auf Null reduziert**.[66]

4. Tatsächliche Grundlagen

17　Der Regressrichter hat für seine eigene Beurteilung von dem **Sachverhalt** auszugehen, der dem Gericht bei pflichtgemäßem Verhalten des Anwaltes unterbreitet worden wäre. Hinsichtlich der **Beweislast** ist grundsätzlich zu berücksichtigen, dass die Regeln des Ausgangsrechtsstreits auch im Regressprozess anzuwenden sind. Der Rechtsanwalt tritt insoweit gleichsam in die Rolle der Gegenpartei des Ausgangsrechtsstreits ein.[67] Beruht die tatsächliche Würdigung des Regressrichters ausnahmsweise auf Erkenntnissen, die selbst bei pflichtgemäßem Handeln der im Vorprozess auftretenden Rechtsanwälte und sachgerechtem Verfahren des mit diesem Prozess befassten Gerichts keinesfalls zur Verfügung gestanden hätten, dürfen diese auch im Regressprozess nicht berücksichtigt werden. Ergibt sich im Regressprozess, dass der Mandant den Vorprozess materiell-rechtlich zu Unrecht verloren hat, kann ein Schaden im Rechtssinne nicht bejaht werden, wenn diese Erkenntnis im prozessordnungsgemäß geführten und von keinem Anwaltsfehler beeinflussten Vorprozess aus **verfahrensrechtlichen Gründen**, etwa wegen Beweislosigkeit, nicht hätte gewonnen werden können. Die Pflicht, den Standpunkt des Mandanten vor Gericht zur Geltung zu bringen, insbesondere sachgerecht, vollständig und rechtzeitig vorzutragen, dient nicht der Abwendung von Nachteilen, die durch die Wahrnehmung jener Pflicht nicht beeinflusst werden können. Hat es der Rechtsanwalt beispielsweise im Vorprozess schuldhaft versäumt, eine Behauptung unter Beweis zu stellen, so haftet er für die Nachteile der Beweislosigkeit dann nicht, wenn damals ein Beweismittel nicht zur Verfügung gestanden hätte. Daran ändert nichts, dass im Regressprozess ein solches vorliegt.[68]

VI. Unterbrechung des Zurechnungszusammenhangs zwischen Pflichtverletzung und Schaden

1. Maßnahmen des Mandanten

18　Der Zurechnungszusammenhang ist nur dann durchbrochen, wenn in ungewöhnlicher oder unsachgemäßer Weise in den Geschehensablauf eingegriffen und damit eine weitere Ursache gesetzt wird, die den Schaden erst herbeiführt. Eine Unterbrechung scheidet aus, wenn der Mandant infolge einer anwaltlichen Fehlberatung verjährte Ansprüche trotz geringer Erfolgsaussicht im Klageweg durchzusetzen

---

66　BGH, Urt. v. 13.3.2014 – IX ZR 23/10 Rn. 15.
67　BGH, Urt. v. 15.11.2007 – IX ZR 232/03, JurBüro 2008, 269 Rn. 7.
68　BGH, Urt. v. 16.6.2005 – IX ZR 27/04, BGHZ 163, 223, 229, 230 = WM 2005, 2103 = NJW 2005, 3071.

sucht.[69] Hat der Anwalt den Mandanten nicht darüber belehrt, dass der beabsichtigte Verkauf einer Eigentumswohnung mit dem geltend gemachten Vertragsrücktritt wie auch der Erhebung von Schadensersatzansprüchen nicht zu vereinbaren ist, so entfällt seine Ersatzpflicht nicht wegen einer Realisierung des Verkaufs.[70] Sieht sich ein Gesellschafter veranlasst, wegen der Folgen einer fehlerhaften rechtlichen Beratung aus der Gesellschaft auszuscheiden, können dem Berater auch solche Verbindlichkeiten haftungsrechtlich zuzurechnen sein, die der Mandant in der Abfindungsvereinbarung freiwillig übernimmt.[71] Hat der Anwalt fehlerhaft eine Leistungsklage anstelle einer Abänderungsklage (§ 323 ZPO) erhoben, das Gericht fehlerhaft davon abgesehen die Leistungsklage in eine Abänderungsklage umzudeuten, so wird der Zurechnungszusammenhang durch einen von dem später beauftragten Anwalt geschlossenen Vergleich nicht berührt.[72] Im Hinblick auf die durch den Anwaltsfehler erhöhten Risiken der Rechtsverwirklichung ist die vergleichsweise Einigung als vertretbare Reaktion zu werten, die den Zurechnungszusammenhang ebenfalls nicht unterbrochen hat.[73] Generell lässt ein Vergleichsschluss den Zurechnungszusammenhang unberührt, wenn die Durchsetzung eines Begehrens infolge eines Fehlers des eigenen Anwalts mit erheblichen Risiken behaftet war.[74]

Hat ein Beratungsfehler des Anwalts einen Vorprozess ausgelöst, darf ihn der Mandant im Vergleichsweg beenden.[75] Bestand für die mitwirkende Handlung des Mandanten aufgrund des haftungsbegründenden Ereignisses ein rechtfertigender Anlass, so bleibt der Zurechnungszusammenhang zu einem früheren, schädigenden Verhalten des Rechtsanwalts bestehen. Die Beendigung einer rechtlichen Auseinandersetzung durch Vergleich ist regelmäßig als vernünftige Reaktion anzusehen. Hat der Rechtsanwalt seinen Mandanten durch einen Beratungsfehler in eine ungünstige Situation gegenüber dessen Vertragspartner gebracht, ist es nach der Lebenserfahrung nicht ungewöhnlich, dass dieser daraus Vorteile zu ziehen sucht; entschließt sich der Mandant in einer solchen Lage, dem Begehren des Vertragsgegners nachzugeben und es nicht auf einen Prozess ankommen zu lassen, handelt es sich im Allgemeinen um einen normalen Geschehensablauf, der die Zurechnung bestehen lässt.[76] Erklärt der Patentanwalt seinem Mandanten, dessen Patent werde mit Sicherheit für nichtig erklärt werden, obwohl das Patent einer Nichtigkeitsklage standgehalten hätte, ist der Patentanwalt zum Schadensersatz verpflichtet, wenn der Mandant im Vertrauen auf die Belehrung einen für ihn ungünstigen Vergleich abschließt.[77] Diese Grundsätze gelten auch für eine in der höchstrichterlichen Rechtsprechung des Bundesfinanzhofs anerkannte tatsächliche Verständigung im Betriebsprüfungsverfahren. Sie dient dazu, Unsicherheiten und Ungenauigkeiten zu beseitigen. Derartige Abreden

19

---

69 BGH, Urt. v. 15.4.1999 – IX ZR 328/97, NJW 1999, 2183, 2187.
70 BGH, Urt. v. 20.10.1994 – IX ZR 116/93, NJW 1995, 449, 451.
71 BGH, Urt. v. 3.12.1992 – IX ZR 61/92, NJW 1993, 1139, 1141.
72 BGH, Urt. v. 2.4.1998 – IX ZR 107/97, NJW 1998, 2048, 2050.
73 BGH, Urt. v. 2.4.1998 – IX ZR 107/97, NJW 1998, 2048, 2050.
74 BGH, Beschl. v. 19.4.2012 – IX ZR 99/10 Rn. 3.
75 BGH, Urt. v. 5.12.1992 – IX ZR 200/91, NJW 1993, 1320, 1322 f.
76 BGH, Urt. v. 13.2.2003 – IX ZR 181/99, NJW-RR 2003, 850, 855 f.
77 BGH, Urt. v. 30.11.1999 – IX ZR 181/99, NJW-RR 2000, 791, 792.

werden deshalb auch im Schrifttum als Vergleichsverträge qualifiziert. Die zum Abschluss eines zivilrechtlichen Vergleichs entwickelten Rechtsprechungsgrundsätze in der Beraterhaftung lassen sich mithin auch auf das Zustandekommen einer tatsächlichen Verständigung im Verfahren vor dem Finanzamt übertragen. Auch hier kommt es darauf an, ob die Abrede als eine vernünftige Reaktion im Sinne der vorgenannten Rechtsprechungsgrundsätze anzusehen ist.[78]

20 Ein eigener selbstständiger Willensakt des Geschädigten schließt es nicht aus, demjenigen die Schadensfolge zuzurechnen, der die Kausalkette in Gang gesetzt hat. Wurde die Handlung des Mandanten durch das haftungsbegründende Ereignis geradezu **herausgefordert** oder bestand für sie ein rechtfertigender Anlass, so bleibt der Zurechnungszusammenhang mit dem Verhalten des Anwalts bestehen. Nimmt der Kläger die **Klage gegen den Rat des Anwalts zurück**, unterbricht dies nicht den Zurechnungszusammenhang, wenn der Anwalt diesen Entschluss wegen der verspäteten Einbeziehung des richtigen Beklagten in den Prozess und die damit verbundene Gefahr, dass die nunmehr erhobene Verjährungseinrede durchgreift, mit zu verantworten hat.[79] Der Berater hat auch den Schaden zu tragen, der dadurch entstanden ist, dass der Mandant und seine Ehefrau von der ursprünglich gemeinsamen Veranlagung nach § 26b EStG Abstand genommen haben, so dass sich der in der Person des Mandanten entstandene Einkommensteuerschaden von 38.905,31 € (Einkommensteuer, Solidaritätszuschlag, Kirchensteuer) auf 49.492,13 € (Einkommensteuer, Solidaritätszuschlag, Kirchensteuer) erhöht hat, während sich die Steuerlast seiner Ehefrau dadurch von gesamtschuldnerisch mit dem Kläger geschuldeten 38.905,31 € auf 155,87 € reduziert hat. Zwar ergibt sich die Erhöhung des Schadens aus einem auf einem Willensentschluss des Mandanten und seiner Ehefrau beruhenden Handeln des Mandanten. Dieses Handeln ist jedoch nach den Grundsätzen der psychischen Kausalität auf die Pflichtwidrigkeit des Beraters zurückzuführen, weil die Handlung des Mandanten durch die Vertragsverletzung des Beraters herausgefordert worden ist und eine nicht ungewöhnliche Reaktion auf diese darstellt.[80]

2. Fehler eines später betrauten Anwalts

21 Selbst ein Fehler des **neu zugezogenen Anwalts** unterbricht den Zurechnungszusammenhang grundsätzlich nicht. Etwas anderes gilt lediglich dort, wo der zweite Anwalt eine Entschließung trifft, die schlechterdings unverständlich, also gemessen an sachgerechter Berufsausübung sachfremd und nicht nachvollziehbar erscheint oder den Geschehensablauf so verändert, dass der Schaden bei wertender Betrachtungsweise in keinem inneren Zusammenhang zu der vom früheren Rechtsanwalt zu vertretenden Vertragsverletzung steht. Davon kann nicht ausgegangen werden, wenn beide Anwälte die **Verjährung** fehlerhaft beurteilen.[81] Entsprechendes gilt,

---

78 BGH, Beschl. v. 22.10.2009 – IX ZR 237/06 Rn. 7; Urt. v. 8.9.2016 – IX ZR 255/13 Rn. 24.
79 BGH, Urt. v. 12.5.2011 – IX ZR 11/10, IBR 2011, 412 Rn. 19.
80 BGH, Urt. v. 13.3.2014 – IX ZR 23/10 Rn. 41.
81 BGH, Urt. v. 18.3.1993 – IX ZR 120/92, NJW 1993, 1779, 1780 f.; BGH, Urt. v. 29.11.2001 – IX ZR 278/00, WM 2002, 504, 507 = NJW 2002, 1117.

wenn der frühere und der nachbeauftragte Anwalt die Frist für die Anfechtung der Vaterschaft verstreichen lassen[82] oder zulassen, dass der erkennbar nicht wirksam verheiratete Mandant zur Zahlung von Zugewinn- bzw. Versorgungsausgleich verurteilt wird.[83] Der von einer früheren Vertragsverletzung eines Rechtsanwalts ausgehende Zurechnungszusammenhang wird auch nicht dadurch unterbrochen, dass nach dem pflichtwidrig handelnden Anwalt eine andere rechtskundige Person mit der Angelegenheit befasst worden ist, die noch in der Lage gewesen wäre, den Schadenseintritt zu verhindern, die ihr obliegende Sorgfaltspflicht jedoch nicht beachtet hat.[84] Etwas anderes gilt lediglich dort, wo der zweite Anwalt eine Entschließung trifft, die schlechterdings unverständlich, also gemessen an sachgerechter Berufsausübung sachfremd und nicht nachvollziehbar erscheint oder den Geschehensablauf so verändert, dass der Schaden bei wertender Betrachtungsweise in keinem inneren Zusammenhang zu der von einem früheren Rechtsanwalt oder Mediator zu vertretenden Vertragsverletzung steht.[85] Verschuldet ein Rechtsanwalt durch fehlerhafte Beratung, dass sein Mandant einen ihm ungünstigen notariellen Vertrag schließt, so entfällt die Haftung des Rechtsanwalts nicht deswegen, weil der beurkundende Notar den ihm erkennbaren Fehler bei der Beurkundung nicht berichtigt.[86] Die Bewertung, wonach die Entscheidung des Beraters, gegen die Gewerbe- und Umsatzsteuerbescheide vor dem zuständigen Finanzgericht zunächst fristwahrend Klage einzureichen, nicht schlechterdings unverständlich und unsachgemäß erscheint und damit nicht geeignet ist, den Zurechnungszusammenhang zu unterbrechen, begegnet keinen Bedenken.[87]

3. Fehler des mit der Sache befassten Gerichts

Etwaige **Versäumnisse des Gerichts** schließen die Mitverantwortung des Rechtsan- **22** walts für eigenes Versehen grundsätzlich nicht aus. Der Verpflichtung, „das Rechtsdickicht zu lichten", ist der Rechtsanwalt folglich nicht wegen der dem Gericht obliegenden Rechtsprüfung („**iura novit curia**") enthoben.[88] Hat der Anwalt oder Mediator eine ihm übertragene Aufgabe nicht sachgerecht erledigt und auf diese Weise zusätzliche tatsächliche oder rechtliche Schwierigkeiten hervorgerufen, sind die dadurch ausgelösten Wirkungen ihm grundsätzlich zuzurechnen. Folglich haftet er für die Folgen eines gerichtlichen Fehlers, sofern dieser auf Problemen beruht, die der Anwalt oder Mediator durch eine Pflichtverletzung erst geschaffen hat oder bei vertragsgemäßem Arbeiten hätte vermeiden müssen. Etwaige Versäumnisse des Gerichts schließen die Mitverantwortung für eigenes Versehen grundsätzlich nicht aus.[89] Sind für den Schaden des Mandanten neben einer Pflichtverletzung des Pro-

---

82 BGH, Urt. v. 23.9.2004 – IX ZR 137/03, NJW-RR 2005, 494, 496.
83 Urt. v. 13.3.2003 – IX ZR 181/99, NJW-RR 2005, 850, 856.
84 BGH, Urt. v. 7.4.2005 – IX ZR 132/01, WM 2005, 1812, 1813 = NJW-RR 2005, 1146; Urt. v. 21.9.2017 – IX ZR 34/17 NJW 2017, 3442 Rn. 38.
85 BGH, Urt. v. 21.9.2017 – IX ZR 34/17 NJW 2017, 3442 Rn. 38.
86 BGH, Urt. v. 10.5.1990 – IX ZR 113/89, NJW 1990, 2882, 2884.
87 BGH, Urt. v. 8.9.2016 – IX ZR 255/13 Rn. 20.
88 BGH, Urt. v. 10.12.2015 – IX ZR 272/14, WM 2016, 180 Rn. 8.
89 BGH, Urt. v. 21.9.2017 – IX ZR 34/17, NJW 2017, 3442 Rn. 41.

zessbevollmächtigten auch Fehler des Gerichts mitursächlich, entfällt die Zurechenbarkeit des Schadens zur Pflichtverletzung des Anwalts nur, wenn der Fehler des Gerichts den Geschehensablauf so verändert, dass der Schaden bei wertender Betrachtung in **keinem inneren Zusammenhang** mit der vom Anwalt zu vertretenden Vertragsverletzung steht. Bei dieser Beurteilung ist zu berücksichtigen, dass die Prozessleitung und die Rechtsfindung in die Verantwortung des Gerichts fallen und von der Leistung des Anwalts nicht abhängig sind. Auf der anderen Seite ist der **Anwalt verpflichtet**, seinen Mandanten vor **Fehlentscheidungen der Gerichte zu bewahren**. Hat der Anwalt ein von ihm nicht veranlasstes, gleichwohl eingetretenes und offenkundig gewordenes, sich in der irrigen Annahme einer von der Gewährung von Prozesskostenhilfe abhängigen Klageerhebung äußerndes Fehlverständnis des Gerichts, das wegen der nicht erfolgten Zustellung der fristgebundenen Klage die Prozessaussichten des Mandanten erheblich gefährdete, nicht beseitigt, obwohl ihm dies leicht möglich gewesen wäre, kann der Zurechnungszusammenhang zwischen der Pflichtverletzung des Anwalts und dem Schaden des Mandanten nicht verneint werden.[90] Hat der Zedent keine Prozessführungsbefugnis des Zessionars eingeholt, haftet der Anwalt wegen der Abweisung der Klage, selbst wenn das Gericht die eine Klage des Zedenten gestattende Abtretungserklärung fehlerhaft ausgelegt hat.[91] Erklärt der Anwalt namens des Mandanten einen Rücktritt statt einer Kündigung, hat er für die Folgen einzustehen, auch wenn das Gericht die nach § 133 BGB mögliche Auslegung versäumt hat.[92] Versäumt es der Anwalt, den von ihm als unsubstanziiert erachteten Schaden der Gegenseite zu bestreiten, haftet er im Falle einer Verurteilung seines Mandanten, auch wenn das Gericht bei pflichtgemäßem Vorgehen verpflichtet gewesen wäre, einen Hinweis nach § 139 ZPO zu erteilen.[93] Unterlässt der Anwalt trotz Unklarheiten der Passivlegitimation die in dem Vorprozess gebotene Streitverkündung an den auch in Betracht kommenden Anspruchsgegner, wird der Ursachenzusammenhang nicht dadurch unterbrochen, dass das Gericht in dem Vorprozess den dortigen Beklagten zu Unrecht als nicht passiv legitimiert erachtet. Denn die Streitverkündung hatte gerade den Zweck, einen solchen Fehler des Gerichts im Interesse des Mandanten haftungsrechtlich aufzufangen. Eine Streitverkündung ist gerade dann angezeigt, wenn aus tatsächlichen oder rechtlichen Gründen unklar ist, wer von mehreren in Betracht kommenden Personen passivlegitimiert ist.[94] Übersieht das Gericht die Möglichkeit, dass sich eine Vollstreckung wegen unzulässiger Titelausnutzung auf der Grundlage des § 826 BGB als unzulässig erweist, bleibt der Zurechnungszusammenhang erhalten.[95]

90 BGH, Urt. v. 17.9.2009 – IX ZR 74/08, WM 2009, 2138, 2140 Rn. 18 = NJW 2010, 73.
91 BGH, Urt. v. 21.9.2000 – IX ZR 439/99, WM 2000, 2437 = NJW 2000, 2560, 3561.
92 BGH, Urt. v. 4.6.1996 – IX ZR 51/95, WM 1996, 1824, 1826 = NJW 1996, 2648, 2650.
93 BGH, Urt. v. 28.6.1990 – IX ZR 209/89, NJW-RR 1990, 1241, 1244.
94 BGH, Urt. v. 16.9.2010 – IX ZR 203/08, WM 2010, 2183 Rn. 20 = NJW 2010, 3576.
95 BGH, Urt. v. 10.3.2011 – IX ZR 82/10, WM 2011, 993 Rn. 29 = ZInsO 2011, 980.

a) Ausnahmsweise fehlender Zusammenhang

Die Zurechenbarkeit fehlt in derartigen Fällen jedoch, wenn das Eingreifen des Drit- **23**
ten den Geschehensablauf so verändert, dass der Schaden bei wertender Betrachtung
in keinem inneren Zusammenhang zu der vom Rechtsanwalt zu vertretenden Vertragsverletzung steht. Der Zurechnungszusammenhang zwischen der Pflichtverletzung des Anwalts und dem eingetretenen Schaden kann insbesondere dann **ausnahmsweise unterbrochen** sein, wenn dem **Gericht des Vorprozesses ein Fehler
unterläuft.** Das Gericht ist für die Beachtung der ihm im öffentlichen Interesse obliegenden Verpflichtung, nach den Regeln der Verfahrensvorschriften möglichst zu
einer richtigen Entscheidung zu gelangen, unabhängig von der Leistung des Anwalts verantwortlich. Der gerichtliche Aufgabenbereich der Rechtsfindung muss in
die im Rahmen der Zurechnung gebotene wertende Betrachtungsweise einbezogen
werden. Demgegenüber ist der Anwalt allerdings verpflichtet, seinen Mandanten
vor Fehlentscheidungen der Gerichte zu bewahren (vgl. § 1 Abs. 3 BORA). Soweit
sich deshalb in der gerichtlichen Fehlentscheidung das allgemeine Prozessrisiko
verwirklicht, das darin liegt, dass das Gericht bei ordnungsgemäßem Vorgehen trotz
des Anwaltsfehlers richtig hätte entscheiden können und müssen, ist dem Anwalt
der Urteilsschaden haftungsrechtlich zuzurechnen. Das gilt erst recht, wenn die gerichtliche Fehlentscheidung maßgeblich auf Problemen beruht, deren Auftreten der
Anwalt durch sachgemäßes Arbeiten gerade hätte vermeiden müssen. Eine Unterbrechung des Kausalverlaufs kommt daher nur in eng umgrenzten Ausnahmefällen
in Betracht: Nur in diesen Fallgestaltungen lässt der Fehler des Gerichts den für die
Zurechnung zu fordernden inneren Zusammenhang des Schadens mit der Pflichtverletzung des Anwalts entfallen.[96]

b) Fehlerberichtigung durch Anwalt

Der Zurechnungszusammenhang ist beispielsweise unterbrochen, wenn der Anwalt **24**
seinen Fehler im Verlauf des Prozesses berichtigt, das Gericht die Korrektur aber
nicht zur Kenntnis nimmt und den Fehler zur Grundlage seiner Entscheidung macht.
Der ursprüngliche Anwaltsfehler wäre in diesem Fall bei richtiger rechtlicher Beurteilung des letztlich zutreffend unterbreiteten Sachverhalts folgenlos geblieben. Bei
wertender Betrachtung steht der bereits **behobene Fehler des Anwalts in keinem
inneren Zusammenhang** zu dem aus der Fehlentscheidung des Gerichts resultie-
renden Schaden.[97]

c) Ganz überwiegender Schadensbeitrag von Drittseite

Gleiches gilt, wenn die Pflichtwidrigkeit des Anwalts nur den äußeren Anlass für **25**
ein ungewöhnliches Eingreifen des Geschädigten oder eines Dritten bildet. So kann
bei **Fehlern des Gerichts** die Zurechnung entfallen, wenn der Schadensbeitrag des
Gerichts denjenigen des Anwalts soweit überwiegt, dass Letzterer ganz dahinter zu-

---

96 BGH, Urt. v. 15.11.2007 – IX ZR 44/04, WM 2008, 317, 318 Rn. 12 ff. = BGHZ 174, 205 = NJW
2008, 1309.
97 BGH, Urt. v. 15.11.2007 – IX ZR 44/04, WM 2008, 317, 318 Rn. 17 = BGHZ 174, 205 = NJW 2008,
1309; BGH, Urt. v. 17.9.2009 – IX ZR 74/08, WM 2009, 2138, 2140 Rn. 17 = NJW 2010, 73.

rücktritt. In Fortführung dieser Rechtsprechung wird im Schrifttum vertreten, dass der Schaden des Mandanten einem anwaltlichen Erstschädiger dann haftungsrechtlich nicht zuzurechnen sei, wenn ein Gericht als Zweitschädiger unter **völlig ungewöhnlicher, sachwidriger und daher grober, schlechthin unvertretbarer Verletzung seiner besonderen Pflichten** eine Schadensursache setzt, welche die vorangegangene anwaltliche Pflichtverletzung mit Rücksicht auf Art, Gewicht und wechselseitige Abhängigkeit der Schadensbeiträge so sehr in den Hintergrund rückt, dass bei wertender Betrachtung gleichsam nur der Gerichtsfehler als einzige, endgültige Schadensursache erscheint; in einem solchen Fall habe der Anwaltsfehler nach dem Schutzzweck der verletzten Vertragspflicht keine ins Gewicht fallende Bedeutung gegenüber der vom Gericht zu verantwortenden Schadensursache.[98] Von einem fehlenden Kausalzusammenhang könnte man etwa ausgehen, wenn das Gericht eine **einschlägige** von dem Anwalt pflichtwidrig nicht angeführte **Entscheidung** gesehen, aber **bewusst unberücksichtigt** gelassen hätte oder **bewusst** von ihr **abgewichen** wäre.[99] Anders verhält es sich aber, wenn das Gericht eine einschlägige Entscheidung nicht aufgefunden hat und ihm damit ein ähnlicher Fehler wie dem Anwalt unterlaufen ist. Dann überwiegt der Schadensbeitrag des Gerichts denjenigen des Anwalts nicht so weit, dass Letzterer dahinter ganz zurücktritt. Die Pflicht des Anwalts zur Rechtsprüfung und zu Rechtsausführungen im Prozess dient auch und gerade dazu, den Mandanten vor Fehlentscheidungen infolge **nachlässiger Arbeit des zur Entscheidung berufenen Richters** zu bewahren; genau dieses Risiko hat sich verwirklicht.[100]

d) Anwaltsfehler als Schadensursache schlechthin ungeeignet

26 Über diese Fallgruppen hinaus fehlt es bei **wertender Betrachtung** an dem für die Zurechnung der anwaltlichen Pflichtverletzung notwendigen inneren Zusammenhang, wenn der **Fehler des Anwalts schlechthin ungeeignet** war, die gerichtliche Fehlentscheidung hervorzurufen. War die ordnungsgemäße Erfüllung der dem Anwalt obliegenden Pflicht bei lebensnaher Betrachtung **unter keinem denkbaren Gesichtspunkt** geeignet, die den Mandanten belastende gerichtliche Fehlentscheidung zu vermeiden, entfällt der Zurechnungszusammenhang. Rein hypothetische Erwägungen vermögen den Zurechnungszusammenhang dabei nicht auszuschließen. Der Fehler des Gerichts des Vorprozesses muss aus der von ihm tatsächlich getroffenen Entscheidung ersichtlich sein. Nur anhand ihrer kann beurteilt werden, ob die Vermeidung der anwaltlichen Pflichtverletzung geeignet war, den dem Gericht unterlaufenen Fehler zu verhindern. Zur Beurteilung der Zurechnung ist mithin – anders als bei der normativen Schadensfeststellung – die vom Gericht des Vorprozesses getroffene Entscheidung heranzuziehen.[101]

---

98 BGH, Urt. v. 15.11.2007 – IX ZR 44/04, WM 2008, 317, 318 Rn. 18 = BGHZ 174, 205 = NJW 2008, 1309.

99 BGH, Urt. v. 18.12.2008 – IX ZR 179/07, WM 2008, 324, 326 Rn. 18 = NJW 2009, 987.

100 BGH, Urt. v. 18.12.2008 – IX ZR 179/07, WM 2008, 324, 327 Rn. 22 = NJW 2009, 987.

101 BGH, Urt. v. 15.11.2007 – IX ZR 44/04, WM 2008, 317, 318 f. Rn. 19 = BGHZ 174, 205 = NJW 2008, 1309.

Diese Einschränkung des Zurechnungszusammenhangs ergibt sich aus dem **Sinn** 27 **und Zweck der vom Anwalt verletzten Pflicht.** Bei wertender, nicht rein kausaler Betrachtung kann die Erfüllung der Pflicht hinzugedacht werden, ohne dass der Schadenseintritt entfiele. Wenn deren Erfüllung den letztlich schadensbegründenden Fehler des Gerichts jedoch nicht hätte verhindern können, ist der dem Mandanten entstandene Schaden nur ihre zufällige Begleiterscheinung. Es fehlt an dem notwendigen inneren Zusammenhang zwischen dem Fehler des Anwalts und der Fehlentscheidung des Gerichts. Diese die Zurechnung begrenzende Betrachtung kommt allerdings **ausschließlich bei einem im konkreten Fall feststehenden tatsächlich eingetretenen Fehler des Gerichts** in Betracht. Hinter eine nur gedachte – hypothetische – Fehlentscheidung tritt die anwaltliche Pflichtverletzung nicht zurück.[102]

Nach diesen Grundsätzen scheidet eine Schadenszurechnung zulasten eines An- 28 walts aus, der es in einem Vorprozess versäumt hat, die Klage zu erweitern, wenn das Gericht die auf denselben Lebenssachverhalt – Berechnung eines Wohnrechts anhand des Mietwerts und Verwendung einer falschen Sterbetabelle – gestützte verminderte Klageforderung als **unschlüssig** abgewiesen hat und die Entscheidung dem Rechtsmittel der Revision nicht zugänglich war. Mittels der Erhöhung der Klage hätte der Anwalt nach dem konkreten Verlauf des Vorprozesses nicht erreichen können, dass das Gericht eine andere Entscheidung als die Klageabweisung trifft. Auch ein von dem Anwalt pflichtwidrig unterlassenes Beweisangebot hat zu keinem dem Anwalt zuzurechnenden Schaden der Klägerin geführt, wenn das Gericht die Klage bereits als unschlüssig abgewiesen hat. Dann war das Beweisangebot nicht geeignet, eine andere Entscheidung herbeizuführen.[103] Hat der Anwalt in einem Arzthaftungsprozess entgegen der Weisung seiner Mandanten innerhalb des Behandlungsgeschehens eine bestimmte Nachlässigkeit nicht gerügt, sind aber die in dem Prozess tätig gewordenen medizinischen Gutachter auf diesen Gesichtspunkt (Unterzuckerung als Ursache einer cerebralen Schädigung) eingegangen und haben sie einen Behandlungsfehler verneint, kann ausgeschlossen werden, dass das Ausgangsgericht im Falle der ausdrücklichen Geltendmachung dieser ohnehin berücksichtigten möglichen ärztlichen Pflichtverletzung auf der Grundlage der eingeholten Sachverständigengutachten zu einem anderen Ergebnis gelangt wäre.[104]

e) Verfassungsrechtliche Unbedenklichkeit der Rechtsprechung

Von den nicht berufsbezogenen allgemeinen Grundsätzen des Schadensersatzrechts 29 entfernt sich die Rechtsprechung des Bundesgerichtshofs nicht dadurch, dass eine Haftung des Rechtsanwalts im Regelfall auch dann angenommen wird, wenn ein **Fehler des Gerichts** insbesondere bei der rechtlichen Aufarbeitung des Streitfalls für den Schaden einer Prozesspartei mitursächlich geworden ist. Der Bundesgerichtshof kann vielmehr auf die im Zivilrecht anerkannte **gleichstufige Haftung** all

---

102 BGH, Urt. v. 15.11.2007 – IX ZR 44/04, WM 2008, 317, 319 Rn. 20 = BGHZ 174, 205 = NJW 2008, 1309.
103 BGH, Urt. v. 15.11.2007 – IX ZR 44/04, WM 2008, 317, 319 Rn. 21 f. = BGHZ 174, 205 = NJW 2008, 1309.
104 BGH, Beschl. v. 22.10.2009 – IX ZR 129/08 Rn. 5.

derjenigen verweisen, die für einen Schaden gleich aus welchen rechtlichen Gründen verantwortlich sind. Hierbei ergibt sich aus dem Umstand, dass die Haftung für den Verursachungsbeitrag des Gerichts durch § 839 Abs. 2 BGB im Unterschied zur Haftung des Rechtsanwalts beschränkt ist, keine Besonderheit. Dass mehrere Verantwortliche einen Schaden herbeiführen, sich aber nicht alle von ihnen auf eine vertragliche oder gesetzliche Haftungserleichterung oder einen Haftungsausschluss berufen können, ist auch in anderen Fallgestaltungen des Schadensersatzrechts anzutreffen und erlangt insbesondere für den internen Ausgleich unter den **Gesamtschuldnern** Bedeutung. Die haftungsrechtliche Verantwortung für eine Entscheidung soll von Verfassungs wegen nicht ausschließlich den Gerichten übertragen sein.[105]

4. Kriminelles Vorgehen des Gegners

30 Der Zurechnungszusammenhang wird durch ein möglicherweise **strafrechtlich relevantes** und sittenwidriges Vorgehen des Gegners nicht unterbrochen. Ein Verhalten Dritter beseitigt die Zurechnung nur, sofern es als gänzlich ungewöhnliche Beeinflussung des Geschehensablaufs zu werten ist. Hierfür genügt es nicht, dass ein von der Pflichtwidrigkeit begünstigter Dritter den ihm zu Unrecht zugefallenen Vorteil bewusst zum Nachteil des Mandanten ausnutzt. Denn gerade vor **diesem Risiko** muss der rechtliche Berater den Mandanten schützen.[106]

VII. Hypothetische Kausalität

31 Diese Fallgruppe betrifft Konstellationen, in denen der Anwalt einwendet, der infolge seiner Fehlberatung eingetretene Schaden hätte sich zulasten des Mandanten ohnehin aufgrund einer weiteren Ursache verwirklicht. Ein solcher Einwand ist bei der Geltendmachung von **Vermögensfolgeschäden** grundsätzlich **beachtlich**. Die **Beweislast** für diese Behauptung liegt grundsätzlich bei dem Schädiger, also dem Berater.[107] Er greift etwa durch, wenn der Mandant im Kündigungsschutzprozess wegen eines Anwaltsfehlers unterliegt, das Arbeitsverhältnis aber aufgrund einer Erkrankung des Mandanten oder einer Insolvenz des Arbeitgebers ohnehin nicht fortgesetzt worden wäre.[108] Gleiches gilt, wenn der Anwalt die Frist für eine Kündigungsschutzklage versäumt hat, die Klage aber wegen einer die Kündigung tragenden Erkrankung des Mandanten keinen Erfolg gehabt hätte.[109] Eine Haftung des Steuerberaters kommt nicht in Betracht, wenn der von ihm verursachte Steuerschaden wegen einer Betriebsaufgabe des Mandanten ohnehin entstanden wäre.[110] Scheitert ein Vertrag infolge eines anwaltlichen Fehlers, kommt ein Schadensersatzan-

---

105 BVerfG, 2. Kammer des Ersten Senats, Beschl. v. 22.4.2009 – 1 BvR 386/09, NJW 2009, 2945, 2946 Rn. 16, 17.

106 BGH, Urt. v. 10.3.2011 – IX ZR 82/10, WM 2011, 993 Rn. 26 = ZInsO 2011, 980.

107 BGH, Urt. v. 11.7.1996 – IX ZR 116/95, NJW 1996, 3343, 3345.

108 Vgl. BGH, Urt. v. 8.12.1976 – I ZR 59/75, MDR 1977, 468.

109 BGH, Urt. v. 27.1.2000 – IX ZR 45/98, NJW 2000, 1572, 1573 f.

110 BGH, Urt. v. 14.3.1985 – IX ZR 26/84, NJW 1986, 1329, 1332 f.

spruch nicht in Betracht, wenn der Mandant aus finanziellen Gründen außerstande war, den Vertrag durchzuführen.[111]

VIII. Einwand des rechtmäßigen Alternativverhaltens

Der Einwand des rechtmäßigen Alternativverhaltens betrifft Fälle, in denen der   **32** Schuldner geltend macht, der durch sein rechtswidriges Verhalten tatsächlich verursachte Schaden wäre auch dann eingetreten, wenn er eine von der verletzten Pflicht verschiedene andere selbstständige Pflicht erfüllt hätte. Der Einwand setzt also voraus, dass das von dem Berater zu verantwortende Verhalten für den Schaden kausal geworden ist. Er betrifft die erst danach auftretende Frage, ob diese auf die Pflichtverletzung ursächlich zurückzuführenden Folgen dem Schädiger billigerweise zugerechnet werden können. Fehlt es bereits an einem kausalen Schaden, weil dem Mandanten im Blick auf den Wert von ihm im Wege der verdeckten Sacheinlage eingebrachter Patente auch mit Rücksicht auf seine fortbestehende Bareinlagepflicht kein Vermögensnachteil erwachsen ist, ist für das Rechtsinstitut kein Raum.[112] Ob der Einwand zu berücksichtigen ist, bestimmt sich nach dem **Schutzzweck** der verletzten Pflicht. Hat der Rechtsanwalt versäumt, dem Versicherer eine Gefahrerhöhung anzuzeigen, so macht er nicht den Einwand rechtmäßigen Alternativverhaltens geltend, sondern bestreitet den Ursachenzusammenhang, wenn er sich darauf beruft, der Versicherer hätte im Falle einer Anzeige den Vertrag gekündigt.[113] Hat ein Vertragspartner aufgrund einer unrichtigen notariellen Fälligkeitsbestätigung zu früh geleistet und deshalb einen Kredit aufnehmen müssen, kann der Notar gegen den Schadensersatzanspruch nicht einwenden, er hätte bei pflichtgemäßem Verhalten den Kaufpreis zum selben Zeitpunkt fällig stellen können, weil er bis dahin selbst die Fälligkeitsvoraussetzungen hätte herbeiführen können. Die verletzte Amtspflicht bezweckte nämlich gerade den Schutz vor einer verfrühten Zahlung.[114]

---

111 RGZ 147, 248.
112 BGH, Beschl. v. 14.6.2011 – IX ZR 199/11 Rn. 6.
113 BGH, Urt. v. 17.10.2002 – IX ZR 3/01, NJW 2003, 295, 296.
114 BGH, Urt. v. 24.10.1985 – IX ZR 91/84, BGHZ 96, 157, 173 = NJW 1986, 576.

E.
Schaden

I. Differenzhypothese

Grundsätzlich besteht ein Schaden im Sinne des § 249 Abs. 1 BGB in der **Diffe-** **1** **renz** zwischen der Vermögenslage des Betroffenen infolge des schädigenden Ereignisses und dem Vermögensstand, der ohne dieses Ereignis bestünde. Der zu ersetzende Schaden ist durch einen Vergleich der infolge des haftungsbegründenden Ereignisses eingetretenen Vermögenslage mit derjenigen Vermögenslage zu ermitteln, die ohne jenes Ereignis eingetreten wäre.[1] Ob und in welchem Umfang ein Schaden eingetreten ist, ist also durch einen rechnerischen Vergleich zu ermitteln, dessen Ergebnis allerdings einer normativen Wertung zu unterziehen ist. Die Differenzhypothese umfasst zugleich das Erfordernis der **Kausalität** zwischen dem haftungsbegründenden Ereignis und einer dadurch eingetretenen Vermögensminderung: Nur eine Vermögensminderung, die durch das haftungsbegründende Ereignis verursacht ist, d.h. ohne dieses nicht eingetreten wäre, ist als ersatzfähiger Schaden anzuerkennen.[2] Erforderlich ist ein Gesamtvermögensvergleich, der alle von dem haftungsbegründenden Ereignis betroffenen finanziellen Positionen umfasst. Dieser erfordert eine Gegenüberstellung der hypothetischen und der tatsächlichen Vermögenslage.[3] Nach der Äquivalenztheorie ist jede Bedingung kausal, die nicht hinweggedacht werden kann, ohne dass der Erfolg entfiele. Dabei ist zu beachten, dass zur Feststellung des Ursachenzusammenhangs nur die pflichtwidrige Handlung hinweggedacht, nicht aber weitere Umstände hinzugedacht werden dürfen. Die Differenzbetrachtung darf nicht auf einzelne Rechnungspositionen beschränkt werden.[4] Sofern die Pflichtverletzung in einer Unterlassung besteht, muss untersucht werden, wie die Dinge bei pflichtgemäßem positiven Handeln verlaufen wären. Es muss also hinzugedacht werden, dass der Schädiger seine Pflichten ordnungsgemäß erfüllt hätte. Bei der hypothetischen Betrachtung, wie sich der Sachverhalt bei pflichtgemäßem Handeln des Mediators entwickelt hätte, muss hinweggedacht werden, dass der Mandant die Hilfe eines Rechtsanwalts in Anspruch genommen hat, der seinerseits die notwendigen rechtlichen Schritte versäumt hat.[5] Die sich aus der Äquivalenz ergebende weite Haftung für Schadens-

---

1 BGH, Urt. v. 5.2.2015 – IX ZR 167/13 Rn. 7; v. 10.12.2015 – IX ZR 56/15, ZIP 2016, 371 Rn. 12.
2 BGH, Urt. v. 19.5.2009 – IX ZR 43/08, WM 2009, 1376, 1378 Rn. 18 = NZG 2009, 865; v. 14.6.2012 – IX ZR 145/11, WM 2012, 1359 Rn. 42 = DB 2012, 1559; v. 7.2.2013 – IX ZR 75/12, ZInsO 2013, 671 Rn. 10; v. 6.6.2013 – IX ZR 204/12, WM 2013, 1323 Rn. 20 = DB 2013, 1542 = ZIP 2013, 1332.
3 BGH, Urt. v. 6.6.2019 – IX ZR 115/18.
4 BGH, Urt. v. 5.5.2011 – IX ZR 144/10, BGHZ 189, 299 Rn. 35; v. 6.6.2013 – IX ZR 204/12, WM 2013, 1323 Rn. 20 = DB 2013, 1542 = ZIP 2013, 1332.
5 BGH, Urt. v. 21.9.2017 – IX ZR 34/17, NJW 2017, 3442 Rn. 27.

folgen grenzt die Rechtsprechung durch die weiteren Zurechnungskriterien der Adäquanz des Kausalverlaufs und des Schutzzwecks der Norm ein.[6] Der danach zu ersetzende Schaden kann **entgangenen Gewinn**, etwa einen Zinsverlust, umfassen.[7]

2 Der rechtliche Berater, der seinem Auftraggeber wegen positiver Vertragsverletzung zum Schadensersatz verpflichtet ist, hat diesen durch die Schadensersatzleistung so zu stellen, wie er bei **pflichtgemäßem Verhalten** des rechtlichen Beraters stünde. Danach muss die tatsächliche Vermögenslage derjenigen gegenübergestellt werden, die sich ohne den Fehler des rechtlichen Beraters ergeben hätte. Das erfordert einen **Gesamtvermögensvergleich**, der alle von dem haftungsbegründenden Ereignis betroffenen finanziellen Positionen umfasst.[8] Hierbei ist grundsätzlich die gesamte **Schadensentwicklung** bis zur letzten mündlichen Verhandlung in den Tatsacheninstanzen in die Schadensberechnung einzubeziehen. Es geht bei dem Gesamtvermögensvergleich nicht um Einzelpositionen, sondern um eine **Gegenüberstellung der hypothetischen und der tatsächlichen Vermögenslage**.[9] Eine Feststellungsklage ist nur begründet, wenn sich aus dem vom Mandanten vorgetragenen Sachverhalt unter Zugrundelegung dieser Grundsätze mit hinreichender Wahrscheinlichkeit ergibt, dass ihm bereits ein Schaden entstanden ist oder ihm ein solcher droht. Hätte die Mandantin ein Haus bei pflichtgemäßer Beratung durch den Anwalt nicht gekauft, wäre sie so zu stellen, wie sie ohne dessen Erwerb stünde. Sie hätte **geringere Verbindlichkeiten**, wäre aber dafür nicht **Eigentümerin des Hauses**. Sie müsste **keine Darlehenszinsen** bezahlen, hätte dafür aber **keine Mieteinnahmen**. Den daraus unter Umständen herrührenden Schaden hat die Mandantin schon deshalb nicht dargelegt, weil sie keine Angaben zum Wert des Hauses macht. Gleiches gilt bei Vereinbarung eines Rücktrittsrechts. Insoweit hat die Mandantin überdies schon nicht vorgetragen, dass sich der Verkäufer auf eine solche Regelung eingelassen hätte.[10] Als Ersatz für den **Verlust eines Gesellschaftsanteils** ist regelmäßig der Wiederbeschaffungswert zu erstatten. Dabei werden die dem Geschädigten künftig entgehenden Erträge nicht gesondert ersetzt, sondern im Wege einer Kapitalisierung bei der Bemessung des Wiederbeschaffungswerts berücksichtigt.[11]

---

6 BGH, Urt. v. 10.7.2012 – VI ZR 127/11, NJW 2012, 2964 Rn. 12; v. 6.6.2013 – IX ZR 204/12, WM 2013, 1323 Rn. 20 = DB 2013, 1542 = ZIP 2013, 1332.

7 BGH, Urt. v. 17.1.2008 – IX ZR 172/06, WM 2008, 748, 750 Rn. 19 = NJW-RR 2008, 786.

8 BGH, Urt. v. 17.3.2011 – IX ZR 162/08, DB 2011, 1633 Rn. 16; Urt. v. 8.9.2016 – IX ZR 255/13 Rn. 11.

9 BGH, Urt. v. 16.7.2015 – IX ZR 197/14, WM 2015, 1622 Rn. 32.

10 BGH, Urt. v. 7.2.2008 – IX ZR 149/04, WM 2008, 946, 948 Rn. 24, 26 = NJW 2008, 2041.

11 BGH, Urt. v. 18.4.2002 – IX ZR 72/99, BGHZ 150, 319, 322 f. = WM 2002, 2210 = NJW 2002, 2787.

1. Gesamtvermögensvergleich

Die Differenzhypothese umfasst das Erfordernis der Kausalität zwischen dem haf- **3**
tungsbegründenden Ereignis und einer dadurch eingetretenen Vermögensminderung.

a) Kausalität

Nur eine Vermögensminderung, die durch das haftungsbegründende Ereignis verur- **4**
sacht ist, das heißt ohne dieses nicht eingetreten wäre, ist als ersatzfähiger Schaden
anzuerkennen. Zur Beantwortung der Frage, welchen Schaden die Pflichtverletzung
eines rechtlichen Beraters zur Folge hatte, ist danach zu prüfen, welchen **Verlauf
die Dinge bei pflichtgemäßem Verhalten** genommen hätten und wie die Vermögenslage des Betroffenen sein würde, wenn der Rechtsanwalt die Pflichtverletzung
nicht begangen, sondern pflichtgemäß gehandelt hätte.[12] Wird die eigenmächtige
Versendung einer steuerlichen Selbstanzeige als pflichtwidrige Handlung hinweggedacht, hätte sich der Schaden nicht verwirklicht. Die zuständigen Behörden hätten
keine Kenntnis von den maßgeblichen Vorgängen erlangt, so dass der Mandant nicht
mit Steuer- und Beitragsnachzahlungen sowie Beratungskosten belastet worden
wäre. Es kann nicht festgestellt werden, dass der Schaden auch ohne die Pflichtverletzung des Beraters – etwa aufgrund eigener Ermittlungen der zuständigen Behörde
oder einer Anzeige – entstanden wäre. Darlegung und Beweis dieses hypothetischen
Einwands liegt bei dem Berater, der sich auf diesen Gesichtspunkt nicht einmal berufen hat.[13]

b) Adäquanz

Für die Schadenszurechnung ist das notwendige Erfordernis einer adäquaten Verur- **5**
sachung zu untersuchen. Adäquat ist eine Bedingung dann, wenn das Ereignis **im
Allgemeinen** und nicht nur unter besonders eigenartigen, unwahrscheinlichen und
nach dem gewöhnlichen Verlauf der Dinge außer Betracht zu lassenden Umständen
geeignet ist, einen Erfolg dieser Art herbeizuführen. Eine abstrakt vorhersehbare
Folge ist als adäquat zu bewerten, wenn dem Schädiger aufgrund der ihn treffenden
Sorgfaltspflichten zuzumuten ist, gegen ihren Eintritt Vorsorge zu treffen. Ein
Rechtsanwalt ist gehalten, mit Hilfe seiner Büroorganisation geeignete Vorkehrungen dagegen zu treffen, dass ein Schriftsatz ohne seinen Willen herausgegeben
wird. Da dies wegen der vielfältigen Möglichkeiten eines Büroversehens nach aller
Lebenserfahrung nicht stets vermieden werden kann, stellt die irrtümliche Versendung einer Selbstanzeige eine adäquate Folge dar. Ferner liegt auf der Hand, dass
die Selbstanzeige eines Steuerpflichtigen entsprechend ihrem Zweck im Allgemeinen geeignet ist, eine ihrem Inhalt entsprechende Steuerbelastung zu begründen.[14]

---

12 BGH, Urt. v. 9.11.2017 – IX ZR 270/16, NJW 2018, 541 Rn. 18.
13 BGH, Urt. v. 9.11.2017 – IX ZR 270/16, NJW 2018, 541 Rn. 19.
14 BGH, Urt. v. 9.11.2017 – IX ZR 270/16, NJW 2018, 541 Rn. 21.

E. Schaden

c) Vergleichende Betrachtung

6 Hat der Anwalt den Mandanten pflichtwidrig nicht über die fehlende Insolvenzfestigkeit der jenem im Rahmen einer Abfindungsvereinbarung zugesagten Versorgungsbezüge aufgeklärt, besteht der Schaden des Mandanten darin, die Vereinbarung geschlossen zu haben. Er kann verlangen, so gestellt zu werden, als hätte er die Vereinbarung nicht geschlossen. Im Rahmen eines Betragsverfahrens müssen die Vor- und die Nachteile, welche die Vereinbarung mit sich gebracht hat, darunter auch etwaige Steuervorteile, in den erforderlichen Gesamtvermögensvergleich eingestellt werden. Der Schaden kann nicht danach berechnet werden, dass dem Mandanten sämtliche Vorteile der Aufhebungsvereinbarung zufließen und nur der Nachteil der fehlenden Insolvenzsicherung nicht eintritt. Vielmehr ist von der allgemein anerkannten Regel auszugehen, dass auch dem Grunde nach der Schaden durch einen Vergleich der gegenwärtigen Vermögenslage mit derjenigen, die ohne das pflichtwidrige Verhalten des Beraters eingetreten wäre, bestimmt werden muss. Der Mandant kann schon seiner eigenen Darstellung nach nur den Schaden ersetzt verlangen, der ihm daraus entsteht, dass er infolge unzureichender anwaltlicher Beratung über die Voraussetzungen der Insolvenzsicherung die Abfindungsvereinbarung geschlossen hat. Im Blick auf den Zukunftsschaden ermöglicht es nur ein entsprechend eingeschränkter Feststellungsausspruch, im Falle einer zukünftigen Insolvenz des Unternehmens die dem Mandanten günstigen Rechtsfolgen der Abfindungsvereinbarung nach den Regeln über den Vorteilsausgleich zu berücksichtigen.[15]

7 Im Rahmen der Schadensberechnung ist grundsätzlich ein Gesamtvermögensvergleich anzustellen. Danach ist im Rahmen der Schadensdarlegung nicht auf Einzelpositionen (hier: einzelne Steuerverluste) abzustellen, sondern eine Gegenüberstellung der hypothetischen und der tatsächlichen Vermögenslage vorzunehmen.[16] Hinsichtlich des geltend gemachten Beratungsfehlers geht es ausschließlich um die Frage, in welche Richtung die Verschmelzung hätte vorgenommen werden müssen, um die zugunsten des übertragenden Rechtsträgers bestehenden Verlustvorträge in Höhe von rund 1,5 Mio. € bei der Verschmelzung auf die Klägerin zu sichern. Nach dem Sachvortrag der Klägerin ist das verschmolzene Unternehmen nach jeder der beiden in Betracht kommenden Handlungsalternativen wirtschaftlich identisch mit dem nunmehr am Markt tätigen Unternehmen. Unter diesen Umständen ist nach dem Sachvortrag der Klägerin auch kein Anhalt für die Berücksichtigung weiterer Vorteilsausgleichungen in Form von Kosteneinsparungen und Synergie-Effekten gegeben. Den vom Berufungsgericht für maßgeblich angesehenen Gesichtspunkten einer Kostenersparnis und weiterer Synergie-Effekte kommt hier keine eigenständige Bedeutung zu.[17]

8 Der Mandant ist erst geschädigt, wenn sich seine Vermögenslage „unterm Strich" schlechter darstellt, also ohne die dem Berater anzulastende Pflichtverletzung. Im Bereich der Rechts- und Steuerberater-Haftung darf die Differenzbetrachtung nicht

---

15 BGH, Urt. v. 21.7.2005 – IX ZR 49/02, WM 2005, 2110, 2111 = NJW 2005, 3275, 3276.
16 BGH, Beschl. v. 5.12.2013 – IX ZR 6/13 Rn. 10; Urt. v. 5.2.2015 – IX ZR 167/13 Rn. 7.
17 BGH, Beschl. v. 5.12.2013 – IX ZR 6/13 Rn. 11.

auf einzelne Rechnungsposten beschränkt werden; erforderlich ist vielmehr ein Gesamtvermögensvergleich, der alle von dem haftungsbegründenden Ereignis betroffenen finanziellen Positionen umfasst. Hat der Kläger im Anschluss an eine pflichtwidrige Empfehlung mehrere Anlagen getätigt, so waren diese gleichermaßen von der vorherigen Aufklärungspflichtverletzung beeinflusst. Sind Vorteile unmittelbare Folge aus dem schadensstiftenden Ereignis, so sind sie ohne dass es eines etwaigen Vorteilsausgleichs bedürfte unmittelbar in die Berechnung des vom Kläger darzulegenden und zu beweisenden Schadens einzubeziehen. Hat der Kläger in einem Veranlagungszeitraum, in dem er steuerlich beraten wurde, auf Empfehlung des Beraters neben den beanstandeten weitere Kapitalanlagen gezeichnet, müsste er aufzeigen, dass ihm unter Einbeziehung auch dieser Kapitalanlagen ein Schaden entstanden ist.[18]

Die Geltendmachung eines Teilschadens wird nicht ausgeschlossen. Der geschädig- **8a** te Mandant ist nicht gehalten, den gesamten ihm entstandenen Schaden einzuklagen. Er kann die Klage – etwa aus Kostengründen – auf einen Teilbetrag beschränken. Ebenso ist es ihm nicht aus Rechtsgründen verwehrt, einen bereits bezifferbaren Schaden im Wege der Leistungsklage geltend zu machen und im Übrigen eine Feststellungsklage zu erheben, um so dem Eintritt der Verjährung vorzubeugen. Er ist lediglich gehalten, im Rahmen der Teilklage die negativen wie die positiven Folgen des schädigenden Ereignisses zu berücksichtigen.[19] Die Mandantin kann den Zahlungsantrag bei fehlerhafter Beratung über die Sozialversicherungspflicht ihres Geschäftsführers ausschließlich mit der Nachfestsetzung der Sozialversicherungsbeiträge begründen. Den ihr entstandenen Steuerschaden braucht sie nicht zu beziffern und kann ihn nur zur Begründung des Feststellungsantrags heranziehen. Mit dem Grundsatz der Gesamtvermögensbetrachtung wäre dieses Vorgehen dann nicht vereinbar, wenn ein Steuerschaden nicht bestünde, die Mandantin vielmehr steuerliche Vorteile erlangt hätte, die den durch die Nachfestsetzung der Sozialversicherungsbeiträge entstandenen Schaden minderten. Die Mandantin hat dazu zulässigerweise unter Beweisantritt vorgetragen, keinen Vorteil erlangt zu haben, weil die nunmehr nachträglich abzuführenden Beiträge zwar ihren Gewinn minderten, die verlangten Schadensersatzzahlungen jedoch als Gewinn zu versteuern seien. Der steuerliche Nachteil, der durch den höheren Gewinn in den Jahren, in denen keine Arbeitgeberanteile abgeführt worden seien, und die damit verbundene höhere Steuerlast werde durch etwaige steuerliche Vorteile in den Jahren, in denen die Nachzahlungen geleistet werden müssten, nicht ausgeglichen, zumal die Schadensersatzleistungen des Beraters ebenfalls zu versteuern seien.[20]

2. Inanspruchnahme durch Dritten

Gibt ein Rechtsanwalt, der von einem Mandanten den Treuhandauftrag hat, über **9** ihm ausgehändigte Bürgschaftserklärungen nur unter bestimmten Bedingungen zu

18 BGH, Urt. v. 6.12.2018 – IX ZR 176/16, DB 2019, 179 Rn. 38.
19 BGH, Urt. v. 6.6.2019 – IX ZR 115/18.
20 BGH, Urt. v. 6.6.2019 – IX ZR 115/18.

E. Schaden

„verfügen", die Bürgschaften pflichtwidrig vorzeitig weiter und kommt es zu einer Inanspruchnahme des Mandanten, so muss er den Mandanten im Wege des Schadensersatzes so stellen, als wäre dieser keine Bürgschaftsverpflichtung eingegangen; die Schadensersatzpflicht lässt sich nicht im Hinblick auf den Zweck des Treuhandgeschäfts und der einzelnen Treuhandauflagen einschränken.[21] Hätte der beklagte Steuerberater Einspruch gegen die auf der Vermarktung von Senderechten für Urheber beruhenden Umsatzsteuerbescheide eingelegt und dadurch deren Bestandskraft und das schädigende Ereignis verhindert, hätte die Mandantin den Umsatzsteuerbetrag (im Streitfall: 460.652,59 €) nicht an das Finanzamt abführen müssen. Entsprechend ihrer vertraglichen Verpflichtung zur Erstattung der Nettoerlöse wäre sie dann aber verpflichtet gewesen, 71,21 % dieses Betrages an drittberechtigte Urheber weiterzuleiten. Es wären also nur 28,79 % von 460.652,59 € (= 133.400 €) im Vermögen der Mandantin verblieben. Demgegenüber stellt sich die Lage für die Mandantin auf der Grundlage des schädigenden Ereignisses so dar, dass sie den Umsatzsteuerbetrag von 460.652,59 € an das Finanzamt bezahlt und an die drittberechtigten Urheber nichts entrichtet hat. Die Differenz zwischen diesen beiden Vermögenslagen beträgt 133.400 €. Dies wäre freilich anders zu beurteilen, wenn zwischen der Mandantin und den Drittberechtigten vereinbart wäre, dass die an die Drittberechtigten zu zahlenden Anteile – gleichgültig ob die Mandantin Umsatzsteuer entrichtet – stets auf die Bruttoeinnahmen zu beziehen sind. Entsprechendes hätte zu gelten, wenn vereinbart wäre, dass die **Bruttoeinnahmen jedenfalls dann den Maßstab** abgeben, wenn die Umsatzsteuer aus von der Mandantin zu vertretenden Gründen anfällt. Dem Bestehen der vorstehend beschriebenen Vereinbarungen stünde gleich, wenn zwar Ausschüttungen auf der Basis der Nettoeinkünfte vereinbart wären, die Drittberechtigten aber die Mandantin in Höhe des Minderbetrags auf Schadensersatz in Anspruch nehmen könnten und die Mandantin diesen Schadensersatz auch tatsächlich leisten müsste. Aus dem Vorstehenden folgt zugleich, dass das Unterbleiben der – ohne das schädigende Ereignis unumgänglichen – Ausschüttung des den Drittberechtigten zustehenden Anteils kein Vorteil ist, der unter den Voraussetzungen einer **Vorteilsausgleichung** mit dem Schaden zu saldieren wäre. Eine Vorteilsausgleichung kommt erst in Betracht, wenn feststeht, dass – und in welcher Höhe – ein Schaden entstanden ist.[22]

3. Steuerschaden

10 Rät der steuerliche Berater dem Mandanten pflichtwidrig zur Aufgabe des Gewerbebetriebs und führt diese zur **Aufdeckung stiller Reserven**, stellt die hierauf entfallende Einkommensteuer grundsätzlich einen Schaden dar. Denn durch die Aufgabe des Gewerbebetriebs hatte der Mandant keinen Vorteil erlangt, der ihm ohne diese Entschließung nicht zugeflossen wäre.[23] Anders und zwar im Sinne der Ablehnung eines Schadensersatzanspruchs hat der Bundesgerichtshof in einem Fall entschieden, in dem Weinberge mit einem Buchwert von 7 DM je qm an einen In-

---

21 BGH, Urt. v. 6.6.2002 – III ZR 206/01, WM 2002, 1440, 1442 = NJW 2002, 2459.
22 BGH, Urt. v. 17.1.2008 – IX ZR 172/06, WM 2008, 748, 749 Rn. 15 = NJW-RR 2008, 786.
23 BGH, Urt. v. 23.10.2003 – IX ZR 249/02, WM 2004, 475 = NJW 2004, 444.

vestor zu 70 DM je qm veräußert wurden, der Berater aber pflichtwidrig nicht auf die Steuerpflicht des Veräußerungsgewinns hingewiesen hatte. Hier konnte der Veräußerungsgewinn nur durch Aufdecken der stillen Reserven erzielt werden. Beim Vermögensvergleich muss darum der Veräußerungsgewinn abzüglich Steuern einerseits und der Verkehrswert der Weinberge ohne Veräußerung andererseits gegenübergestellt werden. Der Verkehrswert ergab sich jedoch nicht aufgrund der Bodennutzung, sondern allein der Veräußerung.[24] Der Umstand, dass die gegen den Mandanten ergangenen Festsetzungsbescheide zwischenzeitlich aufgehoben sind und hinsichtlich der bereits entrichteten Steuer entsprechende Erstattungsansprüche begründet sind, lässt den Schadenseintritt nicht entfallen. Der Schaden des Mandanten ist mit Zugang des ihn belastenden Steuerbescheids eingetreten. Leistet der Mandant die in einem vollziehbaren, jedoch mit einem Rechtsmittel angegriffenen Steuerbescheid festgesetzte Summe, hat er gegen den Steuerberater Anspruch auf Erstattung des gezahlten Betrages **Zug um Zug gegen Abtretung** des eventuell gegen die Finanzverwaltung bestehenden Rückerstattungsanspruchs (§ 255 BGB); denn der Berater kann den geschädigten Mandanten nicht auf Ansprüche gegen einen Dritten verweisen.[25] Bei der Schadensberechnung ist zu berücksichtigen, wenn die Mandantin die infolge fehlerhafter Beratung angefallenen Steuern tatsächlich nicht gezahlt, sondern mit einem Verlustvortrag verrechnet hat. Der Verbrauch des Verlustvortrages hat nicht zu einem gegenwärtigen Schaden der Mandantin geführt. Der Verlustvortrag kann nur in der Weise eingesetzt werden, wie tatsächlich geschehen, nämlich zur **Verminderung der positiven Einkünfte**, so dass er insoweit bestimmungsgemäß verbraucht worden ist. Er ist nach einhelliger Auffassung nicht übertragbar und nicht vererbbar. Der Schaden kann daher nicht in der Weise bemessen werden, dass die Steuerbelastung zugrunde gelegt wird, die sich ohne den Einsatz des Verlustvortrags ergeben hätte. Ein Schaden ist vielmehr erst dann entstanden, wenn sich der Verbrauch des Verlustvortrags zum Zeitpunkt der letzten mündlichen Verhandlung in der Tatsacheninstanz konkret ausgewirkt hat oder die Auswirkungen zumindest absehbar sind. Künftige Entwicklungen sind nur dann zu berücksichtigen, wenn sie aufgrund der vorgetragenen Tatsachen mit einer für die Anwendung von § 287 ZPO ausreichenden Wahrscheinlichkeit beurteilt werden können.[26] Für den in dem Gesamtvermögensvergleich zwischen Betriebseinheit und Betriebsaufspaltung einzustellenden Gewerbesteuervorteil kommt der Gedanke der Vorteilsausgleichung nicht in Betracht; denn der Gewerbesteuervorteil des Mandanten ist nicht gegenüber einem Dritten erlangt worden. Anders verhält es sich für Zinsersparnisse des Steuerschuldners, die vom Berater verschuldeten Verspätungszuschlägen gegenüberstehen.[27] Die Anrechnung von Steuervorteilen scheidet regelmäßig aus, wenn die dem Geschädigten zufließende Schadensersatzleistung ihrerseits zu versteuern ist. Etwas anderes gilt nur dann, wenn der Schädiger Umstände darlegt, auf

---

24 BGH, Urt. v. 20.1.2005 – IX ZR 416/00, WM 2005, 999, 1000 = MDR 2005, 866.
25 BGH, Beschl. v. 21.12.2006 – IX ZR 277/03 Rn. 2.
26 BGH, Urt. v. 5.2.2009 – IX ZR 6/06, WM 2009, 715, 718 Rn. 20 = NJW 2009, 1591.
27 BGH, Beschl. v. 30.6.2011 – IX ZR 199/08 Rn. 7.

deren Grundlage dem Geschädigten auch unter Berücksichtigung der Ersatzleistung außergewöhnliche Steuervorteile verbleiben.[28]

4. Schaden bei verdeckter Sacheinlage

11 Empfiehlt der rechtliche Berater einem Gesellschafter zur Durchführung einer Kapitalerhöhung bei einer GmbH den verbotenen Weg einer verdeckten Sacheinlage, bemisst sich der Schadensersatzanspruch des Gesellschafters, falls die von ihm und der Gesellschaft im Zuge des verdeckten Geschäfts erbrachten Zahlungen bereicherungsrechtlich zu saldieren sind, nach der Höhe der von ihm noch zu erbringenden Bareinlage zuzüglich eines Wertverlusts an dem von ihm verdeckt eingebrachten Sachwert. Im Streitfall hatte der Gesellschafter seiner GmbH ein Patent für 250.000 € verkauft und aus dem Erlös die im Wege einer Kapitalerhöhung übernommenen Einlage von 160.000 € gezahlt. Nach Insolvenz der GmbH hatte er dem Verwalter im Wege eines Abfindungsvergleichs weitere Zahlung von 80.000 € geleistet. Bei dieser Sachlage ist dem Gesellschafter, der bei zutreffender Beratung eine Sacheinlage vorgenommen und mithin den Sachwert verloren hätte, ein Schaden nicht entstanden:

Zwar war die aus der Kapitalerhöhung herrührende Einlageschuld über 160.000 € infolge der unwirksamen verdeckten Einlage zum Zeitpunkt der Eröffnung des Insolvenzverfahrens über das Vermögen der GmbH offen. Der Rückzahlungsanspruch der GmbH in Höhe von 250.000 € aus dem nichtigen Vertrag über den Kauf der Patente war mit der von dem Gesellschafter aus diesen Mitteln an die GmbH erbrachten, zur Tilgung der Einlageschuld ungeeigneten Zahlung von 160.000 € zu verrechnen. Da der Kaufvertrag über die Einbringung der Patente infolge der Umgehung der Sacheinlageregelungen nach § 139 BGB insgesamt nichtig ist, stand der GmbH gegen den Gesellschafter im Blick auf die Differenz zu dem vereinbarten Kaufpreis von 250.000 € ein Bereicherungsanspruch über 90.000 € zu. Folglich hätte der Gesellschafter nach Insolvenzeröffnung insgesamt 250.000 € (160.000 € Einlage, 90.000 € Bereicherungsanspruch) an die GmbH zu entrichten gehabt. Da der Gesellschafter zur Tilgung dieses Betrages teilweise auf die an ihn entrichtete Kaufpreiszahlung von 90.000 € zurückgreifen konnte, hätte sein Schaden wegen der Verpflichtung zur abermaligen Zahlung der Einlageschuld 160.000 € betragen. Tatsächlich hat der Insolvenzverwalter den Gesellschafter nicht in Höhe des an sich begründeten Betrages über 250.000 € in Anspruch genommen und auch nicht die volle Einlageschuld von 160.000 € verlangt, sondern sich vergleichsweise mit einer Zahlung von 80.000 € begnügt. Im Blick auf diese Zahlungspflicht ist dem Gesellschafter ein Schaden nicht erstanden, weil er die Zahlung aus dem ihm verbliebenen Kaufpreisrest von 90.000 € leisten kann, ohne auf eigene Vermögenswerte zurückgreifen zu müssen.[29]

---

28 BGH, Urt. v. 8.9.2016 – IX ZR 255/13 Rn. 18.
29 BGH, Urt. v. 19.5.2009 – IX ZR 43/08, WM 2009, 1376, 1378, 1379 Rn. 21 ff. = NZG 2009, 865.

5. Konsolidierte Schadensberechnung

Bezugspunkt des Gesamtvermögensvergleichs ist grundsätzlich das Vermögen des **12** Geschädigten, nicht dasjenige Dritter. Grundsätzlich kann aufgrund eines Vertrages nur derjenige den Ersatz eines Schadens verlangen, bei dem der Schaden tatsächlich eingetreten ist und dem er rechtlich zur Last fällt. Soweit nicht ausnahmsweise die Voraussetzungen eines Vertrages mit Schutzwirkung für Dritte oder der Drittschadensliquidation gegeben sind, hat der haftpflichtige Steuerberater nur für den Schaden seines Mandanten einzustehen. Ebenso ist es ihm verwehrt, sich auf Vorteile zu berufen, die Dritte infolge der schädigenden Handlung erlangt haben mögen.[30] Die grundsätzlich gebotene formale Betrachtungsweise führt dazu, dass streng zwischen den Vermögensmassen unterschiedlicher Beteiligter zu unterscheiden ist. Ist der Steuerberater von einem Gesellschafter mandatiert worden, ist daher zunächst festzustellen, in wessen Person ein Schaden eingetreten ist. Gesellschaft und Gesellschafter sind hierbei regelmäßig als im Rahmen der schadensrechtlichen Beurteilung selbstständige Zuordnungssubjekte zu behandeln.[31]

Eine Steuerersparnis setzt mitunter eine Entflechtung einer Betriebsaufspaltung vo- **13** raus, durch die der Steuerpflichtige einen Dritten entweder an dem Betriebsgrundstück oder dem Unternehmen beteiligt. Kommt eine unentgeltliche Beteiligung naher Angehöriger wie Ehefrau oder Kinder in Betracht, kann die Steuerersparnis wegen der damit notwendigerweise verbundenen Übertragung von Betriebsvermögen auf die Angehörigen im Ergebnis zu einer Vermögensminderung bei dem Mandanten führen. Ein Schaden kann gleichwohl angenommen werden, wenn der Nachweis geführt wird, dass der Mandant zur Vermeidung einer Steuerbelastung seine Ehefrau in geeigneter Weise an seinem Vermögen beteiligt hätte. Es ist eine Erfahrungstatsache, dass viele Gewerbetreibende bereit sind, ihre Ehefrau ohne eine gleichwertige Gegenleistung an ihrem Unternehmen zu beteiligen; die Neigung hierzu kann besonders groß sein, wenn damit eine **steuerliche Entlastung der Familie** verbunden ist. In einer solchen **Vermögensverschiebung** kann jedenfalls dann **kein Schaden** im Rechtssinn, in ihrem Unterbleiben kein mit dem Steuerschaden verrechenbarer Vermögensvorteil gesehen werden, wenn sie im Interesse der Steuerersparnis gewollt und gewünscht ist.[32]

Auch im Fall der **Verschmelzung von zwei Gesellschaften**, ist – sofern es sich wirt- **14** schaftlich um dieselbe Vermögensmasse handelt, deren Bestand durch zutreffende Gestaltung der Verschmelzung gerade gesichert werden sollte – eine einheitliche Schadensbetrachtung vorzunehmen, unbeschadet der Tatsache, dass es sich um

---

30 BGH, Urt. v. 5.2.2015 – IX ZR 167/13, DStR 2015, 2038 Rn. 8; v. 10.12.2015 – IX ZR 56/15, ZIP 2016, 371 Rn. 13; v. 18.2.2016 – IX ZR 191/13, ZIP 2016, 1541 Rn. 9 ff.; Urt. v. 8.9.2016 – IX ZR 255/13 Rn. 12.
31 BGH, Urt. v. 10.12.2015 – IX ZR 56/15, ZIP 2016, 371 Rn. 14; v. 18.2.2016 – IX ZR 191/13, ZIP 2016, 1541 Rn. 11
32 BGH, Urt. v. 20.3.2008 – IX ZR 104/05, WM 2008, 1042, 1044 Rn. 18 = NJW 2008, 2647; Urt. v. 5.2.2015 – IX ZR 167/13 Rn. 10.

zwei voneinander zu unterscheidende Rechtsträger handelt.[33] Bei der Bestimmung des jeweils eigenen Schadens kann die Einbeziehung der Vermögensinteressen eines Dritten nach dem Inhalt des Beratungsvertrags geschuldet sein mit der Folge, dass eine konsolidierte Schadensbetrachtung geboten ist. Entscheidend ist hierbei der konkrete Auftrag, den der Mandant dem Berater ausdrücklich oder den Umständen nach erteilt hat: Wenn der Mandant im Rahmen einer Gestaltungsberatung die Berücksichtigung der Interessen eines Dritten zum Gegenstand der Beratungsleistung gemacht hat, ist die Schadensberechnung auch unter Einbeziehung dieser Drittinteressen vorzunehmen.[34] Diese Grundsätze gelten, wenn eine **Gesellschafterin** mehrere Gesellschaften beherrscht, von denen eine von einer anderen ein zinsloses Darlehen erhält. Nach dem steuerlichen Gesamtkonzept sind hier die Interessen der Gesellschafterin und der Gesellschaften in die Schadensbetrachtung einzubeziehen. Der infolge fehlerhafter Beratung durch die Abzinsung des Darlehens zum Nachteil der darlehensnehmenden Gesellschaft eingetretene Steuerschaden wird nicht durch die bei zutreffender Beratung an die darlehensgebende Gesellschaft zu zahlenden Zinsen ausgeglichen. Die von der Gesellschafterin beherrschten Gesellschaften und deren Vermögensmassen sollten vielmehr als wirtschaftliche Einheit betrachtet werden.[35]

15 Waren nach dem maßgeblichen Vertrag neben den Vermögensinteressen der GmbH auch diejenigen der Gesellschafterinnen als der wirtschaftlichen Initiatorinnen der Verschmelzung zu berücksichtigen, können die wirtschaftlichen Auswirkungen auf deren Vermögen nicht außer Betracht bleiben. Die Gründung einer Besitzgesellschaft und die Übertragung des Grundstücks auf diese vor der Verschmelzung der OHG auf die Klägerin war nach Darstellung der GmbH wesentlicher Bestandteil der von dem Beklagten geschuldeten Beratung, welche dieser pflichtwidrig unterlassen haben soll. Demgemäß musste und sollte das Ergebnis der Beratung unmittelbaren Einfluss auf das Vermögen des Firmenverbundes der Gesellschafterinnen haben. Diese Tatsache erfordert eine Gesamtbetrachtung der Vermögensverhältnisse der Personen und Gesellschaften, deren Vermögensinteressen vertragsgemäß bei der Beratung zu berücksichtigen waren.[36]

16 Der zwischen einer GbR und dem Steuerberater abgeschlossene Beratungsvertrag umfasste auch die Vermögensinteressen der Gesellschafterinnen der GbR. Weil aufgrund des steuerrechtlichen Transparenzprinzips der von der Klägerin als Personengesellschaft erwirtschaftete Gewinn anteilig bei den Gesellschafterinnen zu erfassen war, schloss die steuerliche Beratung der GbR auch einkommensteuerliche Fragen sowie die Anfertigung der Einkommensteuererklärungen der Gesellschafterinnen ein. Die steuerlichen Berater hatten demnach die wirtschaftlichen Folgen einer Ausgliederung der nicht der Regelung des § 18 Abs. 1 Nr. 1 Satz 2 EStG unterfallenden

---

33 BGH, Urt. v. 10.12.2015 – IX ZR 56/15, ZIP 2016, 371 Rn. 16; Urt. v. 8.9.2016 – IX ZR 255/13 Rn. 13.

34 BGH, Urt. v. 5.2.2015 – IX ZR 167/13, DStR 2015, 2038 Rn. 12; v. 10.12.2015 – IX ZR 56/15, ZIP 2016, 371 Rn. 15

35 BGH, Urt. v. 10.12.2015 – IX ZR 56/15, ZIP 2016, 371 Rn. 19.

36 BGH, Urt. v. 18.2.2016 – IX ZR 191/13, ZIP 2016, 1541 Rn. 15.

Leistungen sowohl im Hinblick auf das Vermögen der klägerischen Gesellschaft als auch ihrer Gesellschafterinnen zu prüfen.[37] Die aus Wellnessbehandlungen gezogenen Vorteile, die bei zutreffender Beratung außerhalb der GbR erzielten worden wären, sind der GbR nicht schadensmindernd entgegenzuhalten. Diese Einnahmen sind wirtschaftlich den Gesellschafterinnen zuzurechnen und wären diesen als Einnahmen einer neu zu gründenden Gesellschaft weiterhin zuzuordnen gewesen, ohne dass für die Einnahmen aus physiotherapeutischen Heilbehandlungen gemäß § 15 Abs. 3 Nr. 1 EStG Gewerbesteuer angefallen wäre.[38]

6. Vergleich

Liegt die Pflichtwidrigkeit des Anwalts darin, dem Mandanten zum Abschluss eines **17** diesem nachteiligen Vergleichs geraten zu haben, bemisst sich der Schaden des Mandanten nach dem Inhalt der ohne den Vergleich ergangenen streitigen gerichtlichen Entscheidung. Wirft der Mandant dem Anwalt indessen vor, keine Vorsorge dafür getroffen zu haben, dass das Ergebnis der zwischen den Parteien tatsächlich getroffenen Einigung in dem gerichtlichen Vergleich vollständig und zutreffend protokolliert wurde, richtet sich der Schaden des Mandanten nach dem wirtschaftlichen Erfolg, den er bei Abschluss des von ihm gewünschten Vergleichs erzielt hätte.[39]

7. Rechtsverfolgungskosten

Bildet eine Vermögensverletzung den Haftungsgrund, sind diejenigen adäquat ver- **18** ursachten Rechtsverfolgungskosten nach § 249 Abs. 1 BGB zu ersetzen, die aus Sicht des Schadensersatzgläubigers zur Wahrnehmung und Durchsetzung seiner Rechte erforderlich und zweckmäßig waren.[40] Zu den ersatzpflichtigen Aufwendungen des Geschädigten zählen auch die durch das Schadensereignis erforderlich gewordenen **vorprozessualen Rechtsverfolgungskosten.** Der Schädiger hat aber nicht schlechterdings alle durch das Schadensereignis adäquat verursachten Rechtsanwaltskosten zu ersetzen, sondern nur solche, die aus der Sicht des Geschädigten zur Wahrnehmung seiner Rechte erforderlich und zweckmäßig waren. Die Einschaltung eines Rechtsanwalts ist in einfach gelagerten Fällen nur erforderlich, wenn der Geschädigte geschäftlich ungewandt ist oder die Schadensregelung verzögert wird. Bei Fällen, die nicht einfach gelagert sind, ist jedenfalls das Honorar bis zur Höhe der gesetzlichen Gebühren erstattungsfähig.[41] Dabei ist der Erstattungsanspruch des Geschädigten hinsichtlich seiner **Anwaltskosten** grundsätzlich auf die Gebühren nach demjenigen Geschäftswert beschränkt, welcher der letztlich festgestellten oder unstreitig gewordenen Schadenshöhe entspricht.[42] Gerät der Schuldner in Zahlungsverzug, ist auch in rechtlich einfach gelagerten Fällen die Beauftragung eines

---

37 BGH, Urt. v. 8.9.2016 – IX ZR 255/13 Rn. 15.
38 BGH, Urt. v. 8.9.2016 – IX ZR 255/13 Rn. 16.
39 BGH, Beschl. v. 11.2.2011 – IX ZR 141/09 Rn. 5.
40 BGH, Urt. v. 23.10.2003 – IX ZR 249/02, WM 2004, 475, 477 f. = NJW 2004, 444, 445; v.
   14.6.2012 – IX ZR 145/11, WM 2012, 1359 Rn. 48 = DB 2012, 1559.
41 BGH, Urt. v. 16.7.2015 – IX ZR 197/14, WM 2015, 1622 Rn. 55.
42 BGH, Urt. v. 18.1.2005 – VI ZR 73/04, NJW 2005, 1112, 1113.

Rechtsanwalts zweckmäßig und erforderlich; ein Mandat zur außergerichtlichen Vertretung muss im Regelfall nicht auf ein Schreiben einfacher Art beschränkt werden.[43] Wer sich schadensersatzpflichtig gemacht hat, kann aber in **besonderen Fällen** auch verpflichtet sein, höhere Aufwendungen aus einer Honorarvereinbarung zu erstatten, wenn der Geschädigte auch diese Aufwendungen wegen der besonderen Lage des Falles für erforderlich und zweckmäßig halten durfte. Dies kann anzunehmen sein, wenn ein zur Vertretung bereiter und geeigneter Rechtsanwalt zu den gesetzlichen Gebühren, etwa wegen der Aufwendigkeit des Rechtsstreits und des geringen Streitwerts, oder wenn ein erforderlicher spezialisierter Anwalt zu den gesetzlichen Gebühren nicht gefunden werden kann.[44] Für die Voraussetzung eines gleichwohl weitergehenden, über den Normalfall hinausgehenden Erstattungsanspruchs ist der Anspruchsteller, wie für die Erforderlichkeit und Zweckmäßigkeit seiner Aufwendungen allgemein, **darlegungs- und beweispflichtig**.[45]

8. Zuerkennung eines Mindestschadens

a) Konkrete Schadensberechnung

19 Bei der konkreten Schadensberechnung sind grundsätzlich alle adäquaten Folgen des haftungsbegründenden Umstands bis zum **Zeitpunkt der letzten mündlichen Verhandlung**, dem aus prozessualen Gründen letztmöglichen Beurteilungszeitpunkt, in die Schadensberechnung einzubeziehen; nur wenn der Schuldner bereits vorher seine Ersatzpflicht erfüllt, schließt er die Zurechnung späterer Schadensfolgen aus.[46] Grundsätzlich ist die gesamte Schadensentwicklung bis zur letzten mündlichen Verhandlung in den Tatsacheninstanzen in die Schadensberechnung einzubeziehen.[47]

b) Abstrakte Schadensberechnung

20 Die Vorschrift des § 252 Satz 2 BGB ermöglicht in Ergänzung zu § 287 ZPO eine abstrakte Schadensberechnung, weil sie gestattet, bei der Ermittlung auf den gewöhnlichen Lauf der Dinge abzustellen. Dies ändert aber nichts daran, dass der Geschädigte **darlegungs- und beweispflichtig** ist dafür, dass ihm durch das schädigende Ereignis ein solcher Gewinn entgangen ist. Er kann sich zwar auf die Behauptung und die Nachweise der **Anknüpfungstatsachen** beschränken, bei deren Vorliegen die in § 252 Satz 2 BGB geregelte Vermutung eingreift. Die Wahrscheinlichkeit der Gewinnerzielung im Sinne des § 252 Satz 2 BGB und deren Umfang kann aber nur anhand des notfalls zu beweisenden Tatsachenvortrags beurteilt werden, für welche konkrete Form der Kapitalanlage sich der Geschädigte ohne das schädigende Ereignis entschieden hätte. Der Anleger kann sich zwar auf die allgemeine Lebenserfahrung berufen, dass Eigenkapital ab einer gewissen Höhe erfahrungsgemäß nicht un-

---

43 BGH, Urt. v. 17.9.2015 – IX ZR 280/14, NJW 2015, 3793 Rn. 9 ff.
44 BGH, Urt. v. 16.7.2015 – IX ZR 197/14, WM 2015, 1622 Rn. 58.
45 BGH, Urt. v. 16.7.2015 – IX ZR 197/14, WM 2015, 1622 Rn. 59.
46 BGH, Urt. v. 12.7.1996 – V ZR 117/95, BGHZ 133, 246, 252 = WM 1996, 1504 = NJW 1996, 2652.
47 BGH, Urt. v. 16.7.2015 – IX ZR 197/14, WM 2015, 1622 Rn. 32.

genutzt liegen bleibt. Das rechtfertigt aber nicht die Schätzung eines Mindestschadens unabhängig vom konkreten Parteivortrag. Der Anleger muss darlegen, welchen Gewinn nach dem gewöhnlichen Lauf der Dinge er erzielt hätte. Es kann nicht davon ausgegangen werden, nach dem gewöhnlichen Lauf der Dinge könne mit Wahrscheinlichkeit erwartet werden, dass ein zur Verfügung stehender Geldbetrag sich zumindest in Höhe des gesetzlichen Zinssatzes von 4 v.H. (§ 246 BGB) verzinse. Vielmehr entspricht es schon nicht dem gewöhnlichen Lauf der Dinge, dass eine Geldanlage überhaupt immer Gewinn abwirft.[48] Als schlüssig kann danach zwar ein Klagevortrag angesehen werden, wonach in eine bestimmte Art von Wertpapieren investiert worden wäre, die im fraglichen Zeitraum ohne Kursverlust einen bestimmten Zinsertrag erbracht hätten.[49] Stehen Haftungsgrund und Schadenseintritt fest, darf das Gericht von einer **Schätzung des Schadens** nach § 287 ZPO nicht schon deshalb absehen, weil der Sachvortrag des Geschädigten eine abschließende Beurteilung seines gesamten Schadens nicht zulässt. Die Schätzung darf vielmehr nur dann abgelehnt werden, wenn deren Ergebnis mangels greifbarer Anhaltspunkte völlig in der Luft hängen würde.[50] Dies ist anzunehmen, wenn der Mandant infolge fehlerhafter Beratung umsatzsteuerpflichtige Geschäfte mit ausländischen Vertragspartnern geschlossen hat, aber nicht erkennbar ist, wie derartige Geschäfte ohne Umsatzsteuerpflicht hätten abgewickelt werden können.[51]

9. Ausgang des Vorverfahrens

a) Früherer Prozess

Kommt es auf die Frage an, wie ein Rechtsstreit bei pflichtgemäßem Verhalten des **21**
Rechtsanwalts der unterlegenen Partei ausgegangen wäre, so ist die Schadensursächlichkeit seiner Pflichtwidrigkeit dann zu bejahen, wenn das im Vorprozess aufgrund seiner unterlassenen Empfehlung unterbliebene Rechtsmittel richtigerweise hätte Erfolg haben müssen.[52] Das Regressgericht hat zur Feststellung eines normativen Schadens nicht auf die hypothetische Entscheidung des Gerichts des Vorprozesses bei unterbliebener anwaltlicher Pflichtverletzung abzustellen, sondern seine **eigene rechtliche Wertung** an die Stelle derer des Gerichts des Vorprozesses zu setzen. Maßgeblich ist die Sicht des Regressrichters; dieser hat zu prüfen, wie nach seiner Auffassung der Vorprozess richtigerweise hätte entschieden werden müssen.[53] Dies gilt auch für das Verfahren der **Nichtzulassungsbeschwerde**.[54] Diese Loslösung von der persönlichen Auffassung der im Ausgangsverfahren zuständigen Personen ist die Folge des von der Rechtsprechung seit langem vertretenen **norma-**

---

48 BGH, Urt. v. 16.7.2015 – IX ZR 197/14, WM 2015, 1622 Rn. 49.
49 BGH, Urt. v. 16.7.2015 – IX ZR 197/14, WM 2015, 1622 Rn. 50.
50 BGH, Urt. v. 28.9.1995 – IX ZR 158/94, NJW 1995, 3248, 3250 f.
51 BGH, Beschl. v. 22.10.2009 – IX ZR 219/08 Rn. 4.
52 BGH, Urt. v. 24.5.2007 – IX ZR 142/05, WM 2007, 1425, 1427 Rn. 17 = NJW-RR 2007, 1553.
53 BGH, Urt. v. 24.5.2007 – IX ZR 142/05, WM 2007, 1425 Rn. 16; v. 17.9.2009 – IX ZR 74/08, WM 2009, 2138 Rn. 20.
54 BGH, Beschl. v. 5.3.2009 – IX ZR 90/06, NJW 2009, 1422 Rn. 5; Beschl. v. 3.11.2011 – IX ZR 85/09 Rn. 4.

tiven Schadensbegriffs: Der Kläger soll nur das ersetzt verlangen können, was er nach der materiellen Rechtslage zu dem Zeitpunkt, in dem über seinen Antrag zu befinden war, hätte erhalten müssen. Allein das, worauf er nach der Rechtsordnung einen Anspruch hatte, stellt einen Schaden im Rechtssinne dar.[55] Die Maßgeblichkeit der Sicht des Regressgerichts bewirkt keinen verfassungsrechtlich ungerechtfertigten Eingriff in die anwaltliche Berufsfreiheit, weil mit ihr kein Präjudiz für den Ausgang des Schadensersatzprozesses und damit auch keine tendenziell strengere Haftung des Rechtsanwalts verbunden ist.[56] Die Frage, ob dem Mandanten dadurch ein ersatzfähiger Schaden entstanden ist, dass infolge eines Fehlers des rechtlichen Beraters im Ausgangsverfahren eine ihm ungünstige Entscheidung getroffen wurde, ist auf der Grundlage der **damals geltenden höchstrichterlichen Rechtsprechung** zu beurteilen. Eine spätere Änderung dieser Rechtsprechung oder eine abweichende Auffassung des Regressrichters sind in der Regel rechtlich unerheblich.[57] Beruht die tatsächliche Würdigung des Regressrichters ausnahmsweise auf Erkenntnissen, die selbst bei pflichtgemäßem Handeln der im Vorprozess auftretenden Rechtsanwälte und sachgerechtem Verfahren des mit diesem Prozess befassten Gerichts keinesfalls zur Verfügung gestanden hätten, dürfen diese auch im Regressprozess nicht berücksichtigt werden. Hat es der Rechtsanwalt beispielsweise im Vorprozess schuldhaft versäumt, eine Behauptung unter Beweis zu stellen, so haftet er für die Nachteile der Beweislosigkeit dann nicht, wenn damals ein Beweismittel nicht zur Verfügung gestanden hätte. Daran ändert nichts, dass im Regressprozess ein solches vorliegt.[58]

b) Früheres Verwaltungsverfahren

22 Kommt es für die Feststellung der Ursächlichkeit einer Pflichtverletzung darauf an, wie die Entscheidung einer Behörde ausgefallen wäre, ist im Allgemeinen darauf abzustellen, wie nach Auffassung des über den Ersatzanspruch entscheidenden Gerichts richtigerweise hätte entschieden werden müssen.[59] Anders ist es, wenn von der seinerzeit zuständigen **Verwaltungsbehörde** eine **Ermessensentscheidung** zu treffen war. Dann kommt es darauf an, wie die Verwaltungsbehörde ihr Ermessen tatsächlich ausgeübt hätte; das ist gegebenenfalls gem. § 287 ZPO festzustellen.[60] Hätte sich die tatsächlich getroffene Entscheidung nicht im Rahmen des der Verwaltung eingeräumten Ermessens gehalten, ist allerdings wieder darauf abzustellen, wie das Inzidentverfahren nach Meinung des Regressgerichts hätte ausgehen müs-

55 BGH, Urt. v. 28.9.2000 – IX ZR 6/99, BGHZ 145, 256, 261 f. = WM 2000, 2439 = NJW 2001, 146.
56 BVerfG, 2. Kammer des Ersten Senats, Beschl. v. 22.4.2009 – 1 BvR 386/09, NJW 2009, 2945, 2946 Rn. 18.
57 BGH, Urt. v. 28.9.2000 – IX ZR 6/99, BGHZ 145, 256, 261 f. = WM 2000, 2439 = NJW 2001, 146.
58 BGH, Urt. v. 16.6.2005 – IX ZR 27/04, BGHZ 163, 223, 229, 230 = WM 2005, 2103 = NJW 2005, 3071.
59 BGH, Urt. v. 15.11.2007 – IX ZR 34/04, WM 2008, 41, 43 Rn. 16 = NJW 2008, 440.
60 BGH, Urt. v. 15.1.1981 – VII ZR 44/80, BGHZ 79, 223, 226 = NJW 1981, 920.

sen.[61] Ließ die zu beurteilende Fallgestaltung bei pflichtgemäßer Ermessensausübung aber nur eine einzige Beurteilung zu (sog. **Ermessensreduzierung auf Null**), so ist diese im späteren Schadensersatzprozess zugrunde zu legen. Denn auch insoweit ist jedenfalls wieder davon auszugehen, dass die Behörde sich bei der Ausübung ihres Ermessens pflichtgemäß verhalten hätte.[62]

Aufgrund des sog. **Sanierungserlasses** bestand eine Verwaltungsübung, die das Ermessen des Finanzamtes auf Null reduziert hat. Bei dem Sanierungserlass handelt es sich um eine **ermessenslenkende Verwaltungsvorschrift**, die das Bundesministerium für Finanzen in Abstimmung mit den obersten Finanzbehörden der Länder erlassen hat. Verwaltungsvorschriften sind zwar keine Rechtsnormen im Sinne des § 4 AO, sie sind ihrer Rechtsnatur nach jedoch abstrakt-generelle Rechtssätze vorgesetzter Behörden gegenüber den nachgeordneten Behörden und damit sogenanntes Innenrecht. Als solche sind sie für diese im Innenverhältnis bindend. Auf der Grundlage des Art. 3 Abs. 1 GG führen sie – soweit rechtmäßig – zu einer Selbstbindung der Finanzverwaltung und zudem zu einer Bindung für die Gerichte aus dem Gleichbehandlungsgrundsatz.[63] **23**

Zwar darf grundsätzlich einem Anspruchsteller im Wege des Schadensersatzes nichts zugesprochen werden, was der Rechtsordnung widerspricht. Es widerspricht jedoch grundsätzlich nicht der Rechtsordnung, wenn der Auftragnehmer für die Nachteile einstehen muss, die dem Auftraggeber entstanden sind, weil er sich durch schuldhaft schlechte Ausführung des Auftrags die damalige **Behördenpraxis** nicht hat zunutze machen können. Dies gilt auch dann, wenn diese sich im Nachhinein als rechtswidrig beurteilt.[64] Anders dürfte es sich nur verhalten, wenn die Behörden in ständiger Praxis einen Vorteil gewährt haben, der nach dem Gesetz schlechterdings nicht gewährt werden durfte.[65] Ein ersatzfähiger Schaden des Auftraggebers kann darin liegen, dass ihm infolge eines Beratungsfehlers Vorteile aus einer ständigen gesetzwidrigen Verwaltungspraxis entgangen sind, sofern die Verwaltung im Ausgangsverfahren nicht ohne Verstoß gegen Art. 3 Abs. 1 GG allein das Gesuch des Auftraggebers abschlägig hätte bescheiden können. In einem solchen Falle bewirkt das Verhalten der Behörde ein schutzwürdiges Vertrauen des Betroffenen, dessen Verletzung einen ersatzfähigen vermögensrechtlichen Nachteil begründen kann.[66] **24**

10. Verlust einer Schmerzensgeldforderung

Der Anwalt haftet, wenn der Mandant infolge fehlerhafter Prozessführung eine aus einem Verkehrsunfall herrührende begründete Schmerzensgeldforderung, die auf einer bestimmten körperlichen Veranlagung beruht, nicht durchsetzen kann. Der für **25**

---

61 BGH, Urt. v. 15.11.2007 – IX ZR 34/04, WM 2008, 41, 43 Rn. 16 = NJW 2008, 440.
62 BGH, Urt. v. 23.11.1995 – IX ZR 225/94, WM 1996, 542, 545 = NJW 1996, 842, 843.
63 BGH, Urt. v. 13.3.2014 – IX ZR 23/10 Rn. 26.
64 BGH, Urt. v. 13.3.2014 – IX ZR 23/10 Rn. 31.
65 BGH, Urt. v. 28.9.1995 – IX ZR 158/94, WM 1995, 2075 = NJW 1995, 3248, 3249 f.; Urt. v. 13.3.2014 – IX ZR 23/10 Rn. 32 ff.
66 BGH, Urt. v. 28.9.2000 – IX ZR 6/99, BGHZ 145, 256, 262 f. = WM 2000, 2439 = NJW 2001, 146.

eine Körperverletzung oder Gesundheitsschädigung verantwortliche Schädiger muss grundsätzlich auch für Folgewirkungen einstehen, die auf einer **psychischen Prädisposition** oder einer **neurotischen Fehlverarbeitung** beruhen; für die Ersatzpflicht als **haftungsausfüllende Folgewirkung des Unfallgeschehens** genügt die hinreichende Gewissheit, dass diese Folge ohne den Unfall nicht eingetreten wäre. Die Zurechnung von Folgeschäden scheitert nicht daran, dass sie auf einer **konstitutiven Schwäche des Verletzten** beruhen. Der Schädiger kann sich nicht darauf berufen, dass der Schaden nur deshalb eingetreten sei oder ein besonderes Ausmaß erlangt habe, weil der Verletzte infolge von Anomalien oder Dispositionen zur Krankheit besonders anfällig gewesen sei. Wer einen gesundheitlich schon geschwächten Menschen verletzt, kann nicht verlangen, so gestellt zu werden, als wäre der Betroffene gesund gewesen. In **Extremfällen** scheitert die Zurechnung psychischer Folgeschäden allerdings dann, wenn das **schädigende Ereignis ganz geringfügig** ist, nicht gerade speziell die Schadensanlage des Verletzten trifft und deshalb die **psychische Reaktion** im konkreten Fall, weil in einem groben Missverhältnis zu dem Anlass stehend, **schlechterdings nicht mehr verständlich** ist. Ebenfalls nicht zurechenbar sind psychische Folgeschäden dem Schädiger dann, wenn sie auf einer **sogenannten Begehrensneurose** beruhen und wesentlich durch die Begehrenshaltung des Geschädigten geprägt sind. Von der Zurechnung psychischer Folgeschäden ist jedoch dann auszugehen, wenn das Unfallereignis – sei es auch geringfügig – speziell die Schadensanlage des Verletzten trifft.[67]

11. Verlust des Versorgungsausgleichs

26 Verschuldet der Rechtsanwalt, dass der Abschluss einer Scheidungsfolgenvereinbarung über den Ausschluss von Ansprüchen auf Versorgungs- und Zugewinnausgleich unterbleibt, so ist der in der **Übertragung von Rentenanwartschaften** liegende Schaden durch Zahlung desjenigen Betrages an den Versicherer auszugleichen, der erforderlich ist, um entsprechende Anwartschaften neu zu begründen. Ein sofortiger Leistungsanspruch ist gegeben, wenn das Rentenversicherungsrecht dem Verletzten einen Weg zur Fortentrichtung von Beiträgen eröffnet, auf dem er in wirtschaftlich sinnvoller Weise einem späteren Rentennachteil vorbeugen kann.[68] Hat ein Rechtsanwalt dem Mandanten pflichtwidrig zum Abschluss eines Vergleichs geraten, der zu einem Verlust von Versorgungsausgleichsansprüchen geführt hat, kann der Mandant als Schadensersatz nur dann Zahlung des Schadensbetrages an den Rentenversicherungsträger beanspruchen, wenn eine solche die Rente erhöhende Zahlung nach dem Sozialversicherungsrecht zulässig ist. Ist dies rechtlich nicht möglich, kann er lediglich die Feststellung begehren, vom Zeitpunkt der Rentenberechtigung an so gestellt zu werden, als sei dieser Betrag auf sein Versicherungskonto eingezahlt worden.[69] Hat die Pflichtverletzung des Rechtsanwalts zur Folge, dass der Mandant Versorgungsanwartschaften verliert, aber einen Anspruch auf Aus-

---

67 BGH, Urt. v. 13.6.2013 – IX ZR 155/11, WM 2013, 1754 Rn. 15 = NJW 2013, 2965.

68 BGH, Urt. v. 15.4.2010 – IX ZR 223/07, NJW 2010, 1961 Rn. 7, 8 = FamRZ 2010, 1154; BGH, Urt. v. 21.9.2017 – IX ZR 34/17, NJW 2017, 3442 Rn. 42.

69 BGH, Urt. v. 11.3.2010 – IX ZR 104/08, WM 2010, 815 Rn. 23 ff. = NJW 2010, 1357.

gleich des Zugewinns behält, ist der Rechtsanwalt nur Zug um Zug gegen Abtretung dieses Anspruchs zum Schadensersatz verpflichtet.[70]

12. Verlust einer Versicherungsforderung

Versicherungsbedingungen sind nach ständiger Rechtsprechung so auszulegen, wie **27** ein durchschnittlicher Versicherungsnehmer sie bei verständiger Würdigung, aufmerksamer Durchsicht und Berücksichtigung des erkennbaren Sinnzusammenhangs verstehen muss. Dabei kommt es auf die Verständnismöglichkeiten eines Versicherungsnehmers ohne versicherungsrechtliche Spezialkenntnisse und damit auch auf seine Interessen an. Ausgangspunkt für die Auslegung ist der Klauselwortlaut. Sehen Allgemeine Versicherungsbedingungen vor, dass der Zeitwertschaden entsprechend den Bestimmungen über den Versicherungswert festgestellt wird und dass der Zeitwert von Gebäuden sich aus dem Neuwert des Gebäudes durch einen Abzug entsprechend seinem insbesondere durch den Abnutzungsgrad bestimmten Zustand ergibt, und schließt der Neuwert Architektengebühren und sonstige Konstruktions-, Planungs- und Baunebenkosten ein, sind diese Gebühren und Kosten auch bei der Ermittlung des Zeitwertschadens zu berücksichtigen.[71]

13. Nutzlos gezahlte Anwaltsgebühren

Behauptet der Mandant, der beklagten Sozietät in Kenntnis ihrer Tätigkeit für die **28** auf der Gegenseite stehende Bank das Mandat nicht erteilt zu haben, so war die Einschaltung eines anderen oder eines weiteren Rechtsanwalts erforderlich. Dann hätte der Mandant die abgerechneten Stundenhonorare nicht bezahlen müssen; wenn die Beratung sich auf denselben Gegenstand bezog wie der Prozess, wären die anfallenden gesetzlichen Beratungsgebühren auf die Prozessgebühr angerechnet worden. Der **objektive Wert der Beratungen der beklagten Sozietät** kann dann nicht in die Schadensberechnung eingestellt werden, wenn sie von dem neu zu beauftragenden Rechtsanwalt nochmals erbracht werden und von dem Mandant bezahlt werden mussten. Sie sind dann für den Auftraggeber wertlos geworden. Der Rechtsanwalt **verliert** nach einer durch sein vertragswidriges Verhalten veranlassten Kündigung seinen **Vergütungsanspruch für bereits erbrachte Beratungsleistungen**, wenn ein neuer Anwalt bestellt werden muss, für den die gleichen Gebühren nochmals entstehen. Gleiches gilt im Rahmen eines Schadensersatzanspruchs nach § 311 Abs. 2, § 280 Abs. 1 BGB. Den Betrag, um den das zwischen den Parteien ausgehandelte Honorar die gesetzlichen Gebühren übersteigt, kann die beklagte Sozietät erst recht nicht verlangen. Die Gebührenvereinbarung ist darauf zurückzuführen, dass die Sozietät und nicht irgendein anderer Anwalt mandatiert worden ist. Die Entscheidung, die Sozietät zu beauftragen, beruht nach dem revisionsrechtlich zugrunde zu legenden Vorbringen des Mandanten gerade auf deren Pflichtverletzung.[72]

---

70 BGH, Urt. v. 15.4.2010 – IX ZR 223/07, NJW 2010, 1961 Rn. 27 ff. = FamRZ 2010, 1154.
71 BGH, Urt. v. 13.10.2016 – IX ZR 214/15 Rn. 12 ff.
72 BGH, Urt. v. 8.11.2008 – IX ZR 5/06, WM 2008, 371, 372 Rn. 17 = BGHZ 174, 186 = NJW 2008, 1307.

E. Schaden

Kündigt der Rechtsanwalt das Mandatsverhältnis, **ohne durch vertragswidriges Verhalten** des anderen Teils dazu veranlasst zu sein, steht ihm ein Anspruch auf Vergütung insoweit nicht zu, als der Mandant einen anderen Prozessbevollmächtigten neu bestellen muss, mit dessen Vergütung auch die Tätigkeit des kündigenden Anwalts abgegolten wäre. Von einem Interessenwegfall ist auch auszugehen, soweit die aufgrund der Kündigung **neu beauftragten Rechtsanwälte** fristgebundene Verfahrenshandlungen nicht mehr vornehmen, fristgebundene Erklärungen nicht mehr abgeben und an vergangenen Terminen nicht mehr teilnehmen können, wenn mit der **ihnen geschuldeten gesetzlichen Vergütung** auch diese Handlungen abgegolten gewesen wären.[73]

14. Belastung mit Gebührenforderung des Anwalts

a) Fälligkeit

29 Der Vergütungsanspruch für die Beratung ist gemäß § 8 RVG fällig, wenn der Anwalt seinem Mandant die gemäß § 10 RVG erforderliche, unterzeichnete Berechnung seiner Vergütung mitgeteilt hat. Die Fehlerhaftigkeit einer Berechnung berührt nicht die Wirksamkeit der Mitteilung. Zugesprochen werden können allerdings nur die wirklich entstandenen Gebühren und Auslagen, soweit sie über die abgerechnete Vergütung nicht hinausgehen.[74]

b) Keine Hinweispflicht über konkrete Höhe der anfallenden Gebühren

30 Auf die durch einen Vertragsschluss kraft Gesetzes entstehenden Anwaltsgebühren muss der Rechtsanwalt regelmäßig nicht ungefragt hinweisen, weil kein Mandant ein unentgeltliches Tätigwerden des Fachberaters erwarten darf und dessen gesetzliche Gebühren allgemein zu erfahren sind. Nur auf Verlangen des Auftraggebers hat der Rechtsanwalt die voraussichtliche Höhe des Entgelts mitzuteilen. Allerdings kann sich aus besonderen Umständen des Einzelfalles nach Treu und Glauben eine Pflicht des Rechtsanwalts ergeben, auch ohne Frage des Auftraggebers diesen über die voraussichtliche Höhe seiner Vergütung zu belehren, etwa wenn die Höhe der vom Auftraggeber zu zahlenden Gebühren das von ihm **verfolgte Ziel wirtschaftlich sinnlos** macht. Dabei sind bei der erforderlichen Gesamtwürdigung neben der Schwierigkeit und dem Umfang der anwaltlichen Aufgabe und dem Gegenstandswert auch die Bedeutung der Angelegenheit für den Mandanten sowie dessen Vermögensverhältnisse und seine Erfahrung im Umgang mit Rechtsanwälten zu berücksichtigen. Letztlich hängt die anwaltliche Pflicht, den Auftraggeber vor Vertragsschluss über die voraussichtliche Höhe der Vergütung aufzuklären, entscheidend davon ab, ob der Rechtsanwalt nach den Umständen des Einzelfalles ein entsprechendes Aufklärungsbedürfnis des Mandanten erkennen konnte und musste.[75]

---

73 BGH, Urt. v. 29.9.2011 – IX ZR 170/10, WM 2011, 2110 Rn. 13 ff.
74 BGH, Urt. v. 24.5.2007 – IX ZR 89/06, WM 2007, 1390, 1391 Rn. 7 = NJW 2007, 2332.
75 BGH, Urt. v. 24.5.2007 – IX ZR 89/06, WM 2007, 1390, 1391 Rn. 9, 10 = NJW 2007, 2332.

c) Hinweispflicht auf Berechnung der Gebühr nach Gegenstandswert

aa) Berechnungsgrundlage Gegenstandswert

Der Rechtsanwalt, der den Mandanten vor Übernahme des Auftrags schuldhaft nicht   **31**
darauf hinweist, dass sich die für seine Tätigkeit zu erhebenden Gebühren nach dem
Gegenstandswert richten, ist dem Mandanten zum Ersatz des hierdurch verursachten Schadens verpflichtet. Nach § 49b Abs. 5 BRAO muss der Anwalt, wenn sich
seine **Gebühren nach dem Gegenstandswert** richten (§ 2 Abs. 1 RVG), seinen
Mandanten vor Übernahme des Auftrags hierauf hinweisen. Grund für diese Regelung ist der Umstand, dass es in der Vergangenheit immer wieder zu Unzuträglich-
keiten führte, wenn Mandanten vor allem bei hohen Gegenstandswerten von der Abrechnung „überrascht" wurden. Dabei ging der Gesetzgeber davon aus, dass nach
einem entsprechenden Hinweis ein Mandant, der die Folgen dieser Form der Gebührenberechnung nicht abschätzen kann, den Rechtsanwalt hierzu näher befragt. Nach
der Gesetzesregelung selbst ist der Anwalt nicht verpflichtet, ohne weitere Nachfra-
ge **Angaben zur Höhe der Gebühr** oder des **Gegenstandswertes** zu machen.[76]

bb) Rechtsfolge Schadensersatz

Durch einen Verstoß gegen diese vorvertragliche Pflicht des Anwalts entfällt nicht   **32**
der **Vergütungsanspruch** für seine anwaltliche Tätigkeit. § 49b Abs. 5 BRAO enthält kein gesetzliches Verbot, Anwaltsverträge ohne einen solchen Hinweis abzuschließen. § 134 BGB findet deshalb keine Anwendung. Ein Verstoß gegen § 49b
Abs. 5 BRAO kann aber einen Anspruch gemäß § 280 Abs. 1, § 311 Abs. 2 BGB begründen. Nach § 49b Abs. 5 BRAO ist der Hinweis vor Übernahme des Auftrags zu
erteilen, also vor Abschluss des Anwaltsvertrages, aber nach Aufnahme von Vertragsverhandlungen oder nach dem Beginn der Anbahnung eines Vertrages gemäß
§ 311 Abs. 2 Nr. 1 und 2 BGB. Damit ist ein Schuldverhältnis im Sinne des § 241
Abs. 2 BGB entstanden. Eine schuldhafte Verletzung dieser Pflicht aus § 49b Abs. 5
BRAO führt deshalb gemäß § 280 Abs. 1 BGB zur Schadensersatzpflicht des
Rechtsanwalts.[77] Die Auskunft über die Höhe des Honorars ist dem Mandanten **vor**
Vertragsschluss zu erteilen; wird die gebotene Auskunft erst nach Vertragsschluss
gegeben, kann der Mandant gleichwohl Schadensersatz verlangen, weil dadurch der
Zweck der Auskunft vereitelt wird.[78]

cc) Kausalität

Besondere Anforderungen sind jedoch an den Vortrag des Mandanten zur **Kausali-**   **33**
tät der Pflichtverletzung für den entstandenen Gebührenschaden zu stellen. In
einer von dem BGH entschiedenen Sache hatte der Mandant lediglich vorgetragen,
er hätte bei einem Hinweis des Anwalts, dass dieser hinsichtlich der möglichen Anfechtung des Kaufvertrages die Beratung mit einem Gegenstandswert von 220.000 €

---

76 BGH, Urt. v. 24.5.2007 – IX ZR 89/06, WM 2007, 1390, 1392 Rn. 15 = NJW 2007, 2332; BGH,
    Urt. v. 11.10.2007 – IX ZR 105/06, WM 2007, 2351 Rn. 6, 7 = NJW 2008, 371.
77 BGH, Urt. v. 24.5.2007 – IX ZR 89/06, WM 2007, 1390, 1392 Rn. 16 ff. = NJW 2007, 2332.
78 BGH, Beschl. v. 3.11.2011 – IX ZR 49/09 Rn. 3.

E. Schaden

abrechne, umgehend klargestellt, dass er keine Beratung über diesen Gegenstand wünsche. Ein derartiger Hinweis war jedoch nicht geschuldet. Er hätte sich vielmehr darauf beschränken können, dass die Gebühren nach dem Gegenstandswert abgerechnet werden. Der Mandant hätte deshalb vorzutragen und gegebenenfalls unter Beweis zu stellen gehabt, wie er auf eine solche allgemeine Information reagiert hätte.[79]

dd) Beweislast

34 Zivilrechtlich handelt es sich bei § 49b BRAO um eine Beratungspflicht. Daher sind hierauf die **allgemeinen Rechtsgrundsätze** anzuwenden. Nach ständiger Rechtsprechung des Bundesgerichtshofs trägt derjenige, der eine Aufklärungs- oder Beratungspflichtverletzung behauptet, dafür die Beweislast. Die mit dem Nachweis einer negativen Tatsache verbundenen Schwierigkeiten werden dadurch ausgeglichen, dass die andere Partei die behauptete Fehlberatung substanziiert bestreiten und darlegen muss, wie im Einzelnen beraten bzw. aufgeklärt worden sein soll. Dem Anspruchsteller obliegt dann der Nachweis, dass diese Darstellung nicht zutrifft. Eine **Beweislastumkehr** oder Beweiserleichterung ergibt sich auch nicht aus dem Gesichtspunkt der Verletzung einer **Dokumentationsobliegenheit**, wenn der Anwalt die Erfüllung seiner Hinweispflicht aus § 49b Abs. 5 BRAO nicht schriftlich dokumentiert hat. Eine Obliegenheit oder Pflicht zur Dokumentation besteht nicht. Sie ergibt sich weder aus dem Anwaltsvertrag noch aus dem ihm vorausgehenden vorvertraglichen Schuldverhältnis. Aus einem Schuldverhältnis kann sich zwar gemäß § 242 BGB eine Dokumentationspflicht des Vertragspartners ergeben, der die Belange des anderen wahrzunehmen hat und dabei Maßnahmen oder Feststellungen trifft, die der andere nicht selbst erkennen oder beurteilen kann. Eine solche Pflicht, die etwa Ärzte trifft, besteht aber bei der Beratung durch Rechtsanwälte und Steuerberater ebenso wenig wie bei der Anlageberatung durch Kreditinstitute.[80] Eine die Parteivernehmung eines Anwalts rechtfertigende **Anfangswahrscheinlichkeit** kann nicht auf eine **Aktennotiz** gestützt werden. Die Vorlage von vorprozessualen Schreiben, in denen die streitige Tatsache lediglich behauptet wird, reicht nicht aus. Aktenvermerke, die im Rahmen einer **freiwilligen Aktendokumentation** erstellt werden, mögen zwar in anderen Fallgestaltungen für die Annahme einer Anfangswahrscheinlichkeit genügen; in Anwaltshaftungssachen scheidet dies jedoch regelmäßig aus. Allerdings kann eine Anhörung gemäß § 141 ZPO erwogen werden.[81]

15. Eigene Aufwendungen des Mandanten

35 Grundsätzlich kann der Geschädigte einer culpa in contrahendo auch **vergebliche Aufwendungen** ersetzt verlangen. Die eigene Arbeitsleistung des Geschädigten und seiner Angestellten ist allerdings nur dann zu erstatten, wenn ihr ein Geldwert zukommt und sie bei wertender Betrachtung vom Schadensersatz nicht auszugren-

79 BGH, Urt. v. 24.5.2007 – IX ZR 89/06, WM 2007, 1390, 1392 Rn. 20, 21 = NJW 2007, 2332.
80 BGH, Urt. v. 11.10.2007 – IX ZR 105/06, WM 2007, 2351, 2352 Rn. 12, 13 = NJW 2008, 371.
81 BGH, Urt. v. 26.6.2008 – IX ZR 145/05, WM 2008, 1563, 1564 f. Rn. 19 = NJW-RR 2008, 1594.

zen ist. Verwaltungsaufwand in eigenen Angelegenheiten erfüllt diese Voraussetzung in der Regel nicht.[82]

16. Forderungsverzicht des Mandanten im Rahmen eines Vergleichs mit dem Gegner

Eine für den Schaden mitursächliche willentliche Handlung des Verletzten schließt **36** es nicht ohne Weiteres aus, den Schaden demjenigen zuzurechnen, der die schädigende Kausalkette in Gang gesetzt hat. Bestand für die Zweithandlung des Geschädigten ein rechtfertigender Anlass oder wurde sie durch das **haftungsbegründende Ereignis herausgefordert**, erweist sich die Reaktion auch nicht als **ungewöhnlich** oder **gänzlich unangemessen**, so bleibt der Zurechnungszusammenhang mit dem Verhalten des Schädigers bestehen. Die Beendigung einer rechtlichen Auseinandersetzung durch Vergleich kann grundsätzlich ein sachgemäßes Verhalten sein, das auf die Zurechnung des Schadens zum haftungsbegründenden Verhalten des Schuldners keinen Einfluss hat.[83]

17. Insolvenzverschleppungsschaden einer Gesellschaft

Nach diesen Grundsätzen hat ein Berater, der pflichtwidrig eine Insolvenzreife des **37** geprüften Unternehmens nicht erkennt, den sich in der Vertiefung der Überschuldung manifestierenden Schaden zu erstatten.

a) Ursachenzusammenhang, Zurechnung

Das Erfordernis eines Ursachenzusammenhangs zwischen der Pflichtverletzung des **38** Verkennens der Insolvenzreife und der Verursachung oder Vertiefung der Überschuldung ist im Regelfall erfüllt. Hätte der Berater die bestehende Überschuldung der GmbH erkannt und der Geschäftsführer der Gesellschaft auf der Grundlage dieser Bewertung einen Insolvenzantrag gestellt, wären die bis zum Zeitpunkt der tatsächlichen Antragstellung eingetretenen weiteren Vermögensnachteile vermieden worden.[84] Die Vertiefung der Überschuldung bildet eine grundsätzlich auch adäquate Schadensfolge.[85] Der Überschuldungsvertiefungsschaden ist kausal nur auf eine verspätete Insolvenzantragsstellung zurückzuführen, nicht aber auf eine unterlassene Zuführung von Kapital.[86] Der Zurechnungszusammenhang kann allerdings fehlen, sofern die Verluste nicht auf der Fortsetzung der üblichen Geschäftstätigkeit, sondern auf der Eingehung wirtschaftlich nicht vertretbarer Risiken beruht und dadurch der Bereich adäquater Schadensverursachung verlassen wurde. Dies kann erst in Betracht kommen, wenn die Grenzen, in denen sich ein von Verantwortungsbe-

---

82 BGH, Urt. v. 8.11.2008 – IX ZR 5/06, WM 2008, 371, 373 Rn. 20 = BGHZ 174, 186 = NJW 2008, 1307.

83 BGH, Urt. v. 14.6.2012 – IX ZR 145/11, WM 2012, 1359 Rn. 44 = DB 2012, 1559.

84 BGH, Urt. v. 6.6.2013 – IX ZR 204/12, WM 2013, 1323 Rn. 22 = DB 2013, 1542 = ZIP 2013, 1332.

85 BGH, Urt. v. 6.6.2013 – IX ZR 204/12, WM 2013, 1323 Rn. 23 = DB 2013, 1542 = ZIP 2013, 1332.

86 BGH, Beschl. v. 20.3.2014 – IX ZR 293/12 Rn. 3.

wusstsein getragenes, ausschließlich am Unternehmenswohl orientiertes, auf sorgfältiger Ermittlung der Entscheidungsgrundlagen beruhendes unternehmerisches
Handeln bewegen muss, deutlich überschritten sind, die Bereitschaft, unternehmeri-
sche Risiken einzugehen, in unverantwortlicher Weise überspannt worden ist oder
das Verhalten des Geschäftsleiters aus anderen Gründen als unvertretbar gelten
muss.[87]

b) Schutzzweck der Norm

39   Der sich insbesondere in der Vertiefung der Überschuldung manifestierende Schaden der Gesellschaft ist nicht unter dem Gesichtspunkt des Schutzzwecks der verletzten Norm zu begrenzen. Der Schaden wird vielmehr vom Schutzzweck der In-
solvenzverschleppungshaftung umfasst. Eine Ersatzpflicht der Organe gegenüber
der Gesellschaft ist gegeben, wenn sich die Verbindlichkeiten eines insolvenzreifen
Unternehmens wegen verspäteter Insolvenzantragstellung vermehren. Da auch eine
überschuldete Gesellschaft verpflichtet bleibt, ihre Gläubiger nach Möglichkeit zu
befriedigen, hat sie von allen ihr zustehenden Rechten Gebrauch zu machen, um dieser Pflicht zu genügen. Wird ein überschuldetes Unternehmen pflichtwidrig fortgeführt, kann es von dem verantwortlichen Organ Schadensersatz in Höhe der Steige-
rung seiner Überschuldung beanspruchen.[88] Wird aufgrund einer von einem Abschlussprüfer gefertigten fehlerhaften Überschuldungsbilanz ein Insolvenzantrag
verspätet gestellt, erfasst der daraus sich ergebende Schadensersatzanspruch ebenfalls den gesamten Insolvenzverschleppungsschaden, der insbesondere durch die
auf der Unternehmensfortführung beruhende Vergrößerung der Verbindlichkeiten
erwächst. Folglich bemisst sich der Schaden der GmbH nach der Differenz zwischen
ihrer Vermögenslage im Zeitpunkt rechtzeitiger Antragstellung im Vergleich zu
ihrer Vermögenslage im Zeitpunkt des tatsächlich gestellten Antrags.[89] Nachteile,
die durch die gebotene Liquidation ohnedies eintreten würden, braucht der Schädiger hingegen nicht zu ersetzen. Gleiches gilt, wenn einige oder sämtliche geltend
gemachten Schäden in Gestalt der behaupteten Erhöhung der unterstellten Überschuldung auch dann eingetreten wären, wenn das Insolvenzverfahren auf einen
rechtzeitigen Antrag eröffnet worden wäre.[90]

18. Verlust einer nicht wirksam erworbenen Forderung

40   Der Mandant erleidet durch den Verlust einer nicht wirksam an ihn abgetretenen
Forderung keinen Schaden.

---

87 BGH, Urt. v. 6.6.2013 – IX ZR 204/12, WM 2013, 1323 Rn. 23, 24 = DB 2013, 1542 = ZIP 2013,
    1332.
88 BGH, Urt. v. 6.6.2013 – IX ZR 204/12, WM 2013, 1323 Rn. 27 = DB 2013, 1542 = ZIP 2013,
    1332.
89 BGH, Urt. v. 18.2.1987 – IVa ZR 232/85, VersR 1988, 178 f.; v. 6.6.2013 – IX ZR 204/12,
    WM 2013, 1323 Rn. 28 = DB 2013, 1542 = ZIP 2013, 1332; vgl. auch BGH, Urt. v. 7.3.2013 –
    IX ZR 64/12, NZG 2013, 675 Rn. 19.
90 BGH, Urt. v. 18.2.1987 – IVa ZR 232/85, VersR 1988, 178 f.; v. 6.6.2013 – IX ZR 204/12,
    WM 2013, 1323 Rn. 28 = DB 2013, 1542 = ZIP 2013, 1332.

Eine Abtretung ist nur wirksam, wenn die Forderung, die Gegenstand der Abtretung **41** ist, bestimmt oder wenigstens bestimmbar ist. Dieses Erfordernis ergibt sich aus der Rechtsnatur der Abtretung, die ein dingliches Rechtsgeschäft ist. Die Abtretung bewirkt, dass das Gläubigerrecht an einer Forderung von dem bisherigen Gläubiger auf eine andere Person als neuen Gläubiger übergeht (§ 398 BGB). Wie ein Gläubigerrecht nur an einer bestimmten oder mindestens bestimmbaren Forderung bestehen kann, so kann auch nur das Gläubigerrecht an einer bestimmten oder bestimmbaren Forderung Gegenstand der Abtretung sein. An dem Erfordernis der Bestimmtheit oder Bestimmbarkeit fehlt es, wenn von mehreren selbständigen Forderungen ein Teil abgetreten wird, ohne dass erkennbar ist, von welcher oder von welchen Forderungen ein Teil abgetreten werden soll.[91] Der Bestimmtheitsgrundsatz verbietet, aus der Gesamtsumme mehrerer Forderungen nur einen summenmäßig bestimmten Teil abzutreten. In dieser Weise wird verfahren, wenn alle dem Zedenten zustehenden Forderungen abgetreten werden, die Abtretung aber im Umfang auf die „Höhe der fortlaufenden Forderungen" des Zessionars beschränkt wird. Vor diesem Hintergrund bleibt ungeklärt, welche Einzelforderungen von der Abtretung betroffen sind.[92]

Die Wirkungen eines Abtretungsvertrags erstrecken sich notwendig auf den Schuld- **42** ner der abgetretenen Forderung. Es kann deswegen nicht genügen, dass sich aufgrund des Vertrags nur im Verhältnis zwischen Zedenten und Abtretungsempfänger ermitteln lässt, wer von ihnen wie viel vom Schuldner fordern kann. Vielmehr muss auch der Schuldner, mindestens in gewissen Grenzen, aus dem Abtretungsvertrag oder sonstigen ihm erkennbaren Umständen entnehmen können, wie eine nur teilweise abgetretene Forderung sich auf den Zedenten und Abtretungsempfänger aufteilt und wie viel er deshalb an jeden von beiden zu leisten hat.[93] Diesen Mindestanforderungen ist nicht genügt, wenn der Forderungsschuldner völlig im Unklaren darüber ist, wie hoch sich die „fortlaufenden Forderungen" des Zessionars gegen den Zedenten beliefen. Es fehlte dabei jede Eingrenzung, welche einzelnen Forderungen die Höhe der abgetretenen Forderungen bestimmen sollten.[94]

19. Verlust einer nicht anerkennenswerten Forderung gegen Gegner

Ein Mandant, der infolge eines pflichtwidrigen Verhaltens seines Rechtsanwalts **43** eine Forderung verliert, erleidet einen Schaden im Rechtssinne nur, wenn er bei sachgerechtem Vorgehen des Rechtsanwalts Leistungen erhalten hätte. Trifft dies nicht zu, ist die verlorene Forderung wertlos. Deswegen hat der Mandant zu beweisen, dass der Prozessgegner **zahlungsfähig** war und eine gegen ihn erwirkte Vollstreckung Erfolg gehabt hätte. Allerdings hat zuvor der Anwalt Umstände darzutun, die Zweifel an der Zahlungsfähigkeit des Schuldners begründen. Kann der Mandant daraufhin den Nachweis nicht führen, kommt die Verurteilung des Rechtsanwalts

---

91 BGH, Urt. v. 11.5.2017 – IX ZR 238/15, NJW 2017, 3373 Rn. 25.
92 BGH, Urt. v. 11.5.2017 – IX ZR 238/15, NJW 2017, 3373 Rn. 28.
93 BGH, Urt. v. 11.5.2017 – IX ZR 238/15, NJW 2017, 3373 Rn. 30.
94 BGH, Urt. v. 11.5.2017 – IX ZR 238/15, NJW 2017, 3373 Rn. 31.

auf Zahlung von Schadensersatz nicht in Betracht.[95] Der Verlust einer tatsächlichen oder rechtlichen Position infolge verspäteter Anmeldung im Insolvenzverfahren, auf welche der Betroffene nach der **Rechtsordnung keinen Anspruch** hatte, bedeutet zwar keinen Schaden im normativen Sinne. Indessen stellte die Vereinbarung, aus der die Forderung hergeleitet wird, ein deklaratorisches Schuldanerkenntnis des Schuldners dar. Damit war ein nur möglicherweise bestehendes Schuldverhältnis zwischen ihm und der Mandantin als tatsächlich bestehend bestätigt worden. Der Schuldner hätte gegenüber der Mandantin nicht mehr einwenden können, er schulde ihr nichts.[96]

20. Ansprüche gegen früheren Berater

44 Schon der Hinweis des neuen Beraters darauf, dass der frühere Berater entgegen dem ihm erteilten Auftrag keinen Einspruch gegen den Feststellungsbescheid eingelegt hatte, hätte den Mandanten in die Lage versetzt, sich rechtlich beraten zu lassen. Er hätte die Verjährung des Schadensersatzanspruchs gegen den früheren Berater durch rechtzeitige Erhebung einer (Feststellungs-)Klage verhindern können (§ 204 Abs. 1 Nr. 1 BGB). Durch das Verhalten des neuen Beraters ist er jahrelang weiter irregeführt und von der Rechtsverfolgung abgehalten worden. Der durch diesen Fehler adäquat kausal verursachte Schaden liegt in der nicht feststehenden, aber auch nicht ausschließbaren fehlenden Durchsetzbarkeit des Anspruchs gegen den früheren Berater.[97]

21. Wegfall des Vergütungsanspruchs

45 Ist dem beklagten Berater eine Fehlberatung anzulasten, folgt daraus ein Schadensersatzanspruch des Mandanten. Ein Anspruch des Beraters auf Vergütung der diesbezüglichen Tätigkeit ist mit Recht als nicht durchsetzbar anzusehen (§ 242 BGB), weil der Berater einen entsprechenden Betrag sofort wieder im Wege des Schadensersatzes zu erstatten hätte.[98]

22. Nachteile dritter Personen

46 Bezugspunkt des Gesamtvermögensvergleichs ist grundsätzlich das Vermögen des Geschädigten, nicht dasjenige Dritter. Grundsätzlich kann aufgrund eines Vertrages nur derjenige den Ersatz eines Schadens verlangen, bei dem der Schaden tatsächlich eingetreten ist und dem er rechtlich zur Last fällt. Soweit nicht ausnahmsweise die Voraussetzungen eines Vertrages mit Schutzwirkung für Dritte oder der Drittschadensliquidation gegeben sind, hat der haftpflichtige Steuerberater nur für den **Scha-**

---

95 BGH, Urt. v. 1.3.2007 – IX ZR 261/03, WM 2007, 1183, 1187 Rn. 35, 36 = NJW 2007, 2485; Beschl. v. 23.9.2010 – IX ZR 202/09 Rn. 6; Beschl. v. 24.10.2013 – IX ZR 164/11 Rn. 8.
96 BGH, Urt. v. 2.7.2009 – IX ZR 126/08, WM 2009, 1578, 1579 Rn. 21 = NZI 2009, 565.
97 BGH, Urt. v. 14.11.2013 – IX ZR 215/12, DB 2014, 479 Rn. 26.
98 BGH, Urt. v. 7.12.2017 – IX ZR 25/17, ZInsO 2018, 518 Rn. 33.

den seines Mandanten einzustehen. Ebenso ist es ihm verwehrt, sich auf Vorteile zu berufen, die Dritte infolge der schädigenden Handlung erlangt haben mögen.[99]

Der Mandant hat einen Schaden erlitten, wenn die tatsächliche von der bei pflicht- **47** gemäßer Beratung eingetretenen hypothetischen Vermögenslage nachteilig abweicht. Beide Vermögenslagen können nur dann sinnvoll miteinander verglichen werden, wenn sie denselben Bezugspunkt aufweisen. Wird der Schaden unter Einbeziehung der einem Dritten durch die Schädigung entstandenen Vorteile berechnet, muss gleiches auch für die hypothetische Vermögenslage bei pflichtgemäßer Beratung gelten. Dies wiederum setzt voraus, dass die Beratung unter Einbeziehung dieser Interessen erfolgen sollte.[100] Ob dies der Fall war, richtet sich nach dem **Auftrag**, welchen der Mandant dem Berater ausdrücklich oder den Umständen nach erteilt hat. Der Mandant bestimmt den **Gegenstand, den Umfang und die Zielrichtung der Beratung**. Er allein entscheidet deshalb, ob im Rahmen einer Gestaltungsberatung nur sein eigener Vorteil gesucht werden soll oder weitere Interessen zu berücksichtigen sind. Diese im Rahmen des Auftrags getroffene Entscheidung ist für den Berater und gegebenenfalls auch für das Regressgericht verbindlich. Weder der Berater noch das Regressgericht sind berechtigt, ohne oder sogar gegen den Willen des Mandanten die Interessen Dritter in die Schadensberechnung einzustellen, weil sie dies für vernünftig halten.[101]

II. Normativer Schadensbegriff

1. Grundsatz

Das mit Hilfe der Differenzhypothese ermittelte rechnerische Ergebnis eines Scha- **48** denseintritts ist einer **normativen Wertung** zu unterziehen. Eine lediglich äußerliche Verbindung des entstandenen Nachteils zu dem Verhalten des Schuldners begründet noch keine Schadensersatzpflicht; vielmehr muss der Schaden in einem inneren Zusammenhang zu der vom Schädiger geschaffenen Gefahrenlage stehen. Diese Haftungsbegrenzung erfordert eine wertende Betrachtung und gilt gleichermaßen für die vertragliche wie die deliktische Haftung. Ein Geschädigter soll grundsätzlich im Wege des Schadensersatzes nicht mehr erhalten als dasjenige, was er nach der materiellen Rechtslage hätte verlangen können. Der Verlust einer tatsächlichen oder rechtlichen Position, auf die er **keinen Anspruch** hat, ist grundsätzlich kein erstattungsfähiger Nachteil.[102] Auszugehen ist deshalb von dem normativen Schadensbegriff. Durch eine fiktive Entscheidung, die gerade mit diesem Inhalt nicht hätte ergehen dürfen, wird kein schutzwürdiger Besitzstand begründet. Geht ein Rechtsstreit wegen eines Anwaltsfehlers verloren, ist ein Schadensersatzanspruch gegen den Rechtsanwalt nicht gegeben, wenn das Ergebnis des Vorprozesses dem materiellen Recht entspricht. Bei wertender Betrachtung kann nämlich der Ver-

---

99 BGH, Urt. v. 5.2.2015 – IX ZR 167/13 Rn. 8.
100 BGH, Urt. v. 5.2.2015 – IX ZR 167/13 Rn. 11.
101 BGH, Urt. v. 5.2.2015 – IX ZR 167/13 Rn. 12.
102 BGH, Urt. v. 9.11.2017 – IX ZR 270/16, NJW 2018, 541 Rn. 22 ff.

lust eines Rechtsstreits nicht als Schaden im Rechtssinne angesehen werden, wenn sich im Anwaltshaftungsprozess herausstellt, dass die unterlegene Partei den Vorprozess **materiell-rechtlich zu Recht verloren** hat, dieser also nach Auffassung des mit dem Anwaltshaftungsprozess befassten Gerichts im Ergebnis richtig entschieden worden ist. Der Umstand, dass die Partei bei sachgerechter Vertretung durch ihren Anwalt den Vorprozess gewonnen hätte, rechtfertigt es nicht, der Partei im Regressprozess gegen ihren Prozessbevollmächtigten einen Vermögensvorteil zu verschaffen, auf den sie nach materiellem Recht **keinen Anspruch** hatte. Auf diesen Fall trifft die Regel nicht zu, dass ein Schaden bereits dann bejaht werden kann, wenn die Partei einen Prozess verloren hat, den sie bei sachgemäßer Vertretung gewonnen hätte.[103]

2. Umfassende rechtliche Prüfung

49 Der normative Schadensbegriff, der eine rechtliche Endergebnisbetrachtung verlangt, gebietet, den in dem Vorprozess unterbreiteten Sachverhalt einer **umfassenden rechtlichen Prüfung nach allen denkbaren Richtungen** zu unterziehen. Erhebt der in einem Vorprozess verurteilte Beklagte gegen seinen Anwalt Ersatzansprüche, hat das Regressgericht zu untersuchen, ob die in dem Vorprozess aus einem bei zutreffender rechtlicher Würdigung nicht durchgreifenden rechtlichen Gesichtspunkt zugesprochene Klageforderung gleichwohl **aus einem anderen Rechtsgrund begründet** war. Wurde zu Unrecht ein vertraglicher Anspruch zuerkannt, muss das Regressgericht also prüfen, ob im Falle der Unwirksamkeit des Vertrages etwa insbesondere Ansprüche aus Delikt oder ungerechtfertigter Bereicherung das Klagebegehren trugen. Macht demgegenüber der in dem Vorprozess unterlegene Kläger unter Berufung auf eine fehlerhafte Prozessführung Ersatzansprüche gegen seinen Anwalt geltend, ist zu untersuchen, ob die Klage trotz der Pflichtwidrigkeit des Anwalts ohnehin unbegründet war. Diese Prüfung kann ergeben, dass ein zu Unrecht mangels Nachweis einer Einigung versagter Vertragsanspruch tatsächlich an einem **Formmangel** oder der **Ausübung eines Gestaltungsrechts** scheiterte oder einer rechtsirrig bereits dem Grunde nach abgelehnten Schadensersatzforderung ein **Haftungsausschluss** oder ein **ganz überwiegendes Mitverschulden** des Klägers (§ 254 Abs. 1 BGB) entgegenstand. Die in dem Vorprozess obsiegende Partei hatte wegen der ihr günstigen Rechtsauffassung des entscheidenden Gerichts regelmäßig keinen Anlass, ihrerseits je nach ihrer Prozessrolle zu etwaigen weiteren Anspruchsgrundlagen oder Gegenrechten vorzutragen. Auf der Grundlage des § 287 ZPO, der für die Beurteilung gilt, wie der Vorprozess richtigerweise entschieden worden wäre, ist davon auszugehen, dass der Gegner des Vorprozesses nach Unterrichtung über einen nicht durchgreifenden ihm günstigen rechtlichen Gesichtspunkt nach ordnungsgemäßer Beratung durch seinen Bevollmächtigten **sämtliche weiteren ihm eröffneten rechtlichen und tatsächlichen Möglichkeiten zur Durchsetzung seiner Rechtsposition** genutzt hätte. Deshalb kann sich der Anwalt, der in dem Regressverfahren an die Stelle des Prozessgegners seiner Partei rückt, zur Vermeidung

---

103 BGH, Urt. v. 25.10.2012 – IX ZR 207/11, WM 2012, 2242 Rn. 28.

seiner Haftung auch auf rechtliche Gesichtspunkte stützen, die in dem Vorprozess überhaupt nicht angesprochen wurden. Gleiches folgt aus der Erwägung, dass ein Schaden im Rechtssinne selbst dann ausscheidet, wenn der Regresskläger bei zutreffender Beratung den Vorprozess gewonnen hätte, sich aber nachträglich herausstellt, dass er den Prozess materiell-rechtlich zu Recht verloren hat. Darum kann dem in Rückgriff genommenen Rechtsanwalt aus Gründen materieller Gerechtigkeit nicht verwehrt werden, sich darauf zu berufen, dass das geltend gemachte, von ihm anwaltlich vertretene Klagebegehren wegen einer etwa erst nachträglich entdeckten Täuschung unbegründet war.[104]

3. Einzelfälle

Danach scheidet ein Schaden aus, wenn das Finanzamt rechtsirrig eine fehlerhafte **50** verbindliche Auskunft erteilt und auf ihrer Grundlage einen rechtswidrigen Steuervorteil gewährt hätte.[105] Ein Schaden im Rechtssinne entsteht nicht, wenn der Arzt in einem Verfahren auf Entziehung der Zulassung als Kassenarzt aufgrund einer unvollständigen Belehrung die Zulassung freiwillig zurückgibt, die er ansonsten erst nach Abschluss eines gerichtlichen Verfahrens von Rechts wegen verloren hätte.[106] Ein Mandant, der infolge eines Anwaltsversehens eine Forderung verliert, erleidet einen Schaden im Rechtssinn nur, wenn er bei sachgerechtem Vorgehen des Rechtsanwalts Leistungen erhalten hätte, nicht aber, wenn die verlorene Forderung wertlos ist. Der **Uneinbringlichkeit wegen Zahlungsunfähigkeit** ist der Fall gleichzustellen, dass der Mandant den erfolglos erstrebten Titel von vornherein nicht durchsetzen wollte, sondern für andere Zwecke erstrebte.[107] Ebenso kann der Mandant nicht verlangen, schadensrechtlich so gestellt zu werden, wie wenn trotz eines tatsächlichen Werts von lediglich 150.000 DM eine Sacheinlage über 300.000 DM in das Handelsregister eingetragen worden wäre. Wie die Differenzhaftung aus § 9 Abs. 1 Satz 1 GmbHG belegt, begründet die Handelsregistereintragung zugunsten des Gesellschafters keine rechtlich geschützte Position.[108] Für den beschleunigten Misserfolg einer unbegründeten sozial-(verwaltungs-)gerichtlichen Anfechtungsklage haftet der Rechtsanwalt mangels Schadens im Rechtssinne auch dann nicht, wenn die aufschiebende Wirkung der Klage seinem Auftraggeber noch die einstweilige Fortsetzung einer gewinnbringenden Berufsausübung als Kassenarzt ermöglicht hätte.[109] Durch Steuerzahlungen entsteht dem Mandanten eines Steuerberaters ein ersatzfähiger Schaden dann nicht, wenn er **keinen Anspruch auf Steuerbefreiung** hat. Dem steht nicht entgegen, dass die zuständigen Finanzbehörden zeitweise den gegenteiligen Standpunkt eingenommen haben.[110] Ist der Mandant in der Lage, eine

---

104 BGH, Urt. v. 25.10.2012 – IX ZR 207/11, WM 2012, 2242 Rn. 30, 31.
105 BGH, Urt. v. 15.11.2007 – IX ZR 34/04, WM 2008, 41, 43 Rn. 21 = NJW 2008, 440.
106 BGH, Urt. v. 23.11.2006 – IX ZR 21/03, WM 2007, 419, 422 Rn. 31 ff.
107 BGH, Urt. v. 18.3.2004 – IX ZR 255/00, NJW 2004, 1521, 1522 = WM 2004, 2217.
108 BGH, Beschl. v. 14.6.2012 – IX ZR 199/11 Rn. 8.
109 BGH, Urt. v. 16.12.2004 – IX ZR 295/00, WM 2005, 950, 951 = NJW 2005, 1935.
110 BGH, Urt. v. 6.7.2006 – IX ZR 88/02, WM 2006, 2057, 2058 Rn. 8 = NJW-RR 2006, 1682, 1683.

infolge fehlerhafter steuerlicher Beratung entstandene Steuerschuld im Rahmen eines **Verlustvortrags** auszugleichen, liegt ein ersatzfähiger Schaden nicht vor.[111] Es ist ein allgemein anerkannter Grundsatz des Schadensersatzrechts, dass der Schädiger den Geschädigten nicht darauf verweisen kann, dieser habe einen Anspruch gegen einen Dritten, der zum Ausgleich seiner Vermögensbeeinträchtigung führen kann.[112] Der ersatzpflichtige Anwalt kann lediglich analog § 255 BGB Abtretung der gegen den Dritten gerichteten Ansprüche verlangen.[113] Das Zurückbehaltungsrecht muss ausdrücklich oder stillschweigend geltend gemacht werden, um dem Gläubiger Gelegenheit zu geben, von seiner Abwendungsbefugnis Gebrauch zu machen.[114] Ein Schadensersatzanspruch wird nicht dadurch geschmälert oder ausgeschlossen, dass der Vermögensnachteil **durch freiwillige Leistung eines Dritten** ausgeglichen wird. Deshalb entfällt nach Abschlusses eines auf eine Schmerzensgeldzahlung beschränkten Abfindungsvergleichs der Unterhaltsschaden einer Ehefrau gegen ihren Anwalt nicht deshalb, weil der unterhaltsberechtigte Ehemann den Ausfall der Hausfrau ausgleicht, indem er deren Rolle selbst mit übernimmt.[115]

51 Darum kann der Verlust eines Rechtsstreits nicht als Schaden im Rechtssinne angesehen werden, wenn sich im Anwaltshaftungsprozess herausstellt, dass die unterlegene Partei den **Vorprozess materiell-rechtlich zu Recht verloren** hat, dieser also im Ergebnis richtig entschieden worden ist. Der Umstand, dass die Partei bei sachgerechter Vertretung durch ihren Anwalt den Vorprozess gewonnen hätte, rechtfertigt es nicht, der Partei im Regressprozess gegen ihren Prozessbevollmächtigten einen Vermögensvorteil zu verschaffen, auf den sie nach materiellem Recht keinen Anspruch hatte. Aus dieser Erwägung ist der Nachteil alsbaldiger Vollstreckung, den eine unterlegene Partei dadurch erleidet, dass ein von ihr beabsichtigtes, sachlich aussichtsloses Rechtsmittel durch ein Versehen des Prozessbevollmächtigten versäumt, nicht ordnungsgemäß eingelegt oder verspätet begründet wird, nicht ersatzfähig.[116] Ergibt sich im Regressprozess, dass der Mandant den Vorprozess materiell-rechtlich zu Unrecht verloren hat, kann ein Schaden im Rechtssinne nicht bejaht werden, wenn diese Erkenntnis im prozessordnungsgemäß geführten und von keinem Anwaltsfehler beeinflussten Vorprozess aus verfahrensrechtlichen Gründen, etwa wegen Beweislosigkeit, nicht hätte gewonnen werden können. Die Pflicht, den Standpunkt des Mandanten vor Gericht zur Geltung zu bringen, insbesondere sachgerecht, vollständig und rechtzeitig vorzutragen, dient nicht der Abwendung von Nachteilen, die durch die Wahrnehmung jener Pflicht nicht beeinflusst werden können. Hat es der Rechtsanwalt beispielsweise im Vorprozess schuldhaft versäumt, eine Behauptung unter Beweis zu stellen, so haftet er für die Nachteile der Beweis-

---

111 BGH, Urt. v. 5.2.2009 – IX ZR 6/06, WM 2009, 715, 718 Rn. 20.
112 BGH, Urt. v. 19.7.2001 – IX ZR 62/00, WM 2001, 1605, 1607 = NJW 2001, 3190, 3192; BGH, Urt. v. 24.9.2009 – IX ZR 87/08, FamRZ 2009, 2075 Rn. 26.
113 BGH, Urt. v. 8.11.2001 – IX ZR 64/01, WM 2001, 2455, 2458 = NJW 2002, 292, 294; BGH, Beschl. v. 21.12.2006 – IX ZR 277/03 Rn. 2.
114 BGH, Urt. v. 10.3.2011 – IX ZR 8/10, WM 2011, 993 Rn. 31 = ZInsO 2011, 980.
115 BGH, Urt. v. 8.11.2001 – IX ZR 64/01, WM 2001, 2455, 2456 = NJW 2002, 292, 293.
116 BGH, Urt. v. 9.11.2017 – IX ZR 270/16, NJW 2018, 541 Rn. 25.

losigkeit dann nicht, wenn damals ein Beweismittel nicht zur Verfügung gestanden hätte. Daran ändert nichts, dass im Regressprozess ein solches vorliegt. Die Ungewissheit, ob der Vorprozess trotz der anwaltlichen Pflichtverletzung bei allen rechtlich möglichen Verfahrensweisen zum Nachteil des Mandanten hätte ausgehen müssen, geht **zulasten des Rechtsanwalts**.[117]

Auch ein entgangener Steuervorteil kann grundsätzlich nur als Schaden im Rechts-   **52** sinne geltend gemacht werden, wenn er rechtmäßig und nicht unter Verstoß gegen ein gesetzliches Verbot oder gegen die guten Sitten hätte erlangt werden können. Ein **Steuernachteil** ist folglich nur ersatzfähig, wenn er auf rechtlich zulässigem Wege vermeidbar war. Deswegen entsteht dem Mandanten eines Steuerberaters durch Steuerzahlungen infolge eines versäumten Einspruchs dann kein ersatzfähiger Schaden, wenn er keinen Anspruch auf eine Steuerbefreiung hatte. Dem steht nicht entgegen, dass die zuständigen Finanzbehörden zeitweise den gegenteiligen Standpunkt eingenommen hatten. Ebenso scheidet ein Schaden aus, wenn das Finanzamt rechtsirrig eine fehlerhafte verbindliche Auskunft erteilt und auf ihrer Grundlage einen rechtswidrigen Steuervorteil gewährt hätte. Durch eine fiktive Entscheidung, die gerade mit diesem Inhalt nicht hätte ergehen dürfen, wird kein schutzwürdiger Besitzstand begründet, dessen Verlust einen ersatzfähigen Schaden begründet.[118]

Da dem Rechtsberater die Mitwirkung an einer **Steuerverkürzung** verboten ist,   **53** kann ein schutzwürdiges Interesse des Mandanten auf Schadensersatzleistung nicht anerkannt werden, wenn durch eine fahrlässige Pflichtverletzung des Beraters eine von dem Mandanten zu verantwortende **Steuerhinterziehung** aufgedeckt wird. Wird durch das Versehen eines Rentenberaters offenbar, dass sein Mandant eine **Erwerbsunfähigkeitsrente** teilweise zu Unrecht bezogen hat, liegt in der Anpassung der Rente auf die gesetzliche Höhe kein Schaden im Rechtssinne. Nicht anders verhält es sich, wenn der Mandant aufgrund einer versehentlich versandten, aber inhaltlich zutreffenden Selbstanzeige in **rechtmäßiger Weise Steuer- und Beitragsnachzahlungen** unterzogen worden ist. Der Mandant konnte von dem Berater nicht verlangen, ihm die Vorteile der von ihm aus eigenem Antrieb vorsätzlich begangenen Steuerhinterziehung zu erhalten.[119] Da der rechtliche Berater nicht an einer Steuerhinterziehung seines Mandanten mitwirken darf, gehört es nicht zu seinen vertragsgemäßen Aufgaben, den Mandanten durch die Vermeidung einer fahrlässigen Pflichtverletzung die Erträge der von ihm begangenen Steuerhinterziehung zu erhalten. Das Interesse des Mandanten, dass die von ihm begangene Steuerhinterziehung nicht aufgedeckt wird, ist auch im Verhältnis zu dem Berater nicht schutzwürdig. Wie es schadensrechtlich zu würdigen wäre, wenn der Berater vorsätzlich zum Nachteil des Mandanten eine von diesem begangene Steuerhinterziehung offenbart, kann vorliegend dahinstehen.[120]

---

117 BGH, Urt. v. 16.6.2005 – IX ZR 27/04, BGHZ 163, 223, 229, 230 = WM 2005, 2103 = NJW 2005, 3071.
118 BGH, Urt. v. 9.11.2017 – IX ZR 270/16, NJW 2018, 541 Rn. 26.
119 BGH, Urt. v. 9.11.2017 – IX ZR 270/16, NJW 2018, 541 Rn. 30.
120 BGH, Urt. v. 9.11.2017 – IX ZR 270/16, NJW 2018, 541 Rn. 33.

E. Schaden

4. Folgeschäden

54 Hat der Berater dem Mandanten nicht die Vorteile der Steuerhinterziehung zu sichern, kann von ihm auch nicht verlangt werden, dem Mandanten die weiteren Nachteile zu ersetzen, die mit der Aufdeckung der Steuerhinterziehung verbunden sind. Der als Folgeschaden geltend gemachte Vermögensnachteil fällt zudem gleich den Steuer- und Beitragsnachzahlungen nicht in den Schutzbereich der verletzten Vertragspflicht. Die Kosten eines gegen die Klägerin geführten Strafverfahrens stehen außerhalb des Schutzzwecks der Schadensersatzpflicht. Gleiches gilt für Beratungskosten im Blick auf die tatsächlich geschuldete Steuernachzahlung, die bei wertender Zurechnung zuvörderst auf der von dem Mandanten eigenverantwortlich verübten Steuerhinterziehung beruhen. Darum kann der Mandant die Aufwendungen, die ohnehin erforderlich waren, um in seinem eigenen wohl verstandenen Interesse zur Steuerehrlichkeit zurückzufinden, nicht dem Beklagten aufbürden.[121]

III. Schutzzweck der Norm

55 In Rechtsprechung und Literatur ist anerkannt, dass die Kriterien der äquivalenten und adäquaten Verursachung nicht in allen Fällen zu einer sachgerechten Eingrenzung der Haftung für schadensursächliches Verhalten führen. Dem Schädiger wird ein Schaden deshalb nur dann zugerechnet, wenn dieser sich innerhalb des Schutzzwecks der verletzten Norm verwirklicht. Diese Wertung gilt auch im Vertragsrecht. Die Haftung des Schädigers ist dort durch den Schutzzweck der verletzten vertraglichen Pflicht beschränkt. Dies gilt auch für den Anwaltsvertrag. Auch hier sind nur solche Nachteile zu ersetzen, zu deren Abwendung die verletzte Vertragspflicht übernommen worden ist.[122] Soll der Anwalt eine Forderung seines Mandanten durchsetzen, haftet er nicht für einen Schaden, der dadurch entsteht, dass mangels Abtretung an einen Treuhänder Dritte darauf zugreifen.[123] Macht der Mandant die Entscheidung über einen Wertpapierverkauf erkennbar davon abhängig, dass entstandene Kursverluste mit Gewinnen verrechnet werden können und erteilt der Steuerberater daraufhin eine rechtlich fehlerhafte Auskunft, die den Mandanten veranlasst, von der Veräußerung abzusehen, so haftet der Berater dem Mandanten grundsätzlich für weitere Kursverluste.[124] Versäumt der Steuerberater einen gebotenen Hinweis beim Erwerb eines Hausgrundstücks, ohne dass dem Mandant daraus steuerliche Nachteile entstehen, kann eine Haftung nicht daraus hergeleitet werden, dass sich die Vermögensanlage aus anderen Gründen als unrentabel erweist.[125] Verzögert der Steuerberater durch eine ungeeignete Anfrage gegenüber dem Finanzamt ein Bauvorhaben seines Mandanten, haftet er auch für den Verzögerungsschaden.[126] Be-

---

121 BGH, Urt. v. 9.11.2017 – IX ZR 270/16, NJW 2018, 541 Rn. 35.
122 BGH, Urt. v. 15.1.2009 – IX ZR 166/07, WM 2009, 571, 572 Rn. 9 = NJW 2009, 1589.
123 BGH, Beschl. v. 6.12.2001 – IX ZR 352/00.
124 BGH, Urt. v. 18.1.2007 – IX ZR 122/04, WM 2007, 567, 568 Rn. 10 = NJW-RR 2007, 742.
125 BGH, Urt. v. 30.1.1990 – IX ZR 63/89, WM 1990, 808, 809 = NJW 1990, 2057.
126 BGH, Urt. v. 7.12.2006 – IX ZR 37/04, WM 2007, 564, 566 Rn. 23 ff. = NJW-RR 2007, 857.

schränkt sich die Beratung auf steuerliche Vorteile einer gesellschaftsrechtlichen Beteiligung, haftet der Berater nicht für den Verlust des Anlagekapitals.[127]

Wer dem Mandanten eine umfassende Beratung oder Aufklärung über alle in Betracht kommenden Gesichtspunkte schuldet, der haftet grundsätzlich für alle mit einer nachteiligen Anlageentscheidung verbundenen Schäden, wenn er seine Pflicht auch nur hinsichtlich eines Einzelpunkts verletzt und dadurch die Anlageentscheidung verursacht hat. Wer dagegen dem Mandanten Beratung oder Aufklärung nur hinsichtlich eines bestimmten für das Vorhaben bedeutsamen Einzelpunkts schuldet, dessen Pflicht beschränkt sich darauf, Schäden zu verhindern, die in diesem Punkt eintreten könnten. Dafür dass das Vorhaben insgesamt erfolgversprechend ist, trifft ihn keine Verantwortung. Unterläuft ihm ein Fehler, so kann der Umstand, dass der Mandant bei fehlerfreier Beratung oder Aufklärung das Geschäft nicht abgeschlossen hätte, es im Allgemeinen nicht rechtfertigen, dem Berater den gesamten mit dem fehlgeschlagenen Vorhaben verbundenen Schaden aufzuerlegen.[128]

56

Liegt die Pflichtwidrigkeit des Anwalts darin, dem Mandanten zum Abschluss eines diesem **nachteiligen Vergleichs** geraten zu haben, bemisst sich der Schaden des Mandanten nach dem Inhalt der ohne den Vergleich ergangenen streitigen gerichtlichen Entscheidung.[129] Eine Beschränkung des ersatzfähigen Schadens auf den **Umfang des Erfolgs**, den der Mandant im Vergleichswege erzielen wollte, kann dagegen in Betracht kommen, wenn der Mandant, weil er das von seinem Anwalt zutreffend dargestellte Prozessrisiko scheut, einen Vergleich schließen möchte und hierbei aufgrund einer unzureichenden Belehrung über dessen Inhalt rechtliche oder tatsächliche Positionen aufgibt, über die der Prozessgegner noch **verhandlungsbereit** war. In einem solchen Fall ist es Aufgabe des Anwalts, die Ziele seines Mandanten zu ermitteln und sie gegenüber dem gesprächsbereiten Gegner durchzusetzen. Dem Mandanten kann nicht deshalb, weil durch Verschulden seines Rechtsanwalts im Vergleichswege nicht noch mehr Zugeständnisse des Prozessgegners erzielt worden sind, als Schadensersatz dasjenige zugesprochen werden, was er durch ein voll obsiegendes Urteil erhalten hätte. Um einen solchen Fall handelt es sich jedoch nicht, wenn Nachverhandlungen mangels weitergehender Vergleichsbereitschaft des Gegners zu keiner Einigung geführt hätten. Der Mandant musste sich zwischen der durch den Vergleich herbeigeführten und der bei einer Fortführung des Prozesses bestehenden Vermögenslage entscheiden. Die Pflicht des Anwalts, es dem Mandanten durch eine umfassende Beratung zu ermöglichen, diese Entscheidung eigenverantwortlich und sachgerecht zu treffen, hatte somit auch den Zweck, den Mandanten davor zu bewahren, aufgrund einer Fehlvorstellung über den Inhalt des Vergleichs auf die Fortführung des Prozesses und die damit zu wahrende Rechtsposition zu verzichten. Schließt der fehlerhaft beratene Mandant einen Vergleich, so kann mithin sein Anspruch auf Schadensersatz nicht unter dem Gesichtspunkt des

57

---

127 BGH, Urt. v. 13.2.2003 – IX ZR 62/02, WM 2003, 1621, 1622 = NJW-RR 2003, 1035.
128 BGH, Urt. v. 3.12.1991 – XI ZR 300/90, BGHZ 116, 209, 212 ff. = WM 1992, 133 = NJW 1992, 555.
129 Vgl. BGH, Urt. v. 14.1.1993 – IX ZR 76/92, NJW 1993, 1325, 1328; BGH, Beschl. v. 11.2.2010 – IX ZR 141/09.

E. Schaden

Schutzzwecks der verletzten Pflicht auf die Differenz zu der Vermögenslage beschränkt werden, die er – **nicht aber die Gegenpartei** – als Inhalt des Vergleichs akzeptiert hätte.[130] Wirft der Mandant dem Anwalt das Versäumnis vor, keine Vorsorge dafür getroffen zu haben, dass das Ergebnis der zwischen den Parteien tatsächlich getroffenen Einigung in dem gerichtlichen Vergleich vollständig und zutreffend protokolliert wurde, richtet sich der Schaden des Mandanten jedenfalls nach dem wirtschaftlichen Erfolg, den er bei Abschluss des von ihm gewünschten Vergleichs erzielt hätte.[131]

58 Gibt ein Rechtsanwalt, der von einer Bank den Treuhandauftrag hat, über ihm ausgehändigte Bürgschaftserklärungen nur unter bestimmten Bedingungen zu „verfügen", die Bürgschaften pflichtwidrig vorzeitig weiter und kommt es zu einer Inanspruchnahme der Bank, so muss er die Bank im Wege des Schadensersatzes so stellen, als wäre diese keine Bürgschaftsverpflichtung eingegangen; die Schadensersatzpflicht lässt sich nicht im Hinblick auf den Zweck des Treuhandgeschäfts und der einzelnen Treuhandauflagen einschränken.[132] Dabei ist grundsätzlich von dem **Sachverhalt** auszugehen, der dem Gericht des Inzidentprozesses bei pflichtgemäßem Verhalten des Prozessbevollmächtigten unterbreitet worden wäre.[133]

59 Es kann eine Einstandspflicht desjenigen begründet sein, der vertraglich verpflichtet war, den Täter vor der Begehung einer Straftat oder Ordnungswidrigkeit und deren Folgen zu schützen. Eine solche vertragliche Verpflichtung besteht grundsätzlich auch für den Steuerberater im Verhältnis zu seinem Mandanten, soweit es um die richtige Darstellung der steuerlich bedeutsamen Vorgänge gegenüber dem Finanzamt geht. Lassen sich hinsichtlich einer im Strafbefehlsverfahren verhängten **Geldstrafe** wegen vorsätzlicher Steuerhinterziehung des Mandanten keine konkreten Feststellungen zur subjektiven Tatbestandsseite treffen, so kann der Steuerberater, der unrichtige Angaben bei der Steuererklärung gemacht hat, verpflichtet sein, den durch die verhängte Geldstrafe entstandenen Vermögensschaden zu ersetzen.[134]

IV. Vorteilsausgleich

60 Nach der Rechtsprechung des Bundesgerichtshofes sind im Rahmen der Schadensberechnung vorteilhafte Umstände, die mit dem schädigenden Ereignis in einem qualifizierten Zusammenhang stehen, zu berücksichtigen, soweit ihre Anrechnung dem Sinn und Zweck des Schadensersatzes entspricht und weder den Geschädigten unzumutbar belastet, noch den Schädiger unbillig entlastet. Vor- und Nachteile müssen bei wertender Betrachtung gleichsam zu einer **Rechnungseinheit** verbunden sein, was voraussetzt, dass festgestellt wird, ob und gegebenenfalls welche einzelnen Vorteile sich bei wertender Betrachtung bestimmten Schadenspositionen zuordnen

---

130 BGH, Urt. v. 15.1.2009 – IX ZR 166/07, WM 2009, 571, 573 Rn. 12 ff. = NJW 2009, 1589.
131 BGH, Beschl. v. 11.2.2010 – IX ZR 141/09.
132 BGH, Urt. v. 6.6.2002 – III ZR 206/01, WM 2002, 1440, 1442 = NJW 2002, 2459.
133 BGH, Urt. v. 13.6.1996 – IX ZR 233/95, BGHZ 133, 110, 111 f. = WM 1996, 1830 = NJW 1996, 2501.
134 BGH, Urt. v. 15.4.2010 – IX ZR 189/09, WM 2010, 993 Rn. 8, 10 = DStR 2010, 1695.

lassen.[135] Nur solche durch ein Schadensereignis begründeten Vorteile sind schadensmindernd zu berücksichtigen, deren Anrechnung mit dem jeweiligen Zweck des Ersatzanspruchs übereinstimmt und den Schädiger nicht unangemessen entlastet. Verliert die Mandantin infolge eines Anwaltsfehlers Ansprüche auf **Versorgungsausgleich**, sind etwaige gegen ihren geschiedenen Ehegatten verbliebene Unterhaltsansprüche nicht schadensmindernd zu berücksichtigen. Der Mandantin ist nicht zumutbar, zunächst ihren früheren Ehemann auf Unterhalt in Anspruch zu nehmen, um dann gegebenenfalls von dem Anwalt den Differenzbetrag oder nicht vollstreckbare Beträge einziehen zu müssen. Insbesondere ist es der Mandantin nicht zumutbar, sich anstelle der ihr zustehenden, dauerhaft gesicherten Rechtsposition, die sie ohne die Pflichtverletzung des Anwalts gegen einen Rentenversicherungsträger erlangt hätte, in erster Linie auf Ansprüche gegen den früheren Ehemann als Privatperson verweisen zu lassen, zumal dieser während des Zeitraums, in dem die Rente zu zahlen ist, versterben oder zahlungsunfähig werden kann, so dass die Durchsetzung der Ansprüche in unzumutbarer Weise erschwert würde.[136] Steuervorteile, die dem Geschädigten in adäquatem Zusammenhang mit der Pflichtverletzung des Steuerberaters zufließen, sind auf den Schadensersatzanspruch grundsätzlich anzurechnen.[137] Dies gilt jedoch ausnahmsweise nicht, wenn davon auszugehen ist, dass sie durch eine Nachversteuerung wieder entfallen werden, wobei es im Schadensersatzprozess auf die genaue Höhe der endgültigen Versteuerung nicht ankommt.[138]

V. Schmerzensgeld

Die Neuregelung fasst den Anwendungsbereich der Ersatzpflicht für immaterielle **61** Schäden erheblich weiter. Sie sieht sowohl bei der Vertragshaftung als auch bei der Gefährdungshaftung den Ersatz immaterieller Schäden vor, während diese Bereiche früher nicht mitumfasst waren. Deshalb schließt nunmehr auch die vertragliche Haftung des rechtlichen Beraters aus § 675 Abs. 1 in Verbindung mit § 280 Abs. 1 BGB einen Anspruch auf eine **billige Entschädigung in Geld** (Schmerzensgeld) mit ein.[139] Nach dem Vortrag der Mandantin ist ihr ein Nichtvermögensschaden entstanden. Sie hat geltend gemacht, sie habe aufgrund der fehlerhaften Beratung angenommen, für die durch den Brandschaden ihrer Kinder notwendige Sanierung des Hauses 600.000 € zahlen zu müssen, was für sie und ihre Familie existenzbedrohend gewesen wäre. Bis zum Anwaltswechsel habe sie in jeder Nacht stundenlange Schlaflosigkeit, dauernde schwere Erschöpfungszustände sowie Zustände von Verzweiflung, Mutlosigkeit, Dauerpanik und seelischer Auflösung erlitten. Eine äquivalente und adäquate (Mit-)Verursachung der geltend gemachten körperlichen und

---

135 BGH, Urt. v. 2.4.2001 – II ZR 331/99, WM 2001, 2251, 2252 = NJW-RR 2001, 1450.
136 BGH, Urt. v. 24.9.2009 – IX ZR 87/08, FamRZ 2009, 2075 Rn. 27, 28.
137 BGH, Urt. v. 18.1.2007 – IX ZR 122/04, NJW-RR 2007, 742, 743 Rn. 14; Beschl. v. 1.7.2010 – IX ZR 165/09, StuB 2010, 760 Rn. 4.
138 BGH, Urt. v. 11.10.2001 – IX ZR 288/00, NJW 2002, 888, 890.
139 BGH, Urt. v. 9.7.2009 – IX ZR 88/08, WM 2009, 1722, 1723 Rn. 9 = NJW 2009, 3025.

psychischen Beeinträchtigung durch die fehlerhafte Beratung lässt sich unter diesen Umständen nicht verneinen. Nach dem behaupteten **Ausmaß der Belastungen** handelt es sich nicht mehr um geringfügige Einwirkungen ohne wesentliche Beeinträchtigung der Lebensführung, wie sie etwa bei für das Alltagsleben typische und häufig auch aus anderen Gründen als einem besonderen Schadensfall entstehende Beeinträchtigungen des körperlichen und seelischen Wohlbefindens aufkommen können und die im Einzelfall weder unter dem Blickpunkt der Ausgleichs- noch der Genugtuungsfunktion ein Schmerzensgeld als billig erscheinen lassen.[140]

62 Die Kriterien der äquivalenten und adäquaten Verursachung führen nicht in allen Fällen zu einer sachgerechten Eingrenzung der Haftung für schadensursächliches Verhalten. Dem Anspruchsgegner darf deshalb nur der Schaden zugerechnet werden, der innerhalb des **Schutzbereichs der verletzten Norm** eingetreten ist. Diese Wertung gilt auch im Vertragsrecht. Die Haftung des Schädigers ist dort durch den Schutzzweck der verletzten vertraglichen Pflicht beschränkt. Dies bedeutet für den Bereich der Anwalts- (und Steuerberater)haftung, dass der Berater vertraglich nur für solche Nachteile einzustehen hat, zu deren Abwendung er die aus dem Mandat folgenden Pflichten übernommen hat. Die **Schlechterfüllung eines Anwaltsvertrages,** der nicht den Schutz der Rechtsgüter des § 253 Abs. 2 BGB zum Gegenstand hat, kann **nicht Grundlage eines Schmerzensgeldanspruchs** sein. Die Neuregelung des § 253 Abs. 2 BGB schließt es nicht von vornherein aus, die Haftung aus dem Gesichtspunkt des Schutzzwecks der Norm für immaterielle Schäden einzuschränken. Die Grundsätze über den Schutzzweck der verletzten vertraglichen Pflicht gelten für das gesamte Schadensersatzrecht und lassen sich nicht auf den Bereich von Vermögensschäden beschränken. Sie sind auch im Rahmen der vertraglichen Anwaltshaftung zu berücksichtigen.[141]

63 Danach kann etwa im Bereich der Strafverteidigung das in § 253 Abs. 2 BGB genannte Rechtsgut der **Freiheit** in den **Schutzzweck der verletzten Pflicht** fallen. In Betracht kann dies kommen, wenn ein Verteidiger den aussichtsreichen Antrag auf Verlegung eines Termins zur Hauptverhandlung unterlässt und sein Mandant infolgedessen nach Ausbleiben im Termin in Untersuchungshaft genommen wird. Gleiches wird zu gelten haben, falls infolge eines Fehlers des Anwalts die beantragte Haftverschonung versagt wird. Entsprechende Erwägungen kommen ferner für Mandate bei Unterbringungsmaßnahmen und sonstigen auf Freiheitsentziehung gerichteten Verfahren in Betracht. Eine vertragliche Verpflichtung auf Ersatz des Nichtvermögensschadens kann sich schließlich bei Verletzung einer Nebenpflicht (§ 241 Abs. 2 BGB) ergeben. Unter dem Gesichtspunkt der Verkehrssicherungspflicht ist der Anwalt etwa gehalten, seine Kanzleiräume so einzurichten und zu unterhalten, dass sich seine Mandanten keine Körper- oder Gesundheitsschäden zuziehen. Bei unzureichender Verkehrssicherung kann deshalb im Verletzungsfalle die

---

140 BGH, Urt. v. 9.7.2009 – IX ZR 88/08, WM 2009, 1722, 1723 Rn. 11 = NJW 2009, 3025.
141 BGH, Urt. v. 9.7.2009 – IX ZR 88/08, WM 2009, 1722, 1723 Rn. 14 = NJW 2009, 3025.

Zuerkennung eines Schmerzensgelds in Frage kommen, ohne dass es einer unerlaubten Handlung bedarf.[142]
Hiervon unterscheidet sich die vorliegende Fallgestaltung. Der geltend gemachte   **64**
Anwaltsfehler betrifft eine **Hauptpflicht** der Beklagten. Er bezieht sich auf einen
vorgerichtlichen Beratungsauftrag, der eine vermögensrechtliche Angelegenheit
zum Gegenstand hatte, nämlich Zahlungs- und Schadensersatzansprüche Dritter abzuwehren. Das Mandat betraf ausschließlich die Wahrnehmung der vermögensrechtlichen Interessen der Mandantin im Zusammenhang mit den Folgen, die sich
aus dem durch die Kinder verursachten Brand des angemieteten Wohnhauses ergaben. Der Inhalt des Vertrages war auf die Erteilung ordnungsgemäßer Rechtsauskünfte in diesem vermögensrechtlichen Bereich gerichtet. Der Schutz der Gesundheit der Mandanten gehörte hingegen nicht zu den von den Beklagten übernommenen Pflichten.[143]

VI. Übergang des
Schadensersatzanspruchs auf Erben

Der noch in der Person des verstorbenen Mandanten begründete Schadensersatzan-   **65**
spruch ist auf dessen Erben übergegangen (§ 1922 BGB). Ein Schadensersatzanspruch ist jedenfalls vererblich, sofern sich **Haftungsgrund und Schaden noch zu
Lebzeiten** des Erblassers **verwirklicht** haben. Der auf der Fehlberatung beruhende
Schadensersatzanspruch ist mit der Bekanntgabe des belastenden Steuerbescheids
und folglich noch vor dem Tod des Mandanten entstanden. Die endgültige Höhe des
Schadens bemisst sich, weil materiellrechtlich auf den Zeitpunkt der Erfüllung, verfahrensrechtlich auf denjenigen der letzten mündlichen Tatsachenverhandlung abzustellen ist, infolge der eingetretenen zeitlichen Verzögerungen nach den **Verhältnissen in der Person der Erben.**[144]

VII. Mitverschulden des Mandanten

1. Grundsatz

Für die Anrechnung eines Mitverschuldens ist in Verfahren wegen Fehlberatung re-   **66**
gelmäßig **kein Raum.** Nach gefestigter Rechtsprechung des Bundesgerichtshofs
kann dem Auftraggeber nicht als mitwirkendes Verschulden vorgeworfen werden,
er hätte das, worüber ihn sein Berater hätte aufklären sollen, bei entsprechenden Bemühungen auch ohne fremde Hilfe erkennen können.[145] Auch ein Mandant mit juristischer Vorbildung darf sich auf eine einwandfreie Arbeit seines Anwalts verlas-

---

142 BGH, Urt. v. 9.7.2009 – IX ZR 88/08, WM 2009, 1722, 1723 Rn. 15, 16 = NJW 2009, 3025.
143 BGH, Urt. v. 9.7.2009 – IX ZR 88/08, WM 2009, 1722, 1723 Rn. 17 = NJW 2009, 3025.
144 BGH, Urt. v. 20.3.2008 – IX ZR 104/05, WM 2008, 1042, 1044 Rn. 19 = NJW 2008, 2647.
145 BGH, Urt. v. 18.12.2008 – IX ZR 12/05, WM 2009, 369, 371 Rn. 21 = NJW 2009, 1141; v.
      15.4.2010 – IX ZR 189/09, WM 2010, 993 Rn. 15 = DStR 2010, 1695.

E. Schaden

sen.[146] Im Falle eines Beratungsvertrages kann es dem zu Beratenden nicht als mitwirkendes Verschulden vorgehalten werden, er hätte das, worüber ihn sein Berater hätte aufklären oder unterrichten sollen, bei entsprechenden Bemühungen auch ohne fremde Hilfe erkennen können. Selbst wenn ein Mandant über einschlägige Kenntnisse verfügt, muss er darauf vertrauen können, dass der beauftragte Berater die anstehenden Fragen fehlerfrei bearbeitet, ohne dass eine Kontrolle notwendig ist.[147] Zwar greift der Einwand des mitwirkenden Verschuldens in der Regel dann nicht durch, wenn die Verhütung des entstandenen Schadens nach dem Vertragsinhalt dem in Anspruch genommenen Schädiger allein oblag. Deswegen kann grundsätzlich dem Geschädigten nicht ein Mitverschulden angerechnet werden, weil er eine Gefahr, zu deren Vermeidung er einen Fachmann hinzugezogen hat, bei genügender Sorgfalt selbst hätte erkennen und abwenden können.[148] Anders ist dies jedoch, wenn eine Schadensursache im Bereich der **Eigenverantwortung des Geschädigten** entstanden ist und dieser diejenige Sorgfalt außer Acht gelassen hat, die nach der Sachlage erforderlich erschien, um sich selbst vor Schaden zu bewahren. Die **wahrheitsgemäße und vollständige Unterrichtung** seines Anwalts ist eine solche Vertragspflicht des Mandanten.[149] Dem Mandanten kann es zum Mitverschulden gereichen, wenn er es versäumt, die steuerlichen Folgen der Auflösung einer Rücklage durch andere Maßnahmen abzuwenden oder zu mindern (§ 254 Abs. 2 Satz 1 Fallgruppe 2 BGB).[150] Ein die Haftung ausschließendes Mitverschulden kann sich auch daraus ergeben, dass der Geschädigte sich darauf beschränkt, sich gegenüber der Behörde Einwendungen vorzubehalten, ohne die von dieser geforderten **tatsächlichen Angaben** nachzuholen.[151] Gleiches gilt, wenn **Warnungen** oder ohne Weiteres erkennbare Umstände, die gegen die Richtigkeit des von dem Berater eingenommenen Standpunkts sprechen, nicht genügend beachtet werden. Auch kann ein Mandant nach dem ihm obliegenden Gebot der Wahrung des eigenen Interesses gehalten sein, seinen Berater über eine **fundierte abweichende Auskunft**, die er von einer sachkundigen Person erhalten hat, zu unterrichten.[152] Der Mandant darf sich, ohne dass ihn ein Mitverschulden trifft, auch auf eine kurze, knappe Beratung verlassen.[153] Aus dem Wesen der Ehe ergibt sich für beide Ehegatten die aus – § 1353 Abs. 1 BGB abzuleitende – Verpflichtung, die finanziellen Lasten des anderen Teils nach Möglichkeit zu vermindern, soweit dies ohne Verletzung eigener Interessen möglich ist. Ein Ehegatte ist daher dem anderen gegenüber verpflichtet, in eine von diesem gewünschte Zusammenveranlagung zur Einkommensteuer einzuwilligen, wenn dadurch die Steuerschuld des anderen verringert und der

---

146 BGH, Urt. v. 13.3.1997 – IX ZR 81/96, WM 1997, 1392, 1395 = NJW 1997, 2168, 2170; v. 15.4.2010 – IX ZR 189/09, WM 2010, 993 Rn. 15 = DStR 2010, 1695; Urt. v. 17.3.2011 – IX ZR 162/08, DB 2011, 1633 Rn. 12; Urt. v. 13.10.2016 – IX ZR 214/15 Rn. 27.
147 BGH, Urt. v. 14.6.2012 – IX ZR 145/11, WM 2012, 1359 = DB 2012, 1559 Rn. 37.
148 BGH, Urt. v. 15.4.2010 – IX ZR 189/09, WM 2010, 990 = DStR 2010, 1695 Rn. 15.
149 BGH, Urt. v. 20.6.1996 – IX ZR 106/05, WM 1996, 1832, 1836 = NJW 1996, 2929, 2932.
150 BGH, Urt. v. 6.2.2003 – IX ZR 77/02, WM 2003, 1138, 1141 = NJW-RR 2003, 1064.
151 BGH, Urt. v. 20.2.2003 – IX ZR 384/99, WM 2003, 1623, 1625 = NJW-RR 2003, 931.
152 BGH, Urt. v. 17.3.2011 – IX ZR 162/08, DB 2011, 1633 Rn. 13.
153 BGH, Urt. v. 17.3.2011 – IX ZR 162/08, DB 2011, 1633 Rn. 14.

auf Zustimmung in Anspruch genommene Ehegatte keiner zusätzlichen steuerlichen Belastung ausgesetzt wird. Wirkt sich für einen Ehegatten die Zusammenveranlagung steuerlich nachteilig aus, steht dies einem gegen ihn gerichteten Anspruch dann nicht entgegen, wenn sich der begünstigte Ehegatte bereit erklärt, den anderen von steuerlichen Nachteilen freizustellen. Dann wird dieser so behandelt, als träfen ihn keine Nachteile. Sind jedoch beide Eheleute vermögenslos und können die auf den Sanierungsgewinn festgesetzte Einkommensteuer nicht begleichen, kann der Ehemann seine Ehefrau von den sie durch die gemeinsame Veranlagung treffenden erheblichen Steuernachteilen nicht wirksam freistellen. Liegt der Fall so, muss die Ehefrau der gemeinsamen Veranlagung nicht zustimmen. Das Verhalten der Eheleute war deswegen zu erwarten und ist, ohne dass eine Schadensminderungspflicht eingreift, nicht zu missbilligen.[154]

2. Versäumung eines Rechtsbehelfs

Es ist anerkannten Rechts, dass der Geschädigte unter bestimmten Umständen gehalten sein kann, zur Schadensabwendung oder -minderung Rechtsbehelfe zu ergreifen.[155] Eine Entschädigung kann für solche Nachteile nicht verlangt werden, die durch den Gebrauch eines Rechtsmittels vermeidbar waren. Allerdings hat ein Rechtsanwalt, dem ein Fehler unterlaufen ist, aus dem seinem Auftraggeber ein Schaden droht, zusätzliche **honorarfreie Leistungen** zu erbringen, sofern sich der Schadenseintritt nur noch auf diese Weise verhindern lässt. Ist der Schaden aus von dem Rechtsanwalt zu verantwortenden Gründen bereits eingetreten, besteht jedoch berechtigte Aussicht, ihn durch einen zweiten Prozess zu beseitigen oder zu verringern, hat der Anwalt aufgrund der ihn nach § 249 BGB treffenden Ersatzpflichten seinem Mandanten die dafür erforderlichen Mittel zur Verfügung zu stellen, sofern er ihn nicht auf andere Weise entschädigt. Wer ein aussichtsloses Rechtsmittel nicht einlegt, handelt seinen eigenen Interessen niemals zuwider.[156] Ist das Rechtsmittel nicht aussichtslos, der Erfolg aber auch nicht gewiss, ist es kein „Verschulden gegen sich selbst", entspricht es vielmehr einem vernünftigen Prozessverhalten, wenn die Partei die Einlegung eines Rechtsmittels von einer eingeschränkten Kostenfreistellungserklärung des Schädigers abhängig macht. Ein Mitverschulden kann dem Mandanten allenfalls dann vorgeworfen werden, wenn für diesen klar zu Tage liegt, dass das Rechtsmittel Erfolg haben würde und er gleichwohl davon keinen Gebrauch macht, weil der für den Misserfolg der Klage in erster Instanz verantwortliche Rechtsanwalt die von ihm verlangte Kostenfreistellungserklärung nicht abgibt.[157]

67

---

154 BGH, Urt. v. 13.3.2014 – IX ZR 23/10 Rn. 42.
155 BGH, Urt. v. 24.9.1992 – IX ZR 217/91, WM 1992, 2110, 2113 f. = NJW 1993, 552.
156 BGH, Urt. v. 15.4.2010 – IX ZR 189/09, WM 2010, 993 Rn. 16 = DStR 2010, 1695.
157 BGH, Urt. v. 6.10.2005 – IX ZR 111/02, WM 2006, 105, 106 Rn. 10 ff. = NJW 2006, 288, 289.

E. Schaden

3. Einschaltung eines weiteren Beraters

68 Ein Mitverschulden des Mandanten scheidet in dem Fall aus, dass der erste der nacheinander tätig gewordenen Anwälte einen schadensursächlichen Fehler begangen hat, der vom zweiten Anwalt nicht erkannt oder nicht behoben wurde, und der Auftraggeber sich auf eine sachgerechte Vertragserfüllung des zuerst tätigen Anwalts verlassen hat.[158] Grundsätzlich haften Personen, die jeweils unabhängig voneinander eine Schadensursache gesetzt haben, als **Gesamtschuldner**, ohne dass sich der Geschädigte den Beitrag eines Schädigers bei der Inanspruchnahme eines anderen als Mitverschulden entgegenhalten lassen müsste; dieser Grundsatz gilt auch für Rechtsanwälte, die nacheinander für den geschädigten Mandanten tätig waren. Dieser hat sich auf einen Regressanspruch gegen einen Rechtsanwalt einen schuldhaften Schadensbeitrag eines anderen Anwalts nur dann als Mitverschulden anrechnen zu lassen, wenn er sich dieses Anwalts zur **Erfüllung eines Gebots des eigenen Interesses** bedient hat, insbesondere um die Folgen der von dem ersten Anwalt begangenen Fehler zu beseitigen, und das Verhalten dieser Hilfsperson in unmittelbarem Zusammenhang mit dem ihr anvertrauten Pflichtenkreis steht.[159] Nur in einem solchen Falle hat sich der geschädigte Auftraggeber im Sinne der Vorschrift des § 278 BGB, die im Rahmen des § 254 BGB entsprechend anzuwenden ist, des zweiten Anwalts bedient, um eine im eigenen Interesse gebotene Obliegenheit zur Abwendung oder Minderung seines Schadens zu erfüllen; nur unter einer solchen Voraussetzung darf das Verschulden eines Dritten dem **Geschädigten als Mitverschulden** zugerechnet werden.[160] Vermutet der Mandant einen anderen Fehler als denjenigen, den der Rechtsanwalt tatsächlich begangen hat, und setzt er einen zweiten Rechtsanwalt gezielt darauf an, wegen dieses vermeintlichen Fehlers Haftpflichtansprüche gegen den ersten zu prüfen, verfolgt der zweite Rechtsanwalt dann diese falsche Fährte weiter und **übersieht er darüber den tatsächlichen Fehler**, dessen Folgen noch vermeidbar gewesen wären, kann dem Mandanten dieses Verschulden ebenso wenig zugerechnet werden wie bei einem unspezifischen Zweitmandat. Dies gilt selbst dann, wenn der zweite Rechtsanwalt bei ordnungsgemäßer Prüfung des vermeintlichen Fehlers auf den tatsächlichen Fehler hätte stoßen müssen. Die Zurechnung des pflichtwidrigen und schuldhaften Schadensbeitrags des zweiten Rechtsanwalts als Mitverschulden kommt nur in Betracht, wenn der Mandant diesen eingeschaltet hat, um seine Obliegenheit zur Schadensminderung innerhalb seiner Mandatsbeziehung zu dem ersten Rechtsanwalt (Schädiger) zu erfüllen und die damit für ihn als Geschädigten verbundene Gebote des eigenen Interesses wahrzunehmen. Für die Zurechnung ist also stets erforderlich, dass der Geschädigte einem derartigen Gebot unterliegt. Daran fehlt es in dieser Konstellation. Hinsichtlich des Anwaltsfehlers, den der zweite Rechtsanwalt begangen hat, bestand kein

---

158 BGH, Urt. v. 20.1.1994 – IX ZR 46/93, WM 1994, 948, 949 = NJW 1994, 1211, 1212.
159 BGH, Urt. v. 7.4.2005 – IX ZR 132/01, WM 2005, 1812, 1813 = NJW-RR 2005, 1146, 1147; BGH, Urt. v. 17.11.2005 – IX ZR 8/04, WM 2006, 592, 595 Rn. 23 = NJW-RR 2006, 275, 277 f.; BGH, Beschl. v. 6.10.2011 – IX ZR 21/09 Rn. 8.
160 BGH, Urt. v. 20.1.1994 – IX ZR 46/93, WM 1994, 948, 949 = NJW 1994, 1211, 1212; Urt. v. 8.9.2016 – IX ZR 255/13 Rn. 21.

derartiges Gebot, weil der Mandant diesen Fehler nicht erkannt und nicht einmal in Betracht gezogen hat. Hinsichtlich des Fehlers, den der Mandant fälschlicherweise angenommen hat und den er durch den zweiten Rechtsanwalt hat prüfen lassen wollen, bestand ebenfalls kein Gebot des eigenen Interesses, weil der zweite Rechtsanwalt insoweit fehlerfrei gearbeitet hatte. Aus einem **vermeintlichen Fehler droht kein Schaden**, und insoweit kann es auch keine Obliegenheit zur Schadensminderung geben.[161] Vertraut der Mandant auf eine fehlerfreie Vertragserfüllung durch den später in Anspruch genommenen Berater, muss er sich regelmäßig keinen schuldhaften Schadensbeitrag anrechnen lassen.[162]

Diese Grundsätze gelten auch, wenn es sich bei den möglichen Schädigern um verschiedene Organe der Rechtspflege – etwa einen Rechtsanwalt und einen Notar – handelt. Weder darf sich der Rechtsanwalt auf die von Amts wegen bestehenden Prüfungs- und Belehrungspflichten des Notars verlassen, noch darf der Notar von der Erfüllung der ihm obliegenden Prüfungs- und Belehrungspflichten gegenüber den anwaltlich beratenen Beteiligten absehen, solange nicht feststeht, dass diese tatsächlich umfassend informiert sind. Gleiches gilt im Verhältnis eines Mediators zu einem Rechtsanwalt. Auch hier kann keiner von beiden Beteiligten darauf bauen, dass die ihn treffenden Belehrungspflichten von der anderen Seite wahrgenommen werden.[163] **69**

4. Keine Pflicht zur Überkompensation

Die Schadensminderungsobliegenheit des § 254 Abs. 2 BGB ist ein Anwendungsfall **70** des allgemeinen Grundsatzes von **Treu und Glauben**, der dann eingreift, wenn der Geschädigte Maßnahmen unterlässt, die ein ordentlicher und verständiger Mensch zur Schadensabwendung oder Minderung ergreifen würde. Handelt es sich dagegen um Maßnahmen, die dem Geschädigten zur Schadensminderung nicht zugemutet werden können, führt ihr Unterlassen nicht zum Mitverschulden. Nach der höchstrichterlichen Rechtsprechung darf nämlich ein eigenes Verhalten des Geschädigten, zu dem er nicht aufgrund seiner Schadensabwendungs- und -minderungspflicht (§ 254 Abs. 2 BGB) verpflichtet ist, wegen des Grundsatzes, dass **überpflichtmäßige Anstrengungen** des Geschädigten den Schädiger nicht entlasten sollen, weder in die Schadensberechnungsbilanz eingestellt werden, noch braucht der Geschädigte es sich im Wege der Vorteilsausgleichung anrechnen zu lassen. Danach ist der durch eine steuerliche Fehlberatung geschädigte Mandant nicht gehalten, den entstandenen Steuerschaden durch ein **teures, mit neuen Risiken** ausgestattetes Kompensationsgeschäft, das eine erhebliche Kreditaufnahme erfordert, eine Laufzeit von zwanzig Jahren hat und selbst vielfältige wirtschaftliche Unwägbarkeiten birgt, auszugleichen.[164]

---

161 BGH, Urt. v. 24.5.2005 – IX ZR 276/03, WM 2005, 1902, 1904 = NJW-RR 2005, 1435, 1436.
162 BGH, Urt. v. 8.9.2016 – IX ZR 255/13 Rn. 21.
163 BGH, Urt. v. 21.9.2017 – IX ZR 34/17, NJW 2017, 3442 Rn. 46.
164 BGH, Urt. v. 17.3.2011 – IX ZR 162/08, DB 2011, 1633 Rn. 17 f.

E. Schaden

5. Abwägung der Mitverschuldensbeiträge

71 Der Bundesgerichtshof legt § 254 Abs. 1 BGB dahin aus, dass bei der Abwägung in erster Linie das **Maß der Verursachung** maßgeblich ist, in dem die Beteiligten zur Schadensentstehung beigetragen haben; das **beiderseitige Verschulden** ist nur ein Faktor der Abwägung. Es kommt danach für die Haftungsverteilung entscheidend darauf an, ob das Verhalten des Schädigers oder das des Geschädigten den Eintritt des Schadens in wesentlich höherem Maße wahrscheinlich gemacht hat. Die unter diesen Gesichtspunkten vorzunehmende Abwägung kann in besonderen Fallgestaltungen zu dem Ergebnis führen, dass einer der Beteiligten allein für den Schaden aufkommen muss.[165]

6. Nichterkennen der Insolvenz

a) Ansprüche der GmbH gegen den Abschlussprüfer

72 Wird die Insolvenzreife von dem Berater pflichtwidrig verkannt, kann ein etwaiger Schadensersatzanspruch der GmbH infolge eines ihr analog § 31 BGB zuzurechnenden **Mitverschuldens ihres Geschäftsführers** (§ 254 Abs. 1 BGB)[166] erheblich gemindert oder sogar ganz ausgeschlossen sein. Dabei handelt es sich allerdings um eine zuvörderst dem **Tatrichter** obliegende, von den Umständen des konkreten Einzelfalls abhängige Bewertung.[167] Gemäß § 254 Abs. 1 BGB hängt, wenn bei der Entstehung des Schadens ein Verschulden des Geschädigten mitgewirkt hat, die Verpflichtung zum Ersatz sowie der Umfang des zu leistenden Ersatzes von den Umständen, insbesondere davon ab, inwieweit der Schaden vorwiegend von dem einen oder dem anderen Teil verursacht worden ist. Nach der Rechtsprechung des Bundesgerichtshofs kommt bei der Haftung wegen einer fehlerhaften Abschlussprüfung die Berücksichtigung eines Mitverschuldens des betroffenen Unternehmens in Betracht. Allerdings ist im Hinblick darauf, dass es die vorrangige Aufgabe des Abschlussprüfers ist, Fehler in der Rechnungslegung des Unternehmens aufzudecken und den daraus drohenden Schaden von diesem abzuwenden, bei der Anwendung des § 254 Abs. 1 BGB mehr **Zurückhaltung** als bei anderen Schädigern geboten. Daher lässt auch eine **vorsätzliche Irreführung** des Prüfers seine Ersatzpflicht nicht ohne Weiteres gänzlich entfallen.[168] Andererseits ist der Mitverschuldenseinwand zu beachten, wenn dem Auftraggeber, der gemäß § 322 Abs. 2 Satz 2 HGB in **eigener Verantwortung** den zu prüfenden Jahresabschluss aufzustellen hat und dem Prüfer nur Fahrlässigkeit anzulasten ist. Da die Abschlussprüfung das **gesellschaftsinterne Kontrollsystem** nicht ersetzen soll, ist der GmbH ein auch nur fahr-

---

165 BGH, Urt. v. 20.1.1998 – VI ZR 59/97, NJW 1998, 1137, 1138; BGH, Urt. v. 25.3.2003 – VI ZR 161/02, NJW 2003, 1929, 1931.

166 BGH, Beschl. v. 23.10.1997 – III ZR 275/96, NJWE-VHR 1998, 39, 40; Urt. v. 10.12.2009 – VII ZR 42/08, BGHZ 183, 323 Rn. 54; v. 6.6.2013 – IX ZR 204/12, WM 2013, 1323 Rn. 29 = DB 2013, 1542 = ZIP 2013, 1332.

167 BGH, Urt. v. 25.6.1991 – X ZR 103/89, NJW-RR 1991, 1240, 1241; v. 6.6.2013 – IX ZR 204/12, WM 2013, 1323 Rn. 29 = DB 2013, 1542 = ZIP 2013, 1332.

168 BGH, Urt. v. 10.12.2009 – VII ZR 42/08, BGHZ 183, 323 Rn. 56; v. 6.6.2013 – IX ZR 204/12, WM 2013, 1323 Rn. 30 = DB 2013, 1542 = ZIP 2013, 1332.

lässiges Mitverschulden anzulasten, wenn sie ihre Insolvenzreife nicht erkennt. Aufgrund der Gesamtwürdigung kann der Tatrichter im Einzelfall in Anwendung von § 254 BGB zu einem vollständigen Haftungsausschluss des Abschlussprüfers gelangen.[169]

Bei der Bewertung des wechselseitigen Verschuldensgrades kann insbesondere die **73** **Schwere der dem Abschlussprüfer vorzuwerfenden Pflichtverletzung**, also etwa das Ausmaß, in dem das Ergebnis der Prüfung von den tatsächlichen Verhältnissen abweicht, von Bedeutung sein. Hat der Abschlussprüfer der Gesellschaft anstelle der tatsächlich verwirklichten Überschuldung einen erheblichen Vermögensüberschuss attestiert, kann er der Geschäftsführung Anlass geben, die gebotene Selbstprüfung der wirtschaftlichen Lage zu vernachlässigen und risikoträchtige Geschäfte einzugehen, indem etwa bei der Preiskalkulation großzügig verfahren und nicht genau auf die Kostendeckung Bedacht genommen wird. Hier dürfte von einem überwiegenden Verschulden des Abschlussprüfers auszugehen sein, weil er bei der Gesellschaft das irrige Vertrauen weckt, sich nicht in einer wirtschaftlichen Schieflage zu befinden.[170]

Anders verhält es sich dagegen, wenn dem Abschlussprüfer lediglich anzulasten ist, **74** das Vermögen der Gesellschaft infolge einer **Überbewertung der stillen Reserven** gleich hoch wie ihre Verbindlichkeiten angesetzt und deswegen eine Überschuldung abgelehnt zu haben. Auf der Grundlage eines solchen Prüfungsergebnisses muss dem Geschäftsführer bewusst sein, den Geschäftsbetrieb nur bei **Vermeidung weiterer Verluste** unter **strikter Wahrung der Kostendeckung** fortsetzen zu dürfen. Dann trägt er die primäre Verantwortung dafür, dass keine weiteren Einbußen entstehen. Wird hierdurch die Überschuldung vertieft, kann in Betracht kommen, ein ganz überwiegenden Mitverschulden der Gesellschaft oder gar eine Haftungsfreistellung des Abschlussprüfers zugrunde zu legen.[171]

b) Ansprüche des Gesellschafters und Geschäftsführers gegen einen Prüfer

Beauftragt die Gesellschaft außerhalb der Abschlussprüfung einen Berater mit der **75** Untersuchung der Insolvenzreife, ist im Verhältnis zu Gesellschaftern und Geschäftsführern der GmbH regelmäßig für ein **Mitverschulden kein Raum**. Insoweit ist nämlich zu berücksichtigen, dass **Dritte hier die gesellschaftsinterne Kontrolle** übernimmt. Unterlaufen ihm dabei Fehler, hat die Gesellschaft ihrerseits, auch im Verhältnis zu einem Abschlussprüfer, dafür einzustehen (§ 278, § 254 Abs. 2 BGB). Im **Innenverhältnis** der Gesellschaft obliegt indessen nunmehr allein dem Berater insbesondere anstelle des Geschäftsführers die Insolvenzprüfung. Deshalb kann sich der **Berater nicht auf ein Mitverschulden der Gesellschaftsorgane**, für die er gerade beratend tätig wird, berufen. Vielmehr hat er grundsätzlich von

---

169 BGH, Beschl. v. 23.10.1997 – III ZR 275/96, NJWE-VHR 1998, 39, 40; Urt. v. 6.6.2013 – IX ZR 204/12, WM 2013, 1323 Rn. 30 = DB 2013, 1542 = ZIP 2013, 1332.

170 BGH, Urt. v. 6.6.2013 – IX ZR 204/12, WM 2013, 1323 Rn. 31 = DB 2013, 1542 = ZIP 2013, 1332.

171 BGH, Urt. v. 6.6.2013 – IX ZR 204/12, WM 2013, 1323 Rn. 32 = DB 2013, 1542 = ZIP 2013, 1332.

der Belehrungsbedürftigkeit seines Auftraggebers auszugehen. Dies gilt sogar gegenüber **rechtlich und wirtschaftlich erfahrenen Personen**. Im Falle eines Beratungsvertrages kann es dem zu Beratenden darum nicht als mitwirkendes Verschulden vorgehalten werden, er hätte das, worüber ihn sein Berater hätte aufklären oder unterrichten sollen, bei entsprechenden Bemühungen auch ohne fremde Hilfe erkennen können. Selbst wenn ein Mandant über einschlägige Kenntnisse verfügt, muss er darauf vertrauen können, dass der beauftragte Berater die anstehenden Fragen fehlerfrei bearbeitet, ohne dass eine Kontrolle notwendig ist Das gilt auch im Anwendungsbereich des § 634 Abs. 4 BGB.[172]

VIII. Anspruch des Beraters auf Abtretung von Ansprüchen des Mandanten gegen Dritte

76 Unmittelbar betrifft § 255 BGB nur Fälle, in denen ein Schädiger wegen des Verlustes einer Sache oder eines Rechts auf Schadensersatz in Anspruch genommen wird, dem Ersatzberechtigten aber aufgrund des Eigentums an der Sache oder aufgrund des Rechts Ansprüche gegen Dritte zustehen. In diesem Fall kann der Ersatzverpflichtete im Gegenzug zum Ersatz des Schadens Abtretung dieser Ansprüche verlangen. Dies ist Ausdruck des schadensrechtlichen Bereicherungs-verbotes und soll verhindern, dass der Geschädigte doppelten Ausgleich erhält. § 255 BGB betrifft danach direkt nur Ansprüche, die dem Ersatzberechtigten aufgrund des Rechts zustehen, für dessen Verlust der Schädiger Ersatz zu leisten hat. Ein solcher Fall ist hier aber nicht gegeben, weil der vertragliche Unterhaltsanspruch der Mandantin nicht aufgrund des Versorgungsausgleichs zusteht. In solchen Fällen ist aber § 255 BGB analog anwendbar. Das, was der geschiedene Ehemann möglicherweise als Unterhalt noch zu leisten hat, gebührt nämlich nicht der Mandantin, sondern dem für den Ehemann in Vorlage tretenden Anwalt. Die Rechtsgrundlage dafür bietet, wenn kein gesetzlicher Forderungsübergang stattfindet, eine entsprechende Anwendung des § 255 BGB, wonach der Ersatzpflichtige Abtretung der Ansprüche aus dem beeinträchtigten Recht verlangen kann.[173]

IX. Gesamtschuldnerausgleich zwischen mehreren Beratern

77 Gemäß § 426 Abs. 1 Satz 1 BGB sind Gesamtschuldner im Verhältnis zueinander zu gleichen Anteilen verpflichtet, soweit nicht ein anderes bestimmt ist. Sind der Prozessanwalt und der Verkehrsanwalt gemeinsam für einen Schaden verantwortlich, weil jeder in seinem eigenen Verantwortungsbereich eine Schadensursache pflichtwidrig und schuldhaft gesetzt hat, haften sie als Gesamtschuldner. Die Höhe des Ausgleichsanspruchs richtet sich nach dem Maß der Verursachung und des Verschuldens im Einzelfall. Einer Mediatorin kann vorzuwerfen sein, keine Vorsorge

---

172 BGH, Urt. v. 14.6.2012 – IX ZR 145/11, NZG 2012, 866 Rn. 37.
173 BGH, Urt. v. 24.9.2009 – IX ZR 87/08, FamRZ 2009, 2075 Rn. 29, 30; BGH, Urt. v. 19.7.2001 – IX ZR 62/00, NJW 2001, 3190, 3192.

dafür getroffen zu haben, dass mangels einer im Zuge der Mediation erfolgten Vorklärung in dem nachfolgenden gerichtlichen Verfahren eine bindende Verständigung der Ehegatten über den Versorgungsausgleich unterbleibt. Demgegenüber hat der nachfolgend tätige Anwalt pflichtwidrig die Prüfung versäumt, ob tatsächlich ein Verzicht auf den Versorgungsausgleich erklärt werden sollte. Bei der Abwägung fällt zum Nachteil der Mediatorin weiter ins Gewicht, dass sie über die Mediation hinaus auch auf das gerichtliche Scheidungsverfahren maßgeblichen Einfluss genommen hat. Die Bevollmächtigten der Ehegatten hatten das Verfahren nach Weisung der Mediatorin geführt und hierfür nur eine geringfügige Vergütung erhalten. Bei dieser Sachlage sind gleichmäßige Haftungsquoten jedenfalls revisionsrechtlich nicht zu beanstanden.[174]

---

174 BGH, Urt. v. 21.9.2017 – IX ZR 34/17 Rn. 48 f.

F.
Haftung der Sozietät und der Sozien

I. Einstandspflicht der Sozietät

1. Echte Sozietät

a) Vertragsschluss

Eine Sozietät kann in Haftung genommen werden, wenn der Beratungsvertrag mit **1** ihr geschlossen worden ist. Handelt es sich bei dem Vertragspartner des Mandanten um eine „Rechtsanwaltskanzlei", deren **Inhaber ein Einzelanwalt** ist, kommt der Vertrag nur mit diesem zustande.[1] Wird eine solche Einzelkanzlei als Vertragspartner des Mandanten nicht wirksam in eine Sozietät eingebracht, hat diese nicht für gegen den Einzelanwalt begründete Haftungsansprüche einzustehen.[2] Soll der zwischen dem Mandanten und einem Einzelanwalt geschlossene Vertrag auf eine von diesem mitbegründete Sozietät übergehen, bedarf zu einer **Vertragsübernahme** eines drei- oder mehrseitigen Vertrag unter Beteiligung der bisherigen Parteien und der übernehmenden Partei oder eines zweiseitigen Vertrages zwischen der ausscheidenden und der übernehmenden Partei mit Zustimmung der verbleibenden Partei.[3] Im Zuge der Einbringung einer Einzelkanzlei in eine Sozietät scheidet eine Haftungsübernahme durch die Sozietät aus, wenn die Sozietät lediglich für die den Betrieb der Einzelkanzlei betreffenden Verbindlichkeiten, zu denen nicht Regressansprüche gehören, einstehen will.[4] Tritt ein Einzelanwalt in eine Sozietät ein, haftet diese nicht gemäß § 28 HGB für Haftungsansprüche gegen den Einzelanwalt. Die unmittelbare Anwendung dieser Vorschrift scheitert daran, dass ein Rechtsanwalt kein Handelsgewerbe betreibt (§ 2 Abs. 2 BRAO). Ihre entsprechende Anwendung auf den Fall, dass sich ein Rechtsanwalt mit einem bisher als Einzelanwalt tätigen anderen Rechtsanwalt zur gemeinsamen Berufsausübung in einer Sozietät in der Form einer Gesellschaft bürgerlichen Rechts zusammenschließt, hat der Bundesgerichtshof wegen der besonderen Ausgestaltung der zwischen einem Einzelanwalt und seinen Mandanten bestehenden Rechtsverhältnisses abgelehnt.[5]

b) Gemischte Sozietät

Der Bundesgerichtshof hat klagestellt, dass sich eine aus Rechtsanwälten und Steu- **2** erberatern bestehende gemischte Sozietät auch vor dem Inkrafttreten des Rechtsdienstleistungsgesetzes Mandanten gegenüber zur Erbringung **anwaltlicher Dienstleistungen** verpflichten konnte. Bereits seit Einfügung von § 59a in die Bundesrechtsanwaltsordnung durch Art. 1 Nr. 24 des Gesetzes zur Neuordnung des Be-

---

1 BGH, Urt. v. 17.11.2011 – IX ZR 161/09, WM 2012, 87 Rn. 6ff.
2 BGH, Urt. v. 17.11.2011 – IX ZR 161/09, WM 2012, 87 Rn. 14.
3 BGH, Urt. v. 17.11.2011 – IX ZR 161/09, WM 2012, 87 Rn. 18.
4 BGH, Urt. v. 17.11.2011 – IX ZR 161/09, WM 2012, 87 Rn. 19.
5 BGH, Urt. v. 17.11.2011 – IX ZR 161/09, WM 2012, 87 Rn. 20.

rufsrechts der Rechtsanwälte und Patentanwälte vom 2. September 1994 (BGBl. I S. 2278) sind Sozietäten von Rechtsanwälten und Steuerberatern zur gemeinschaftlichen Berufsausübung im Rahmen der eigenen beruflichen Befugnisse gesetzlich anerkannt. So wie die Koalitionsfreiheit des Art. 9 GG den Schutz der spezifisch koalitionsgemäßen Betätigung umfasst, so muss deshalb die Sozietätsfreiheit der Angehörigen rechtsberatender Berufe im Blick auf die Art. 2 Abs. 1, Art. 9 Abs. 1 und Art. 12 Abs. 1 GG das Recht zur typischen Betätigung vom Gesetz zugelassener Rechtsberatersozietäten einschließen, sofern diese rechtsfähig sind. Diese Betätigung ist insbesondere der Abschluss und die Erfüllung von Verträgen über rechtsberatende und rechtsbetreuende Dienstleistungen, wobei die Erbringung allgemeiner Rechtsdienstleistungen durch § 59a Abs. 1 Satz 1 BRAO, Art. 1 § 3 Nr. 2, § 5 Nr. 2 RBerG und § 5 RDG den **Gesellschaftern vorbehalten** bleibt, die **Rechtsanwälte** sind.[6]

c) Haftung

3 Die Anwaltssozietät ist eine **Gesellschaft bürgerlichen Rechts**, sofern die Rechtsanwälte nicht ausdrücklich eine andere Rechtsform gewählt haben. Soweit die (Außen-)Gesellschaft bürgerlichen Rechts durch Teilnahme am Rechtsverkehr eigene Rechte und Pflichten begründet und ihr somit Rechtsfähigkeit zuerkannt wird, ist § 31 BGB auf sie entsprechend anwendbar. Ein zum Schadensersatz verpflichtendes Handeln ihrer **geschäftsführenden Gesellschafter** muss sich die Gesellschaft also zurechnen lassen. Für die Annahme eines „verfassungsmäßig berufenen Vertreters" genügt es, dass einzelnen Sozien die selbstständige und eigenverantwortliche Bearbeitung von Mandaten überlassen worden ist. Die Bearbeitung von Mandaten ist als anwaltstypische Hauptaufgabe eine wichtige Angelegenheit der Sozietät. Tatsächlich tritt der Rechtsanwalt bei der Wahrnehmung des Mandats auch als Repräsentant der Sozietät in Erscheinung. Der Mandant, der eine Sozietät beauftragt, will sich in der Regel die Vorteile zu Nutze machen, die ihm die Gesellschaft im Hinblick auf Organisation, Arbeitsteilung und die Möglichkeit der Beratung der ihr angehörenden Anwälte untereinander bietet. In Ermangelung einer gegenteiligen Regelung ist bei einer Anwaltssozietät **jeder Sozius „verfassungsmäßig berufener Vertreter"** im Sinne des § 31 BGB. Der Sozius, der die vorsätzliche unerlaubte Handlung bei der Bearbeitung eines Mandats begangen hat, ist „in Ausführung einer ihm zustehenden Verrichtung" im Sinne von § 31 BGB tätig geworden.[7]

2. Scheinsozietät

4 Diese Haftungsgrundsätze gelten auch für einen berufsrechtlichen Zusammenschluss von Rechtsanwälten, der – ohne eine Gesellschaft zu sein – nach außen hin diesen Anschein erweckt (Scheinsozietät).[8] Für das deliktische Handeln eines Scheinsozius haftet die Rechtsanwaltssozietät entsprechend § 31 BGB. Eine Schein-

---

6 BGH, Urt. v. 9.12.2010 – IX ZR 44/10, NJW 2011, 2301 Rn. 7 ff.
7 BGH, Urt. v. 3.5.2007 – IX ZR 218/05, BGHZ 172, 169, 172 Rn. 11 ff. = WM 2007, 1530, 1531 f. = NJW 2007, 2490.
8 BGH, Urt. v. 17.11.2011 – IX ZR 161/09, WM 2012, 87 Rn. 11.

sozietät ist für die **Zurechnung vertraglicher Haftungstatbestände** grundsätzlich ausreichend. Insofern rechtfertigen schon die Grundsätze zur Anscheins- und Duldungsvollmacht, eine Rechtsscheinhaftung anzunehmen. Die Sozietät, die den Scheinsozius nach außen wie einen Sozius handeln lässt, gibt damit auch zu erkennen, dass sie für dessen Handeln grundsätzlich einstehen will. Fehler des Scheinsozius bei der Bearbeitung eines Mandats werden als solche der Sozietät behandelt. Wollte die Sozietät dies anders sehen, wäre nicht zu rechtfertigen, dass sie – ohne dies offenzulegen – ein ihr erteiltes Mandat von jemandem bearbeiten lässt, der nicht Sozius, sondern lediglich Angestellter oder freier Mitarbeiter der Sozietät ist.[9] Das Ergebnis ist nicht anders, wenn der Scheinsozius **deliktisch handelt**. Dass insoweit Anknüpfungspunkte für eine Anwendung der Grundsätze über die Anscheins- oder Duldungsvollmacht fehlen, hat im Rahmen des § 31 BGB keine Bedeutung. Die Organhaftung baut nicht auf Rechtsscheingesichtspunkten auf. Sie knüpft nicht an die scheinbare Vertretungsmacht, sondern an die Fähigkeit des „Organs" an, für die juristische Person zu handeln. „Organ" kann auch ein Nichtgesellschafter sein.[10] Bringt ein Rechtsanwalt seine Einzelkanzlei in eine Gesellschaft bürgerlichen Rechts ein, haftet die Gesellschaft auch dann nicht für eine im Betrieb des bisherigen Einzelanwalts begründete Verbindlichkeit, wenn dieser im Rechtsverkehr den Anschein einer Sozietät gesetzt hatte. Eine Scheinsozietät ist rechtlich nicht existent. Sie kommt als Anspruchsgegnerin nicht in Betracht. Eine Bestimmung im Gesetz, welche die während des Bestehens einer Scheinsozietät entstandenen Ansprüche, die sich nur gegen einzelne Personen oder eine bereits vorhandene Gesellschaft richten können, auf eine später gegründete Gesellschaft überleitet, gibt es nicht. Soweit der Anschein einer Sozietät gesetzt wurde, haften die Scheingesellschafter für die Fehler des Einzelanwalts oder der wirklichen Gesellschafter ebenso, wie der Einzelanwalt oder die wirkliche Gesellschaft und die wirklichen Gesellschafter für die Fehler von Scheingesellschaftern einzustehen haben.[11]

II. Einstandspflicht der Sozien

1. Echte Sozien

Die Vorschrift des § 128 HGB (oder des § 8 PartGG) ist auf die Gesellschafter bür-   **5**
gerlichen Rechts, namentlich auf anwaltliche Sozien, analog anwendbar. In der neueren Rechtsprechung des II. Zivilsenats des Bundesgerichtshofs und der Instanzgerichte wird dies grundsätzlich bejaht. Die Bestimmung des § 128 HGB umfasst nach ihrem Wortlaut unterschiedslos **vertragliche und deliktische Verbindlichkeiten**. Die Gesellschafter einer offenen Handelsgesellschaft sollen für ein „fremdes" Delikt solidarisch haften, um dem Geschädigten dafür, dass bei Personengesellschaften ein gesicherter Haftungsfonds fehlt, einen Ausgleich zu bieten. Da sich der deliktische Gläubiger seinen Schuldner nicht aussuchen kann, muss – noch mehr als bei

---

9 BGH, Urt. v. 3.5.2007 – IX ZR 218/05, BGHZ 172, 169, 174 Rn. 20 = WM 2007, 1530, 1532;
   BGH, Urt. v. 17.11.2011 – IX ZR 161/09, WM 2012, 87 Rn. 22.
10 BGH, Urt. v. 3.5.2007 – IX ZR 218/05, BGHZ 172, 169, 175 Rn. 21 = WM 2007, 1530, 1532.
11 BGH, Urt. v. 17.11.2011 – IX ZR 161/09, WM 2012, 87 Rn. 23.

vertraglichen Verbindlichkeiten – das **Privatvermögen der Gesellschafter** als Haftungsmasse zur Verfügung stehen. Diese Überlegungen treffen auch für die Gesellschafter einer bürgerlichrechtlichen Gesellschaft zu. Danach zu unterscheiden, ob die Gesellschaft kaufmännisch organisiert ist (vgl. § 2 Satz 2 und 3, §§ 5, 105 Abs. 2 HGB) – und somit dem Recht der offenen Handelsgesellschaft unterliegt – oder nicht, somit lediglich eine Gesellschaft bürgerlichen Rechts ist, wäre der Rechtssicherheit abträglich. Das in § 128 HGB zum Ausdruck kommende Haftungsprinzip trifft auch auf die **berufshaftungsrechtlichen Verbindlichkeiten einer Anwaltssozietät** zu. Wenn im Allgemeinen ein Gesellschafter für ein fremdes Delikt einstehen muss, ist nicht einzusehen, weshalb dies bei einem anwaltlichen Sozius anders sein soll. Die Rechtsanwälte, die sich zu einer Sozietät zusammenschließen und werbend als solche auftreten, nehmen auch das Risiko auf sich, dass ein Sozius das in ihn gesetzte Vertrauen missbraucht. Haftet eine Rechtsanwaltssozietät für das deliktische Handeln eines Scheinsozius, müssen auch die einzelnen Sozien mit ihrem Privatvermögen dafür einstehen. Auch insoweit verdient eine **Scheinsozietät** keine besondere Behandlung. Geben die Sozien der Sozietät den Anschein, größer zu sein, als sie in Wirklichkeit ist, gehen die Folgen mit ihnen heim; denn sie hätten es in der Hand gehabt, dem Mandanten gegenüber rechtzeitig klarzustellen, dass der sachbearbeitende Rechtsanwalt nicht zu den Mitgliedern der Sozietät gehört.[12]

2. Scheinsozien

6 Die vom Bundesgerichtshof entwickelten Grundsätze der Scheinsozietät betreffen den Fall, dass mehrere Rechtsanwälte, zwischen denen keine Sozietät, sondern nur ein Anstellungsverhältnis besteht, nach außen hin durch gemeinsame Briefbögen, Stempel usw. den Anschein einer Sozietät erwecken und dadurch gegenüber dem **Rechtsverkehr den Anschein erzeugen,** dass der einzelne handelnde Rechtsanwalt sie sämtlich vertritt. An diesem von ihnen gesetzten Rechtsschein müssen sich deshalb alle Rechtsanwälte festhalten lassen. Dies ergibt sich aus den von der Rechtsprechung herausgebildeten Grundsätzen zur sogenannten **Duldungs- und Anscheinsvollmacht.**[13] Die Rechtsfigur der Scheinsozietät dient indessen allein dazu, im Interesse der Mandantschaft um deren Vertrauensschutzes willen unter Haftungsgesichtspunkten auf den erweckten Anschein abzustellen. Fehler eines Scheinsozius bei der Bearbeitung eines Mandats werden als solche der Sozietät behandelt. Die Haftung eines Mitglieds einer Scheinsozietät setzt ein **Mandatsverhältnis** und damit eine anwaltstypische Tätigkeit voraus. Eine anwaltstypische Tätigkeit liegt jedoch dann nicht vor, wenn keine rechtsberatende oder rechtsvertretende Tätigkeit damit verbunden ist. Deshalb scheidet beim Kauf einer PC-Anlage und deren Reparatur durch ein Anwaltsbüro mangels anwaltstypischer Tätigkeit eine Haftung der Scheinsozien für die zulasten der Anwaltssozietät begründeten Forderungen aus.[14]

---

12 BGH, Urt. v. 3.5.2007 – IX ZR 218/05, WM 2007, 1530, 1532 f. Rn. 23 ff.
13 BGH, Urt. v. 17.11.2011 – IX ZR 161/09, WM 2012, 87 Rn. 22.
14 BGH, Urt. v. 16.4.2008 – VIII ZR 230/07, WM 2008, 1136, 1137 Rn. 10 = NJW 2008, 2330.

3. Einstandspflicht von Sozien einer gemischten Sozietät

a) Frühere Rechtsprechung

Nach der früheren Rechtsprechung des Bundesgerichtshofs kam bei **Sozietäten un-** 7
terschiedlicher Berufsangehöriger der Vertrag im Zweifel nur mit denjenigen Sozien zustande, die auf dem zu bearbeitenden Rechtsgebiet tätig werden durften.
Maßgeblich hierfür war der Gesichtspunkt, dass eine reine Besorgung fremder
Rechtsangelegenheiten im Sinne von Art. 1 § 1 RBerG dem Steuerberater verwehrt
ist. Verpflichtete sich ein Wirtschaftsprüfer oder Steuerberater geschäftsmäßig zu
einer ihm nicht gestatteten Rechtsbesorgung, so war der Vertrag nichtig. Denn Art. 1
§ 1 RBerG war ein Verbotsgesetz im Sinne von § 134 BGB. Deshalb wurde davon
ausgegangen, bei einer gemischten Sozietät sei ein Vertrag, der zwischen dem Auftraggeber und einem Sozietätsmitglied geschlossen werde, in der Regel dahin auszulegen, dass nur diejenigen **Mitglieder der Sozietät** die Vertragserfüllung übernehmen sollten, die **berufsrechtlich und fachlich dazu befugt** seien. Diese Würdigung entsprach dem früheren Verständnis, wonach ein Vertrag ausschließlich mit
den **Gesellschaftern** und mangels einer rechtlichen Verselbstständigung nicht mit
der **Gesellschaft** bürgerlichen Rechts geschlossen wird. Danach war nicht die Sozietät als solche der dem Mandanten gegenüberstehende Vertragspartner.

b) Neuere Rechtsprechung

Die eigenständige Rechtspersönlichkeit der Gesellschaft bürgerlichen Rechts hat 8
zur Folge, dass eine **Sozietät selbst Partnerin eines Beratungsvertrages** sein
kann. Dabei kann sich auch eine sogenannte gemischte Sozietät, der neben Rechtsanwälten auch Mitglieder anderer Berufsgruppen angehören, zur Erbringung anwaltlicher Beratungsleistungen verpflichten.[15]

Im Falle eines mit einer Sozietät geschlossenen Beratungsvertrages haften die So- 9
zien für den gegen die Gesellschaft gerichteten Anspruch wegen Schlechterfüllung
in entsprechender Anwendung des § 128 Satz 1, § 129 HGB persönlich. Die persönliche Haftung erstreckt sich dabei auch auf die berufshaftungsrechtlichen Verbindlichkeiten. Nachdem die eigene Rechtspersönlichkeit der Gesellschaft bürgerlichen
Rechts anerkannt und die Doppelverpflichtungslehre aufgegeben worden ist, kann
die Sozietät selbst Partei eines Anwaltsvertrages sein, und zwar auch dann, wenn
dieser neben Rechtsanwälten auch Sozien anderer Berufsgruppen angehören. Damit
ist auch die auf der früheren **Doppelverpflichtungslehre** beruhende Beschränkung
der Haftung auf diejenigen Sozien, die in eigener Person berufsrechtlich zur Bearbeitung des Mandats befugt sind, **überholt.** Wird ein Anwaltsvertrag mit einer **So-**
zietät geschlossen, der neben **Rechtsanwälten** auch **Steuerberater** angehören, so
haften für einen Regressanspruch wegen Verletzung anwaltlicher Beratungspflichten folglich auch **diejenigen Sozien persönlich**, die selbst **nicht Rechtsanwälte**
sind.[16]

---

15 BGH, Urt. v. 10.5.2012 – IX ZR 125/10, WM 2012, 1351 Rn. 15.
16 BGH, Urt. v. 10.5.2012 – IX ZR 125/10, WM 2012, 1351 Rn. 67 ff.

c) Folgemandat

aa) Erstmandat Rechtsanwalt der gemischten Sozietät erteilt

10 Kommt der Vertrag über eine Rechtsberatung wegen der Beschränkungen des Rechtsberatungsgesetzes allein mit dem einer gemischten Sozietät angehörenden **Rechtsanwalt** zustande, wird auch nach Anerkennung der Rechtsfähigkeit der Gesellschaft bürgerlichen Rechts ein durch die frühere Beratung ausgelöster Folgeauftrag mit ihm geschlossen, sofern er nicht erkennbar zum Ausdruck bringt, nunmehr namens der Sozietät zu handeln. Bei einer Mandatserteilung im Jahre 1999 kam der Vertrag entsprechend den bislang geltenden Auslegungsregeln ausschließlich mit dem **berufsrechtlich zur Rechtsberatung befugten Gesellschafter** und nicht mit der hier allein verklagten Sozietät zustande. Nichts anderes folgt daraus, dass der Mandant im Oktober des Jahres 2001 – also nach Erlass der Entscheidung vom 29. Januar 2001 – einen weiteren Auftrag erteilte. Infolge des engen Zusammenhangs mit der früheren, die gleiche rechtliche Angelegenheit betreffenden Beratung ist davon auszugehen, dass der Kläger mit diesem Mandat ebenfalls seinen bisherigen Vertragspartner und nicht die Sozietät betraut hat. In Einklang mit der Auslegungsregel des § 164 Abs. 2 BGB kommt ein Vertrag mit einer Gesellschaft bürgerlichen Rechts nur zustande, wenn der Handelnde erkennbar namens der Gesellschaft auftritt.[17] Gerade das **Zusammenspiel von Primär- und Sekundärhaftung** gebietet, bei Erteilung eines neuen Mandats für ein Tätigwerden innerhalb derselben rechtlichen Angelegenheit durch den gleichen rechtlichen Berater mangels anderer ausdrücklicher Erklärungsinhalte von einem Vertragsschluss des Mandanten mit seinem bisherigen Vertragspartner auszugehen. Der Sekundäranspruch kommt nämlich auch dann zum Tragen, wenn der Anwalt nach Beendigung eines Mandats innerhalb der laufenden Verjährungsfrist einen neuen Auftrag über denselben Gegenstand erhält. Die Hinweispflicht folgt dann aus dem neuen Auftrag. Würde man davon abweichend im Blick auf das neue Mandat von einem Vertragsschluss mit der Sozietät und nicht dem ihr angehörenden Rechtsanwalt ausgehen, würde dies zu dem unangemessenen Ergebnis führen, dass der ursprüngliche, zum Schutz der anderen berufsfremden Sozien allein gegen den Rechtsanwalt begründete Schadensersatzanspruch wegen der späteren Beauftragung der Sozietät und der damit entfallenden sekundären Haftung des selbstständig nicht weiter vertraglich eingebundenen Rechtsanwalts verjährt wäre, nun aber die Sozietät nach Anerkennung ihrer Rechtsfähigkeit für den von dem Rechtsanwalt als ihrem Gesellschafter auf der Grundlage des zunächst nur mit ihm geschlossenen Vertrages verübten Beratungsfehler im Rahmen eines Folgemandats allein haftbar wäre.[18]

bb) Erstmandat gemischter Sozietät erteilt

11 Hat ein Mandant eine Beratersozietät mit einer Rechtsdienstleistung beauftragt, so kommt ein im engen zeitlichen Anschluss daran erteiltes Folgemandat im Zweifel wiederum mit der Sozietät und nicht mit dem angesprochenen Sozius zustande. War

---

17 BGH, Urt. v. 5.2.2009 – IX ZR 18/07, WM 2009, 669, 670 Rn. 12 = NJW 2009, 1597.
18 BGH, Urt. v. 5.2.2009 – IX ZR 18/07, WM 2009, 669, 670 Rn. 13 = NJW 2009, 1597.

bereits das zeitlich nahe vorausgehende Vorläufermandat bei gleichen berufsrechtlichen Beschränkungen der Sozietät erteilt, so gilt dies im Zweifel auch für das Folgemandat. Wenn beide Mandate noch dazu die gleiche rechtliche Angelegenheit betroffen haben, so erschwert dies eine streitige Feststellung, trotzdem habe ein von der Regel abweichender Wechsel des beauftragten Rechtsdienstleisters vom Sozius zur Sozietät oder umgekehrt stattgefunden. Voraussetzung für die Anwendung der Kontinuitätsregel ist die Identität oder Ähnlichkeit der Mandatsgegenstände jedoch nicht. Sind der Mandant und ein sozietätsangehöriger Rechtsanwalt hingegen von dem übereinstimmenden inneren Willen geleitet, ein neues Mandat ohne Rücksicht auf etwaige Vorläufer nur dem angesprochenen Rechtsanwalt zu erteilen, so ist dieser Wille gegenüber einem aus der Kontinuitätsregel abgeleiteten objektiven Erklärungsinhalt vorrangig.[19]

III. Einstandspflicht ein- und ausgetretener Sozien

1. Eintritt nach Haftungsfall

Der in eine Gesellschaft bürgerlichen Rechts eintretende Neugesellschafter hat nach   **12**
der Leitentscheidung vom 7. April 2003 für die vor seinem Eintritt begründeten Verbindlichkeiten grundsätzlich auch persönlich und als Gesamtschuldner mit den Altgesellschaftern einzustehen. Aus Gründen des Vertrauensschutzes soll diese Haftung – freilich ohne den Neugesellschafter gänzlich von jeder Haftung zu entbinden – erst auf künftige, dem Urteilserlass nachfolgende Beitrittsfälle Anwendung finden. Freilich haftet der Neugesellschafter mangels insofern bestehender Schutzbedürftigkeit für solche Altverbindlichkeiten, die er bei seinem Eintritt in die Gesellschaft kennt oder die er bei auch nur geringer Aufmerksamkeit hätte erkennen können.[20] Danach haften jedenfalls nach Bekanntwerden der Entscheidung vom 7. April 2003 einer Anwaltssozietät beigetretene Gesellschafter auch für Altverbindlichkeiten.

2. Austritt vor Haftungsfall

Ein Gesellschafter haftet auch nach seinem Ausscheiden für die Verbindlichkeiten   **13**
der Gesellschaft, wenn diese bis zu seinem Ausscheiden begründet wurden (§§ 736 Abs. 2 BGB, 160 Abs. 1 Satz 1 HGB). Begründet i. S. v. § 160 HGB ist eine Verbindlichkeit nicht etwa dann, wenn der Anspruch des Gläubigers entstanden oder gar fällig ist. Maßgeblich ist vielmehr, wann der **Rechtsgrund für die Verbindlichkeit** gelegt wurde. Demzufolge ist eine rechtsgeschäftliche Verbindlichkeit bereits dann begründet, wenn das Rechtsgeschäft abgeschlossen ist und sich ohne das Hinzutreten weiterer rechtsgeschäftlicher Akte die konkrete, einzelne Verbindlichkeit ergibt. Vertragsänderungen nach dem Ausscheiden des Gesellschafters führen nicht zwangsläufig zur Begründung einer neuen Verbindlichkeit; lediglich nachträgliche Haftungserweiterungen gehen nicht zulasten des ausgeschiedenen Gesellschafters.

---

19 BGH, Urt. v. 9.12.2010 – IX ZR 44/10, NJW 2011, 2301 Rn. 15 ff.
20 BGH, Urt. v. 9.10.2006 – II ZR 193/05, WM 2007, 122, 123 Rn. 10 = MDR 2007, 535.

Die Begründung der Verbindlichkeit setzt mithin nicht voraus, dass bereits alle Tatbestandsvoraussetzungen des Anspruchs erfüllt sind. Infolgedessen werden auch nach dem Ausscheiden entstandene vertragliche Sekundäransprüche noch vor dem Ausscheiden begründet, wenn der Vertrag vor dem Ausscheiden geschlossen wurde. Nach dem Ausscheiden entstandene Aufwendungen hat der ausgeschiedene Gesellschafter zu ersetzen, wenn der Anspruch auf Aufwendungsersatz noch vor seinem Ausscheiden begründet wurde.[21]

IV. Einstandspflicht der Partner einer Partnerschaftsgesellschaft

14 Gemäß § 8 Abs. 1 Satz 2 PartGG in Verbindung mit § 130 HGB haftet der neu eintretende Gesellschafter auch für vor seinem Beitritt begründete Verbindlichkeiten der Partnerschaftsgesellschaft. Der hierin zum Ausdruck kommende Rechtsgedanke findet seine Begründung und Rechtfertigung in den Eigenheiten rechtsfähiger Personengesellschaften mit auf dem Prinzip der Akzessorietät aufbauender Haftungsverfassung. Diese Erwägung trifft gleichermaßen auch für Verbindlichkeiten zu, die sich aus **fehlerhafter Berufsausübung** ergeben. Der Wortlaut von § 8 Abs. 1 Satz 2 und Abs. 2 PartGG gibt nichts her für eine Auslegung des Inhalts, dass ein Partner, der selbst **keinen beruflichen Fehler** zu verantworten habe, nicht hafte. Die Haftungskonzentration für berufliche Fehler im Sinne des § 8 Abs. 2 PartGG verfolgt den Zweck, den betroffenen Angehörigen der freien Berufe Rechts- und Planungssicherheit zu vermitteln und ihre jeweiligen Haftungsrisiken kalkulierbarer zu machen. Mithin sollen die Risiken unbeteiligter Partner aus fehlerhafter Berufsausübung eingeschränkt werden.[22]

15 Unbeteiligte Partner sind hierbei die Partner, die mit der Bearbeitung des in Rede stehenden Auftrages **nicht befasst** waren. Befassung bedeutet, dass der Partner den Auftrag selbst bearbeitet oder seine Bearbeitung überwacht hat oder dies nach der internen Zuständigkeitsverteilung hätte tun müssen. Die Haftung ist lediglich an das Merkmal der Befassung gebunden, nicht dagegen an die Verletzungshandlung, die zu dem konkreten Berufsausübungsfehler führt. Die Beraterhaftung des § 8 Abs. 2 PartGG kann mithin als **verschuldensunabhängige Handelndenhaftung** verstanden werden. Entscheidend kann es nur darauf ankommen, wer von den Partnern einen Bearbeitungsbeitrag von nicht untergeordneter Bedeutung geleistet hat und dass ein Bearbeitungsbeitrag nicht schon deshalb von untergeordneter Bedeutung ist, weil der Fehler von einem anderen Partner begangen wurde. Da der Gesetzgeber eine „einfache und unbürokratische gesetzliche Regelung der Handelndenhaftung" schaffen wollte, darf ein Geschädigter denjenigen Partner in Anspruch nehmen, der sich – für ihn erkennbar – mit seiner Sache befasst hat. Auf eine schadenskausale Beteiligung des Partners am konkreten Bearbeitungsfehler kommt es nicht an.[23]

---

21 OLG Saarbrücken, Urt. v. 30.4.2007 – 1 U 148/06-40, DStR 2008, 527 Rn. 15 f.
22 BGH, Urt. v. 19.11.2009 – IX ZR 12/09, WM 2010, 139, 141 Rn. 17 = NJW 2010, 1360.
23 BGH, Urt. v. 19.11.2009 – IX ZR 12/09, WM 2010, 139, 141 Rn. 17, 18.

Für eine teleologische Reduktion des § 8 Abs. 2 PartGG auf Berufsfehler, die sich   **16**
zugetragen haben, während der in Anspruch Genommene der **Partnerschaft angehörte**, ist kein Raum. Die gesetzliche Regelung liefert für eine solche Auslegung
keinen Ansatzpunkt. Der in § 8 Abs. 2 PartGG angeordnete Haftungsausschluss bezieht sich nur auf Partner, die mit der Angelegenheit nicht oder nur in untergeordneter Weise befasst waren. Für weitere haftungsbeschränkende Elemente fehlt jeglicher Anhaltspunkt.[24] Darum haftet auch der Partner persönlich, der erst nach der
von einem anderen Partner zu verantwortenden Begehung des haftungsbegründenden Fehlers der Partnerschaft beigetreten ist und dann mit der Sache, ohne dass der
Schaden noch vermieden werden konnte, befasst wurde. Gleiches hat für einen Partner zu gelten, der der Partnerschaft von Beginn der Mandatsübernahme angehörte,
aber erst zu einem **Zeitpunkt** mit der Angelegenheit befasst wurde, als der scha-
denstiftende Beratungsfehler bereits verwirklicht worden war. Ob eine Haftung
auch anzunehmen ist, wenn der Partner mit der Bearbeitung betraut wird, um den
von einem anderen Partner begangenen Fehler nach Möglichkeit rückgängig zu machen, ist damit nicht entschieden.

Treten einer Rechtsanwalts-Partnerschaftsgesellschaft Rechtsanwälte bei, die zuvor   **17**
mit anderen Rechtsanwälten eine Sozietät in der Rechtsform der Gesellschaft bürgerlichen Rechts betrieben haben, haftet die Partnerschaftsgesellschaft nur aufgrund
eines erklärten Schuldbeitritts, nicht jedoch entsprechend § 28 Abs. 1 HGB für So-
zietätsverbindlichkeiten.[25]

24 BGH, Urt. v. 19.11.2009 – IX ZR 12/09, WM 2010, 139, 141 f. Rn. 19 = NJW 2010, 1360.
25 BGH, Beschl. v. 23.11.2009 – II ZR 7/09, WM, 2010, 1946 = DStR 2010, 2416.

G.
Verjährung

I. Verjährung nach altem Recht

1. Dauer der Verjährung

Die Regelung des § 51b BRAO a.f bzw. § 68 StBerG a.f. ist gemäß Art. 229 § 12 **1**
Abs. 1 Nr. 3 i.V.m. Art. 229 § 6 Abs. 1 Satz 2 EGBGB weiter anzuwenden, falls der
primäre Schadensersatzanspruch vor dem 15. Dezember 2004 entstanden ist.
Bestimmt sich die Verjährung des Primäranspruchs nach § 51b BRAO bzw. § 68
StBerG, so gilt diese Vorschrift auch für den Sekundäranspruch, weil er lediglich ein
Hilfsrecht und unselbstständiges Nebenrecht des primären Regressanspruchs bildet.[1] Bis zum 15. Dezember 2004 gegen **Anwälte** und **Rechtsanwaltsgesellschaf-
ten** (ebenso §§ 45b, 52m Abs. 2 PatAnwO bezüglich Patentanwälten) entstandene
Schadensersatzansprüche verjähren nach § 51b BRAO in drei Jahren ab dem Zeitpunkt, in dem der Anspruch entstanden ist, spätestens jedoch in drei Jahren nach Beendigung des Auftrags. Bis dahin entstandene Ersatzansprüche gegen **Steuerberater**, Steuerbevollmächtigte sowie Steuerberatungsgesellschaften verjähren gemäß
§§ 68, 72 Abs. 1 StBerG a. F. ebenfalls binnen drei Jahren ab Entstehen des Anspruchs; insoweit ist die Beendigung des Auftrags verjährungsrechtlich ohne Bedeutung. §§ 51a, 56 Abs. 1 WPO a. F. wurden bereits mit Ablauf des 31. Dezember
2003 außer Kraft gesetzt. Bis zu diesem Zeitpunkt belief sich die Verjährungsfrist
gegenüber **Wirtschaftsprüfern** und Wirtschaftsprüfungsgesellschaften nach
§§ 51a, 56 Abs. 1 WPO, § 323 Abs. 5 HGB auf fünf Jahre seit Entstehung des Anspruchs. Die Fristen waren beraterfreundlich, weil sie an die Entstehung des Anspruchs, nicht an die Kenntnis des Anspruchs bei dem Mandanten anknüpften. Ansprüche gegen Rechtsanwälte und Steuerberater verjähren seit dem 15. Dezember
2004, Ansprüche gegen Wirtschaftsprüfer bereits seit dem 1. Januar 2004 nach den
allgemeinen Verjährungsvorschriften der § 194 ff. BGB, also binnen drei Jahren ab
dem Schluss des Jahres, in dem der Mandant von dem Anspruch Kenntnis bzw. grob
fahrlässig keine Kenntnis (§ 199 Abs. 1 BGB) erlangt hat. Der **Rechtsanwalt und
Steuerberater** kann sich im Rahmen einer steuerlichen Beratung nicht auf die für
Anwälte maßgebliche Verjährungsvorschrift des § 51b BRAO a. F. berufen, wonach
Ansprüche spätestens drei Jahre nach Beendigung des Auftrags verjähren. Bei
einem Steuerberater, der zugleich den Beruf des Anwalts ausübt, ist im Regelfall anzunehmen, dass er seinem Mandanten die Hilfe und Beratung in Steuersachen in
seiner Eigenschaft als Steuerberater versprochen hat, wenn sie den ausschließlichen
Gegenstand oder den Schwerpunkt der vertraglich geschuldeten Tätigkeit bildet. In
diesem Fall richtet sich die Verjährung nach § 68 StBerG a. F.[2]

---

1 BGH, Urt. v. 13.11.2008 – IX ZR 69/07, WM 2009, 283, 284 Rn. 8 = NJW 2009, 1350; Urt. v.
  12.7.2012 – IX ZR 96/10, WM 2012, 2106 Rn. 9.
2 BGH, Urt. v. 19.5.2009 – IX ZR 43/08, WM 2009, 1376, 1379 Rn. 25 = NZG 2009, 865.

G. Verjährung

2. Übergangsrecht

a) Verjährungsbeginn

2 Die Regelung des § 51b BRAO bzw. § 68 StBerG ist gemäß Art. 229 § 12 Abs. 1 Nr. 3 i.V.m. Art. 229 § 6 Abs. 1 Satz 2 EGBGB weiter anzuwenden, falls der primäre Schadensersatzanspruch vor dem 15. Dezember 2004 entstanden ist. Wurde ein Beratungsvertrag vor dem 15. Dezember 2004 geschlossen und ist auch der Schaden vor diesem Zeitpunkt eingetreten, bleibt es bei dem alten Recht. Es kommt also nicht zu einer Verlängerung der Verjährung, wenn der **vor dem 15. Dezember 2004 verwirklichte Schaden** dem Mandanten erst ab dem 15. Dezember 2004 bekannt wird. Bestimmt sich die Verjährung des Primäranspruchs nach § 51b BRAO bzw. § 68 StBerG, so gilt diese Vorschrift auch für den Sekundäranspruch, weil er lediglich ein Hilfsrecht und unselbstständiges Nebenrecht des primären Regressanspruchs bildet.[3] Neues Recht ist hingegen anwendbar, wenn der Schaden – gleich ob der Vertrag vor oder nach dem 15. Dezember 2004 geschlossen wurde – erst ab dem 15. Dezember 2004 entstanden ist. Dann muss für den Verjährungsbeginn zu dem Schaden auch die Kenntnis des Mandanten hinzutreten (§ 199 BGB). Liegt der Schaden des Mandanten darin, dass eine ihm gegen einen Dritten zustehende Forderung mit Wirkung zum 31. Dezember 2004 verjährt ist, bestimmt sich die Verjährung des gegen den Anwalt gerichteten Schadensersatzanspruchs nach neuem Recht, weil der Schaden nach dem Stichtag des 15. Dezember 2004 entstanden ist.[4]

b) Verjährungsdauer

3 Die Dauer der Verjährung vor dem 15. Dezember entstandener Ansprüche richtet sich zwar gemäß Art. 229 § 6 Abs. 1 i.V.m. § 12 EGBGB nach neuem Recht.[5] Dies bedeutet aber keine Änderung weil die Regelverjährung des § 195 BGB von drei Jahren den abgelösten Verjährungsfristen des § 51b BRAO bzw. § 68 StBerG entspricht. Im Ergebnis bedeutet dies, dass für vor dem 15. Dezember 2004 entstandene Ansprüche eine Verjährungsfrist von drei Jahren (§ 195 BGB) läuft.

3. Verjährungsbeginn – Entstehen des Anspruchs: Risiko-Schaden-Formel

4 Für die Frage, wann ein Schaden eingetreten ist, gilt die Risiko-Schaden-Formel. Danach ist eine bloße **Vermögensgefährdung** infolge der Pflichtverletzung des Beraters nicht ausreichend. Vielmehr entsteht ein Schaden erst dann, wenn sich die Vermögenslage des Betroffenen durch die Pflichtverletzung des Beraters gegenüber seinem früheren Vermögensstand objektiv verschlechtert hat.[6] Entstanden ist der Anspruch im Allgemeinen, wenn der Schaden wenigstens dem **Grunde** nach erwachsen ist, mag seine Höhe auch noch nicht beziffert werden können; ferner wenn

---

3 BGH, Urt. v. 13.11.2008 – IX ZR 69/07, WM 2009, 283, 284 Rn. 8 = NJW 2009, 1350; v. 3.2.2011 – IX ZR 105/10, WM 2011, 796 Rn. 9 = NJW 2011, 1594.

4 BGH, Urt. v. 15.12.2011 – IX ZR 85/10, WM 2012, 163 Rn. 8 ff.

5 BGH, Urt. v. 12.11.2009 – IX ZR 152/08, WM 2010, 372 Rn. 7; Urt. v. 17.12.2009 – IX ZR 4/08, WM 2010, 629 Rn. 6 = NJW 2010, 856.

6 BGH, Urt. v. 16.7.2015 – IX ZR 197/14, WM 2015, 1622 Rn. 76.

durch die Verletzungshandlung eine als Schaden anzusehende **Verschlechterung der Vermögenslage** eingetreten ist, ohne dass feststehen muss, ob ein Schaden bestehen bleibt und damit endgültig wird, oder wenn eine solche **Verschlechterung der Vermögenslage** oder auch ein **endgültiger Teilschaden** entstanden und mit der nicht fernliegenden Möglichkeit weiterer, noch nicht erkennbarer, adäquat verursachter Nachteile bei verständiger Würdigung zu rechnen ist. **Unkenntnis des Schadens** und damit des Ersatzanspruchs hindert den Verjährungsbeginn nicht. Ist dagegen – objektiv betrachtet – noch offen, ob ein pflichtwidriges, mit einem Risiko behaftetes Verhalten zu einem Schaden führt, ist ein Ersatzanspruch noch nicht entstanden, so dass eine Verjährungsfrist nicht in Lauf gesetzt wird.[7] Eine bloße **Vermögensgefährdung** reicht für die Annahme eines Schadens also nicht aus. Ein Schaden ist noch nicht eingetreten, solange nur das Risiko eines Vermögensnachteils besteht, bei der gebotenen wertenden Betrachtung allenfalls eine Vermögensgefährdung vorliegt, es also noch nicht klar ist, ob es wirklich zu einem Schaden kommt.[8]

a) Beratung bei Vertragsschluss

Der Anwaltsvertrag endet regelmäßig durch **Erledigung des Auftrags**, das heißt,   5 durch die **Erreichung des Vertragszwecks**. Hat sich der Anwalt zu einer außergerichtlichen Beratung verpflichtet, ist der Auftrag im Allgemeinen mit der Erteilung des Rats erledigt. Ist er beauftragt, den Mandanten bei Vertragsverhandlungen zu vertreten, endet der Auftrag grundsätzlich mit der Unterzeichnung des Vertrags. Die primäre Verjährungsfrist beginnt mit dem Abschluss eines notariellen Grundstückskaufvertrages zu laufen (§ 51b Fall 2 BRAO), wenn der Anwalt den Mandanten dabei zu beraten hatte. Der Mandant beauftragte den Anwalt, ihn im Hinblick auf den Erwerb eines Geschäftshauses zu beraten. Dieser Auftrag endete mit dem Abschluss des Grundstückskaufvertrages. Nach Unterzeichnung des Kaufvertrages konnte der Anwalt keine Ratschläge zum aus Sicht des Mandanten wünschenswerten Vertragsinhalt mehr erteilen.[9] Anders verhält es sich, wenn die Beratung auch nach Vertragsschluss fortdauern und den Vollzug des Vertrages erfassen soll.[10] Unterbreitet der Mandant infolge fehlerhafter Beratung ein seiner Interessenlage ungünstiges Vertragsangebot, entsteht ein Schaden erst mit der Vertragsannahme durch die Gegenseite.[11] Wird aufgrund fehlerhafter Beratung ein Vertrag von Vertretern ohne Vertre-

---

7 BGH, Urt. v. 13.12.2007 – IX ZR 130/06, WM 2008, 611, 612 Rn. 10 = NJW-RR 2008, 798; BGH, Urt. v. 5.3.2009 – IX ZR 172/05, WM 2009, 863 f. Rn. 8 = NJW-RR 2009, 991; Urt. v. 3.2.2011 – IX ZR 183/08, WM 2011, 795 Rn. 8 = DStR 2011, 1050; Urt. v. 25.4.2013 – IX ZR 65/12, WM 2013, 1081 Rn. 10 = NJW-RR 2013, 1212; Urt. v. 10.7.2014 – IX ZR 197/12 Rn. 8; Urt. v. 23.4.2015 – IX ZR 176/12, DB 2015, 1281 Rn. 10; Urt. v. 16.7.2015 – IX ZR 197/14, WM 2015, 1622 Rn. 76.
8 BGH, Urt. v. 16.10.2008 – IX ZR 135/07, WM 2008, 2307, 2308 Rn. 12 = NJW 2009, 685; v. 10.5.2012 – IX ZR 143/11, WM 2012, 1451 Rn. 9.
9 BGH, Urt. v. 7.2.2008 – IX ZR 149/04, WM 2008, 946, 948 Rn. 31, 32 = NJW 2008, 2041; v. 16.7.2015 – IX ZR 197/14, WM 2015, 1622 Rn. 81.
10 BGH, Urt. v. 16.7.2015 – IX ZR 197/14, WM 2015, 1622 Rn. 82.
11 BGH, Urt. v. 24.1.2002 – IX ZR 228/00, NJW 2002, 1421, 1424.

tungsmacht geschlossen, erwächst der Schaden erst mit der Genehmigung durch beide Seiten.[12]

b) Unklare Vertragslage

6 Manifestiert sich die Pflichtverletzung in einer unklaren Vertragsgestaltung, der eine fehlerhafte Prospektprüfung gleichsteht,[13] so entsteht der Schaden, sobald der **Vertragsgegner** aus dem Vertrag **Rechte gegen seinen Vertragspartner** herleitet. Ist der Vertragsgegner infolge einer fehlerhaften Vertragsgestaltung zur Irrtumsanfechtung befugt, verwirklicht sich der Schaden folglich erst dann, wenn jener von diesem Recht tatsächlich Gebrauch macht. Begeht der Mandant auf Anraten seines Anwalts eine Vertragsverletzung, erwächst ein Schaden nicht vor dem Zeitpunkt, zu dem der Vertragsgegner daraus Rechte herleitet. Im Falle der Fehlberatung über die Rechtsfolgen einer verdeckten Sacheinlage hängt der Schadenseintritt gleichfalls davon ab, ob die Gesellschaft die ihr aus der verdeckten Sacheinlage zustehenden Rechte tatsächlich wahrnimmt. Bis zur Geltendmachung der durch die verdeckte Sacheinlage nicht getilgten Bareinlageverpflichtung liegt lediglich eine risikobehaftete Lage vor. Der Schaden aktualisiert sich erst mit der tatsächlichen Verfolgung der Bareinlage.[14] Eröffnet der Inhalt einer Klagebegründung dem Rechtsschutzversicherer die Befugnis, die erteilte Deckungszusage zurückzuziehen, entsteht der Schaden nebst dem Ersatzanspruch erst, wenn der Versicherer von dem Recht Gebrauch macht.[15] Besteht der Pflichtverstoß des Rechtsanwalts darin, dass durch die Ausübung eines **vertraglichen Gestaltungsrechts** wie eines Rücktritts andere, sonst erfolgversprechende Ansprüche dauerhaft vereitelt werden, so entsteht der Schaden bereits mit der Ausübung des Gestaltungsrechts, weil sich bereits dadurch die Vermögenslage des Auftraggebers endgültig verschlechtert hat.[16]

c) Schuldhafte Fristverstreichung

7 Lässt der Anwalt einen Anspruch des Mandanten verjähren, beginnt mit dem Verjährungseintritt ohne Rücksicht auf die spätere Geltendmachung der Einrede zugleich die Verjährung des gegen den Anwalt gerichteten Regressanspruchs.[17] Ebenso entsteht der Schaden und beginnt die Verjährung des Regressanspruchs im Falle der Versäumung einer Ausschlussfrist mit dem Ablauf dieser Frist.[18] Schließlich beginnt mit der Versäumung der Frist für die Anfechtung der Ehelichkeit die Verjährungsfrist für den Regressanspruch gegen den Anwalt zu laufen. Erst mit Ablauf der Anfechtungsfrist war für den Mandanten eine als Schaden anzusehende objektive Verschlechterung der Vermögenslage eingetreten; denn von da an hatte er keine

---

12 BGH, Urt. v. 16.7.2015 – IX ZR 197/14, WM 2015, 1622 Rn. 73.
13 BGH, Beschl. v. 15.11.2018 – IX ZR 60/18.
14 BGH, Urt. v. 19.5.2009 – IX ZR 43/08, WM 2009, 1376, 1379 Rn. 28 = NZG 2009, 865.
15 BGH, Urt. v. 10.5.2012 – IX ZR 143/11, WM 2012, 1451 Rn. 10.
16 BGH, Urt. v. 23.6.2005 – IX ZR 197/01, WM 2005, 1869, 1870 f. = NJW-RR 2006, 279, 280.
17 BGH, Urt. v. 21.6.2001 – IX ZR 73/00, WM 2001, 1677, 1679 = NJW 2001, 3543, 3544; Urt. v. 24.3.2011 – IX ZR 197/09, NJW-RR 2011, 858 Rn. 13; Urt. v. 12.7.2012 – IX ZR 96/10, WM 2012, 2106 Rn. 10.
18 BGH, Urt. v. 24.3.2011 – IX ZR 197/09, NJW-RR 2011, 858 Rn. 13.

ernsthafte Möglichkeit mehr, die Durchsetzung der Unterhaltsansprüche des Kindes zu verhindern.[19] Wird infolge eines anwaltlichen Verschuldens ein Versäumnisurteil nicht rechtzeitig angegriffen, beginnt die Verjährung nach dem Ablauf der Einspruchsfrist gegen das Versäumnisurteil. Mit Eintritt der Rechtskraft des vorläufig vollstreckbaren Urteils ist für den Mandanten eine als Schaden anzusehende Verschlechterung der Vermögenslage eingetreten; denn von da an hatte er keine ernsthafte Möglichkeit mehr, die Durchsetzung der klägerischen Ansprüche zu verhindern.[20] Gemäß § 183 Abs. 1 Nr. 3 SGB III a. F. hatten Arbeitnehmer Anspruch auf Insolvenzgeld, wenn sie im Inland beschäftigt waren, bei vollständiger Beendigung der Betriebstätigkeit im Inland ein Antrag auf Eröffnung des Insolvenzverfahrens nicht gestellt worden war und ein Insolvenzverfahren offensichtlich mangels Masse nicht in Betracht kam. In diesem Fall konnten sie gemäß § 324 Abs. 3 Satz 1 SGB III a. F. innerhalb einer Ausschlussfrist von zwei Monaten nach dem Insolvenzereignis die Zahlung von Insolvenzgeld beantragen. Hier trat eine objektive Verschlechterung der Vermögenslage des Arbeitnehmers bereits dann ein, als er die Ausschlussfrist des § 324 Abs. 3 Satz 1 SGB III a. F. versäumt hatte, ohne einen entsprechenden Antrag gestellt zu haben.[21]

d) Anlageberatung

Hat ein Mandant infolge fehlerhafter Beratung eine nachteilige Vermögensanlageentscheidung getroffen, dann beginnt die Verjährungsfrist in dem Zeitpunkt, zu welchem der Mandant sein Geld weggegeben hat und an das Beteiligungsobjekt **rechtlich unwiderruflich gebunden** ist, so dass er eine Vermögenseinbuße auch tatsächlich nicht mehr vermeiden kann. Etwas anderes kann gelten, wenn das Unternehmen, in welches der Beratene investiert, anfangs noch wirtschaftlich gesund ist und der Anleger vor der Vermögensverschlechterung rechtlich und tatsächlich wenigstens die Möglichkeit hat, seine Einlagen abzuziehen. In solchen Fallgestaltungen ist der Investierende sei erst dann geschädigt, „wenn der zu befürchtende Vermögensverlust oder dessen konkrete Gefahr tatsächlich eintritt". Denn solange das empfohlene Unternehmen sich zwar in gewissen wirtschaftlichen Schwierigkeiten befindet, aber die ihm obliegenden Zahlungen wenigstens im Wesentlichen noch leistet, ist die Vermögensanlageentscheidung objektiv nicht ohne Weiteres nachteilig.[22] Durch den **Erwerb von Aktien** tritt bei wertender Betrachtung nicht sofort ein Schaden schon deshalb ein, weil deren Kurs fallen könnte. Dem Risiko steht die Chance der Kurssteigerung gegenüber. Will der Mandant sichergestellt haben, dass Aktien zu am 1. November 2004 17,50 € pro Stück wert sein sollten, tritt ein Schaden zu dem Zeitpunkt cin, in dem sich die Gewissheit ergab, dass der Kurs zu diesem Stichtag geringer sein würde.[23]

8

---

19 BGH, Urt. v. 23.9.2004 – IX ZR 137/03, NJW-RR 2005, 494, 497.

20 BGH, Urt. v. 21.9.1995 – IX ZR 228/94, NJW 1996, 48, 50.

21 BGH, Urt. v. 25.4.2013 – IX ZR 65/12, WM 2013, 1081 Rn. 9 ff. = NJW-RR 2013, 1212.

22 BGH, Urt. v. 27.1.1994 – IX ZR 195/93, WM 1994, 504, 506 = NJW 1994, 1405, 1407; Urt. v. 21.10.2010 – IX 170/09, WM 2010, 2284 Rn. 9 = DStR 2011, 45.

23 BGH, Urt. v. 16.7.2015 – IX ZR 197/14, WM 2015, 1622 Rn. 77.

G. Verjährung

e) Steuerschaden

aa) Bekanntgabe des Bescheids

9 Wenn der Steuerberater einen fehlerhaften Rat in einer Steuersache erteilt und dieser sich in einem für den Mandanten nachteiligen Steuerbescheid niedergeschlagen hat, ist nach gefestigter Rechtsprechung des Bundesgerichtshofs eine als Schaden anzusehende Verschlechterung der Vermögenslage des Mandanten grundsätzlich erst mit der **Bekanntgabe des Bescheids** eingetreten. Diese Rechtsprechung beruht im Wesentlichen darauf, dass es sich nicht allgemein voraussehen lässt, ob die Finanzbehörde einen steuerlich bedeutsamen Sachverhalt aufdeckt, welche Tatbestände sie aufgreift und welche Rechtsfolgen sie aus ihnen herleitet. Deshalb verschlechtert sich die Vermögenslage des Mandanten infolge einer steuerlichen Fehlberatung erst, wenn die Finanzbehörde mit dem Erlass ihres Steuerbescheids ihren Entscheidungsprozess abschließt und auf diese Weise den öffentlich-rechtlichen Steueranspruch konkretisiert.[24] Auf den (späteren) **Eintritt der Bestandskraft oder Unanfechtbarkeit** eines Steuerbescheids kommt es nicht an.[25] Die Verjährung eines Regressanspruchs gegen den Steuerberater wird nicht dadurch gehindert, dass dieser für seinen Auftraggeber Einspruch gegen den Steuerbescheid einlegt.[26] Die bis zum Zeitpunkt des Zugangs des belastenden Steuerbescheids mit Blick auf den eigentlichen Steuerschaden regelmäßig nur vorliegende Vermögensgefährdung wird auch nicht durch eine **Schlussbesprechung über das Ergebnis einer Außenprüfung** (§§ 193 ff. AO) oder durch den erstellten Bericht des Prüfers zu einem den Lauf der Verjährung des § 68 StBerG a. F. in Gang setzenden Schaden.[27] Diese Grundsätze gelten für alle Schadensfälle in Steuersachen, gleichgültig, ob die Schadensursache dazu führt, dass gegen den Mandanten ein Leistungsbescheid der Finanzbehörde ergeht oder ein Steuervorteil durch einen Feststellungs-(Grundlagen-)Bescheid versagt wird. Von welchen tatsächlichen oder rechtlichen Umständen die dem Steuerpflichtigen ungünstige Entscheidung im Einzelfall abhängt, ist danach rechtlich unerheblich. Es kommt grundsätzlich nicht darauf an, welcher Art der vom Steuerberater zu verantwortende, für den nachteiligen Steuerbescheid ursächlich gewordene Fehler ist.[28] Das gilt auch, wenn der Bescheid noch keine Steuerfestsetzung enthält, sondern Besteuerungsgrundlagen selbstständig feststellt, welche für die nachfolgende Steuerfestsetzung gemäß § 182 Abs. 1 AO bindend sind.[29] Maßgebend ist, wann das Feststellungs- und Beurteilungsrisiko des Steuerpflichtigen, dessen Einschätzung sein weiteres Verhalten bestimmt, sich durch einen Verwaltungsakt

---

24 BGH, Urt. v. 16.10.2008 – IX ZR 135/07, WM 2008, 2307, 2308 Rn. 13 = NJW 2009, 685; v. 15.7.2010 – IX ZR 180/09, WM 2010, 1620 Rn. 12; Urt. v. 3.2.2011 – IX ZR 183/08, WM 2011, 795 Rn. 8 = DStR 2011, 1050; Urt. v. 24.1.2013 – IX ZR 108/12, WM 2013, 940 Rn. 9 f. = NJW-RR 2013, 569.

25 BGH, Urt. v. 11.5.1995 – IX ZR 140/94, BGHZ 129, 386, 389 = NJW 1995, 2108.

26 BGH, Urt. v. 29.2.1996 – IX ZR 180/95, WM 1996, 1106, 1107 = NJW 1996, 1895, 1896.

27 BGH, Urt. v. 23.4.2015 – IX ZR 176/12, DB 2015, 1281 Rn. 11.

28 BGH, Urt. v. 13.12.2007 – IX ZR 130/06, WM 2008, 611, 612 Rn. 11, 12 = NJW-RR 2008, 798; BGH, Urt. v. 5.3.2009 – IX ZR 172/05, WM 2009, 863 f. Rn. 8 = NJW-RR 2009, 991.

29 BGH, Urt. v. 10.1.2008 – IX ZR 53/06, WM 2008, 613, 614 Rn. 7 = NJW-RR 2008, 796; BGH, Urt. v. 7.2.2008 – IX ZR 198/06, WM 2008, 1612, 1613 Rn. 14 = NJW-RR 2008, 1508.

der Finanzbehörde erstmals zu einem Schaden verdichtet hat. Dies setzt bei einem Grundlagenbescheid nicht voraus, dass gleichzeitig bereits ein Leistungsbescheid der Finanzverwaltung ergangen und eine zusätzliche Steuerschuld nebst Zinspflicht begründet worden ist, für die im Wege der Leistungsklage Ersatz gefordert werden könnte, soweit diese Belastung vermeidbar war.[30] Ebenso beginnt die Verjährung des Schadensersatzanspruchs gegen einen Steuerberater, welcher verschuldet hat, dass Verluste seiner Mandanten niedriger als möglich festgestellt worden sind, regelmäßig mit der Bekanntgabe der entsprechenden Grundlagenbescheide.[31] Setzt ein Gewerbesteuermessbescheid den Gewerbesteuermessbetrag auf Null fest, werden keine Besteuerungsgrundlagen bindend festgestellt.[32] Von welchen tatsächlichen oder rechtlichen Umständen die dem Steuerpflichtigen ungünstige Entscheidung im Einzelfall abhängt, ist danach rechtlich unerheblich. Es kommt grundsätzlich nicht darauf an, welcher Art der vom Steuerberater zu verantwortende, für den nachteiligen Steuerbescheid ursächlich gewordene Fehler ist.[33] Bei einer Vorverlegung des Verjährungsbeginns auf den Zeitpunkt der Verwirklichung des Steuertatbestands würden die schutzwürdigen Belange des Mandanten nicht angemessen gewahrt, weil der Beratungsfehler und die dadurch ausgelösten Steuernachteile häufig erst lange nach der Beratung erkennbar werden.[34] Macht sich ein Steuerberater schadensersatzpflichtig, weil der Mandant **Säumniszuschläge** (§ 240 Abs. 1 Satz 1 AO) entrichten muss, so beginnt die Verjährung des Schadensersatzanspruchs erst mit der Bekanntgabe der Finanzbehörde, sie werde Säumniszuschläge erheben. Ersatzforderungen eines Steuerpflichtigen wegen eines „Verspätungszuschlags" oder einer „Säumnisgebühr" entstehen frühestens mit dessen/deren Festsetzung.[35] Beruht der Schadensersatzanspruch des Mandanten auf einer fehlerhaften Beratung hinsichtlich des Entstehens von Aussetzungszinsen, so beginnt der Lauf der Verjährung mit der Bekanntgabe des (ersten) Bescheides, durch den die Vollziehung ausgesetzt wird, und nicht erst mit dem späteren Bescheid über die Festsetzung der Aussetzungszinsen. Da ein Ermessen der Behörde ausscheidet, kommt bereits dem Aussetzungsbescheid für die spätere Festsetzung konstituierende Wirkung zu.[36] Empfiehlt ein Steuerberater, Steuern binnen der dafür gesetzten Frist nicht zu begleichen, schafft er zwar für den Steuerpflichtigen das Risiko, dass Säumniszuschläge verwirkt werden. Ob sich das **Risiko verwirklicht**, ist jedoch noch offen. Die Verwirkung des Säumniszuschlags und damit der Eintritt des Schadens hängen unmittelbar von der Rechtmäßigkeit des Steuerbescheides oder von seinen Auswirkungen auf den Steuerpflichtigen ab.[37] Es kommt grundsätzlich nicht darauf an, welcher Art der vom Steuerberater zu verantwortende, für den nachteiligen Steuerbescheid ursäch-

---

30 BGH, Urt. v. 12.11.2009 – IX ZR 218/08, WM 2010, 138, 139 Rn. 10 = DB 2009, 2706.
31 BGH, Urt. v. 15.11.2012 – IX ZR 184/09, WM 2013, 94 Rn. 12 = DB 2012, 2803.
32 BGH, Beschl. v. 21.10.2010 – IX ZR 46/10 Rn. 3.
33 BGH, Urt. v. 5.3.2009 – IX ZR 172/05, WM 2009, 863, 864 Rn. 9 = NJW-RR 2009, 991.
34 BGH, Urt. v. 13.12.2007 – IX ZR 130/06, WM 2008, 611, 612 Rn. 11, 12 = NJW-RR 2008, 798;
    BGH, Urt. v. 5.3.2009 – IX ZR 172/05, WM 2009, 863, 864 Rn. 10 = NJW-RR 2009, 991.
35 BGH, Urt. v. 5.3.2009 – IX ZR 172/05, WM 2009, 863, 864 Rn. 12, 13 = NJW-RR 2009, 991.
36 BGH, Urt. v. 24.1.2013 – IX ZR 108/12, WM 2013, 940 Rn. 11 ff. = NJW-RR 2013, 569.
37 BGH, Urt. v. 5.3.2009 – IX ZR 172/05, WM 2009, 863, 865 Rn. 17 = NJW-RR 2009, 991.

lich gewordene Fehler ist. Der Bundesgerichtshof stellt selbst dann, wenn der Steuerberater eine **Ausschlussfrist** nicht beachtet und die Fristversäumung erst viele Jahre später zu einer dem Mandanten ungünstigen Steuerfestsetzung geführt hat, für den Verjährungsbeginn auf den Erlass des Bescheides ab.[38]

10 Die Verjährung für den Ersatzanspruch des **Geschäftsführers** gegen die steuerlichen Berater der GmbH beginnt mit der **Bekanntgabe des schadensbegründenden Haftungsbescheids.** Mit der Bekanntgabe des Steuerbescheids gegen die GmbH ist nur der **Anfangsschritt** auf dem Wege zur steuerlichen Geschäftsführerhaftung vollzogen. Das so begründete Haftungsrisiko kann sich, sofern § 219 Satz 1 AO anzuwenden ist, nur dann zu einem Schaden verdichten, wenn die GmbH als Steuerschuldnerin nach Auffassung des Finanzamtes nicht leistungsfähig ist. Die haftungsrechtliche Inanspruchnahme des Geschäftsführers ist ferner nach § 69 AO nur zulässig, wenn das Finanzamt als subjektiven Haftungtatbestand die vorsätzliche oder grob fahrlässige Verletzung steuerlicher Geschäftsführerpflichten in Bezug auf die Steuerschuld der GmbH feststellt. Letztlich muss das Finanzamt zum Erlass eines Haftungsbescheides sein Entschließungsermessen aus § 191 Abs. 1 Satz 1 AO zulasten des Geschäftsführers ausüben. Diese Entwicklung von der Vermögensgefährdung zum Vermögensschaden des Geschäftsführers ist zunächst offen. Nach der vom Bundesgerichtshof in ständiger Rechtsprechung zu § 68 StBerG vertretenen Risiko-Schaden-Formel, die auf die Anspruchsentstehung im Sinne von § 199 Abs. 1 Nr. 1 BGB übertragbar ist, tritt daher der Schaden des Geschäftsführers erst ein, wenn das Finanzamt seinen auf die Haftung bezogenen Entscheidungsprozess mit dem Erlass des Haftungsbescheids abgeschlossen hat.[39]

11 Diese Rechtsprechung hat der Bundesgerichtshof übertragen auf die Fälle, in denen nicht erfüllte **Beitragsansprüche zur Sozialversicherung** durch die Einzugsstellen (§ 28b Abs. 1 Satz 2, Abs. 2 SGB IV) oder die prüfungspflichtigen Rentenversicherungsträger (§ 28p Abs. 1 Satz 5 SGB IV) zur Durchsetzung gegen den Arbeitgeber mit **Bescheid festgesetzt** werden. In diesen Fällen bestehen vor Erlass der Bescheide, mit denen noch zu zahlende Beiträge festgesetzt werden, ähnliche Unsicherheiten wie vor der belastenden Konkretisierung eines Steuerschuldverhältnisses durch Steuerbescheid.[40]

bb) Kenntnisnahme durch einen Feststellungsbeteiligten

12 Die Verjährungsfrist für den Schadensersatzanspruch eines Mandanten gegen den Steuerberater nach § 68 StBerG a. F., der auf falscher Auskunft über die Höhe der in einem solchen Bescheid allenfalls feststellbaren Gewinne beruht, läuft bereits mit seiner **ersten Bekanntgabe an einen Feststellungsbeteiligten**, ohne dass die Bekanntgabe an den geschädigten Mandanten gleichfalls schon zu diesem Zeitpunkt oder überhaupt erfolgt sein muss. Das Feststellungs- und Beurteilungsrisiko des Mandanten in einem Besteuerungsverfahren, welches mangels ausreichender Kon-

---

38 BGH, Urt. v. 3.11.2005 – IX ZR 208/04, WM 2006, 590, 591 Rn. 8 = NJW-RR 2006, 642, 643.
39 BGH, Urt. v. 13.10.2011 – IX ZR 193/10, WM 2011, 2334 Rn. 23 = NZG 2011, 1384.
40 BGH, Urt. v. 29.5.2008 – IX ZR 222/06, WM 2008, 1416, 1417 Rn. 17 = NJW-RR 2009, 136.

kretisierung des abstrakt entstandenen Steueranspruchs sich noch zu keinem Schaden verdichtet hat, solange das Verfahren nicht mit einem Steuerbescheid abgeschlossen ist, erfährt diese **Verdichtung** auch, wenn im Rahmen der gesonderten
und einheitlichen Gewinnfeststellung ein solcher Bescheid nur einem Beteiligten
gegenüber bekannt gegeben wird. Das Finanzamt hat damit die Aufklärung des
Sachverhaltes erkennbar beendet und sich in der rechtlichen Beurteilung des Tatbe-
standes gegenüber allen Beteiligten festgelegt, für die der Bescheid bestimmt ist.
Damit ist der Schaden und der Schadensersatzanspruch auch für den betroffenen
Mandanten entstanden.[41] Für den Beginn der Verjährung ist der Zeitpunkt maßgebend, in dem der Steuerbescheid dem **Steuerpflichtigen** oder seinem **Steuerbera-
ter** tatsächlich zugegangen ist; die **gesetzliche Bekanntgabefiktion** in § 122 Abs. 2
Nr. 1 AO ist nicht maßgebend. Ausschlaggebend ist, dass gerade die Bekanntgabe
des nachteiligen Steuerbescheides dem Mandanten Anlass zu der Prüfung gibt, ob
Steuernachteile auf einem Fehler des Steuerberaters beruhen. Dieser Anlass besteht
ab dem Zeitpunkt, in dem der Bescheid tatsächlich zugegangen ist, mag auch die
Rechtsbehelfsfrist für den Steuerpflichtigen noch nicht zu laufen begonnen haben.
Folglich beginnt die Verjährungsfrist auch dann zu laufen, wenn der Bescheid dem
Mandanten trotz einer formfehlerhaften Zustellung bekannt wird.[42]

cc) Andere Schadenspositionen

Der Zugang des Steuerbescheids bestimmt den Beginn der Verjährung nicht für   **13**
sämtliche, durch eine unrichtige Steuerauskunft verursachte Schäden. Der BGH hat
wiederholt ausgesprochen, die Anknüpfung der Verjährung an einen Steuerbescheid
für andere Vermögensschäden als den eigentlichen Steuerschaden komme nicht
stets in Betracht.[43] Es besteht kein sachlicher Grund, den Beginn der Verjährung
trotz bereits verschlechterter Vermögenslage auf die Bekanntgabe des belastenden
Steuerbescheids hinauszuschieben, wenn der Mandant von einer steuerlichen
Pflichtverletzung schon durch seinen neuen Steuerberater Kenntnis erlangt und
Kosten auslösende Maßnahmen ergreift, die ihm zur Beseitigung der Folgen der
vorausgegangenen Pflichtverletzung angeraten worden sind. Weist ein neuer steuerlicher Berater den Mandanten auf eine fehlerhafte steuerliche Gestaltungsberatung
des vormaligen Beraters hin und ergreift der Mandant Maßnahmen, die ihm zur Beseitigung der Folgen der fehlerhaften Beratung empfohlen worden sind, beginnt die
Verjährung des durch die weitere Beratung entstandenen Kostenschadens spätestens
mit der Bezahlung der Leistungen des neuen Beraters.[44]

dd) Sonderfälle

(1) Umsatzsteuer

Regelmäßig beginnt zwar – wie dargelegt – die Verjährung des vertraglichen Ersatz-   **14**
anspruchs gegen den Steuerberater ohne Rücksicht auf dessen Unanfechtbarkeit mit

---

41 BGH, Urt. v. 10.1.2008 – IX ZR 53/06, WM 2008, 613, 615 Rn. 14 = NJW-RR 2008, 796.
42 BGH, Urt. v. 7.2.2008 – IX ZR 198/06, WM 2008, 1612, 1614 Rn. 19 ff. = NJW-RR 2008, 1508.
43 BGH, Urt. v. 23.4.2015 – IX ZR 176/12, DB 2015, 1282 Rn. 13.
44 BGH, Urt. v. 23.4.2015 – IX ZR 176/12, DB 2015, 1282 Rn. 15 ff.

G. Verjährung

der Bekanntgabe eines schadensbegründenden Steuerbescheides. Besteht der Schaden des Auftraggebers in vermeidbaren Umsatzsteuern infolge fehlerhafter Selbstveranlagung, entspricht diesem Zeitpunkt die **Einreichung der Umsatzsteueranmeldung** beim Finanzamt. Dies beruht auf dem Umstand, dass die Umsatzsteuer von dem Unternehmer jährlich anzumelden ist (§ 18 Abs. 3 Satz 1 UStG) und die Anmeldung gemäß § 168 Satz 1 AO einer Steuerfestsetzung unter dem Vorbehalt der Nachprüfung gleichsteht.[45]

(2) Versäumung einer Ausschlussfrist

15 Hat der Steuerberater jeweils die (mittlerweile durch Gesetz vom 20. Dezember 2007, BGBl. I, S. 3150, aufgehobene) **Ausschlussfrist für die Antragsveranlagung von Arbeitnehmern** gem. § 46 Abs. 2 Nr. 8 Satz 2 EStG in der bis zum 28. Dezember 2007 geltenden Fassung verstreichen lassen, ohne eine Einkommensteuererklärung einzureichen, so kam mit Ablauf der jeweiligen Frist die Durchführung eines Veranlagungsverfahrens nicht mehr in Betracht. Einer gesonderten Entschließung der zuständigen Finanzbehörde bedurfte es nicht mehr. Die Rückerstattungen waren unabhängig davon verloren, ob überhaupt noch ein verspäteter und daher abschlägig zu bescheidender Antrag gestellt wurde. Die unterlassene Einreichung der Anträge auf Veranlagung zur Einkommensteuer hat also in dem Augenblick zum Eintritt eines Schadens geführt, in dem die **Antragsfrist** des § 46 Abs. 2 Nr. 8 Satz 2 EStG a. F. ablief. Die Anträge waren jeweils durch Abgabe einer Einkommensteuererklärung bis zum Ablauf des auf den Veranlagungszeitraum folgenden zweiten Kalenderjahres zu stellen. Veranlagungszeitraum ist jeweils das Kalenderjahr (§ 25 Abs. 1 EStG). Die Verjährung des Anspruch hinsichtlich der Einkommensteuererstattung für das Jahr 1996 begann folglich mit Ablauf des Jahres 1998, hinsichtlich des Jahres 1998 mit Ablauf des Jahres 2000, hinsichtlich des Jahres 1999 mit Ablauf des Jahres 2001, und endete jeweils drei Jahre danach.[46]

(3) Beratungsfehler nach Bekanntgabe des Steuerbescheids

16 Zwar beginnt die Verjährung für einen Anspruch gegen einen Steuerberater, der steuerliche Nachteile seines Mandanten verschuldet hat, regelmäßig nicht erst mit der Bestandskraft, sondern bereits mit Bekanntgabe des belastenden Steuerbescheids. Das kann aber nicht gelten, wenn das pflichtwidrige Verhalten des Steuerberaters erst **nach Erlass des Steuerbescheids** einsetzt. Besteht die Pflichtwidrigkeit darin, dass der gebotene **Rechtsbehelf** gegen den Bescheid **nicht eingelegt** wird, so entsteht der Schaden in dem Augenblick, in dem der Steuerpflichtige von sich aus nicht mehr durch einen Rechtsbehelf die Abänderung des Steuerbescheids erwirken kann; die eng begrenzten Abänderungsmöglichkeiten nach § 173 AO reichen nicht aus, den Eintritt des Schadens erst für den Zeitpunkt anzunehmen, von

---

45 BGH, Urt. v. 14.7.2005 – IX ZR 284/01, WM 2005, 2106, 2107; BGH, Urt. v. 29.5.2008 – IX ZR 222/06, WM 2008, 1416, 1417 Rn. 19 = NJW-RR 2009, 136; BGH, Urt. v. 5.3.2009 – IX ZR 172/05, WM 2009, 863, 864 Rn. 11 = NJW-RR 2009, 991.
46 BGH, Urt. v. 16.10.2008 – IX ZR 135/07, WM 2008, 2307, 2308 f. Rn. 14, 15 = NJW 2009, 685.

dem an auch sie nicht mehr bestehen.[47] Dies gilt auch dann, wenn der Steuerbescheid zunächst der formellen Gesetzeslage entspricht und die zugrunde liegende Steuernorm erst später vom Bundesverfassungsgericht für **nichtig erklärt** wird.[48] Legt ein Steuerberater gegen einen Sammelbescheid mit mehreren selbstständig anfechtbaren Regelungsgegenständen einen **Einspruch** ein, der eindeutig auf einen **Teil des angefochtenen Sammelbescheides beschränkt** ist, so beginnt die Verjährung eines hieraus folgenden Schadensersatzanspruchs mit dem Ablauf der Einspruchsfrist, selbst wenn zwischen dem Mandanten und dem Finanzamt später Streit über den Umfang der Anfechtung entsteht.[49] Versäumt es der Steuerberater, im Anschluss an die beratungsfehlerfreie Abgabe von **Jahresumsatzsteueranmeldungen** auf eine danach bekannt gewordene Rechtsprechungsänderung durch einen Antrag auf Neufestsetzung zu reagieren, so beginnt die Verjährung eines Ersatzanspruchs des Mandanten erst mit dem Ende der Festsetzungsfrist (§ 164 Abs. 4 Satz 1 AO) zu laufen.[50] Begeht der Steuerberater im **Einspruchsverfahren** einen Fehler, dann kann es für den Schadenseintritt und damit den Verjährungsbeginn wiederum nicht auf den Zeitpunkt des früheren Erlasses des Einkommensteuerbescheids oder sogar des diesem zugrunde liegenden Grundlagenbescheids ankommen; denn ein Schadensersatzanspruch kann nicht entstehen, bevor die den Schaden auslösende Vertragsverletzung begangen worden ist. Maßgeblich ist vielmehr auch in einem solchen Fall die **Bekanntgabe** des Bescheids der Finanzbehörde, in dem sich vom Steuerberater begangene Fehler niederschlägt; das ist der das Rechtsbehelfsverfahren abschließende **Einspruchsbescheid**. Er gibt dem Mandanten – wie schon der vorangegangene Steuerbescheid – Anlass zur Prüfung, ob der Steuernachteil auf einem Beratungsfehler seines Steuerberaters beruht. Mit ihm ist eine als Schaden anzusehende Verschlechterung der Vermögenslage eingetreten; ob der Schaden bestehen bleibt, ist für den Verjährungsbeginn ohne Bedeutung.[51]

f) Irrige Abführung von Sozialversicherungsbeiträgen

Hat der für die Lohnbuchhaltung zuständige Steuerberater einen nicht versiche-   **17**
rungspflichtigen Geschäftsführer einer GmbH der Einzugsstelle zu Unrecht als versicherungspflichtigen Arbeitnehmer gemeldet und in der Folgezeit für ihn die monatliche Abführung von Sozialversicherungsbeiträgen veranlasst, beginnt die Verjährung spätestens mit der Bezahlung des ersten Sozialversicherungsbeitrages. Bei dem Anspruch des Sozialversicherungsträgers gegen den Arbeitgeber auf Zahlung

---

47 BGH, Urt. v. 20.6.1996 – IX ZR 100/95, WM 1996, 2066 = NJW-RR 1997, 50, 51; Urt. v. 21.10.2010 – IX 170/09, WM 2010, 2284 Rn. 11 = DStR 2011, 45; Urt. v. 3.2.2011 – IX ZR 183/08, WM 2011, 795 Rn. 8 = DStR 2011, 1050; Beschl. v. 21.10.2010 – IX ZR 195/09, DStR 2011, 238 Rn. 10; Urt. v. 15.12.2011 – IX ZR 85/10, WM 2012, 163 Rn. 13.
48 BGH, Urt. v. 3.2.2011 – IX ZR 183/08, WM 2011, 795 Rn. 9 ff. = DStR 2011, 1050.
49 BGH, Urt. v. 21.10.2010 – IX ZR 170/09, WM 2010, 2284 Rn. 12 ff. = DStR 2011, 45.
50 BGH, Urt. v. 23.9.2010 – IX ZR 26/09, WM 2010, 2050 Rn. 39 ff.= DStR 2010, 2374; Beschl. v. 22.9.2010 – IX ZR 248/09, HFR 2011, 482 Rn. 4; v. 21.10.2010 – IX ZR 195/09, DStR 2011, 238 Rn. 11.
51 BGH, Urt. v. 20.6.1996 – IX ZR 100/95, WM 1996, 2066 = NJW-RR 1997, 50, 52; Urt. v. 21.10.2010 – IX 170/09, WM 2010, 2284 Rn. 11 = DStR 2011, 45.

G. Verjährung

von Sozialversicherungsbeiträgen handelt es sich – wie bei der Erfüllung eines Steuertatbestandes (§ 38 AO) – um eine abstrakte gesetzliche Abgabenschuld (vgl. § 22 Abs. 1 SGB IV). Sie bedarf allerdings für den Regelfall – anders als die Steuererhebung nach den §§ 218, 155 AO – **keines Feststellungsbescheides**, weil Grund und Höhe der Beitragspflicht von dem Arbeitgeber leicht festgestellt werden können. Der Arbeitgeber hat selbstständig die entsprechenden Meldungen an die Einzugsstelle zu erstatten und den Gesamtsozialversicherungsbeitrag an diese abzuführen. Bei der vergleichbaren **Selbstveranlagung zur Umsatzsteuer** beginnt die Verjährung des Ersatzanspruchs gegen den mitwirkenden Steuerberater mit der Einreichung der Steueranmeldung beim Finanzamt. Für den Fall der Meldung sozialversicherungspflichtiger Arbeitnehmer und der entsprechenden Abführung von Sozialversicherungsbeiträgen muss Entsprechendes gelten mit der Maßgabe, dass die Verjährung jedenfalls mit der ersten Beitragszahlung beginnt.[52]

g) Verjährung von Ersatzansprüchen gegen Steuerberater ohne steuerliche Fehlberatung

18 Bei Schadensersatzansprüchen gegen Steuerberater wird ein Beginn der Verjährung unabhängig vom Erlass eines Steuerbescheides bejaht, wenn die vom Steuerberater zu verantwortende **Pflichtverletzung keine steuerliche Beratung** betrifft. Wenn der Steuerberater für anderweitige Vermögensschäden haftet, weil er durch unrichtige Steuerauskunft den Mandanten zu einem schadensstiftenden Verhalten bestimmt hat, kommt die Anknüpfung der Verjährung an einen Steuerbescheid nicht stets in Frage. Dies ist der Fall bei **Empfehlung einer nachteiligen Vermögensanlage**; dort kann der Schaden schon allein mit **der rechtlichen Bindung** des Mandanten an das Beteiligungsobjekt eintreten. Dasselbe gilt für die Beantragung einer **Investitionszulage**, über die zwar die Finanzbehörde entscheidet, die jedoch einen direkten Leistungsanspruch gegen den Staat und keine steuerliche Entlastung betrifft oder bei Übernahme der Verpflichtung, im Zuge des Ausscheidens aus einer Gesellschaft mit beschränkter Haftung eine **Bankgarantie** zur Besicherung übernommener Verpflichtungen zu stellen.[53]

h) Verjährung bei Verknüpfung zivilrechtlicher Gestaltung mit Besteuerungsverfahren

19 Wenn der Steuerberater für **anderweitige Vermögensschäden** haftet, weil er durch unrichtige Steuerauskunft den Mandanten zu einem schadenstiftenden Verhalten bestimmt hat, kommt die Anknüpfung der Verjährung an einen Steuerbescheid freilich nicht stets in Frage. Sie ist jedoch dann geboten, wenn eine zivilrechtliche Vertragsgestaltung nach dem Willen des Mandanten von dem voraussichtlichen **Ergebnis eines oder mehrerer Besteuerungsverfahren** abhängig ist und der Berater eine unrichtige Auskunft zu der steuerlichen Vorfrage erteilt. Das steuerliche Feststellungs-

---

52 BGH, Urt. v. 29.5.2008 – IX ZR 222/06, WM 2008, 1416, 1417 Rn. 15, 19 = NJW-RR 2009, 136; BGH, Urt. v. 5.3.2009 – IX ZR 172/05, WM 2009, 863, 864 Rn. 11 = NJW-RR 2009, 991.
53 BGH, Urt. v. 13.12.2007 – IX ZR 130/06, WM 2008, 611, 612 Rn. 13 = NJW-RR 2008, 798; BGH, Urt. v. 10.1.2008 – IX ZR 53/06, WM 2008, 613, 614 Rn. 7 = NJW-RR 2008, 796.

und Beurteilungsrisiko des Mandanten, dessen Einschätzung sein rechtsgeschäftliches Handeln bestimmt, verdichtet sich dann wie in den Fällen vermeidbarer Steuerlasten erst mit der Bekanntgabe des ihm ungünstigen Steuerbescheids zu einem Schaden, den der Vertragsabschluss allein noch nicht bewirkt.[54] Wie in den Fällen vermeidbarer Steuerlasten verdichtet sich dort das steuerliche Feststellungs- und Beurteilungsrisiko des Mandanten, dessen Einschätzung sein rechtsgeschäftliches Handeln bestimmt, erst mit der Bekanntgabe des ihm ungünstigen Steuerbescheids zu einem Schaden. So kann verhindert werden, dass der Mandant praktisch rechtlos gestellt wird, wenn es für diesen vor der Besteuerung keinen Anlass gibt, eine steuerliche Pflichtverletzung und einen daraus entstandenen Schaden auch nur in Erwägung zu ziehen.[55]

i) Schaden durch Gerichtsentscheidung

Führt das fehlerhafte Prozessverhalten eines Rechtsanwalts zu einer für den Man-   **20**
danten nachteiligen gerichtlichen Entscheidung, verschlechtert sich die Vermögenslage des Auftraggebers in der Regel bereits mit der ersten nachteiligen Gerichtsentscheidung infolge anwaltlichen Fehlverhaltens. Dafür ist eine Unsicherheit, ob der Schaden bestehen bleibt und endgültig wird, unerheblich.[56] Seine **frühere Auffassung**, dass ein Schaden infolge eines Anwaltsfehlers im Prozess regelmäßig noch nicht eingetreten sei, solange nicht auszuschließen sei, dass die Entscheidung in einem weiteren Rechtszug zugunsten des Mandanten geändert werde, hat der Senat **ausdrücklich aufgegeben**.[57] Der Kostenschaden verwirklicht sich bereits durch die Erhebung einer aussichtslosen Klage, weil damit ein erster Teil des Schadens in Form der Gerichtskosten entsteht, für die der Kläger als Zweitschuldner haftet.[58] Für die Einreichung eines aussichtslosen Antrags auf Erlass eines Mahnbescheids gilt nichts anderes, weil auch hier die Gerichtskosten mit Zugang beim Gericht fällig werden.[59] Bei einer fehlerhaften Arrestpfändung verwirklicht sich der Schaden, wenn die Pfändung, weil dem Mandanten Dritte zuvorgekommen sind, nicht mehr durchgesetzt werden kann.[60] Begründet ein steuerlicher Berater weder einen Einspruch gegen einen belastenden Steuerbescheid, der nicht auf einer Pflichtverletzung des Beraters beruht, noch eine nachfolgende Anfechtungsklage, so beginnt die Verjährung eines vertraglichen Schadensersatzanspruchs des Mandanten wegen des Steuernachteils mit der Bekanntgabe der Einspruchsentscheidung.[61]

---

54 BGH, Urt. v. 13.12.2007 – IX ZR 130/06, WM 2008, 611, 613 Rn. 16 = NJW-RR 2008, 798; Urt.
   v. 23.4.2015 – IX ZR 176/12, DB 2015, 1282 Rn. 14.
55 BGH, Urt. v. 23.4.2015 – IX ZR 176/12, DB 2015, 1282 Rn. 14.
56 BGH, Urt. v. 12.2.1998 – IX ZR 190/97, WM 1998, 786, 788 = NJW-RR 1998, 742, 743; BGH,
   Urt. v. 12.11.2009 – IX ZR 152/08, WM 2010, 372 Rn. 12; Urt. v. 6.6.2019 – IX ZR 104/18.
57 BGH, Urt. v. 6.6.2019 – IX ZR 104/18.
58 BGH, Urt. v. 13.11.2008 – IX ZR 69/07, WM 2009, 283, 284 Rn. 9 = NJW 2009, 1350; Urt. v.
   10.5.2012 – IX ZR 125/10, WM 2012, 1351 Rn. 56.
59 BGH, Urt. v. 3.2.2011 – IX ZR 105/10, WM 2011, 796 Rn. 9 = NJW 2011, 1594.
60 BGH, Beschl. v. 20.10.2005 – IX ZR 147/02, BRAK-Mitt 2006, 24.
61 BGH, Urt. v. 12.2.1998 – IX ZR 190/97, WM 1998, 786, 788 = NJW-RR 1998, 742, 743.

G. Verjährung

j) Reichweite der Verjährung: Grundsatz der Schadenseinheit

21 Da der aus einem bestimmten Ereignis erwachsene Schaden als ein einheitliches Ganzes aufzufassen ist, läuft eine einheitliche Verjährungsfrist für den Anspruch auf Ersatz dieses Schadens einschließlich aller weiteren adäquat verursachten, zurechen- und voraussehbaren Nachteile, sobald irgendein (Teil-)Schaden entstanden ist. Hat eine einzige, in sich abgeschlossene Verletzungshandlung mehrere Schadensfolgen ausgelöst, so kann allerdings die Verjährungsfrist nach dem Grundsatz der Schadenseinheit auch für nachträglich auftretende, zunächst also nur drohende, aber nicht unvorhersehbare Folgen beginnen, sobald irgendein (Teil-)Schaden schon entstanden ist. Haben sich hingegen mehrere selbstständige Handlungen des Schädigers ausgewirkt, so beginnt die Verjährungsfrist regelmäßig mit den jeweils dadurch verursachten Schäden gesondert zu laufen, mögen auch weitere gleichartige Handlungen mit gleichem Erfolg nachfolgen.[62] Dieser Fall liegt nicht vor, wenn ein bereits eingetretener Schaden pflichtwidrig nicht beseitigt und dadurch vertieft wird, weil der Anwalt im Rahmen des Versorgungsausgleichsverfahrens nicht auf Anwartschaften des Gegners hinweist und danach auch die mögliche Berücksichtigung im Abänderungsverfahren versäumt.[63] Die (weitere) Vermögensverschlechterung infolge der Untätigkeit des Anwalts in dem Abänderungsverfahren ist bei der gebotenen wertenden Betrachtung als ein adäquater Folgenachteil der Pflichtverletzung in dem Versorgungsausgleichsverfahren aufzufassen.[64] Danach kann die Verjährung bei einem sich nach und nach entwickelnden Schaden aus **ein und derselben Verletzungshandlung** – anders als bei **mehreren selbstständigen Handlungen** des Schädigers – bereits eingetreten sein, bevor sich ein späterer Folgenachteil einstellt.[65] Der Schaden aus **einem bestimmten** schädigenden Ereignis ist nämlich ein **einheitliches Ganzes** (Grundsatz der Schadenseinheit). Deshalb läuft für alle voraussehbaren Nachteile eine einheitliche Verjährungsfrist, sobald irgendein **Teilschaden** entstanden ist. Der aus einem Beratungsfehler erwachsende Kostenschaden ist als einheitliches Ganzes aufzufassen. Daher läuft für den Anspruch auf Ersatz dieses Schadens einschließlich aller weiteren adäquat verursachten, zurechenbaren und voraussehbaren Nachteile eine einheitliche Verjährungsfrist, sobald irgendein Teilschaden entstanden ist.[66] Für einen **Steuerschaden** gelten keine Besonderheiten.[67] Erhebt ein Rechtsanwalt hinsichtlich eines verjährten Anspruchs pflichtwidrig eine aussichtslose Klage, so liegt in der Einlegung eines Rechtsmittels gegen ein die Klage abweisendes Urteil keine einen neuen Schadensersatzanspruch auslösende Pflichtwidrigkeit, sondern lediglich ein auf der ursprünglichen rechtlichen Fehleinschätzung beruhendes weiteres Versäumnis, das – in unverjährter Zeit – die Anknüp-

62 BGH, Urt. v. 6.12.2018 – IX ZR 176/16, DB 2019, 179 Rn. 33.
63 BGH, Urt. v. 6.6.2019 – IX ZR 104/18.
64 BGH, Urt. v. 6.6.2019 – IX ZR 104/18.
65 BGH, Urt. v. 18.12.1997 – IX ZR 180/96, WM 1998, 779, 781 = NJW 1998, 1488, 1489.
66 BGH, Urt. v. 3.2.2011 – IX ZR 105/10, WM 2011, 796 Rn. 10 = NJW 2011, 1594; Urt. v. 10.5.2012 – IX ZR 125/10, WM 2012, 1351 Rn. 56; Urt. v. 23.4.2015 – IX ZR 176/12, DB 2015, 1282 Rn. 20; Urt. v. 2.2.2017 – IX ZR 91/15 Rn. 11.
67 BGH, Urt. v. 23.4.2015 – IX ZR 176/12, DB 2015, 1282 Rn. 20.

fung für eine Sekundärhaftung bilden kann.[68] Die Verjährung für Rückgriffsansprüche der Initiatoren eines Fonds gegen die mit der Prüfung der Prospekte betrauten Anwälte beginnt zu laufen, sobald die Initiatoren von Anlegern wegen Prospektmängeln in Anspruch genommen werden.[69] Der aus einem Beratungsfehler erwachsene Schaden hinsichtlich angefallener Aussetzungszinsen ist als einheitliches Ganzes aufzufassen. Daher läuft für den Anspruch auf Ersatz dieses Schadens einschließlich aller weiteren adäquat verursachten, zurechenbaren und voraussehbaren Nachteile eine einheitliche Verjährungsfrist, sobald irgendein Teilschaden entstanden ist; das gilt auch, soweit eine Wiederholung desselben schädigenden Verhaltens – nochmals – denselben Schaden auslöst.[70] Durch den Erlass weiterer Steuerbescheide für Folgejahre ist der aufgrund eines Beratungsfehlers eingetretene Schaden lediglich vergrößert worden.[71] Nachdem der Mandant von seinem neuen Steuerberater auf die Unzulänglichkeit der bisher gewählten steuerlichen Gestaltung hingewiesen und für diese Beratung mit zusätzlichen, als Schaden einzustufenden Kosten belastet wurde, muss er im Blick auf die Haftung seines früheren Beraters bei verständiger Würdigung mit Steuernachteilen rechnen, sei es durch eine Änderung der bisherigen, unter dem Vorbehalt der Nachprüfung ergangenen Steuerbescheide. Es ist ihm deshalb möglich und zumutbar, zur Vermeidung der Verjährung neben einer Klage auf Ersatz der bisher entstandenen Kostenschäden eine solche auf Feststellung der Ersatzpflicht für den künftigen Steuerschaden zu erheben.[72] Bei der fehlerhaften Abführung von Sozialversicherungsbeiträgen für einen Geschäftsführer ist ein erster Schaden spätestens mit Zahlung des ersten Beitrages an den Sozialversicherungsträger entstanden. Darin lag für das Vermögen der Gesellschaft nicht lediglich ein risikobegründender Umstand. Vielmehr war damit bereits eine reale Minderung des Vermögens eingetreten. Dabei handelt es sich um einen **einheitlichen Schaden**, weil der Geschäftsführer infolge der fehlerhaften Anmeldung fortlaufend als sozialversicherungspflichtig geführt wurde mit der Folge entsprechender monatlicher Beitragszahlung.[73] Die Verjährungsfrist für den Anspruch auf Ersatz von Zinsschäden aufgrund ungerechtfertigter Steuermehrbelastungen beginnt – für jeden Veranlagungszeitraum und jede Steuerart gesondert – regelmäßig nach Erlass des jeweils belastenden Steuerbescheids einheitlich in dem Zeitpunkt, in dem die erste Steuerzahlung aus Kreditmitteln erfolgt. Unerheblich ist, inwieweit der Zinsaufwand selbst in unverjährter Zeit angefallen ist.[74] Betreffen Schadenspositionen die Pflichtverletzung aus einem bestimmten Kaufvertrag, verjähren sie ab dem Zeit-

---

68 BGH, Urt. v. 3.2.2011 – IX ZR 105/10, WM 2011, 796 Rn. 11 = NJW 2011, 1594; Urt. v. 10.5.2012 – IX ZR 125/10, WM 2012, 1351 Rn. 56.
69 BGH, Beschl. v. 15.11.2018 – IX ZR 60/18.
70 BGH, Urt. v. 24.1.2013 – IX ZR 108/12, WM 2013, 940 = NJW-RR 2013, 569 Rn. 17 f.
71 BGH, Urt. v. 7.2.2008 – IX ZR 198/06, WM 2008, 1612, 1615 Rn. 31 = NJW-RR 2008, 1508; BGH, Urt. v. 12.11.2009 – IX ZR 218/08, WM 2010, 138, 139 Rn. 12 = DB 2009, 2706.
72 BGH, Urt. v. 23.4.2015 – IX ZR 176/12, DB 2015, 1282 Rn. 21.
73 BGH, Urt. v. 29.5.2008 – IX ZR 222/06, WM 2008, 1416, 1417 Rn. 20 = NJW-RR 2009, 136.
74 BGH, Urt. v. 20.6.1991 – IX ZR 226/90, NJW 1991, 2833, 2834 f.; BGH, Urt. v. 12.11.2009 – IX ZR 218/08, WM 2010, 138, 139 Rn. 13 = DB 2009, 2706.

punkt des Vertragsschlusses, auch soweit sie später entstanden sind.[75] Allerdings stellt jede einzelne von mehreren Handlungen, die eigene Schadensfolgen zeitigt und dadurch zum Gesamtschaden beiträgt, verjährungsrechtlich eine neue selbstständige Schädigung dar und erzeugt daher einen neuen Ersatzanspruch mit eigenem Lauf der Verjährungsfrist.[76] Darum verjährt der Schadensersatzanspruch gegen einen Rechtsanwalt, der pflichtwidrig eine Forderung des Mandanten hat verjähren lassen, unabhängig von der Verjährung eines Anspruchs auf Ersatz des Kostenschadens gegen denselben Rechtsanwalt wegen pflichtwidrigen Führens eines aussichtslosen Prozesses gegen einen Dritten.[77] Unterläuft einem Steuerberater infolge der Jährlichkeit von Steuererklärungen mehrmals der gleiche Fehler, so handelt es sich um eine Fehlerwiederholung, die jeweils eine eigene haftungsausfüllende Kausalität in Gang setzt und einen eigenen Schaden in Gestalt ungünstiger Steuerbescheide bewirkt. Die Schadenseinheit ist demnach in solchen Fällen – anders als wenn ein abgeschlossener Beratungs- oder Gestaltungsfehler in mehrere nachfolgende Veranlagungszeiträume fortwirkt – zu verneinen.[78] So verhält es sich, wenn dem Anwalt vorgeworfen wird, durch eine Pflichtwidrigkeit seinen Mandanten als Arbeitnehmer um eine Abfindung, Provisionszahlungen und Arbeitsentgelt gebracht zu haben.[79] Mehrere selbstständige, zu unterschiedlichen Verjährungsfristen führende Handlungen sind gegeben, wenn dem Anwalt im erstinstanzlichen und im Berufungsverfahren ein Fehler anzulasten ist.[80] Der Grundsatz der Schadenseinheit ist einschlägig, wenn der Berater im Jahr 2000 die Empfehlung erteilt, jährlich bei einer bestimmten Gesellschaft Fonds zu zeichnen, ohne seine Beteiligung an dieser Gesellschaft offenzulegen. Wird eine erste nachteilige Anlage im Jahr 2000 erworben, läuft die Verjährung auch, sofern auf der Grundlage der Empfehlung des Jahres 2000 bis 2008 weitere Fonds gezeichnet wurden. Dagegen läuft für die Zeichnung eines jeden Fonds eine selbständige Frist, wenn der Berater die Empfehlung jedes Jahr erneuert hat.[81]

4. Sekundärverjährung

a) Grundlagen

22 Dem Anwalt wie auch dem Steuerberater[82] – keiner Sekundärhaftung unterliegt hingegen der als Abschlussprüfer tätige Wirtschaftsprüfer[83] – kann es versagt sein, sich auf den Eintritt der Primärverjährung zu berufen, wenn dem Mandant ein Sekundäranspruch zusteht, der die Einrede ausschließt. Ein derartiger Sekundäranspruch

---

75 BGH, Urt. v. 14.5.2009 – IX ZR 141/06, DStR 2009, 1602 f. Rn. 27, 28 = BFH/NV 2009, 1579.
76 BGH, Urt. v. 9.11.2007 – V ZR 25/07, WM 2008, 89, 91 Rn. 16 = NJW-RR 2008, 506, 507; Urt. v. 24.3.2011 – IX ZR 197/09, NJW-RR 2011, 858 Rn. 19.
77 BGH, Urt. v. 2.2.2017 – IX ZR 91/15 Rn. 12.
78 BGH, Urt. v. 15.11.2012 – IX ZR 184/09, WM 2013, 94 Rn. 7 = DB 2012, 2803.
79 BGH, Urt. v. 24.3.2011 – IX ZR 197/09, NJW-RR 2011, 858 Rn. 20.
80 BGH, Urt. v. 12.11.2009 – IX ZR 152/08, WM 2010, 372 Rn. 12.
81 BGH, Urt. v. 6.12.2018 – IX ZR 176/16 Rn. 34.
82 BGH, Urt. v. 20.1.1982 – IVa ZR 314/80, BGHZ 83, 17 = WM 1982, 367 = NJW 1982, 1285.
83 BGH, Urt. v. 10.12.2009 – VII ZR 42/08, WM 2010, 185 = DB 2009, 42/08.

kommt in Betracht, wenn der Anwalt **während noch laufender Primärverjährung** bei einem neuen Auftrag über denselben Gegenstand eine Pflicht, den Mandanten auf die eigene **Regresshaftung hinzuweisen**, schuldhaft verletzt hat. Die Hinweispflicht folgt dabei aus dem neuen Auftrag. Ein Auftrag des Mandanten über denselben Gegenstand (vgl. auch § 15 Abs. 5 Satz 1, § 16 RVG) ist nicht nur dann anzunehmen, wenn er den im prozessualen Sinne selben Streitgegenstand betrifft. Vielmehr folgt aus dem Sinn und Zweck der Sekundärverjährung, dass er bereits dann zu bejahen ist, wenn ein **unmittelbarer innerer Zusammenhang** zwischen dem alten und dem neuen Auftrag besteht.[84] Der Mandant kann infolge seiner Rechtsunkenntnis – anders als der fachkundige Berater – regelmäßig gar nicht oder nur schwer erkennen, dass er durch einen Fehler seines Rechtsanwalts geschädigt wurde. Deswegen wäre die gesetzliche Verjährungsfrist häufig abgelaufen, bevor der Mandant den Fehler erkennt oder gar der Schaden überhaupt eintritt. Dadurch würde der Mandant teilweise rechtlos gestellt. Hart und unbillig wäre die Anwendung des § 51b BRAO a. F. insbesondere für Mandanten, die ihrem Anwalt – vor allem im Rahmen eines Dauermandats – lange vertrauen. Jedoch ist nicht nur das Vertrauen eines Mandanten schützenswert, der seinen Anwalt im eigentlichen Sinne mit einem **Dauermandat** betraut; vielmehr entsteht eine vergleichbare Situation, wenn er den Berater mit der Bearbeitung von **Folgefragen des Erstauftrags** beauftragt, die mit diesem in einem unmittelbaren inneren Zusammenhang stehen. Hat der Anwalt seinen Mandanten beim Kauf eines Hauses fehlerhaft beraten, entsteht ein Sekundäranspruch, wenn der Mandant den Anwalt innerhalb der laufenden Verjährungsfrist mit der Prüfung betraut, ob ihm Ansprüche aus dem Kaufvertrag gegen den Verkäufer zustehen.[85]

b) Anlass

Ein Sekundäranspruch setzt voraus, dass der Rechtsanwalt bei der Bearbeitung des **23** Mandats vor Verjährung des Primäranspruchs **Anlass** hat zu prüfen, ob er durch einen Fehler dem Mandanten Schaden zugefügt hat. Unerheblich ist hingegen, ob der Rechtsanwalt seinen Fehler im Rahmen dieser Prüfung tatsächlich erkannt hat. Ein Sekundäranspruch kommt gleichermaßen in Betracht, wenn der Rechtsanwalt die **gebotene Überprüfung seiner Tätigkeit unterlässt**, wenn er **trotz der Überprüfung** seinen **Fehler nicht erkennt** oder wenn er **trotz Erkenntnis des Fehlers die gebotene Aufklärung des Mandanten unterlässt**.[86] Allerdings ist zu berücksichtigen, dass der Sekundäranspruch eine neue schuldhafte Pflichtverletzung des Beraters voraussetzt und eine **fehlerhafte Erklärungspraxis** nicht ohne Weiteres Anlass dafür bietet, dass der Steuerberater über seine immer auf dem nämlichen Fehler beruhende Haftung zu belehren hat.[87] Wiederholt der Steuerberater aufgrund fortwirkenden Irrtums über einen steuerrechtlich erheblichen Umstand bei der Anfertigung von Steuererklärungen nur seinen ersten Fehler und hat er dabei keinen neuen Anhalts-

---

84 BGH, Urt. v. 16.7.2015 – IX ZR 197/14, WM 2015, 1622 Rn. 88.
85 BGH, Urt. v. 7.2.2008 – IX ZR 149/04, WM 2008, 946, 948 f. Rn. 33 ff. = NJW 2008, 2041.
86 BGH, Urt. v. 24.3.2011 – IX ZR 197/09, NJW-RR 2011, 858 Rn. 14.
87 BGH, Urt. v. 16.10.2008 – IX ZR 135/07, WM 2008, 2307, 2309 Rn. 21 = NJW 2009, 685.

punkt, der auf den begangenen Fehler und das besondere Haftungsrisiko der zurück-
liegenden Tätigkeit hindeutet, so fehlt der Anlass, der den verjährungsrechtlichen
Sekundäranspruch wegen unterlassener Aufklärung des Mandanten über die mögliche Haftung und ihre Verjährung begründen kann.[88] Drängt sich die Erkenntnis des
Fehlers geradezu auf, welcher den Erstschaden verursacht hat, kann der neue Anhaltspunkt lediglich im Einzelfall schwächer sein als bei weniger leicht erkennbaren
Fehlern. Ganz fehlen darf ein neuer Anhaltspunkt, nach dem der Steuerberater seinen
früheren Fehler hätte erkennen müssen, nicht, weil der verjährungsrechtliche Sekundäranspruch eine neue, eigenständige Pflichtwidrigkeit des Rechtsberaters voraussetzt.[89] Zu einer neuen, eigenständigen Pflichtwidrigkeit des Beraters kommt es
nicht, wenn ein Fehler nur aufgrund der bisherigen Annahmen zur Sach- und Rechtslage in die nächstfolgende Steuererklärung übernommen wird.[90]

24 Die Kenntnis einer Finanzierungsverpflichtung seiner Mandantin gibt dem Berater
keinen Anlass zur Prüfung, ob er zum Kauf einer überteuerten Immobilie geraten
hat, wenn auch bei einem angemessenen Preis ein Finanzierungsbedarf entstanden
wäre. Gleiches gilt bei Kenntnis eines Rechtsstreits zwischen dem Verkäufer und
einem Dritten über einer diesem nach dem Vermögensgesetz zukommenden besseren Berechtigung an dem Grundstück, sofern der Prozess durch einen Vergleich auf
der Basis des mit der Mandantin vereinbarten Kaufpreises beendet wird.[91] In der
bloßen **Wiederholung eines früheren Fehlers** ist kein Anlass zur Überprüfung der
bisherigen Tätigkeit zu sehen, wenn sich keine neuen Umstände sachlicher oder
rechtlicher Art ergeben hatten, durch die der Berater veranlasst war, seine Beurteilung einer Überprüfung zu unterziehen.[92] Nach Erhebung der Klage am 8. April
1999 war für den Anwalt mangels neuer tatsächlicher oder rechtlicher Gesichtspunkte jedenfalls bis zur mündlichen Verhandlung am 24. April 2002 keine Veranlassung gegeben, seine Rechtsauffassung zu überprüfen. Da der Sekundäranspruch
eine neue, eigenständige Pflichtwidrigkeit des Rechtsanwalts voraussetzt, war er bis
zum Ablauf der Verjährungsfrist am 9. April 2002 nicht entstanden. Der Auffassung, während des laufenden Verfahrens habe eine wenigstens halbjährliche **Wie-
dervorlage- und Kontrollpflicht** bestanden, kann nicht gefolgt werden. Mangels
eines **konkreten verfahrensbezogenen Anlasses** war der Anwalt auch nicht gehalten, mit Rücksicht auf im Zeitraum zwischen der Klageerhebung und der mündlichen Verhandlung veröffentlichte, dem Anspruch des Mandanten möglicherweise
entgegenstehende Rechtsprechung seine Rechtsauffassung zu überprüfen. Der Sekundäranspruch kann nicht aus der Nichterfüllung einer Pflicht zur Aufdeckung des
Primäranspruchs hergeleitet werden, weil andernfalls mit dem Primäranspruch zugleich der Sekundäranspruch ausgelöst würde.[93] Auch im Rahmen eines Schadensersatzprozesses nach einem Verkehrsunfall ist eine routinemäßige Aktenvorlage

---

88 BGH, Urt. v. 15.11.2012 – IX ZR 109/09, WM 2013, 93 Rn. 6 = DB 2012, 2861.
89 BGH, Urt. v. 15.11.2012 – IX ZR 109/09, WM 2013, 93 Rn. 7 = DB 2012, 2861.
90 BGH, Urt. v. 15.11.2012 – IX ZR 109/09, WM 2013, 93 Rn. 8 = DB 2012, 2861.
91 BGH, Urt. v. 14.5.2009 – IX ZR 141/06, DStR 2009, 1602 f. Rn. 24, 25 = BFH/NV 2009, 1579.
92 BGH, Urt. v. 15.11.2012 – IX ZR 184/09, WM 2013, 94 Rn. 8 = DB 2012, 2803.
93 BGH, Urt. v. 13.11.2008 – IX ZR 69/07, WM 2009, 283, 284 f. Rn. 12 = NJW 2009, 1350.

nicht geboten.[94] Anlass zu einer Prüfung besteht hingegen jeweils bei **Fertigung einer Klageschrift, Kenntnisnahme der Klageabweisung, Erstellung der Berufungsbegründung** sowie der **Zurückweisung der Berufung.**[95]

c) Entstehung und Dauer des Anspruchs wegen Sekundärhaftung

Sind die Voraussetzungen einer Sekundärhaftung gegeben und unterlässt der Berater   **25**
den gebotenen Hinweis, stellt dies eine **neue Pflichtverletzung** im Rahmen des Steuerberatervertrages dar. Der daraus resultierende Ersatzanspruch entsteht mit Eintritt der Verjährung des ursprünglichen (primären) Regressanspruches gemäß § 68 StBerG.[96] Ein Anspruch entsteht in dem Zeitpunkt, in dem alle seine Voraussetzungen eingetreten sind. Das ist bei dem Sekundäranspruch regelmäßig mit der **Vollendung der Verjährung des Regressanspruchs** der Fall. Diese Verjährung ist der durch die unterbliebene Prüfung und Belehrung bewirkte Schaden, weil sie die Verwirklichung des Primäranspruchs verhindert. Die Frist für die Verjährung des Sekundäranspruchs beginnt daher grundsätzlich mit dem Zeitpunkt seiner Entstehung. Die Hilfsregelung des § 51b BRAO kann nach ihrem Wortlaut und gesetzgeberischen Zweck nur dann den Beginn der Verjährungsfrist bestimmen, wenn sie zu einem früheren Ende der Frist führt. War das Mandat des Anwalts daher vor der Verjährung des Primäranspruchs beendet, beginnt die Frist für den Lauf der Verjährung eines Sekundäranspruchs gemäß der Hilfsregelung des § 51b BRAO mit dem Mandatsende.[97] Dauert aber das Mandat im Zeitpunkt der Verjährung des Regressanspruchs noch an, so muss gemäß § 51b BRAO die Verjährung des Sekundäranspruchs mit seinem Entstehen beginnen. Für ein Hinausschieben dieses Termins bis zum Mandatsende gibt es keine gesetzliche Grundlage.[98]

d) Wegfall der Sekundärhaftung

Die sekundäre Hinweispflicht entfällt, sobald der Mandant rechtzeitig vor Ablauf   **26**
der Verjährung **wegen der Haftungsfrage** anwaltlich beraten wird oder auf anderem Wege – sei es durch ein Gerichtsurteil oder den Rechtsschutzversicherer – von dem möglichen Regressanspruch und dessen Verjährung Kenntnis erhält.[99] Nach der Rechtsprechung lässt die spätere Einschaltung eines Rechtsanwalts die Sekundärhaftung nur dann entfallen, wenn die Einschaltung gerade zu dem Zweck erfolgt ist, einen möglichen Regress gegen den **nunmehr in Anspruch genommenen** Steuerberater zu prüfen, bei dem der Wegfall seiner sekundären Hinweispflicht in Frage

94 BGH, Urt. v. 12.7.2012 – IX ZR 96/10, WM 2012, 2106 Rn. 11.
95 BGH, Urt. v. 24.3.2011 – IX ZR 197/09, NJW-RR 2011, 858 Rn. 15.
96 BGH, Urt. v. 14.5.2009 – IX ZR 141/06, DStR 2009, 1602 f. Rn. 21 = BFH/NV 2009, 1579.
97 BGH, Urt. v. 12.11.2009 – IX ZR 152/08, WM 2010, 372 Rn. 17.
98 BGH, Urt. v. 23.5.1985 – IX ZR 102/84, BGHZ 94, 380, 390 = WM 1985, 889 = NJW 1985, 2250.
99 BGH, Urt. v. 15.4.1999 – IX ZR 328/97, WM 1999, 1330, 1335 f.; v. 14.12.2000 – IX ZR 332/99, NJW 2001, 826, 828; v. 21.6.2001 – IX ZR 73/00, NJW 2001, 3543, 3544; BGH, Urt. v. 12.12.2002 – IX ZR 99/02, WM 2003, 928, 929 = NJW 2003, 822, 823; Urt. v. 13.4.2006 – IX ZR 208/02, WM 2006, 1450 Rn. 9 = NJW 2006, 2635.

steht.[100] Dagegen bleibt die Sekundärhaftung bestehen, wenn der neue Rechtsanwalt mit dem Auftrag eingeschaltet ist, Regressansprüche gegen einen **anderen Steuerberater** geltend zu machen. Zwar kann ein Rechtsanwalt, dem die Führung eines Rechtsstreits vor dem Finanzgericht oder die Führung eines Regressprozesses gegen einen anderen, zuvor gegenteilig beratenden Steuerberater übertragen worden ist, verpflichtet sein, für den Fall des negativen Ausgangs dieses Rechtsstreits das Bestehen von Regressansprüchen gegen den zuvor mit der Sache befassten Steuerberater in Betracht zu ziehen und zu prüfen, ob insoweit Verjährung droht. Die nebenvertragliche Hinweispflicht des Rechtsanwalts lässt die Sekundärhinweispflicht des regresspflichtigen Steuerberaters – oder Rechtsanwalts – nicht entfallen. Die **Verantwortlichkeit des Regressschuldners** und des daneben oder danach – jedenfalls aber mit einer anderen Zielrichtung – eingeschalteten Rechtsanwalts unterscheiden sich auch deshalb, weil der zuerst Genannte die Gefahr heraufbeschworen hat, dass der Mandant aus Unkenntnis von der Pflichtverletzung und dem daraus entstandenen oder zumindest drohenden Schaden den Regressanspruch verjähren lässt und dadurch einen weiteren Schaden erleidet. Er ist deshalb „näher" an dem Schaden als der **neu mandatierte Rechtsanwalt**, der lediglich bei Gelegenheit der Wahrnehmung seines Mandats auf diese Regressfrage stößt. Das Bestehen nebenvertraglicher Pflichten des mit einer anderen Zielrichtung beauftragten Rechtsanwalts ist nur zu rechtfertigen, um einen Mandanten, der sonst in seinen Interessen in hohem Maße gefährdet wäre, vor dem Eintritt eines Schadens zu bewahren. Hat jedoch bereits der Regresspflichtige dafür zu sorgen, dass dem Mandanten nicht durch die Verjährung des Regressanspruchs ein weiterer Schaden erwächst, ist der Mandant – jedenfalls zunächst – nicht schutzlos.[101] Eine Sekundärverjährung trifft nicht einen Anwalt, der zum Zeitpunkt der sekundären Pflichtverletzung bereits aus der Sozietät ausgeschieden war.[102]

e) Kanzleiwechsel des sachbearbeitenden Anwalts

27 Ein Anspruch des Mandanten aus Sekundärhaftung besteht auch gegen den Anwalt, der als **Scheinsozius** wegen der primären Pflichtverletzung nur analog § 128 HGB haftet, aber im Rahmen eines **persönlichen Folgemandats** die sekundäre Hinweispflicht verletzt.

28 Der Mandant, dessen ursprünglicher (primärer) Schadensersatzanspruch gegen seinen Rechtsanwalt wegen schuldhafter Pflichtverletzung gemäß § 51b BRAO a. F. verjährt ist (Primärverjährung), hat grundsätzlich einen weiteren (sekundären) Schadensersatzanspruch gegen den Anwalt, wenn dieser den Schaden in Gestalt der Primärverjährung verursacht hat, indem er eine bis zum Ende des Mandats entstandene (sekundäre) Pflicht, den Auftraggeber auf die Möglichkeit einer eigenen Regresshaftung und deren drohende Verjährung hinzuweisen, schuldhaft verletzt hat.

---

100 BGH, Urt. v. 10.5.2012 – IX ZR 125/10, WM 2012, 1351 Rn. 59.
101 BGH, Urt. v. 8.5.2008 – IX ZR 211/07, DStR 2008, 1803 f. Rn. 12, 13.
102 BGH, Urt. v. 7.2.2008 – IX ZR 149/04, WM 2008, 946, 949 Rn. 42 f. = NJW 2008, 2041.

Entsteht eine solche Hinweispflicht **innerhalb desselben Mandats**, besteht dieses naturgemäß mit dem **ursprünglichen Vertragspartner** des Mandanten.[103]

Erhält der Anwalt, der den Auftraggeber vor Abschluss eines Vertrages fehlerhaft **29** beraten hat, noch während des Laufs der Primärverjährung den Auftrag, Ansprüche des Mandanten aus diesem Vertrag zu prüfen oder durchzusetzen, so begründet auch dies die Pflicht, auf die Regresshaftung und ihre Verjährung hinzuweisen, wenn diese Ansprüche in unmittelbarem inneren Zusammenhang mit der ursprünglichen Beratung stehen. Die Hinweispflicht folgt in diesem Fall aus dem **neuen Auftrag**. Der Umstand, dass Vertragspartner des Mandanten bei dem neuen Auftrag nunmehr der Beklagte persönlich, nicht mehr die Sozietät war, lässt die Hinweispflicht nicht entfallen. Der Sekundäranspruch ist zwar nur ein Hilfsrecht und unselbstständiges Nebenrecht des primären Regressanspruchs. Er kann aber gegenüber **allen** entstehen, die **aus dem primären Regressanspruch verpflichtet** sind oder für diesen haften. Dies gilt erst recht für den sachbearbeitenden Rechtsanwalt, der in beiden Mandatsverhältnissen für den geschädigten Mandanten tätig wird.[104]

5. Arglisteinwand

a) Voraussetzungen

Der Einrede der Verjährung (§ 214 Abs. 1 BGB) kann der Arglisteinwand nicht nur **30** dann entgegengesetzt werden, wenn der Schuldner den Gläubiger **absichtlich** von der Erhebung der Klage abgehalten hat. Vielmehr reicht aus, dass der Schuldner durch sein **Verhalten objektiv** – sei es auch unabsichtlich – **bewirkt**, dass die Klage nicht rechtzeitig erhoben wird, und die spätere Verjährungseinrede unter **Berücksichtigung aller Umstände des Einzelfalles** mit dem Gebot von Treu und Glauben unvereinbar wäre. Insoweit ist ein strenger Maßstab anzulegen.[105] Die Beklagte hat es zunächst versäumt, Einspruch gegen den Feststellungsbescheid einzulegen. Die Kläger, die eine Abschrift des vorbereiteten, aber nicht an das Finanzamt abgesandten Einspruchsschreibens erhalten hatten, konnten jedoch davon ausgehen, dass der Feststellungsbescheid nicht bestandskräftig geworden war. In diesem Glauben wurden sie durch ein weiteres Schreiben bestärkt, in welchem die Beklagte ihnen der Wahrheit zuwider darlegte, dass der Feststellungsbescheid vorläufig sei und im Falle einer günstigen Entscheidung des Bundesverfassungsgerichts aufgehoben werde.

b) Geltendmachung der Forderung

Der Bundesgerichtshof hat allerdings in ständiger Rechtsprechung angenommen, **31** dass der Gläubiger einer verjährten Forderung, der sich aufgrund des Verhaltens seines Schuldners darauf verlassen durfte, dass dieser sich nicht auf Verjährung berufen werde, seinen Anspruch binnen einer angemessenen, nach Treu und Glauben zu bestimmenden Frist gerichtlich geltend zu machen hat, wenn der Schuldner die Verjährungseinrede schließlich doch erhob. Diese Frist wurde kurz bemessen, denn sie

---

103 BGH, Urt. v. 16.7.2015 – IX ZR 197/14, WM 2015, 1622 Rn. 85.
104 BGH, Urt. v. 16.7.2015 – IX ZR 197/14, WM 2015, 1622 Rn. 86.
105 BGH, Urt. v. 14.11.2013 – IX ZR 215/12, DB 2014, 479 Rn. 15.

diente nur dazu zu verhindern, dass der Gläubiger infolge einer überraschenden Wendung der Dinge seinen Anspruch noch verlor; eine großzügige Bemessung dieser Frist hätte im Widerspruch zum Zweck der bereits eingetretenen Verjährung gestanden.[106]

32 Den genannten Entscheidungen lagen jedoch jeweils Fälle zugrunde, in denen unter der Geltung des alten Verjährungsrechts, insbesondere vor Einführung des § 203 BGB, über einen mehr oder weniger langen **Zeitraum verhandelt** oder sogar ein teilweises Anerkenntnis erzielt worden war. Die kurze Frist wurde von dem Zeitpunkt der als solcher erkennbaren endgültigen Leistungsverweigerung an berechnet. Im Zeitpunkt des Abbruchs von Vergleichsverhandlungen sind den betroffenen Gläubigern die vermeintlich oder wirklich anspruchsbegründenden Umstände längst bekannt, und die gegenseitigen Standpunkte sind ausgetauscht worden. Das war hier jedoch nicht der Fall. Im November 2010 war den Klägern, wie sich aus einem Schreiben vom 29. November 2010 ergibt, lediglich mitgeteilt worden, dass der Einspruch versehentlich nicht abgesandt worden war. Erst auf Nachfragen ihrer anwaltlichen Bevollmächtigten gemäß Schreiben vom 23. Februar 2011 erfuhren sie, dass die Beklagte zu 1 bereits seit dem 11. August 2003 von dem unterbliebenen Einspruch wusste. Erst diese Information ermöglichte ihnen, das Verhalten der Beklagten als arglistig zu bewerten und den aufgrund der Geltendmachung der Einrede am 2. Februar 2011 an sich verjährten Einspruch mit Aussicht auf Erfolg einzuklagen. Das betreffende Schreiben der Beklagten datiert vom 8. April 2011 und ging am 12. April 2011 bei den Anwälten der Kläger ein. Die Klage ist am 13. Mai 2011 bei Gericht eingegangen.[107]

II. Verjährung nach neuem Recht

1. Verjährungsdauer

33 Ansprüche gegen Rechtsanwälte und Steuerberater verjähren seit dem 15. Dezember 2004, Ansprüche gegen Wirtschaftsprüfer bereits seit dem 1. Januar 2004 nach den allgemeinen Verjährungsvorschriften der § 194 ff. BGB, also binnen **drei Jahren** (§ 195) ab dem **Schluss des Jahres**, in dem der **Anspruch entstanden** (§ 199 Abs. 1 Nr. 1 BGB) und der Mandant von dem Anspruch **Kenntnis bzw. infolge grober Fahrlässigkeit keine Kenntnis** (§ 199 Abs. 1 Nr. 2 BGB) erlangt hat.[108] Fehlt es an einer Kenntniserlangung, laufen absolute Höchstfristen von zehn oder dreißig Jahren (§ 199 Abs. 2 BGB). Die unter der Geltung des früheren, kenntnisunabhängigen Verjährungsrechts begründete **Sekundärhaftung** ist infolge der Anknüpfung des neuen Verjährungsrechts an die Kenntnis des Mandanten überholt.[109]

---

106 BGH, Urt. v. 14.11.2013 – IX ZR 215/12, DB 2014, 479 Rn. 18.
107 BGH, Urt. v. 14.11.2013 – IX ZR 215/12, DB 2014, 479 Rn. 18.
108 BGH, Urt. v. 6.2.2014 – IX ZR 245/12, DB 2014, 655 Rn. 8; v. 6.2.2014 – IX ZR 217/12, NJW 2014, 1800 Rn. 7.
109 BR-Drs. 436/04, S. 25; BGH, Beschl. v. 17.7.2008 – IX ZR 174/05, DStR 2009, 134, 135 Rn. 2.

2. Abgrenzung Alt- und Neurecht

Der Beginn der Verjährung richtet sich für den Zeitraum vor dem 15. Dezember 34
2004 nach § 68 StBerG a. F. Da die den Verjährungsbeginn auslösende Schadensentstehung regelmäßig die Bekanntgabe des belastenden Steuerbescheides gemäß
§ 122 Abs. 1, § 155 Abs. 1 Satz 2 AO voraussetzte und eine anderweitige Verschlechterung der Vermögenslage des Mandanten vor Bekanntgabe der Steuerbescheide im Dezember 2011 nicht eingetreten war, ist der Schaden erst nach dem
14. Dezember 2004 entstanden. Für den Verjährungsbeginn ist folglich das neue
Recht maßgebend. Danach ist entscheidend, wann der Schaden entstanden ist und
der Geschädigte von den den Anspruch begründenden Umständen und der Person
des Schuldners Kenntnis erhielt oder ohne grobe Fahrlässigkeit hätte erlangen müssen (§ 199 Abs. 1 BGB). Dies gilt auch für denjenigen, der seine Ansprüche als Begünstigter aus einem Vertrag mit Schutzwirkung zugunsten Dritter ableitet. Für die
Frage des Zeitpunkts der Entstehung des Schadens ist auch nach neuem Recht die
zuvor entwickelte Risiko-Schaden-Formel maßgebend. Danach ist auch jetzt ein
Steuerschaden noch nicht entstanden, solange es an der Bekanntgabe des belastenden Steuerbescheides fehlt, es sei denn, zuvor wäre ein anderer Schaden als der
Steuerschaden bereits eingetreten.[110]

3. Verjährungsbeginn

§ 199 Abs. 1 BGB ist wie § 195 BGB dem früheren § 852 Abs. 1 BGB nachgebil- 35
det.[111] Die einheitliche Verjährungsregelung für vertragliche und gesetzliche Ansprüche nach dem Vorbild des § 852 Abs. 1 BGB a. F. soll das Verjährungsrecht in
einer Weise vereinfachen, dass es für die Praxis leichter durchschaubar und anwendbar wird. Für die Auslegung dieser Vorschriften kann daher weitgehend auf den
Norminhalt des § 852 Abs. 1 BGB a. F. und die dazu ergangene Rechtsprechung zurückgegriffen werden.[112]

a) Entstehen des Schadens

Der Verjährungsbeginn ist gemäß § 199 Abs. 1 Nr. 1 BGB an die **objektive Entste-** 36
hung des Schadens gekoppelt. Dies entspricht dem früheren Recht (§ 198 BGB
a. F.). Deswegen gilt insoweit die unter dem früheren Recht zum Zeitpunkt der Schadensentstehung entwickelte Rechtsprechung uneingeschränkt fort (vgl. oben Kap. G
Rn. 4).[113] Die Verjährung beginnt abweichend vom früheren Rechtszustand noch
nicht mit der Entstehung des Schadens, sondern dem **Schluss des Jahres**, in dem
sich der Schaden verwirklicht hat (§ 199 Abs. 1 Nr. 1 BGB) und die subjektiven
Voraussetzungen (§ 199 Abs. 1 Nr. 2 BGB) eingetreten sind (§ 199 Abs. 1 Halbs. 1
BGB). Darf der Anwalt oder Steuerberater als letzten Tag den 31. Dezember eines
Jahres zur Vermeidung einer Schadensersatzpflicht durch die Stellung eines Ände-

---

110 BGH, Urt. v. 10.12.2015 – IX ZR 56/15, ZIP 2016, 371 Rn. 22.
111 BGH, Urt. v. 15.12.2016 – IX ZR 58/16, ZIP 2017, 236 Rn. 8.
112 BGH, Urt. v. 19.3.2008 – III ZR 220/07, WM 2008, 1077, 1078 Rn. 7 = NJW-RR 2008, 1237.
113 BGH, Urt. v. 13.10.2011 – IX ZR 193/10, WM 2011, 2334 Rn. 23 = NZG 2011, 1384.

rungsantrags noch voll ausnutzen, wird im Fall der Untätigkeit der gegen ihn gerichtete Ersatzanspruch erst am 1. Januar des Folgejahres begründet (§ 199 Abs. 1 Nr. 1 BGB). Die dreijährige Frist des § 195 BGB wird, weil der Anspruch erst in dem mit dem 1. Januar beginnenden Folgejahr geschaffen wurde, gemäß § 199 Abs. 1 BGB – wenn zwischenzeitlich Kenntnis des Schädigers und der anspruchsbegründenden Umstände hinzutritt – frühestens mit dem Schluss dieses Jahres in Lauf gesetzt worden (sog. „Ultimo-Verjährung").[114]

b) Kenntnis des Schädigers und der anspruchsbegründenden Umstände

37 Als zweites Erfordernis des Verjährungsbeginns verlangt § 199 Abs. 1 Nr. 2 BGB, dass der Geschädigte Kenntnis von den den Anspruch begründenden Umständen und der Person des Schuldners erlangt hat oder ohne grobe Fahrlässigkeit erlangen müsste. Dabei kann die Rechtsprechung des Bundesgerichtshofs zu § 852 Abs. 1 BGB a. F. weitgehend auch für die Frage herangezogen werden, wann der Gläubiger die nach § 199 Abs. 1 Nr. 2 BGB erforderliche Kenntnis von den anspruchsbegründenden Umständen und der Person des Schuldners besitzt.[115]

aa) Person des Schuldners

38 Die erforderliche Kenntnis von der Person des Schuldners liegt im Allgemeinen vor, wenn dem Gläubiger die Erhebung einer Klage Erfolg versprechend, wenn auch nicht risikolos, möglich ist. Hierzu bedarf es unter anderem der Kenntnis von **Namen** und **Anschrift** des Schuldners.[116] Daneben muss die Kenntnis tatsächlicher Umstände hinzutreten, die geeignet sind, die haftungsrechtliche Verantwortung dieser Person zu begründen. Denn nur auf dieser Grundlage kann aus der Sicht des Geschädigten von dem Wissen um einen Ersatzpflichtigen gesprochen werden. Der Verletzte muss also mittels der ihm bekannten Tatsachen in der Lage sein, gegen eine bestimmte Person eine Schadensersatzklage, sei es auch nur in Form der Feststellungsklage, zu erheben, die zwar nicht risikolos sein muss, bei verständiger Würdigung der vom Geschädigten vorzutragenden Tatumstände jedoch so viel Erfolgsaussicht hat, dass ihm die Erhebung der Klage zuzumuten ist.[117] Kommen **mehrere Personen** als Schädiger in Betracht, so richtet sich der Verjährungsbeginn gegenüber jedem einzelnen dieser möglichen Schuldner danach, wann der Geschädigte von der Person des betreffenden Schädigers Kenntnis erlangt hat. Dementsprechend kann die Verjährungsfrist hinsichtlich mehrerer Schuldner, auch wenn sie aus demselben Schadensereignis für denselben Schaden nebeneinander verantwortlich sind, zu unterschiedlichen Zeitpunkten beginnen und ablaufen. Handelt es sich um Ansprüche gegen das Mitglied eines Organs, muss dem Geschädigten dessen Verantwortungsbereich bekannt sein, weil die Haftung für die Verletzung der Rechtsgüter

---

114 BGH, Beschl. v. 21.10.2010 – IX ZR 195/09, DStR 2011, 238 Rn. 12 f.; Urt. v. 15.12.2011 – IX ZR 85/10, WM 2012, 163 Rn. 13 f.
115 BGH, Urt. v. 9.11.2007 – V ZR 25/07, WM 2008, 89, 91 Rn. 15 = NJW 2008, 506, 507.
116 BGH, Urt. v. 23.9.2008 – XI ZR 395/07, WM 2008, 2165, 2166 Rn. 12 = NJW 2009, 587, 588.
117 BGH, Urt. v. 31.10.1989 – VI ZR 84/89, NJW-RR 1990, 222, 223.

Dritter in erheblichem Umfang von der betrieblichen Zuständigkeits- und Aufgabenverteilung abhängen kann.[118]

bb) Anspruchsbegründende Umstände

Weder ist notwendig, dass der Geschädigte **alle Einzelumstände** kennt, die für die   **39** Beurteilung möglicherweise Bedeutung haben, noch muss er bereits hinreichend sichere Beweismittel in der Hand haben, um einen Rechtsstreit im Wesentlichen risikolos führen zu können. Auch kommt es – abgesehen von Ausnahmefällen – nicht auf eine zutreffende rechtliche Würdigung an. Vielmehr genügt aus Gründen der Rechtssicherheit und Billigkeit im Grundsatz die Kenntnis der den Ersatzanspruch begründenden tatsächlichen Umstände. Hierzu gehört in **Fällen unzureichender Aufklärung** auch die Kenntnis der Umstände einschließlich der wirtschaftlichen Zusammenhänge, aus denen sich die Rechtspflicht zur Aufklärung ergibt.[119] Ausreichend ist die Kenntnis von der Vermögensbeeinträchtigung und der Verursachung in ihrer wesentlichen Gestaltung, während das Schadensbild hinsichtlich Umfang und Höhe der Schädigung sowie die Einzelheiten des schadensstiftenden Ereignisses und des weiteren Ursachenverlaufs nicht bekannt zu sein brauchen.[120] Es genügt, dass der Anspruchsberechtigte den Sachverhalt, etwa den Schadenshergang, in seinen Grundzügen kennt und weiß, dass der Sachverhalt erhebliche Anhaltspunkte für die Entstehung eines Anspruchs bietet. Der Verjährungsbeginn setzt grundsätzlich nur die Kenntnis der den Anspruch begründenden Tatsachen voraus. Hingegen ist es in der Regel nicht erforderlich, dass der Anspruchsberechtigte aus den ihm bekannten Tatsachen die zutreffenden rechtlichen Schlüsse zieht. **Rechtsunkenntnis** kann im Einzelfall bei unsicherer und zweifelhafter Rechtslage den Verjährungsbeginn hinausschieben. In diesem Fall fehlt es an der Zumutbarkeit der Klageerhebung als übergreifender Voraussetzung für den Verjährungsbeginn.[121]

Eine Kenntnis der den Anspruch begründenden Umständen im Sinne des § 199   **40** Abs. 1 Nr. 2 BGB liegt nicht schon dann vor, wenn dem Mandanten Umstände bekannt werden, nach denen zu seinen Lasten ein Rechtsverlust eingetreten ist.[122] Die Verjährung eines gegen einen rechtlichen Berater gerichteten Ersatzanspruchs **beginnt zu laufen**, wenn der Mandant den **Schaden** und die **Pflichtwidrigkeit des Beraters erkannt** oder infolge grober Fahrlässigkeit nicht erkannt hat. Die Fachkunde des Rechtsberaters und das Vertrauen seines Auftraggebers begründen typischerweise im Rahmen eines Beratungsvertrages eine **Überlegenheit des Beraters** gegenüber seinem regelmäßig rechtsunkundigen Mandanten. Daher vermag etwa der ungünstige Ausgang eines Rechtsstreits in erster Instanz grundsätzlich noch nicht die erforderliche Kenntnis im Sinne des § 199 Abs. 1 Nr. 2 BGB zu vermitteln. Vielmehr muss der Mandant nicht nur die wesentlichen tatsächlichen Umstände kennen,

---

118 BGH, Urt. v. 12.12.2000 – VI ZR 345/99, WM 2001, 1026, 1027 = NJW 2001, 964.
119 BGH, Urt. v. 3.6.2008 – XI ZR 319/06, WM 2008, 1346, 1348 Rn. 27 = NJW 2008, 2576, 2578.
120 BGH, Urt. v. 15.10.1992 – IX ZR 93/92, NJW 1993, 648, 653.
121 BGH, Urt. v. 23.9.2008 – XI ZR 262/07, WM 2008, 2155, 2156 Rn. 14, 15 = NJW-RR 2009, 547.
122 BGH, Urt. v. 6.2.2014 – IX ZR 217/12, NJW 2014, 1800 Rn. 8.

sondern auch Kenntnis von solchen Tatsachen erlangen, aus denen sich für ihn – zumal wenn er juristischer Laie ist – ergibt, dass der Rechtsberater von dem üblichen rechtlichen Vorgehen abgewichen oder Maßnahmen nicht eingeleitet hat, die aus rechtlicher Sicht zur Vermeidung eines Schadens erforderlich waren. Nicht die Beratung als solche sondern erst der Pflichtenverstoß des Rechtsberaters begründet den gegen ihn gerichteten Regressanspruch.[123] Die Ansicht, die bloße Kenntnis der anwaltlichen Beratung und der ihr zugrunde liegenden Umstände reichten zur Kenntnis der den Anspruch begründenden Umstände aus, greift deshalb zu kurz.[124] Liegt bei einem Schadensersatzanspruch der haftungsauslösende Fehler in einer falschen Rechtsanwendung des Schuldners, kann nicht die Kenntnis dieser Rechtsanwendung als solche ausreichen; vielmehr muss der Geschädigte Kenntnis oder grob fahrlässige Unkenntnis davon haben, dass die Rechtsanwendung fehlerhaft gewesen ist.[125] Darum muss der Mandant Kenntnis von solchen Tatsachen erlangen, aus denen sich für ihn – zumal wenn er juristischer Laie ist – ergibt, dass der Rechtsberater von dem üblichen rechtlichen Vorgehen abgewichen ist oder Maßnahmen nicht eingeleitet hat, die aus rechtlicher Sicht zur Vermeidung eines Schadens erforderlich waren. Nicht die anwaltliche Beratung, sondern erst der Pflichtenverstoß des Rechtsberaters begründet den gegen ihn gerichteten Regressanspruch.[126]

41 Solange das Mandat noch nicht beendet ist, sind weitere Besonderheiten zu beachten. Rät der Berater zur **Fortsetzung des Rechtsstreits**, hat der Mandant in der Regel auch dann keine Kenntnis von der Pflichtwidrigkeit des Beraters, wenn das Gericht oder der Gegner zuvor auf eine Fristversäumung hingewiesen hat. Für ein fehlerhaftes Verhalten des Beraters ist aus der Sicht des Mandanten dann regelmäßig **kein Anhalt im Sinne grob fahrlässiger Unkenntnis** gegeben, wenn der in Betracht kommende Fehler im Rechtsstreit kontrovers beurteilt wird und der Berater gegenüber dem Mandanten oder in Ausübung des Mandats nach außen hin die Rechtsansicht vertritt, ein Fehlverhalten liege nicht vor. Der Beratungsvertrag ist in besonderer Weise durch gegenseitiges Vertrauen geprägt. Dies gilt auch für jedes Mandat. Die rechtliche Bearbeitung eines ihm anvertrauten Falles ist allein Sache des Beraters. Der Mandant muss – selbst wenn er über eine juristische Vorbildung verfügt – sich darauf verlassen können, dass der Berater die anstehenden Rechtsfragen fehlerfrei beantwortet und der erteilte Rechtsrat zutreffend ist. Dem Mandanten obliegt es nicht, den **Berater zu überwachen** oder dessen Rechtsansichten durch einen weiteren Rechtsberater überprüfen zu lassen. Rät der Berater zur Fortsetzung des Rechtsstreits, hat der Mandant in der Regel sogar dann keine Kenntnis von der Pflichtwidrigkeit des Beraters, wenn das Gericht oder der Gegner zuvor auf eine Fristversäumung hingewiesen hat.[127]

---

123 BGH, Urt. v. 6.2.2014 – IX ZR 245/12, DB 2014, 655 Rn. 15; Urt. v. 6.2.2014 – IX ZR 217/12, NJW 2014, 1800 Rn. 8.

124 BGH, Urt. v. 6.2.2014 – IX ZR 217/12, NJW 2014, 1800 Rn. 9.

125 BGH, Urt. v. 24.4.2014 – III ZR 156/13 Rn. 26.

126 BGH, Urt. v. 15.12.2016 – IX ZR 58/16, ZIP 2017, 236 Rn. 11.

127 BGH, Urt. v. 6.2.2014 – IX ZR 245/12, DB 2014, 655 Rn. 17.

Der Mandant hat in der Regel keine Kenntnis oder grob fahrlässige Unkenntnis von **42** Schaden und Schädiger, wenn der von ihm beauftragte Steuerberater, gegen den sich der Anspruch richtet, die in einem Steuerbescheid oder einem Schreiben des Finanzamts enthaltene Rechtsansicht als unrichtig bezeichnet und zur Einlegung eines Rechtsbehelfs rät.[128] Die Fachkunde des Rechtsanwalts und das Vertrauen seines Auftraggebers begründen im Rahmen eines Anwaltsvertrages typischerweise eine Überlegenheit des Anwalts gegenüber seinem regelmäßig rechtsunkundigen Mandanten. Der Mandant hat seine rechtlichen Belange dem dazu berufenen Fachmann anvertraut und kann daher dessen etwaige Fehlleistungen – eben wegen seiner Rechtsunkenntnis – nicht erkennen. Ohne Kenntnis von Tatsachen, die aus seiner Sicht auf eine anwaltliche Pflichtverletzung deuten, hat er keine Veranlassung, die anwaltliche Leistung in Frage zu stellen.[129] Bei einem rechtsunkundigen Auftraggeber ist mithin nicht bereits nach ungünstigem Ausgang eines Rechtsstreits die erforderliche Kenntnis gegeben. Vielmehr muss der Mandant nicht nur die wesentlichen tatsächlichen Umstände kennen, sondern auch Kenntnis von solchen Tatsachen erlangen, aus denen sich für ihn als juristischen Laien ergibt, dass der Berater von dem üblichen rechtlichen Vorgehen abgewichen ist oder Maßnahmen nicht eingeleitet hat, die aus rechtlicher Sicht zur Vermeidung eines Schadens erforderlich waren.[130] Für ein fehlerhaftes Verhalten des Anwalts ist aus der Sicht des Mandanten regelmäßig kein Anhalt im Sinne grob fahrlässiger Unkenntnis gegeben, wenn der in Betracht kommende Fehler im Rechtsstreit kontrovers beurteilt wird und der Anwalt gegenüber dem Mandanten oder in Ausübung des Mandats nach außen hin die Rechtsansicht vertritt, ein Fehlverhalten liege nicht vor. Der Mandant darf sich darauf verlassen, dass der von ihm beauftragte Anwalt die anstehenden Rechtsfragen fehlerfrei beantwortet und der erteilte Rechtsrat zutreffend ist. Dem Mandanten obliegt es nicht, den Anwalt zu überwachen oder dessen Rechtsansichten durch einen weiteren Rechtsberater überprüfen zu lassen. Rät der Berater zur Fortsetzung des Rechtsstreits, hat der Mandant in der Regel sogar dann keine Kenntnis von der Pflichtwidrigkeit des Beraters, wenn das Gericht oder der Gegner zuvor auf eine Fristversäumung hingewiesen hat.[131]

Nichts anderes gilt für die **Haftung eines Steuerberaters**, was das Berufungsge- **43** richt im Ansatz nicht verkannt hat. Ein nachteiliger Steuerbescheid oder eine Mitteilung des Finanzamts vermittelt keine Kenntnis der steuerrechtlichen Lage, wenn der vom Mandanten beauftragte Steuerberater, gegen den sich der Schadensersatzanspruch richtet, die im Bescheid oder im Schreiben vertretene Ansicht als unrichtig bezeichnet und zur Einlegung des Rechtsbehelfs rät. Auch in einem solchen Fall kann vom Mandanten regelmäßig nicht erwartet werden, einen weiteren Steuerbera-

---

128 BGH, Urt. v. 25.10.2018 – IX ZR 168/17, ZInsO 2018, 2800 Rn. 9.
129 BGH, Urt. v. 6.2.2014 – IX ZR 217/12, NJW 2014, 1800 Rn. 9.
130 Vgl. BGH, Urt. v. 31.10.2000 – VI ZR 198/99, NJW 2000, 885, 886, betreffend die Kenntnis eines ärztlichen Behandlungsfehlers.
131 BGH, Urt. v. 25.10.2018 – IX ZR 168/17, ZInsO 2018, 2800 Rn. 9.

ter zu beauftragen, um die Richtigkeit der Auskünfte und Empfehlungen seines Beraters zu überprüfen.[132]

44 Der Mandant muss nach Aufhebung von § 68 StBerG a. F. zum 15. Dezember 2004 durch Art. 16 Nr. 2 des Gesetzes zur Anpassung von Verjährungsvorschriften an das Gesetz zur Modernisierung des Schuldrechts vom 9. Dezember 2004 (BGBl. I, S. 3214) als Voraussetzung für den Verjährungsbeginn der Beraterhaftung stets persönliche Kenntnis von dem gegen ihn ergangenen Festsetzungs- oder Feststellungsbescheid im Rahmen des nunmehr einschlägigen § 199 Abs. 1 Nr. 2 BGB haben.[133]

cc) Zurechnung der Kenntnis Dritter

45 Der Mandant muss sich die Kenntnis oder grob fahrlässige Unkenntnis eines Rechtsanwalts zurechnen lassen, den er mit der Durchsetzung des Ersatzanspruchs gegen einen früheren Berater beauftragt hat. Eine Zurechnung kommt regelmäßig auch dann in Betracht, wenn der Mandant den Rechtsanwalt mit der Fortsetzung oder Überprüfung des dem späteren Anspruchsgegners erteilten Mandats beauftragt hat.

46 Nach gefestigter Rechtsprechung des Bundesgerichtshofs kommt es hinsichtlich der Kenntnis der für den Beginn der Verjährungsfrist maßgebenden Umstände grundsätzlich auf die Person des Anspruchsgläubigers selbst an. Allerdings muss sich der Anspruchsgläubiger entsprechend § 166 Abs. 1 BGB und mit Rücksicht auf Treu und Glauben (§ 242 BGB) auch die Kenntnis eines Wissensvertreters zurechnen lassen. Wissensvertreter ist jeder, der nach der Arbeitsorganisation des Geschäftsherrn dazu berufen ist, im Rechtsverkehr als dessen Repräsentant bestimmte Aufgaben in eigener Verantwortung zu erledigen und die dabei anfallenden Informationen zur Kenntnis zu nehmen sowie gegebenenfalls weiterzuleiten. Dazu gehört etwa die Verfolgung eines Anspruchs des Geschäftsherrn. Ein vom Gläubiger mit der Durchsetzung einer Forderung gegen den späteren Insolvenzschuldner beauftragter Rechtsanwalt ist Wissensvertreter des Gläubigers, soweit er sein Wissen aus allgemein zugänglichen Quellen erlangt oder es über seine Internetseite selbst verbreitet hat. Zugerechnet wird auch das Wissen eines Rechtsanwalts, welchen der Geschädigte mit der Aufklärung eines bestimmten Sachverhalts, etwa der Frage eines ärztlichen Behandlungsfehlers, beauftragt hat. Die auf eine derartige Beauftragung gegründete Zurechnung umfasst nicht nur das positive Wissen des Wissensvertreters, sondern auch seine leichtfertige oder grob fahrlässige Unkenntnis. Eine Wissenszurechnung scheidet aus, wenn sich der betreffende Anspruch gerade gegen diejenige Person richtet, deren Wissen zugerechnet werden soll; denn in derartigen Fällen kann nicht erwartet werden, dass der Schuldner dafür sorgt, dass Ansprüche gegen ihn selbst geltend gemacht werden.[134]

47 Die Zurechnung des Wissens oder der grob fahrlässigen Unkenntnissen eines anwaltlichen Beraters kommt nach allgemeiner Ansicht auch im Bereich der Haftung des Rechtsanwalts oder Steuerberaters in Betracht. Sie setzt jedenfalls eine Beauf-

---

132 BGH, Urt. v. 25.10.2018 – IX ZR 168/17, ZInsO 2018, 2800 Rn. 10.
133 BGH, Urt. v. 10.1.2008 – IX ZR 53/06, WM 2008, 613, 614 f. Rn. 11, 12 = NJW-RR 2008, 796.
134 BGH, Urt. v. 25.10.2018 – IX ZR 168/17, ZInsO 2018, 2800 Rn. 13.

tragung des neuen Rechtsanwalts voraus. Kenntnis oder grob fahrlässige Unkenntnis des neuen Beraters können frühestens vom Zeitpunkt der Beauftragung an zugerechnet werden. Es muss sich außerdem um Kenntnisse handeln, welche der anwaltliche Berater im Rahmen des ihm erteilten Auftrags erlangt oder verwertet; dem
steht es gleich, wenn er diese Kenntnisse grob fahrlässig nicht erlangt oder nicht verwertet, obwohl ihm dies rechtlich möglich und zumutbar gewesen wäre; eine Grenze
bildet hier die dem Anwalt obliegende Pflicht zur Verschwiegenheit (§ 43a BRAO).
Derartige Kenntnisse werden jedenfalls dann zugerechnet, wenn der neue Anwalt
mit der Verfolgung von Schadensersatzansprüchen gegen den früheren Berater beauftragt wird. Eine Zurechnung kommt regelmäßig jedoch auch in Betracht, wenn
der Anwalt mit der Fortführung oder Überprüfung des ersten, dem späteren Anspruchsgegner erteilten Mandats beauftragt wird, auf welchem der Schadensersatzanspruch beruht.[135]

Es ist anerkannt, dass für den maßgeblichen Wissensstand die Kenntnis des gesetzli-   **48**
chen Vertreters entscheidend ist, wenn der Geschädigte geschäftsunfähig oder beschränkt geschäftsfähig ist.[136] Die Verjährungsfrist beginnt bei Behörden und öffentlichen Körperschaften nur dann zu laufen, wenn der zuständige Bedienstete der verfügungsberechtigten Behörde Kenntnis von dem Schaden und der Person des
Ersatzpflichtigen erlangt. Verfügungsberechtigt in diesem Sinne sind solche Behörden, denen die Entscheidungskompetenz für die zivilrechtliche Verfolgung von
Schadensersatzansprüchen zukommt. Dabei ist die behördliche Zuständigkeitsverteilung zu respektieren. Eine Wissensvertretung durch Behörden, die sich im Zuge
strafrechtlicher Verfolgung als Hilfsbeamte der Staatsanwaltschaft mit der Ermittlung von Sachverhalten befassen, die auch für zivilrechtliche Ansprüche bedeutsam
sind, findet nicht statt.[137] Ist der Bedienstete einer juristischen Person innerhalb seines Aufgabenbereichs mit der Vorbereitung von Schadensersatzansprüchen befasst
und insoweit ihr Wissensvertreter, so kann seine Kenntnis die Verjährung solcher
Ansprüche ohne Rücksicht darauf in Lauf setzen, dass für die Geltendmachung der
Ansprüche eine andere Abteilung zuständig ist.[138] Darüber hinaus hat die Rechtsprechung zu § 852 Abs. 1 BGB a. F., dem § 199 Abs. 1 Nr. 2 BGB nachgebildet ist, aus
dem Rechtsgedanken des § 166 Abs. 1 BGB abgeleitet, dass auch die Kenntnis eines
Wissensvertreters genügt. So muss der Gläubiger, der einen Dritten mit der Tatsa-
chenermittlung gerade zur Durchsetzung oder Abwehr unter anderem desjenigen
Anspruchs, um dessen Verjährung es konkret geht, beauftragt hat, dessen Kenntnis
gegen sich gelten lassen. Denn derjenige, der einen anderen mit der Erledigung bestimmter Angelegenheiten in eigener Verantwortung betraut, hat sich unabhängig
von einem Vertretungsverhältnis das in diesem Rahmen erlangte Wissen des anderen zuzurechnen zu lassen. Ob diese Rechtsprechung unverändert auf § 199 Abs. 1
Nr. 2 BGB übertragen werden kann, obwohl diese Vorschrift nicht nur – wie bisher –

135 BGH, Urt. v. 25.10.2018 – IX ZR 168/17, ZInsO 2018, 2800 Rn. 14.
136 BGH, Urt. v. 16.5.1989 – VI ZR 251/88, NJW 1989, 2323.
137 BGH, Urt. v. 4.2.1997 – VI ZR 306/95, NJW 1997, 1584, 1585.
138 BGH, Urt. v. 18.1.1994 – VI ZR 190/93, NJW 1994, 1150, 1151.

deliktische, sondern auch vertragliche und bereicherungsrechtliche Ansprüche erfasst, ist umstritten und noch nicht höchstrichterlich geklärt.[139]

c) Grob fahrlässige Unkenntnis

49 Nach der Rechtsprechung des Bundesgerichtshofs konnte die nach § 852 Abs. 1 BGB a. F. erforderliche Kenntnis vom Schaden und der Person des Ersatzpflichtigen im Einzelfall schon dann anzunehmen sein, wenn der Geschädigte diese Kenntnis zwar tatsächlich noch nicht besaß, er sie sich aber in zumutbarer Weise ohne nennenswerte Mühe beschaffen konnte. In diesem Fall galten die maßgebenden Umstände in dem Augenblick als bekannt, in dem der Geschädigte auf die entsprechende Erkundigung hin die Kenntnis erhalten hätte.[140] Diese Rechtsprechung beruhte auf der Erwägung, dass der Verletzte es nicht in der Hand haben darf, einseitig die Verjährungsfrist dadurch zu verlängern, dass er die Augen vor einer sich ihm aufdrängenden Kenntnis verschließt.[141] Diese Rechtsgrundsätze werden nunmehr über das Tatbestandsmerkmal der groben Fahrlässigkeit erfasst. Grob fahrlässige Unkenntnis liegt vor, wenn dem Gläubiger die Kenntnis fehlt, weil er die im Verkehr erforderliche Sorgfalt in ungewöhnlich grobem Maße verletzt und auch ganz naheliegende Überlegungen nicht angestellt oder das nicht beachtet hat, was jedem hätte einleuchten müssen.[142] Danach ist grobe Fahrlässigkeit gegeben, sofern der Geschädigte es versäumt, eine gleichsam **auf der Hand liegende Erkenntnismöglichkeit** wahrzunehmen. Den Geschädigten trifft danach aber keine Informationspflicht, Unterlagen auf etwaige anwaltliche Fehler hin zu überprüfen.[143] Auch kann dem Mandanten nicht die Beauftragung eines Rechtsanwalts angesonnen werden, um Akteneinsicht zu nehmen und die anspruchsbegründenden Sachverhaltselemente festzustellen.[144] Eine Wissenslücke, die nur durch lange und zeitraubende Telefonate geschlossen werden kann, gestattet noch nicht die Annahme grober Fahrlässigkeit.[145]

4. Weitere Verjährungsfristen

50 Kommt es nicht zu einer Kenntnis des Mandanten, verjährt sein Schadensersatzanspruch gemäß § 199 Abs. 3 Nr. 1 BGB innerhalb von **zehn Jahren** ab der **Schadensentstehung**. Nach dieser Vorschrift ist exakt auf den Zeitpunkt der Schadensentstehung und nicht etwa den Schluss des entsprechenden Jahres abzustellen. Hat sich der Schaden noch nicht verwirklicht, verjährt der Anspruch gleichwohl gemäß § 199 Abs. 3 Nr. 2 BGB binnen **dreißig Jahren** ab der Pflichtverletzung. Auch hier ist an den genauen Zeitpunkt der schädigenden Handlung und nicht das Endes des Jahres anzuknüpfen.

---

139 BGH, Urt. v. 23.1.2007 – XI ZR 44/06, BGHZ 171, 1, 11 f. Rn. 35 f. = WM 2007, 639 = NJW 2007, 1584.
140 BGH, Urt. v. 14.10.2003 – VI ZR 379/02, NJW 2004, 510, 511.
141 BGH, Urt. v. 8.10.2001 – VI ZR 182/01, NJW 2003, 288, 289.
142 BGH, Urt. v. 23.9.2008 – XI ZR 262/07, WM 2008, 2155, 2156 Rn. 16 = NJW-RR 2009, 547.
143 BGH, Urt. v. 29.11.1994 – VI ZR 189/93, NJW 1994, 776, 778.
144 BGH, Urt. v. 20.9.1994 – VI ZR 336/93, NJW 1994, 3092, 3093 f.
145 BGH, Urt. v. 9.7.1996 – VI ZR 5/95, BGHZ 133, 192, 199 = NJW 1996, 2933.

5. Verjährungsverzicht

Nach zutreffender Erkenntnis kann ein Schuldner auf die Einrede der Verjährung   **51**
durch einseitige Erklärung und schon vor deren Eintritt verzichten. Gemäß § 202
Abs. 2 BGB kann die Verjährung durch Rechtsgeschäft nicht über eine Verjährungsfrist von 30 Jahren ab dem gesetzlichen Verjährungsbeginn hinaus erschwert werden. Enthält der Verzicht auf die Verjährung keine zeitliche Einschränkung, so führt
das aber nicht ohne Weiteres zur Unwirksamkeit des Verzichts, sondern es ist grundsätzlich davon auszugehen, dass die Forderung durch den Verzicht nicht unverjähr-
bar sein soll. Ein ohne zeitliche Einschränkung ausgesprochener Verzicht auf die
Einrede der Verjährung ist regelmäßig dahin zu verstehen, dass er auf die **dreißig-
jährige Maximalfrist** des § 202 Abs. 2 BGB begrenzt ist, soweit sich aus der Auslegung der Erklärung nichts Abweichendes ergibt.[146] Ein verjährungshemmendes
Stillhalteabkommen ist nur anzunehmen, wenn der Schuldner aufgrund einer
rechtsgeschäftlichen Vereinbarung berechtigt sein soll, vorübergehend die Leistung
zu verweigern, und der Gläubiger sich umgekehrt der Möglichkeit begeben hat, seine Ansprüche jederzeit weiterzuverfolgen. Eine solche Vereinbarung kann auch
„stillschweigend" durch schlüssiges Verhalten getroffen werden. Hierfür muss aber
ein äußeres Verhalten festgestellt werden, welches als Ausdruck einer solchen einvernehmlichen Entschließung ausgelegt werden kann.[147]

6. Missbrauch der Verjährungseinrede

Die Verjährungseinrede gegenüber einem Schadensersatzanspruch des Mandanten   **52**
ist unbeachtlich, wenn sie gegen das Verbot der unzulässigen Rechtsausübung
(§ 242 BGB) verstößt. Mit Rücksicht auf den Zweck der Verjährungsregelung sind
an den Einwand des Rechtsmissbrauchs strenge Anforderungen zu stellen, so dass
dieser nur gegenüber einem groben Verstoß gegen Treu und Glauben durchgreifen
kann.[148] Die Verjährungseinrede ist nicht allein deswegen ein Rechtsmissbrauch,
weil der Anwalt zum geltend gemachten Schadensersatzanspruch geschwiegen hat
oder der Mandant der Ansicht war, er könne mit der Klageerhebung noch zuwar-
ten.[149] Dagegen kommt ein Rechtsmissbrauch insbesondere in Betracht, wenn der
Verpflichtete den Berechtigten nach objektiven Maßstäben zu der Annahme veranlasst hat, sein Anspruch sei auch **ohne Rechtsstreit vollständig zu befriedigen**,
oder wenn der Verpflichtete bei dem Berechtigten den Eindruck erweckt oder auf-
rechterhält, dessen **Ansprüche nur mit sachlichen Argumenten** bekämpfen zu
wollen, und ihn dadurch von der rechtzeitigen Klageerhebung abhält.[150] Ein solcher
Vertrauenstatbestand kann vorliegen, wenn der haftpflichtige Anwalt den geschä-

---

146 BGH, Urt. v. 18.9.2007 – XI ZR 447/06, WM 2007, 2230, 2231 Rn. 15 f.
147 BGH, Urt. v. 15.7.2010 – IX ZR 180/09, WM 2010, 1620 Rn. 15.
148 BGH, Urt. v. 29.2.1996 – IX ZR 180/95, WM 1996, 1106, 1107 = NJW 1996, 1895, 1896; v.
     15.7.2010 – IX ZR 180/09, WM 2010, 1620 Rn. 19.
149 BGH, Urt. v. 15.7.2010 – IX ZR 180/09, WM 2010, 1620 Rn. 19.
150 BGH, Urt. v. 21.6.2001 – IX ZR 73/00, NJW 2001, 3543, 3545; v. 15.7.2010 – IX ZR 180/09,
     WM 2010, 1620 Rn. 19; Urt. v. 24.1.2013 – IX ZR 108/12, WM 2013, 940 Rn. 21 = NJW-
     RR 2013, 569.

digten Mandanten vor Eintritt der Verjährung bewogen hat, im Hinblick auf den Regressanspruch den Ausgang eines anderen Verfahrens abzuwarten.[151] Er ist nicht gegeben, wenn der Berater den Mandanten auffordert, den Beratungsfehler gegenüber seinem Haftpflichtversicherer darzulegen.[152] Gleiches gilt, wenn der Rechtsanwalt in seinen Antwortschreiben immer nur seine Bereitschaft bekundet, die geltend gemachten Ansprüche zu prüfen, nicht aber in Aussicht stellt, die Einrede der Verjährung nicht zu erheben.[153] Rechtsmissbräuchlich ist die Erhebung der Verjährungseinrede nicht nur dann, wenn eine Partei durch aktives Tun in arglistiger Weise die Gegenseite in ihrem Vertrauen bestärkt, auch ohne Klage zu ihrem Recht zu kommen, und sie dadurch von der rechtzeitigen Erhebung der Klage abhält. Auch ein **unabsichtliches Verhalten** genügt, wenn es für die Unterlassung einer rechtzeitigen Klageerhebung ursächlich ist und die spätere Verjährungseinrede unter Berücksichtigung aller Umstände des Einzelfalls mit dem Gebot von Treu und Glauben unvereinbar ist.[154] Das Verhalten des Schuldners muss dafür **ursächlich** geworden sein, dass der Gläubiger die Verjährungsfrist nicht vor deren Ablauf unterbrochen hat. Darum ist ein missbräuchliches Verhalten nach Eintritt der Verjährung unschädlich.[155] Der einmal begründete Arglisteinwand gegenüber der Einrede der Verjährung, dessen tatsächliche Voraussetzungen der Gläubiger darzulegen und zu beweisen hat, bleibt allerdings nur dann erhalten, wenn der Gläubiger nach Wegfall des Umstands, aus dem er die unzulässige Rechtsausübung herleitet, unverzüglich – regelmäßig binnen eines Monats – seinen Anspruch geltend macht.[156]

III. Verjährungshemmende Maßnahmen

1. Verhandlungen

a) Begriff der Verhandlungen

53 Schwebende Verhandlungen zwischen Schuldner und Gläubiger führen gemäß § 203 BGB zu einer Hemmung der Verjährung. Der Begriff der Verhandlungen ist verwirklicht, wenn der Gläubiger klarstellt, dass er einen Anspruch geltend machen und worauf er ihn stützen will. Anschließend genügt jeder ernsthafte Meinungsaustausch über den Anspruch oder seine tatsächlichen Grundlagen, sofern der Schuldner nicht sofort und erkennbar Leistung ablehnt. Verhandlungen schweben schon dann, wenn eine der Parteien Erklärungen abgibt, die der jeweils anderen Seite die Annahme gestatten, der Erklärende lasse sich auf Erörterungen über die Berechtigung des Anspruchs oder dessen Umfang ein.[157] Für ein Verhandeln im vorgenannten Sinn genügt, wie schon bei § 852 Abs. 2 BGB a. F., jeder **Meinungsaustausch** über den Schadensfall zwischen dem Berechtigten und dem Verpflichteten, sofern

---

151 BGH, Urt. v. 15.7.2010 – IX ZR 180/09, WM 2010, 1620 Rn. 19.
152 BGH, Urt. v. 24.1.2013 – IX ZR 108/12, WM 2013, 940 Rn. 23 = NJW-RR 2013, 569.
153 BGH, Urt. v. 15.12.2016 – IX ZR 58/16, ZIP 2017, 236 Rn. 25.
154 BGH, Urt. v. 12.6.2002 – VIII ZR 187/01, NJW 2002, 3110, 3111.
155 BGH, Urt. v. 14.7.2005 – IX ZR 284/01, WM 2005, 2106, 2108.
156 BGH, Urt. v. 24.1.2013 – IX ZR 108/12, WM 2013, 940 Rn. 22 = NJW-RR 2013, 569.
157 BGH, Urt. v. 15.12.2016 – IX ZR 58/16, ZIP 2017, 236 Rn. 13.

nicht sofort und eindeutig jeder Ersatz abgelehnt wird.[158] Verhandlungen können durch die Mitteilung des in Anspruch Genommenen begründet werden, er werde die Angelegenheit seinem Haftpflichtversicherer vorlegen. Hingegen werden Verhandlungen nicht allein dadurch begründet, dass eine Seite Ansprüche anmeldet, sofern sich nicht die Gegenseite auf einen Meinungsaustausch einlässt.[159] Antwortet der Verpflichtete auf die Mitteilung des Berechtigten alsbald in solcher Weise, dass dieser annehmen darf, der Verpflichtete werde im Sinne einer Befriedigung der Ansprüche Entgegenkommen zeigen, so tritt eine Verjährungshemmung ein, die auf den Zeitpunkt der Anspruchsanmeldung zurückzubeziehen ist.[160] Verhandlungen schweben dann, wenn der in Anspruch Genommene Erklärungen abgibt, die dem Geschädigten die Annahme gestatten, der Verpflichtete lasse sich auf **Erörterungen über die Berechtigung von Schadensersatzansprüchen** ein. Dafür kann zunächst genügen, dass der Anspruchsgegner mitteilt, er habe die Angelegenheit seiner Haftpflichtversicherung zur Prüfung übersandt. Äußert der Anwalt, dass „zur Haftungssituation dem Grunde und der Höhe nach keinerlei Erklärungen abgeben" werden, ist für den Mandanten eindeutig erkennbar, dass der Anwalt weder gegenwärtig noch zukünftig bereit ist, über die Berechtigung der geltend gemachten Ansprüche zu sprechen. Die Mitteilung eines Rechtsanwalts über die **Einschaltung seiner Haftpflichtversicherung** ist darum nicht als Erörterung über den geltend gemachten Schadensersatzanspruch zu werten, wenn er zugleich äußert, zur Haftung dem Grunde und der Höhe nach **keine Erklärung** abzugeben.[161]

b) Ende der Verhandlungen

Nach § 203 Satz 1 BGB ist die Verjährung im Fall schwebender Verhandlungen über **54** den Anspruch oder die den Anspruch begründenden Umstände gehemmt, bis der eine oder andere Teil die Fortsetzung der Verhandlung verweigert. Eine ausdrückliche Verweigerung der Fortsetzung der Verhandlungen und eine endgültige Ablehnung der Leistung durch den Beklagten sind in den genannten Zeiträumen nicht erfolgt. Doch reicht es für eine Beendigung der Hemmung aus, wenn die Verhandlungen beidseits nicht fortgesetzt werden, sie – bildlich gesprochen – einschlafen.[162] Eine entsprechende Formulierung fand sich bereits in § 852 Abs. 2 BGB a. F. Zu dieser Vorschrift hat der Bundesgerichtshof mehrfach entschieden, dass es für eine Beendigung der Hemmung ausreiche, wenn der Ersatzberechtigte die Verhandlungen „einschlafen" lasse. Ein Abbruch der Verhandlungen durch ein solches **Einschlafenlassen** ist dann anzunehmen, wenn der Berechtigte den Zeitpunkt versäumt, zu dem eine Antwort auf die letzte Anfrage des Ersatzpflichtigen spätestens zu erwarten gewesen wäre, falls die Regulierungsverhandlungen mit verjährungshemmender Wirkung hätten fortgesetzt werden sollen. Diese Grundsätze haben auch im Anwen-

---

158 BGH, Urt. v. 3.2.2011 – IX ZR 105/10, WM 2011, 796 Rn. 14 ff. = NJW 2011, 1594.
159 BGH, Beschl. v. 11.3.2010 – IX ZR 68/08, DStR 2010, 1000 Rn. 2, 3; Urt. v. 10.5.2012 – IX ZR 125/10, WM 2012, 1351 Rn. 63 f.
160 BGH, Beschl. v. 19.12.2013 – IX ZR 120/11, ZInsO 2014, 164 Rn. 2.
161 BGH, Urt. v. 3.2.2011 – IX ZR 105/10, WM 2011, 796 Rn. 14 ff. = NJW 2011, 1594.
162 BGH, Urt. v. 15.12.2016 – IX ZR 58/16, ZIP 2017, 236 Rn. 15.

G. Verjährung

dungsbereich des § 203 Satz 1 BGB Geltung.[163] Die Verhandlungen sind in diesem Sinne zu dem Zeitpunkt „eingeschlafen", in dem spätestens eine Erklärung der anderen Seite zu erwarten gewesen wäre.[164] Der Kläger hatte dem Beklagten unter Androhung der Streitverkündung eine Frist bis zu einem bestimmten Datum gesetzt, sich zur Haftungsfrage zu erklären. Dieses Datum konnte mithin als der Zeitpunkt angesehen werden, in dem spätestens eine Erklärung des Beklagten zu erwarten gewesen wäre, zumal eine Antwort des Beklagten weder innerhalb der ihm gesetzten Frist noch im nahen zeitlichen Zusammenhang mit der ihm gesetzten Frist erfolgt ist.[165] Verhandlungen können auch durch die Mitteilung des in Anspruch Genommenen begründet werden, er werde die Angelegenheit seinem Haftpflichtversicherer vorlegen. Hingegen werden Verhandlungen nicht allein dadurch begründet, dass eine Seite Ansprüche anmeldet, sofern sich nicht die Gegenseite auf einen Meinungsaustausch einlässt.[166]

c) Dauer der Verjährungshemmung

55 Verhandlungen, die noch vor Beginn des Verjährungslaufs stattfinden, führen nicht zu einer Hemmung der Verjährung.[167] § 203 BGB gilt nur für Ansprüche, die nicht bereits vor Aufnahme der Verhandlungen verjährt waren. Selbst wenn Parteien in Unkenntnis der Verjährung verhandelt haben, sind diese Verhandlungen verjährungsrechtlich unerheblich.[168] Die Wiederaufnahme abgebrochener Verhandlungen führt nicht zu einer auf den Beginn der Verhandlungen rückwirkenden Hemmung der Verjährung. Werden beidseits nicht fortgesetzte und deswegen als abgebrochen anzusehende Verhandlungen wieder aufgenommen, kommt eine rückwirkende Hemmung durch die neuen Verhandlungen auf den Zeitpunkt der ersten Verhandlung nicht in Betracht. Für eine Rückwirkung der Hemmung unter wertenden Gesichtspunkten oder bei einem engen zeitlichen Zusammenhang besteht schon kein Bedarf, weil bei Vorliegen besonderer Umstände auch bei längeren Zeiträumen zwischen den Kontakten zwischen dem Berechtigten und dem Verpflichteten nicht von einem das Verhandlungsende bewirkenden Einschlafen auszugehen ist. Im Übrigen muss die Frage, wie die Zeiträume zwischen beendeten und wiederaufgenommenen Verhandlungen verjährungsrechtlich zu bewerten sind, in beiden Fällen des Verhandlungsendes aus systematischen Gründen gleich beantwortet werden, also sowohl in dem Fall, dass Verhandlungen endgültig abgelehnt werden, als auch in dem Fall, dass sie einschlafen. Ein nachvollziehbarer Grund, eingeschlafene und ausdrücklich abgebrochene Verhandlungen bei der Bewertung ihrer Wiederaufnahme unterschiedlich zu behandeln, ist nicht ersichtlich. Der Gesetzgeber wollte eingeschlafene und abgelehnte Vergleichsverhandlungen im Rahmen des § 203 BGB gleichbehandeln. Hat aber der Verpflichtete die Fortsetzung der Verhandlungen aus-

---

163 BGH, Urt. v. 6.11.2008 – IX ZR 158/07, WM 2009, 282 f. Rn. 9 ff.
164 BGH, Urt. v. 15.12.2016 – IX ZR 58/16, ZIP 2017, 236 Rn. 15.
165 BGH, Urt. v. 15.12.2016 – IX ZR 58/16, ZIP 2017, 236 Rn. 16.
166 BGH, Beschl. v. 11.3.2010 – IX ZR 68/08, DStR 2010, 1000 Rn. 2, 3.
167 BGH, Urt. v. 15.12.2016 – IX ZR 58/16, ZIP 2017, 236 Rn. 16.
168 BGH, Urt. v. 15.12.2016 – IX ZR 58/16, ZIP 2017, 236 Rn. 18.

drücklich abgelehnt, würde es ihn unzumutbar belasten, wenn die Hemmung nur deshalb zurückwirkte, weil er später wieder gesprächsbereit war. Entsprechendes gilt aber auch, wenn der Berechtigte die Verhandlungen einschlafen lässt.[169] Auch ist eine Rückwirkung der Hemmung mit Sinn und Zweck der Verjährungsvorschriften, innerhalb angemessener Fristen für Rechtssicherheit und Rechtsfrieden zu sorgen, nicht zu vereinbaren. Wollte man nämlich eine solche annehmen, könnte die Frage der Begründetheit des Anspruchs auf unabsehbare Zeit in der Schwebe gelassen werden, indem die Verhandlungen zunächst nicht weitergeführt und zwischendurch immer wieder aufgenommen werden.[170]

2. Klage

Die Verjährung kann durch eine Klage gehemmt worden (§ 204 Abs. 1 Nr. 1 BGB). **56** Eine Klage hemmt die Verjährung nur wegen des rechtshängig gemachten Streitgegenstands. Wird ein Anwalt als Sozietätsmitglied verklagt, tritt keine Verjährung ein, soweit Ansprüche betroffen sind, die sich gegen den Anwalt wegen eines ihm nach Ausscheiden aus der Sozietät erteilten Einzelmandats richten.[171] Unschädlich ist es, wenn eine Klage nur auf den Primär- und nicht auch den tatsächlich begründeten Sekundäranspruch gestützt wird. Dem Mandanten kann nicht entgegengehalten werden, die Klage betreffe dann nur den ursprünglichen, verjährten Regressanspruch, nicht aber den unverjährten Sekundäranspruch. Der Sekundäranspruch ist ein **Hilfsrecht** des Geschädigten. Beide Ansprüche beruhen auf einem **einheitlichen Lebenssachverhalt** und sind auf denselben wirtschaftlichen Erfolg gerichtet, den entstandenen Schaden auszugleichen. Der prozessuale Leistungsanspruch, der mit der ursprünglichen Pflichtverletzung begründet wird, erstreckt sich daher auch auf den Sekundäranspruch, der den Primäranspruch stützt. Zu seiner Geltendmachung, der im Rahmen der Verjährung des Primäranspruchs von Bedeutung ist, muss nicht eine gesonderte Klage erhoben oder die erste Klage auf diesen Anspruch ausdrücklich erweitert werden.[172]

3. Mahnbescheid

a) Rechtzeitige Einreichung

Die Hemmung der Verjährung von Ansprüchen, die am 15. Dezember 2004 noch **57** nicht verjährt waren, richtet sich nach neuem Recht (Art. 229 § 12 Abs. 1 Satz 1 und 2, § 6 Abs. 1 Satz 1 EGBGB). Nach § 204 Abs. 1 Nr. 3 BGB wird die Verjährung durch die **Zustellung des Mahnbescheids** im Mahnverfahren gehemmt. Soll durch die Zustellung die Verjährung nach § 204 BGB gehemmt werden, tritt diese Wirkung bereits mit Eingang des Antrags oder der Erklärung ein, wenn die **Zustellung demnächst erfolgt** (§ 167 ZPO). Wird der am 30. Dezember 2004 beantragte Mahn-

169 BGH, Urt. v. 15.12.2016 – IX ZR 58/16, ZIP 2017, 236 Rn. 23.
170 BGH, Urt. v. 15.12.2016 – IX ZR 58/16, ZIP 2017, 236 Rn. 24.
171 BGH, Urt. v. 16.7.2015 – IX ZR 197/14, WM 2015, 1622 Rn. 35.
172 BGH, Urt. v. 16.7.2015 – IX ZR 197/14, WM 2015, 1622 Rn. 90.

bescheid zwar erst am 10. Februar 2005 zugestellt, haben aber die Kläger die unter dem 14. Januar 2005 angeforderten Gerichtskosten bereits am 25. Januar 2005 eingezahlt, so liegt die Verzögerung nicht im Verantwortungsbereich der Kläger und ist ihnen deshalb nicht zuzurechnen.[173]

b) Individualisierung der Forderung

58 Gemäß § 690 Abs. 1 Nr. 3 ZPO hat der Mahnbescheid den geltend gemachten Anspruch unter bestimmter Angabe der verlangten Leistung zu bezeichnen. Der Anspruch muss so gegenüber anderen Ansprüchen abgegrenzt werden, dass er **Grundlage eines der materiellen Rechtskraft fähigen Vollstreckungstitels** sein und der Schuldner erkennen kann, welcher Anspruch oder welche Ansprüche gegen ihn geltend gemacht werden, damit er beurteilen kann, ob und in welchem Umfang er sich zur Wehr setzen will. Der Mahnbescheid selbst erfüllt diese Voraussetzungen nicht, wenn der Anspruch als „Schaden aus schuldhafter Verletzung des Steuerberatungsvertrages vom 1.5.1998" bezeichnet ist und die Kläger den Beklagten ihrem eigenen Vorbringen nach mehrfach mit der Erstellung von Einkommensteuererklärungen beauftragt haben. Die Aufträge betrafen nicht nur die Erklärungen für die Jahre 1996 sowie 1998 bis 2001, die Gegenstand des vorliegenden Rechtsstreits sind, sondern auch diejenigen für die Jahre 1995 und 1997. Welche Ansprüche für welche Jahre geltend gemacht werden sollten, ließ sich dem Mahnbescheid nicht entnehmen.[174] Für die verjährungsunterbrechende Wirkung eines Mahnbescheids kommt es jedoch **nicht auf den Kenntnisstand eines außenstehenden Dritten** an, sondern auf denjenigen des **Antragsgegners**. Es reicht aus, dass dieser erkennen kann, welche Forderungen gegen ihn erhoben werden. Zur Individualisierung des Anspruchs ausreichende Kenntnisse können auf Informationen beruhen, auf die im Mahnbescheid nicht hingewiesen wird, die dem Antragsgegner aber zur Verfügung stehen. Nach den Angaben der Kläger ist der Beklagte mit Schreiben vom 21. Dezember 2004 zur Zahlung von Schadensersatz aufgefordert worden. Dieses Schreiben kann die erforderlichen Angaben dazu enthalten haben, wegen welcher Jahre welcher Schadensersatz verlangt wird.[175] Die Zustellung eines Mahnbescheids, mit dem ein Teilbetrag aus mehreren Einzelforderungen geltend gemacht wird, hemmt die Verjährung nicht, wenn eine genaue Aufschlüsselung der Einzelforderungen unterblieben ist und die Individualisierung erst nach Ablauf der Verjährungsfrist im anschließenden Streitverfahren nachgeholt wird. Diese Rechtsprechung bezieht sich aber nur auf die Aufschlüsselung mehrerer Einzelforderungen, nicht auf die nachträgliche Individualisierung von mehreren Rechnungsposten einer einheitlichen Forderung.[176] Anderes kann nur gelten, wenn der Gegner über die Forderung unterrichtet ist.

---

173 BGH, Urt. v. 16.10.2008 – IX ZR 135/07, WM 2008, 2307, 2309 Rn. 18 = NJW 2009, 685.
174 BGH, Urt. v. 16.10.2008 – IX ZR 135/07, WM 2008, 2307, 2309 Rn. 19 = NJW 2009, 685.
175 BGH, Urt. v. 16.10.2008 – IX ZR 135/07, WM 2008, 2307, 2309 Rn. 19 = NJW 2009, 685.
176 BGH, Beschl. v. 3.12.2015 – IX ZR 11/14 Rn. 14.

4. Streitverkündung

Gemäß § 204 Abs. 1 Nr. 6 BGB wird die Verjährung eines Anspruchs durch die Zu- **59** stellung der Streitverkündung gehemmt.[177]

a) Zulässigkeit

Die **Hemmung der Verjährung** nach § 204 Abs. 1 Nr. 6 BGB setzt eine **zulässige**, **60** den Anforderungen der §§ 72, 73 ZPO entsprechende Streitverkündung voraus. Dazu gehört, dass in der Streitverkündungsschrift der Grund der Streitverkündung anzugeben ist (§ 73 Satz 1 ZPO). Damit ist das Rechtsverhältnis gemeint, aus dem sich der Rückgriffsanspruch gegen den Empfänger der Streitverkündung ergeben soll. Bezogen auf die verjährungsunterbrechende Wirkung der Streitverkündung liegt der Zweck der Vorschrift darin, sicherzustellen, dass der Streitverkündungs-empfänger mit Zustellung der Streitverkündung Kenntnis davon erlangt, welchen Anspruchs sich der Streitverkündende gegen ihn berühmt. Das Rechtsverhältnis muss deshalb unter Angabe der tatsächlichen Grundlagen so genau bezeichnet wer-den, dass der Streitverkündungsempfänger – gegebenenfalls nach Einsicht in die Prozessakten (§ 299 ZPO) – prüfen kann, ob es für ihn angebracht ist, dem Rechts-streit beizutreten.[178] Die Streitverkündungsschrift genügt den Konkretisierungser-fordernissen, wenn in ihr der Anspruchsgrund in ausreichendem Maße bezeichnet wird. Fehlen die erforderlichen Mindestangaben, wird die Verjährung nicht unter-brochen oder gehemmt.[179] Auf Ansprüche, die von den Angaben in der Streitverkün-dungsschrift nicht umfasst sind, erstreckt sich die Hemmungswirkung nicht. Betrifft die Streitverkündung ausschließlich Pflichtversäumnisse des Anwalts im Beru-fungsrechtszug, wird die Verjährung hinsichtlich eines Beratungsfehlers im ersten Rechtszug nicht unterbrochen.[180] Der Umfang der verjährungsunterbrechenden Wir-kung der Streitverkündung beschränkt sich nicht auf die mit der Urteilsformel aus-gesprochene Entscheidung über den erhobenen Anspruch; sie ergreift vielmehr die **gesamten tatsächlichen und rechtlichen Grundlagen** des Urteils. Daher spielt es für die Reichweite der Wirkung der Streitverkündung grundsätzlich keine Rolle, ob in dem Verfahren, in dem die Streitverkündung erfolgt, nur ein Teil des Schadens, welcher der Streitverkündungsschrift zugrunde liegt, eingeklagt worden ist.[181]

b) Streitverkündung im Rechtsmittelzug

Auch eine Streitverkündung, die im **Verfahren der Beschwerde gegen die Nicht-** **61** **zulassung der Revision** erklärt wird, ist geeignet, die Verjährung zu hemmen. Die verjährungshemmende Wirkung setzt eine zulässige Streitverkündung voraus. Zu-lässig ist eine Streitverkündung nach dem Wortlaut des § 72 Abs. 1 ZPO in zeitlicher Hinsicht bis zur rechtskräftigen Entscheidung des Rechtsstreits. Ein Berufungsur-teil, das fristgerecht mit der Beschwerde gegen die Nichtzulassung der Revision an-

---

177 BGH, Urt. v. 16.9.2010 – IX ZR 203/08, WM 2010, 2183 Rn. 13 = NJW 2010, 3576.
178 BGH, Urt. v. 12.11.2009 – IX ZR 152/08, WM 2010, 372 Rn. 9.
179 BGH, Urt. v. 8.12.2011 – IX ZR 204/09, NJW 2012, 674 Rn. 14.
180 BGH, Urt. v. 12.11.2009 – IX ZR 152/08, WM 2010, 372 Rn. 9, 10.
181 BGH, Urt. v. 8.12.2011 – IX ZR 204/09, NJW 2012, 674 Rn. 9.

gegriffen wird, wird nicht vor dem Abschluss dieses Beschwerdeverfahrens rechtskräftig (§ 544 Abs. 5 Satz 1 und 3 ZPO). Folgerichtig werden Streitverkündungen wie Nebeninterventionen im Berufungs- und Revisionsverfahren allgemein als zulässig angesehen. Anders als bei jenen Rechtsmitteln geht es zwar im Verfahren der Nichtzulassungsbeschwerde zunächst nicht um die Hauptsache selbst, sondern lediglich um die Frage, ob die Revision zuzulassen ist, und die Bindungswirkung der Streitverkündung ist insofern eingeschränkt, als der Streitverkündungsempfänger mit Angriffs- oder Verteidigungsmitteln, die er wegen der fortgeschrittenen Lage des Rechtsstreits zum Zeitpunkt seines möglichen Beitritts nicht mehr geltend machen kann, im Folgeprozess nicht ausgeschlossen ist (§ 74 Abs. 3, § 68 Halbsatz 2 ZPO). Dies rechtfertigt es jedoch nicht, eine Streitverkündung im Verfahren der Nichtzulassungsbeschwerde als unzulässig zu behandeln. Die Einschränkung der Bindung im Folgeprozess betrifft die **Wirkung einer Streitverkündung**, nicht ihre Zulässigkeit. Sie greift regelmäßig nicht nur bei einer Streitverkündung im Verfahren der Nichtzulassungsbeschwerde ein, sondern auch bei einer – zulässigen – Streitverkündung im Berufungs- oder Revisionsverfahren. Allein wegen der Möglichkeit, dass die Revision zugelassen wird und es in der Folge zu Einflussmöglichkeiten für den Streitverkündungsempfänger und zu im Folgeprozess bindenden Feststellungen kommt, greift der Grund für die Hemmung der Verjährung nach § 204 Abs. 1 Nr. 6 BGB auch bei Einlegung einer Nichtzulassungsbeschwerde. Einer Partei soll nicht zugemutet werden, zur Vermeidung der Verjährung gleichzeitig mehrere Prozesse gegen verschiedene in Betracht kommende Gegner führen zu müssen, von denen sie allenfalls einen gewinnen kann.[182]

c) Zeitpunkt der Streitverkündung

62 Soll durch die Zustellung einer Streitverkündung die Verjährung gehemmt werden, tritt diese Wirkung auch dann bereits mit dem Eingang der Streitverkündungsschrift bei Gericht ein (§ 167 ZPO), wenn der Anspruch zum Zeitpunkt der demnächst erfolgten Zustellung **noch nicht verjährt** war. Sinn und Zweck des § 167 ZPO verlangen keine einschränkende Auslegung. Vielmehr soll der Gläubiger, wenn die Zustellung der Wahrung einer Frist oder der Unterbrechung der Verjährung dient, vor jeglichen Nachteilen geschützt werden, welche die Dauer des dem Gericht übertragenen Zustellungsverfahrens verursacht. Der Zeitraum, während dessen die Verjährung gehemmt ist, wird in die Verjährungsfrist nicht eingerechnet (§ 209 BGB). Zustellungsverzögerungen wirken sich nun auch vor Eintritt der Verjährung nachteilig für den Gläubiger aus. Beginnt die Hemmung wegen der Dauer des gerichtlichen Zustellungsverfahrens später, verkürzt dies die Dauer der Hemmung und damit auch den nach dem Ende der Hemmung noch verbleibenden Teil der Verjährungsfrist.[183]

d) Dauer der Hemmung

63 Nach § 204 Abs. 2 Satz 1 BGB endet die Hemmung der Verjährung nach § 204 Abs. 1 BGB **sechs Monate nach der rechtskräftigen Entscheidung** oder anderweitigen

---

182 BGH, Urt. v. 12.11.2009 – IX ZR 152/08, WM 2010, 372 Rn. 18.
183 BGH, Urt. v. 17.12.2009 – IX ZR 4/08, WM 2010, 629 = NJW 2010, 856 Rn. 11.

Beendigung des eingeleiteten Verfahrens. Die sechsmonatige Frist des § 204 Abs. 2 Satz 1 BGB beginnt nach einhelliger Auslegung mit dem **Eintritt der formellen Rechtskraft**, sofern das Verfahren nicht ohne eine formeller Rechtskraft fähige Entscheidung beendet wird. Bei den Rechtsmitteln oder Rechtsbehelfen, die den Eintritt der formellen Rechtskraft nach § 705 Satz 2 und § 544 Abs. 5 Satz 1 ZPO hemmen, ist die Anhörungsrüge nicht genannt. Sie kann nach § 321a Abs. 1 Satz 1 Nr. 1 ZPO vielmehr erst dann erhoben werden, wenn ein Rechtsmittel oder ein anderer Rechtsbehelf gegen die gerügte Entscheidung nicht gegeben ist. Die **Anhörungsrüge** einer Partei hemmt deshalb die Rechtskraft der gerügten Entscheidung nicht. Erst bei begründeter Rüge wird die Hauptsache ähnlich einer Wiedereinsetzung oder Wiederaufnahme des Verfahrens fortgesetzt und daher die Rechtskraft der ergangenen Entscheidung durchbrochen. Durch die Fortsetzung der Hauptsache **erneuert** sich auch die Hemmung einer noch laufenden Verjährungsfrist. **Keine Hemmungswirkung** entfaltet demgegenüber das **vorausgegangene Rügeverfahren**. Wird die Verjährung durch Zustellung einer Streitverkündungsschrift gehemmt und wendet sich die unterlegene Partei mit einer Anhörungsrüge gegen das rechtskräftige Endurteil dieses Rechtsstreits, so wird der Verjährungseintritt gegenüber dem Streitverkündeten durch die **Dauer des Rügeverfahrens** nicht weiter hinausgeschoben.[184]

---

184 BGH, Urt. v. 10.5.2012 – IX ZR 143/11, WM 2012, 1451 Rn. 11 ff.

H.
Prozessuale Durchsetzung

I. Streitgegenstand

1. Gegenstand des Vorprozesses

Hängt die Haftung des Anwalts vom Ausgang eines Vorprozesses ab, hat das Re- **1**
gressgericht nicht darauf abzustellen, wie jener voraussichtlich geendet hätte, sondern selbst zu entscheiden, welches Urteil richtigerweise hätte ergehen müssen.
Dabei ist grundsätzlich von dem **Sachverhalt** auszugehen, der dem Gericht des
Inzidentprozesses bei pflichtgemäßem Verhalten des Rechtsanwalts unterbreitet
und von ihm aufgeklärt worden wäre. Der **Klagegrund** geht über die Tatsachen,
welche die Tatbestandsmerkmale einer Rechtsgrundlage ausfüllen, hinaus; zu ihm
sind alle Tatsachen zu rechnen, die bei einer natürlichen, vom Standpunkt der Parteien ausgehenden Betrachtungsweise zu dem durch den Vortrag des Klägers zur
Entscheidung gestellten Tatsachenkomplex gehören, den der Kläger zur Stützung
seines Rechtsschutzbegehrens dem Gericht zu unterbreiten hat. Dies gilt unabhängig davon, ob die einzelnen Tatsachen des Lebenssachverhalts von den Parteien
vorgetragen worden sind oder nicht. Erfasst werden **alle materiell-rechtlichen
Ansprüche**, die sich im Rahmen des gestellten Antrags aus dem dem Gericht zur
Entscheidung vorgetragenen Lebenssachverhalt herleiten lassen. Findet das Klagebegehren nach dem ihm zugrunde liegenden Sachverhalt eine Rechtsgrundlage sowohl in **Delikt** als auch in **Verschulden bei Vertragsschluss**, ist folgerichtig derselbe Streitgegenstand betroffen. Soweit der unveränderte Klageantrag in dem
Vorprozess abgesehen von Vertrag auch nach § 823 Abs. 2 BGB, § 32 KWG a. F.
gerechtfertigt sein konnte, handelte es sich um denselben Streitgegenstand. Nicht
nötig ist es, dass der Kläger den rechtlichen Gesichtspunkt bezeichnet, unter dem
sein Sachvortrag den Klageantrag stützt. Die Subsumtion des vorgetragenen Sachverhalts unter die in Betracht kommenden gesetzlichen Tatbestände ist vielmehr
Sache des Gerichts. Das Gebot zur rechtlichen Prüfung des Sachverhalts von
Amts wegen verletzt nicht die Pflicht zur Unparteilichkeit der Gerichte, weil eine
umfassende Rechtsprüfung den anerkennenswerten Interessen aller Verfahrensbe-
teiligter dient.[1] Wird der Anspruch auf zwei sich widersprechende Klagegründe –
Erklärung eines nicht angefallenen Veräußerungsgewinns, unvollständige Beratung bei der Veräußerung – gestützt, muss ein Haupt- und Hilfsverhältnis begründet werden.[2]

---

1 BGH, Urt. v. 25.10.2012 – IX ZR 207/11, WM 2012, 2242 Rn. 13 ff.
2 BGH, Urt. v. 5.2.2015 – IX ZR 167/13 Rn. 14.

H. Prozessuale Durchsetzung

2. Hinweispflichten

a) Regressprozess

2 Eine Hinweispflicht hat besteht nach § 139 Abs. 2 ZPO gegenüber den Parteien nicht allgemein und umfassend, sondern nur, wenn Parteivortrag widersprüchlich oder unklar ist, wenn der Sachvortrag nicht hinreichend substanziiert ist oder wenn das Gericht an den Sachvortrag Anforderungen stellt, mit denen eine gewissenhafte und kundige Prozesspartei nach dem Prozessverlauf nicht zu rechnen braucht. Trägt die Partei einen Sachverhalt, sei er auch fiktiv, konkret vor, besteht keine Verpflichtung des Gerichts darauf hinzuweisen, dass ein anderer tatsächlicher Sachverhalt für die Partei aus Rechtsgründen günstiger wäre und deshalb der Sachverhalt geändert werden sollte. Zwar kann der Vortrag eines fiktiven Sachverhalts – anders als bei einem tatsächlichen Sachverhalt – nicht gegen die prozessuale Wahrheitspflicht verstoßen. Es ist aber Sache der Partei, einen fiktiven Sachverhalt, der ihr günstig sein kann, schlüssig vorzutragen.[3]

b) Vorprozess

3 Die Gerichte des Vorprozesses konnten **Ansprüche zu Options- und Termingeschäften** nicht wegen eines offensichtlich unzutreffenden Klagevorbringens außer Acht lassen. Die Gerichte haben die Parteien gemäß **§ 139 Abs. 1 ZPO** auf bislang **nicht beachtete Anspruchsgrundlagen** hinzuweisen, die in ihrem Sachvortrag wenigstens andeutungsweise enthalten sind. Darum hätten die Gerichte des Vorprozesses auf rechtliche Gesichtspunkte, die den geltend gemachten vertraglichen Ansprüchen entgegenstanden, neben ihnen oder an ihrer Stelle gesetzliche Ansprüche nahelegten, hinweisen müssen. Falls ein Verstoß gegen Vorschriften des Kreditwesens wie § 32 KWG a. F. die Wirksamkeit des Vertrages unberührt ließ, konnte aus einem solchen Verstoß iVm § 823 Abs. 2 BGB ein Schadensersatzanspruch folgen, der wirtschaftlich zum selben Ergebnis wie die Vertragsnichtigkeit führt.[4]

3. Streitgegenstand des Regressprozesses

4 Gemäß § 308 Abs. 1 ZPO ist das Gericht nicht befugt, einer Partei etwas zuzusprechen, was nicht beantragt ist. Die Bindung an den Antrag betrifft nicht nur den Urteilsausspruch, sondern auch den Grund des erhobenen Anspruchs (§ 253 Abs. 2 Nr. 2 ZPO). Der Kläger allein legt den Streitgegenstand fest, den prozessualen Anspruch also, über welchen das Gericht zu entscheiden hat. Dieser wird bestimmt durch den Klageantrag, in dem sich die vom Kläger in Anspruch genommene Rechtsfolge konkretisiert, und den Lebenssachverhalt (Klagegrund), aus dem der Kläger die begehrte Rechtsfolge herleitet. Legt ein Gericht seinem Urteilsausspruch einen anderen Klagegrund zugrunde als denjenigen, mit dem der Kläger seinen Klageantrag begründet hat, verstößt es gegen § 308 Abs. 1 ZPO. Das Gericht darf sein

---

3 BGH, Urt. v. 16.7.2015 – IX ZR 197/14, WM 2015, 1622 Rn. 66.
4 BGH, Urt. v. 25.10.2012 – IX ZR 207/11, WM 2012, 2242 Rn. 18.

Urteil nicht auf einen Klagegrund stützen, welchen der Kläger nicht geltend gemacht hat.[5]

Der Streitgegenstand einer Klage, mit welcher ein Anspruch auf Schadensersatz we- 5
gen einer Anwaltspflichtverletzung geltend gemacht wird, wird wesentlich durch den Vorwurf bestimmt, welchen der klagende Mandant erhebt, und den Schaden, welchen die behauptete Pflichtverletzung nach Darstellung des Klägers verursacht hat.[6] Wirft der klagende Mandant dem beklagten Anwalt etwa Fehler beim Ausspruch einer fristlosen Kündigung vor, ist dies ein anderer Streitgegenstand als der Vorwurf einer unsachgemäßen Prozessführung im anschließenden Rechtsstreit über die Wirksamkeit der Kündigung. Der Vorwurf einer pflichtwidrigen Prozessführung ist ein anderer Streitgegenstand als derjenige der Falschberatung vor Erhebung einer erkennbar aussichtslosen Klage. Umgekehrt erfasst der Vorwurf der Falschberatung vor Erhebung der aussichtslosen Klage nicht auch denjenigen des unterlassenen Hinweises auf eine erfolgversprechende Revision.[7]

Wirft der Mandant dem Rechtsanwalt im Ergebnis das Unterlassen einer erfolgver- 6
sprechenden Maßnahme vor, reicht es nicht aus, den Auftrag vorzutragen, welchen er dem Anwalt erteilt hat, und sodann zu beanstanden, dass das erstrebte Ziel nicht erreicht worden sei. Er darf es nicht dem Gericht überlassen, Wege zu suchen, auf denen dieses Ziel hätte erreicht werden können, um sodann dem Anwalt vorzuwerfen, diese Wege nicht beschritten zu haben. Hinreichend bestimmt ist die Klage vielmehr erst dann, wenn der Kläger vorträgt, welche erfolgversprechende Maßnahme der Anwalt unterlassen hat. Kommen mehrere Wege in Betracht, kann er die Klage hierauf stützen, hat jedoch, soweit sie sich ausschließen oder zu unterschiedlichen Schäden geführt haben sollen, ein Haupt- und Hilfsverhältnis zu bilden. An diesen Vortrag ist das Gericht gebunden. Zu einer Ergänzung einer unvollständigen Klage ist es nicht verpflichtet und im Hinblick auf den Beibringungsgrundsatz, welcher den Zivilprozess beherrscht, auch nicht berechtigt, solange es an einer eindeutigen prozessualen Erklärung des Klägers fehlt.[8] Unschädlich ist es, wenn neben dem erstinstanzlichen Vorwurf der Missachtung einer Treuhandabrede in der Berufungsinstanz die weitere Pflichtverletzung einer unrichtigen Beratung über deren Inhalt geltend gemacht wird.[9]

Ist die Regressklage allein auf die Haftung des Anwalts als Mitglied einer Sozietät 7
analog § 128 HGB wegen einer Pflichtverletzung bei Abschluss eines Unternehmenskaufvertrages gestützt worden, stellen Ansprüche wegen fehlerhafter Prozessführung aus einem nach Ausscheiden des Anwalts aus der Sozietät mit ihm geschlossenen Einzelanwaltsvertrag einen anderen Streitgegenstand dar, der nicht zum Gegenstand der Klage gehört. Das Regressgericht darf nicht den Streitgegen-

---

5 BGH, Urt. v. 17.3.2016 – IX ZR 142/14, AnwBl 2016, 524 Rn. 17.
6 BGH, Urt. v. 7.12.2017 – IX ZR 45/16 Rn. 9.
7 BGH, Urt. v. 17.3.2016 – IX ZR 142/14, AnwBl 2016, 524 Rn. 18.
8 BGH, Urt. v. 17.3.2016 – IX ZR 142/14, AnwBl 2016, 524 Rn. 19.
9 BGH, Urt. v. 7.12.2017 – IX ZR 45/16 Rn. 10.

stand austauschen.[10] Der Streitgegenstand wird bestimmt durch Klageantrag und Klagegrund. Wird ein Schaden alternativ auf verschiedene Weisen berechnet, bleibt der Streitgegenstand zwar derselbe. Dies setzt aber voraus, dass der Kläger selbst alternative Berechnungen für die alternative Schadensermittlung darlegt. Diese sind nur schlüssig, wenn jede der Berechnungen zu demselben (Mindest-)Schaden führt.[11] Verfolgt der Kläger Forderungen sowohl aus eigenem Recht wie auch aus abgetretenem Recht, so macht er zwei Streitgegenstände geltend, weil die den unterschiedlichen Ansprüchen zugrunde liegenden Lebenssachverhalte verschieden sind. Macht ein Kläger mit alternativer Begründung sowohl eigene Ansprüche als auch Ansprüche aus abgetretenem Recht geltend, muss er deutlich machen, in welcher Reihenfolge er die Ansprüche zur Überprüfung durch das Gericht stellen will. Denn er darf nicht dem Gericht die Auswahl überlassen, auf welchen Klagegrund es die Verurteilung stützt, weil er nach § 253 Abs. 2 Nr. 2 ZPO den Klagegrund bestimmt zu bezeichnen hat. Hat der Kläger mehrere Klagegründe im Wege einer alternativen Klagehäufung verfolgt, kann er die gebotene Bestimmung der Reihenfolge, in der er die prozessualen Ansprüche geltend machen will, allerdings noch in der Berufungs- oder der Revisionsinstanz nachholen.[12]

II. Beweislast

8   Grundsätzlich hat der Mandant, der seinen Rechtsanwalt auf Schadensersatz in Anspruch nimmt, neben der Pflichtverletzung, dem Schaden und dem Ursachenzusammenhang auch den Zurechnungszusammenhang darzulegen und zu beweisen.[13]

1. Umfang des Mandats

9   Darlegungs- und beweispflichtig für die tatsächlichen Voraussetzungen eines Schadensersatzanspruchs wegen anwaltlicher Pflichtverletzung ist der anspruchstellende Mandant. Hängt die Frage, ob der Anwalt ihm obliegende Pflichten verletzt hat, davon ab, welchen Umfang das ihm erteilte Mandat hatte, ist der Mandant deshalb auch für den erteilten Auftrag beweispflichtig. Das eingeschränkte Mandat stellt keine Ausnahme zum Regelfall des unbeschränkten Mandats dar. Es gibt keinen **Erfahrungssatz** dahingehend, dass der Mandant regelmäßig ein umfassendes, nach Grund und Höhe unbeschränktes Mandat erteilt. Wegen zweifelhafter Erfolgsaussichten, aus Kostengründen oder aber deshalb, weil nur einzelne Teile eines komplexen Sachverhalts überhaupt streitig sind, ist es ebenso wahrscheinlich, dass der Mandant den Anwalt von vornherein nur wegen einzelner Ansprüche, eines der in Betracht kommenden Anspruchsgegner oder eines Teils des für gerechtfertigt gehaltenen Anspruchs beauftragt. Anders ist die Beweislastverteilung allerdings dann, wenn der **Anwalt nachträgliche Einschränkungen** eines zunächst umfassen-

---

10 BGH, Urt. v. 16.7.2015 – IX ZR 197/14, WM 2015, 1622 Rn. 34.
11 BGH, Urt. v. 16.7.2015 – IX ZR 197/14, WM 2015, 1622 Rn. 43.
12 BGH, Beschl. v. 3.12.2015 – IX ZR 11/14 Rn. 22.
13 BGH, Urt. v. 16.6.2005 – IX ZR 27/04, BGHZ 163, 223, 231 = WM 2005, 2103 = NJW 2005, 3071.

den Mandats behauptet. Diese stehen zur Beweislast des Anwalts.[14] Wenn die Frage der Pflichtverletzung vom **Umfang des erteilten Auftrags** abhängt, hat der Mandant diesen zu beweisen. Das gilt auch, wenn die Zielrichtung und die zu berücksichtigenden Interessen des erteilten Auftrags – allein die des Mandanten oder auch Angehöriger – streitig sind. Einen Erfahrungssatz des Inhalts, dass der Mandant stets eigennützig handelt, gibt es nicht, insbesondere dann nicht, wenn es um die Übertragung von Vermögenswerten innerhalb einer Familie geht.[15] Darlegungs- und beweispflichtig für die tatsächlichen Umstände, aus denen Warn- und Hinweispflichten des Beraters **über das ihm erteilte Mandat hinaus** folgen, ist der Mandant. Es handelt sich um haftungsbegründende Umstände.[16]

2. Pflichtwidrigkeit

Ein **pflichtwidriges Verhalten** des Rechtsanwalts ist vom **Mandanten darzulegen** **und zu beweisen**, selbst soweit es dabei um negative Tatsachen geht. Der Rechtsanwalt darf sich aber nicht damit begnügen, eine Pflichtverletzung zu bestreiten oder ganz allgemein zu behaupten, er habe den Mandanten ausreichend unterrichtet. Vielmehr muss er den Gang der Besprechung im Einzelnen schildern, insbesondere konkrete Angaben dazu machen, welche Belehrungen und Ratschläge er erteilt und wie der Mandant darauf reagiert hat.[17] Für die **Pflichtverletzung** – etwa das Unterbleiben der gebotenen Belehrung – ist der Mandant also darlegungs- und beweisbelastet, sofern der Anwalt substanziiert darlegt, dass und wie er den Mandanten – etwa über die Dauer einer Verjährungsfrist und die Notwendigkeit einer gerichtlichen Anspruchsverfolgung – belehrt haben will.[18] Behauptet der Anwalt, der Mandant habe die Rechtslage gekannt und sei deshalb nicht belehrungsbedürftig gewesen, so trifft ihn insoweit die Beweislast.[19] Hat der Berater unstreitig **Überwachungs- und Kontrollpflichten** verletzt, hat er die dann eingreifende Vermutung zu entkräften, dass der Schaden bei ordnungsgemäßem Verhalten verhindert worden wäre.[20] Die Beweislast, dass der Berater für die Vermittlung einer Vermögensanlage von dritter Seite eine Provision erhalten hat, obliegt dem Mandanten. Das gilt für einen Schadensersatzanspruch aus § 826 BGB in gleicher Weise wie für einen Herausgabeanspruch nach § 667 BGB. Da es sich jedoch um Tatsachen handelt, die allein den Wahrnehmungsbereich des Beraters betreffen, muss dieser, wenn er sich darauf beruft, mit den unstreitig erhaltenen Zahlungen seien andere Leistungen ver-

10

---

14 BGH, Urt. v. 20.7.2006 – IX ZR 47/04, WM 2006, 2059, 2060 Rn. 7, 8.

15 BGH, Urt. v. 5.2.2015 – IX ZR 167/13 Rn. 16.

16 BGH, Urt. v. 21.6.2018 – IX ZR 80/17 Rn. 14.

17 BGH, Urt. v. 1.3.2007 – IX ZR 261/03, WM 2007, 1183, 1185 Rn. 12 = NJW 2007, 2485; Urt. v. 9.6.2011 – IX ZR 75/10 Rn. 10; Beschl. v. 9.10.2014 – IX ZR 144/13 Rn. 2; v. 14.7.2016 – IX ZR 291/14 Rn. 7.

18 BGH, Urt. v. 26.6.2008 – IX ZR 145/05, WM 2008, 1563, 1565 Rn. 20 = NJW-RR 2008, 1594.

19 BGH, Urt. v. 26.10.2000 – IX ZR 289/99, WM 2001, 98, 99 f. = NJW 2001, 517; Beschl. v. 18.3.2010 – IX ZR 105/08, BFH/NV 2010, 1405 Rn. 4.

20 BGH, Urt. v. 13.4.1994 – II ZR 16/93, BGHZ 125, 366, 373 = WM 1994, 896 = NJW 1994, 1801; Beschl. v. 15.11.2007 – IX ZR 168/06 Rn. 3.

gütet worden, Inhalt und Umfang der angeblich ihm erteilten Aufträge und die insoweit erbrachten Leistungen im Einzelnen darlegen.[21]

3. Ausgang des Vorprozesses

11 Über die Frage, wie der Inzidentprozess bei vertragsgerechtem Verhalten ausgegangen wäre, ist nach den **Verfahrensgrundsätzen des § 287 ZPO Beweis** zu erheben. Hat der Anwalt die Interessen seines Auftraggebers im Vorprozess nicht ordnungsgemäß vertreten, gewinnt die Frage, ob der Rechtsstreit bei vertragsgerechtem Verhalten günstiger ausgegangen wäre, in der Regel – und so auch im Streitfall – allein als Voraussetzung für die Entstehung eines Schadens Bedeutung. Dann ist darüber, wie der Prozess hätte enden müssen, nach den Verfahrensgrundsätzen des § 287 ZPO zu befinden. Diese Vorschrift stellt den Richter hinsichtlich des Umfangs der Beweiserhebungspflicht frei. Das hat für den Geschädigten auch eine Beweiserleichterung zur Folge, weil sich das Gericht mit einer überwiegenden Wahrscheinlichkeit begnügen kann.[22]

4. Beweislastverteilung in Vorprozess

12 Lässt ein Rechtsanwalt pflichtwidrig einen Anspruch verjähren, obliegt dem Auftraggeber der Schadensnachweis, dass er den Anspruch gegen seinen Schuldner in unverjährter Zeit hätte durchsetzen können. Allerdings darf dem Geschädigten nicht zur Last fallen, dass die Pflichtverletzung des Rechtsanwaltes Tatfragen in den Regressprozess verlagert, die sonst unter einer günstigeren Beweislastverteilung im hypothetischen Vorprozess gegen den Schuldner zu klären gewesen wären. Die Beweislast im Anwaltsregressprozess richtet sich daher insoweit nach den Regeln des Ausgangsrechtsverhältnisses zwischen dem Auftraggeber und seinem Schuldner.[23] Die **Beweislastregeln des Vorverfahrens** gelten also grundsätzlich auch für den Regressprozess.[24] Der Grundsatz, dass die Beweislastregeln des Ausgangsrechtsstreits auch im Regressprozess anzuwenden sind, kann sich auch zulasten des Mandanten eines Steuerberaters auswirken, wenn die Frage, ob der Mandant den Steuerschaden noch rechtzeitig durch einen Rechtsbehelf hätte abwenden können, vom Zeitpunkt des Zugangs des Steuerbescheids abhängt.[25]

5. Schaden

13 § 287 ZPO ändert nichts daran, dass der Schadensnachweis grundsätzlich dem obliegt, der Schadensersatz fordert. Der Gegner kann sich darauf beschränken, den Schaden zu bestreiten.[26] Ausnahmsweise gilt etwas anderes dann, wenn bei pflichtgemäßem Handeln des Rechtsanwalts dem Gericht verschiedene prozessual gleich

---

21 BGH, Urt. v. 30.5.2000 – IX ZR 121/99, WM 2000, 1596, 1599 f. = NJW 2000, 2669.
22 BGH, Urt. v. 13.6.1996 – IX ZR 233/95, BGHZ 133, 110, 113 f. = WM 1996, 1830 = NJW 1996, 2501; v. 16.6.2005 – IX ZR 27/04, BGHZ 163, 223, 227 = WM 2005, 2103 = NJW 2005, 3071.
23 BGH, Urt. v. 6.5.2004 – IX ZR 211/00, WM 2004, 2220, 2221 = NJW-RR 2004, 1649.
24 BGH, Urt. v. 18.11.1999 – IX ZR 420/97, WM 2000, 189, 192 = NJW-RR 2000, 730, 732.
25 BGH, Urt. v. 3.5.2001 – IX ZR 46/00, WM 2001, 1675, 1677 = NJW 2001, 2169.
26 BGH, Urt. v. 1.3.2007 – IX ZR 261/03, WM 2007, 1183, 1187 Rn. 36 = NJW 2007, 2485.

gangbare Wege offen gestanden hätten. Hier muss nicht der Mandant darlegen und beweisen, dass auf einem dieser Wege der Schaden für ihn vermieden worden wäre. Noch weniger muss er belegen, dass das Gericht des Vorprozesses diesen Weg eingeschlagen hätte. Vielmehr muss der Rechtsanwalt darlegen und beweisen, dass auf allen in Betracht kommenden Wegen der Schaden nicht vermeidbar gewesen wäre. Dies ist deshalb gerechtfertigt, weil er sich auf hypothetische Geschehensabläufe beruft und deren Unaufklärbarkeit auf der von ihm zu vertretenden Pflichtwidrigkeit beruht.[27] Die Vorschrift des § 287 ZPO stellt den Richter insbesondere hinsichtlich des Umfangs der Beweiserhebungspflicht freier. Ob und inwieweit eine beantragte Beweisaufnahme oder von Amts wegen ein Sachverständigengutachten anzuordnen ist, bleibt danach dem pflichtgemäßen Ermessen des Richters überlassen. Im Unterschied zu den Anforderungen des § 286 Abs. 1 ZPO kann er von einer weiteren Beweisaufnahme absehen, wenn ihm bereits hinreichende Grundlagen für ein Wahrscheinlichkeitsurteil zur Verfügung stehen. Das hat für den Geschädigten eine **Beweiserleichterung** zur Folge, bedeutet aber auf der anderen Seite auch, dass der Richter die Tatsachen nicht weiter aufzuklären braucht, wenn der Nachweis bisher nicht einmal ansatzweise geführt und bereits hinreichend erkennbar ist, dass die noch zur Verfügung stehenden Beweise nicht ausreichen werden, die Behauptung des Klägers mit Wahrscheinlichkeit zu belegen. In diesem Rahmen ist dem Richter eine vorweggenommene Beweiswürdigung erlaubt.[28] Bleibt offen, ob der Mandant **vorsätzlich strafbar** gehandelt hat, gereicht dies dem wegen der Geldstrafe in Regress genommenen Berater zum Nachteil, weil er die Voraussetzungen für die Einschränkung der ihn grundsätzlich treffenden Schutzpflicht darlegen und beweisen muss.[29] In der Rechtsprechung ist anerkannt, dass die Darlegungs- und Beweislast für die Voraussetzungen des **Vorteilsausgleichs** der Schädiger trägt.[30] Für ein Mitverschulden oder die Verletzung der **Schadensminderungspflicht** ist grundsätzlich der Berater als Schädiger darlegungs- und beweispflichtig.[31] Die Verletzung der Obliegenheit nach § 254 BGB ist nach § 286 ZPO festzustellen. In der Kausalitätsfrage, also bei der Ermittlung, welchen Einfluss die Obliegenheitsverletzung auf den Umfang des zu ersetzenden Schadens gehabt hat, kann auf das geringere für die haftungsausfüllende Kausalität geltende Beweismaß des § 287 ZPO zurückgegriffen werden.[32] Soweit der Berater aus dem **Unterlassen einer Anfrage** des Mandanten an ihn ein Mitverschulden an der Schadensentstehung herleitet, muss er beweisen, dass er nicht von dem Mandanten um Rat gefragt worden ist.[33] Der Grundsatz, dass

27 BGH, Urt. v. 16.6.2005 – IX ZR 27/04, BGHZ 163, 223, 231 f. = WM 2005, 2103 = NJW 2005, 3071.
28 BGH, Urt. v. 13.6.1996 – IX ZR 233/95, BGHZ 133, 110, 113 f. = WM 1996, 1830 = NJW 1996, 2501.
29 BGH, Urt. v. 15.4.2010 – IX ZR 189/09, WM 2010, 993 Rn. 10 = DStR 2010, 1695.
30 BGH, Urt. v. 18.1.2007 – IX ZR 122/04, NJW-RR 2007, 742, 743 Rn. 15; v. 15.4.2010 – IX ZR 189/09, WM 2010, 993 Rn. 17 = DStR 2010, 1695.
31 BGH, Urt. 22.5.1984 – III ZR 18/83, BGHZ 91, 243, 260 = NJW 1984, 2216; BGH, Urt. v. 30.5.2001 – VIII ZR 70/00, NJW 2001, 1542, 1543.
32 BGH, Urt. v. 24.6.1986 – VI 222/85, NJW 1986, 2945, 2946.
33 BGH, Urt. v. 21.7.2005 – IX ZR 6/02, WM 2005, 1904, 1907 = NJW-RR 2005, 1511, 1513.

die Beweislastregeln des Ausgangsrechtsstreits auch im Regressprozess anzuwenden sind, kann sich ausnahmsweise zulasten des Mandanten eines Steuerberaters auswirken, wenn die Frage, ob der Mandant den Steuerschaden noch rechtzeitig durch einen Rechtsbehelf hätte abwenden können, vom Zeitpunkt des Zugangs des Steuerbescheids bei dem Berater abhängt und der Nachweis des Zugangs in dem Hauptverfahren der Finanzverwaltung oblegen hätte.[34] Macht ein Rechtsanwalt in einem Scheidungsverbundverfahren bezifferte Ansprüche seines Mandanten auf Hausratsteilung geltend, kann er sich in einem später gegen ihn geführten Regressprozess nicht darauf beschränken, den Wert der Gegenstände unsubstanziiert zu bestreiten.[35] Beruft sich der in Regress genommene Anwalt darauf, ein in dem Vorprozess obsiegendes Urteil wäre infolge der ungünstigen Vermögenslage des Prozessgegners nicht durchsetzbar gewesen, gebietet Art. 103 Abs. 1 GG, den für diese Behauptung angetretenen Beweis zu erheben.[36]

6. Verjährung

14 Regelmäßig trägt der **beklagte Berater** als Schuldner die Darlegungs- und Beweislast für Beginn und Ablauf der Verjährung und damit für die Kenntnis oder grob fahrlässige Unkenntnis des Mandanten. Da es um Umstände aus seiner Sphäre geht, hat der Mandant an der Sachaufklärung mitzuwirken und erforderlichenfalls darzulegen, was er zur Ermittlung der Voraussetzungen seiner Ansprüche und der Person des Schuldners getan hat.[37] Ist die Verjährungsfrist verstrichen, trägt der **Mandant** als Gläubiger die Beweislast, verjährungshemmende Maßnahmen getroffen zu haben.[38] Auch ein **Verjährungsverzicht** des Beraters ist von dem Mandanten zu beweisen. Ebenso trifft den Mandanten die Beweislast für die Umstände, aus denen sich ergibt, dass die Erhebung der Verjährungseinrede durch den Berater **rechtsmissbräuchlich** ist.[39]

7. Beweisvereitelung

15 Nach der Rechtsprechung des Bundesgerichtshofs kommen Beweiserleichterungen bis hin zur Umkehr der Beweislast in Betracht, wenn jemand einen **Gegenstand vernichtet** oder vernichten lässt, obwohl für ihn erkennbar ist, dass jenem eine Beweisfunktion zukommen kann, oder er dem Gegner auf sonstige Weise die Beweisführung schuldhaft unmöglich macht. Eine entsprechende Regelung hat § 444 ZPO für bestimmte Fälle der Urkundenbeseitigung ausdrücklich getroffen. Dem darin enthaltenen Rechtsgedanken hat die höchstrichterliche Rechtsprechung einen **allge-**

---

34 BGH, Urt. v. 3.5.2001 – IX ZR 46/00, WM 2001, 1675, 1677 = NJW 2001, 2169.
35 BGH, Urt. v. 11.3.2010 – IX ZR 104/08, WM 2010, 815 Rn. 17 = NJW 2010, 1357.
36 BGH, Beschl. v. 24.10.2013 – IX ZR 164/11 Rn. 5 ff.
37 BGH, Urt. v. 23.1.2007 – XI ZR 44/06, BGHZ 171, 1, 11 Rn. 32 = WM 2007, 639 = NJW 2007, 1584; BGH, Urt. v. 3.6.2008 – XI ZR 319/06, WM 2008, 1346, 1348 Rn. 25 = NJW 2008, 2576, 2578.
38 BGH, Urt. v. 20.6.1996 – IX ZR 106/05, WM 1996, 1832, 1834 = NJW 1996, 2929, 2931.
39 BGH, Urt. v. 29.2.1996 – IX ZR 180/95, WM 1996, 1106, 1108 = NJW 1996, 1895, 1897; v. 15.7.2010 – IX ZR 180/09, WM 2010, 1620 Rn. 17.

meinen beweisrechtlichen Grundsatz entnommen. Wer entgegen einer ihm obliegenden Rechtspflicht dem Gegner die Benutzung von zur Beweisführung benötigten Unterlagen schuldhaft unmöglich macht, darf im Rechtsstreit aus einem solchen Verhalten keine beweisrechtlichen Vorteile ziehen. Deshalb ist im Arzthaftungsrecht anerkannt, dass dem Patienten eine Beweiserleichterung zugutekommen kann, der in Beweisnot gerät, weil Behandlungsunterlagen aus Verschulden des Krankenhausträgers, der sie hätte sorgfältig aufbewahren müssen, verlorengegangen sind. Ebenso verhält es sich, wenn den steuerlichen Berater der Vorwurf trifft, der Mandantin die Benutzung von Unterlagen, die sie ihm zur Erfüllung eigener Obliegenheiten aus dem Vertragsverhältnis überlassen hatte, auf deren Rückgabe sie einen Rechtsanspruch hat und die sie zur Beweisführung benötigt, schuldhaft unmöglich gemacht zu haben. Lässt sich nicht ausschließen, dass die Mandantin bei ordnungsgemäßer Rückgabe der Geschäftsunterlagen mit ihrer Hilfe den Beweis hätte führen können, so geht die Ungewissheit über diesen Punkt zulasten des Beraters, der ihr den Beweis durch Verletzung einer vertraglichen Schutzpflicht unmöglich gemacht hat. Nur auf diese Weise wird vermieden, dass der Berater im Prozess allein deshalb eine günstigere Rechtsstellung erlangt, weil er der ersten – in der Fehlberatung zu erkennenden – Pflichtverletzung eine weitere – die Unterlassung der Rückgabe der Geschäftsunterlagen – hinzugefügt hat. Der Berater wird dadurch nicht unangemessen belastet. Die Beweiserleichterung greift erst ein, wenn der Geschädigte seinerseits hinreichend substanziiert die für die Schadensentstehung maßgeblichen, aus seinem Wahrnehmungs- und Einwirkungsbereich herrührenden Tatsachen vorgetragen und unter Beweis gestellt hat, dem Tatrichter also eine umfassende Würdigung aller Umstände des Einzelfalles ermöglicht und dieser die danach gebotene Beweisaufnahme durchgeführt hat.[40]

III. Erhebung einer Feststellungsklage

1. Zulässigkeit

Nach der Rechtsprechung des Bundesgerichtshofs hängt die Zulässigkeit einer Feststellungsklage bei reinen Vermögensschäden von der Wahrscheinlichkeit eines auf die Verletzungshandlung zurückzuführenden Schadenseintritts ab. Ausreichend ist, dass nach der Lebenserfahrung und dem gewöhnlichen Verlauf der Dinge mit hinreichender Wahrscheinlichkeit ein erst künftig aus dem Rechtsverhältnis erwachsender Schaden angenommen werden kann. Dagegen besteht ein Feststellungsinteresse (§ 256 Abs. 1 ZPO) für einen künftigen Anspruch auf Ersatz eines allgemeinen Vermögensschadens regelmäßig dann nicht, wenn der Eintritt irgendeines Schadens noch ungewiss ist.[41] Daraus, dass eine Feststellungsklage gegen den anwaltlichen oder steuerlichen Berater regelmäßig zulässig ist, wenn der Anspruch des Mandanten entstanden ist und die Verjährung zu laufen begonnen hat, folgt aber nicht, dass die Zulässigkeit einer Klage gegen den Berater stets den Beginn der Verjährung der

16

---

40 BGH, Urt. v. 27.9.2001 – IX ZR 281/00, WM 2001, 2450, 2452 f. = NJW 2002, 825.
41 BGH, Urt. v. 10.7.2014 – IX ZR 197/12 Rn. 11.

Ansprüche gegen diesen voraussetzt. Maßgeblich ist vielmehr auch in diesen Fällen, dass nach allgemeinen Grundsätzen eine Vermögensgefährdung, das heißt, die Wahrscheinlichkeit eines auf die Verletzungshandlung zurückzuführenden Schadens, substanziiert dargetan ist.[42] Bei einer anderen Sichtweise könnten Feststellungsklagen gegen Rechts- und Steuerberater auf Feststellung von Schadensersatzforderungen ausschließlich erhoben werden, um einem eventuellen Verjährungseintritt vorzubeugen. Steuerberatermandanten hätten vor dem Erlass sie belastender Steuerbescheide keine Möglichkeit, Feststellungsklage wegen zukünftig zu erwartender Schäden aufgrund pflichtwidrigen Handelns ihres Beraters zu erheben. Für eine derartige Beschränkung der Zulässigkeit von Feststellungsklagen gegen Berater spricht nichts. Das erforderliche Feststellungsinteresse kann sich auch aus anderen Gründen als dem drohenden Ablauf der Verjährungsfrist ergeben.[43] Beginnt die Verjährung etwaiger Ansprüche des Schadensersatzklägers – etwa nach § 51b Fall 2 BRAO a. F. – unabhängig von einer Schadensentstehung spätestens mit der Beendigung des Mandats, so folgt daraus ohne Weiteres ein rechtliches Interesse des Klägers an einer alsbaldigen Klärung der Haftungsfrage.[44]

2. Begründetheit

17   Eine **Schadenswahrscheinlichkeit** ist auch Voraussetzung für die Begründetheit einer Feststellungsklage.[45] Im Rahmen der Feststellungsklage ist es nicht geboten, Art, Umfang und Ausmaß des Schadens einzeln zu belegen.[46] Die neben der Kausalität selbstständige weitere Haftungsvoraussetzung der Wahrscheinlichkeit eines Schadenseintritts kann etwa angenommen werden, wenn im Sinne des § 287 ZPO der Nachweis geführt wird, dass der Mandant zur Vermeidung einer Steuerbelastung seine Ehefrau in geeigneter Weise an seinem Vermögen beteiligt hätte. Es ist eine Erfahrungstatsache, dass viele Gewerbetreibende bereit sind, ihre Ehefrau ohne eine gleichwertige Gegenleistung an ihrem Unternehmen zu beteiligen; die Neigung hierzu kann besonders groß sein, wenn damit eine steuerliche Entlastung der Familie verbunden ist. In einer solchen Vermögensverschiebung kann jedenfalls dann kein Schaden im Rechtssinn, in ihrem Unterbleiben kein mit dem Steuerschaden verrechenbarer Vermögensvorteil gesehen werden, wenn sie im Interesse der Steuerersparnis gewollt und gewünscht ist.[47] Ein Feststellungsurteil, das unter dem Vorbehalt eines später zu bestimmenden **Mitverschuldens** ausgesprochen wird, ist unzulässig. Vielmehr muss bereits im Feststellungsurteil über den Mitverschuldenseinwand des Beklagten befunden werden.[48]

---

42 BGH, Urt. v. 10.7.2014 – IX ZR 197/12 Rn. 12.
43 BGH, Urt. v. 10.7.2014 – IX ZR 197/12 Rn. 13.
44 BGH, Urt. v. 7.2.2008 – IX ZR 149/04, WM 2008, 946 Rn. 9 = NJW 2008, 2041; v. 10.7.2014 – IX ZR 197/12 Rn. 11.
45 BGH, Urt. v. 20.3.2008 – IX ZR 104/05, WM 2008, 1042, 1043 Rn. 10 = NJW 2008, 2647.
46 BGH, Urt. v. 18.12.2008 – IX ZR 12/05, WM 2009, 367, 371 Rn. 20 = NJW 2009, 1141.
47 BGH, Urt. v. 20.3.2008 – IX ZR 104/05, WM 2008, 1042, 1044 Rn. 18 = NJW 2008, 2647.
48 BGH, Urt. v. 10.7.2003 – IX ZR 5/00, WM 2004, 436 f.

IV. Sachverhaltsermittlung

1. Rechtliches Gehör

a) Grundsatz

Der Anspruch auf rechtliches Gehör verpflichtet das Gericht unter anderem, das **tat-** **18** **sächliche und rechtliche Vorbringen** der Beteiligten zur Kenntnis zu nehmen und bei seiner Entscheidung in Erwägung zu ziehen. Art. 103 Abs. 1 GG ist allerdings erst verletzt, wenn sich im Einzelfall klar ergibt, dass das Gericht dieser Pflicht nicht nachgekommen ist. Denn grundsätzlich ist davon auszugehen, dass die Gerichte das von ihnen entgegengenommene Parteivorbringen zur Kenntnis genommen und in Erwägung gezogen haben. Sie sind dabei nicht verpflichtet, sich mit jedem Vorbringen in den Entscheidungsgründen ausdrücklich zu befassen. Deshalb müssen im Einzelfall besondere Umstände deutlich machen, dass tatsächliches Vorbringen eines Beteiligten entweder überhaupt nicht zur Kenntnis genommen oder doch bei der Entscheidung nicht erwogen worden ist.[49] Diesen Anforderungen ist nicht genügt, wenn Vorbringen des Beklagten, demzufolge mit einem Mahnbescheid verfolgte Forderungen mangels hinreichender Individualisierung verjährt sind, nicht berücksichtigt wird.[50] Die Nichtberücksichtigung eines **erheblichen Beweisangebots**, die im Prozessrecht keine Stütze hat, verstößt gegen Art. 103 Abs. 1 GG. Das gilt auch dann, wenn die Nichtberücksichtigung des Beweisangebots darauf beruht, dass das Gericht verfahrensfehlerhaft überspannte Anforderungen an den Vortrag einer Partei gestellt hat. Es verschließt sich in einem solchen Fall der Erkenntnis, dass eine Partei ihrer Darlegungslast schon dann genügt, wenn sie Tatsachen vorträgt, die in Verbindung mit einem Rechtssatz geeignet sind, das geltend gemachte Recht als in ihrer Person entstanden erscheinen zu lassen. Eine solche nur scheinbar das Parteivorbringen würdigende Verfahrensweise stellt sich als Weigerung des Berufungsgerichts dar, in der nach Art. 103 Abs. 1 GG gebotenen Weise den Parteivortrag zur Kenntnis zu nehmen und sich mit ihm inhaltlich auseinanderzusetzen.[51]

b) Verbotene Beweisantizipation

Eine unzulässige Beweisantizipation liegt vor, wenn ein angebotener Zeugenbeweis **19** deshalb nicht erhoben wird, weil das Gericht dessen Bekundungen wegen seiner **bereits gewonnenen Überzeugung kein Gewicht** mehr beimisst. Die Nichterhebung eines angebotenen Beweises mit der Begründung, es sei bereits das Gegenteil erwiesen, ist grundsätzlich unzulässig. Der Beweisantritt zu einer Haupttatsache darf auch im Rahmen von § 287 Abs. 1 Satz 2 ZPO nicht aufgrund der Würdigung von Indiztatsachen übergangen werden. Die Vorschrift des § 287 Abs. 1 Satz 2 ZPO rechtfertigt es nicht, in einer für die Streitentscheidung zentralen Frage auf die nach Sachlage unerlässlichen Erkenntnisse zu verzichten.[52]

---

49 BGH, Beschl. v. 3.12.2015 – IX ZR 11/14 Rn. 10.
50 BGH, Beschl. v. 3.12.2015 – IX ZR 11/14 Rn. 13 ff.
51 BGH, Beschl. v. 16.4.2015 – IX ZR 195/14, NJW-RR 2015, 829 Rn. 9.
52 BGH, Beschl. v. 16.4.2015 – IX ZR 195/14, NJW-RR 2015, 829 Rn. 9.

H. Prozessuale Durchsetzung

c) Anforderungen an Beweisantritt

20 Zum Beweisantritt muss die Partei die zu beweisende **erhebliche Tatsache** und das **Beweismittel** bestimmt bezeichnen. Mehr darf nicht gefordert werden.[53] Einer Partei darf nicht verwehrt werden, eine tatsächliche Aufklärung auch hinsichtlich solcher Punkte zu verlangen, über die sie selbst **kein zuverlässiges Wissen** besitzt und auch nicht erlangen kann. Sie kann deshalb genötigt sein, eine von ihr nur vermutete Tatsache zu behaupten und unter Beweis zu stellen. Unzulässig wird ein solches prozessuales Vorgehen erst dort, wo die Partei ohne greifbare Anhaltspunkte für das Vorliegen eines bestimmten Sachverhalts willkürlich Behauptungen „aufs Geratewohl" oder „ins Blaue hinein" aufstellt. Bei der Annahme von Willkür in diesem Sinne ist Zurückhaltung geboten; in der Regel wird sie nur beim Fehlen jeglicher tatsächlicher Anhaltspunkte, gerechtfertigt werden können.[54] An der notwendigen Bestimmtheit einer Behauptung kann es fehlen, wenn der Mandant lediglich eine **Vermutung** äußert.[55] Das Gesetz verlangt nicht, dass der Beweisführer sich auch darüber äußert, welche **Anhaltspunkte er für die Richtigkeit** der in das Wissen das Zeugen gestellten Behauptung habe. Für das Vorliegen eines hinreichend bestimmten Beweisantrags ist es gerade nicht erforderlich, dass die Partei das Beweisergebnis im Sinne einer vorweggenommenen Beweiswürdigung wahrscheinlich macht. Eine **Ausnahme** von diesem Grundsatz macht die Rechtsprechung lediglich dann, wenn ein Zeuge über **innere Vorgänge** bei einer anderen Person vernommen werden soll, die der direkten Wahrnehmung durch den Zeugen naturgemäß entzogen sind. Ein solcher Fall liegt hier jedoch nicht vor, weil die Beweispersonen ersichtlich über Äußerungen der Käuferin anlässlich der Vertragsverhandlungen vernommen werden sollen.[56]

d) Widersprüchlicher Vortrag

21 Eine Partei ist nicht gehindert, ihr Vorbringen im Laufe des Rechtsstreits zu ändern, insbesondere zu präzisieren, zu ergänzen oder zu berichtigen. Darum können für einen Klageantrag, sofern nicht eine bewusste Verletzung der Wahrheitspflicht (§ 138 Abs. 1 ZPO) gegeben ist, in tatsächlicher Hinsicht widersprechende Begründungen gegeben werden, wenn das **Verhältnis dieser Begründungen zueinander klargestellt** ist, sie also nicht als ein einheitliches Vorbringen geltend gemacht werden.[57] Die Nichtberücksichtigung eines erheblichen Beweisangebots wegen vermeintlicher Widersprüche im Vortrag der beweisbelasteten Partei läuft auf eine prozessual unzulässige vorweggenommene tatrichterliche Beweiswürdigung hinaus und verstößt damit zugleich gegen Art. 103 Abs. 1 GG.[58]

---

53 BGH, Beschl. v. 16.4.2015 – IX ZR 195/14, NJW-RR 2015, 829 Rn. 11.
54 BGH, Beschl. v. 16.4.2015 – IX ZR 195/14, NJW-RR 2015, 829 Rn. 13.
55 BGH, Urt. v. 23.9.2004 – IX ZR 137/03, NJW-RR 2005, 494, 496 f.
56 BGH, Beschl. v. 16.4.2015 – IX ZR 195/14, NJW-RR 2015, 829 Rn. 14.
57 BGH, Beschl. v. 16.4.2015 – IX ZR 195/14, NJW-RR 2015, 829 Rn. 16.
58 BGH, Beschl. v. 16.4.2015 – IX ZR 195/14, NJW-RR 2015, 829 Rn. 17.

2. Keine Bindungen an Feststellungen des Vorprozesses

Das Regressgericht hat seiner Entscheidung den Sachverhalt zugrunde zu legen, der **22** dem Gericht des Vorverfahrens bei pflichtgemäßem Verhalten des Rechtsanwalts unterbreitet und von ihm aufgeklärt worden wäre. Wird dem Rechtsanwalt vorgeworfen, der Misserfolg des Mandanten im Vorprozess sei auf mangelhaften Prozessvortrag zurückzuführen, hat das Regressgericht deshalb grundsätzlich von dem Sachverhalt auszugehen, der dem Gericht des Inzidenzverfahrens bei pflichtgemäßem Verhalten des dortigen Prozessbevollmächtigten – nunmehrigen Regressbeklagten – unterbreitet worden wäre. Da der materiellen Gerechtigkeit Vorrang vor der wirklichen Kausalität gebührt, kommt es nicht darauf an, welche Tatsachen das Inzidenzgericht mutmaßlich festgestellt hätte, sondern welche Beweiserhebungen nach **Auffassung des Regressrichters** zur Aufklärung des Sachverhalts erforderlich sind. Der Regressrichter ist dabei nicht auf die Aufklärungsmöglichkeiten beschränkt, die dem Richter des Vorprozesses ohne die anwaltlichen Pflichtversäumnisse im damaligen Zeitpunkt zur Verfügung gestanden hätten. Von diesem unzuverlässigen Beurteilungsmaßstab soll im Interesse eines gerechten Ergebnisses der Prozess, bei dem es um die Ermittlung des zu ersetzenden Schadens geht, wie er sich im gegenwärtigen Zeitpunkt darstellt, gerade freigestellt sein. Dem Mandanten, der geltend macht, durch das anwaltlicher Sorgfalt widersprechende Verhalten seines damaligen Prozessbevollmächtigten den Vorprozess verloren zu haben, darf nicht die Möglichkeit beschnitten werden, mit allen im Regressprozess zulässigen Beweismitteln den Beweis zu führen, dass er sonst den Vorprozess hätte gewinnen müssen. Deshalb darf – und muss – der Richter des Regressprozesses auch verwertbare Beweismittel berücksichtigen, auf welche im Vorprozess nicht hätte zurückgegriffen werden können. Insbesondere steht der Gegner des Vorprozesses nunmehr als **Zeuge** zur Verfügung.[59] Beruht die tatsächliche Würdigung des Regressrichters jedoch auf Erkenntnissen, die selbst bei pflichtgemäßem Handeln der im Vorprozess auftretenden Rechtsanwälte und sachgerechtem Verfahren des mit diesem Prozess befassten Gerichts keinesfalls zur Verfügung gestanden hätten, dürfen diese auch im Regressprozess nicht berücksichtigt werden. Hat es der Rechtsanwalt beispielsweise im Vorprozess schuldhaft versäumt, eine Behauptung unter Beweis zu stellen, so haftet er für die Nachteile der Beweislosigkeit dann nicht, wenn damals ein Beweismittel nicht zur Verfügung gestanden hätte. Daran ändert nichts, dass im Regressprozess ein solches vorliegt.[60]

3. Parteivernehmung

Da es sich bei der Beratung des Mandanten durch den Anwalt um ein **Vier-Augen-** **23** **Gespräch** der Parteien handelt, haben die Gerichte zum Zwecke der Beweiserhebung über den Inhalt der Beratung eine **Anhörung beider Parteien** entweder auf

---

59 BGH, Urt. v. 16.6.2005 – IX ZR 27/04, BGHZ 163, 223, 228 = WM 2005, 2103 = NJW 2005, 3071.
60 BGH, Urt. v. 16.6.2005 – IX ZR 27/04, BGHZ 163, 223, 229, 230 = WM 2005, 2103 = NJW 2005, 3071.

der Grundlage des § 141 ZPO oder des § 448 ZPO vorzunehmen. In Berufshaftungssachen ist eine solche Parteianhörung jedenfalls in Ermangelung weiterer Beweismittel geboten, um Feststellungen über den Inhalt streitiger Beratungsgespräche treffen zu können.[61] Geht es darum, welche **hypothetische Entscheidung** der Mandant bei vertragsgerechtem Verhalten des Beraters getroffen hätte, liegt es nahe, ihn gemäß § 287 Abs. 1 Satz 3 ZPO zu vernehmen, weil es um eine innere, in seiner Person liegende Tatsache geht. § 287 Abs. 1 Satz 3 ZPO erlaubt eine Parteivernehmung unabhängig von den von den Voraussetzungen des § 448 ZPO. Zwingend vorgeschrieben ist eine (förmliche) Parteivernehmung jedoch nicht. Das Gericht kann den Kläger gemäß § 141 ZPO angehören und seine Aussagen in den Urteilsgründen verwerten.[62]

V. Richterliche Vorbefassung

24 Die Mitwirkung der im Vorprozess mit der Sache befassten Richter bei dem Erlass der Entscheidung im späteren Anwaltshaftungsprozess stellt weder einen gesetzlichen Ausschlussgrund noch einen Ablehnungsgrund wegen Besorgnis der Befangenheit dar.

1. Kein Ausschlussgrund

25 Nach § 41 Nr. 6 ZPO ist ein Richter von der Ausübung des Richteramtes kraft Gesetzes in Sachen ausgeschlossen, in denen er in einem früheren Rechtszug oder im schiedsrichterlichen Verfahren bei dem Erlass der angefochtenen Entscheidung mitgewirkt hat. Seine Mitwirkung an einer anderen Entscheidung als der angefochtenen reicht hingegen nicht aus. Der Fall, dass die im Anwaltshaftungsprozess tätigen Richter in einem Vorprozess mitgewirkt haben, dessen für den Kläger negativer Ausgang den Anlass für die streitgegenständliche Haftungsklage gegeben hat, wird von dem klaren Wortlaut der Vorschrift nicht erfasst.[63] Auch eine entsprechende Anwendung des § 41 Nr. 6 ZPO scheidet aus. Die Stellung des Gerichts im Haftungsprozess entspricht der eines Instanzgerichts, das nach Aufhebung und Zurückverweisung der Sache durch das Rechtsmittelgericht erneut über die Sache zu befinden hat. Wie sich aus § 563 Abs. 1 Satz 2 ZPO ergibt, ist bei den Mitgliedern des vorbefassten Spruchkörpers, die an dem aufgehobenen Urteil mitgewirkt haben, kein Fall der unmittelbaren oder entsprechenden Anwendung des § 41 Nr. 6 ZPO gegeben. Dieses Beispiel zeigt, dass nach der Vorstellung des Gesetzgebers die Unvoreingenommenheit des Richters grundsätzlich nicht schon dadurch gefährdet ist, dass er sich schon früher zu demselben Sachverhalt ein Urteil gebildet hat.[64]

---

61 BGH, Urt. v. 9.6.2011 – IX ZR 75/10 Rn. 19.
62 BGH, Urt. v. 18.5.2006 – IX ZR 53/05, WM 2006, 1736, 1738 Rn. 18 = NJW-RR 2006, 1645.
63 BGH, Beschl. v. 18.12.2014 – IX ZB 65/13 Rn. 7.
64 BGH, Beschl. v. 18.12.2014 – IX ZB 65/13 Rn. 8.

2. Kein Ablehnungsgrund

Die bloße Mitwirkung an der im Vorprozess ergangenen Entscheidung stellt im **26** nachfolgenden Haftungsprozess auch keinen Ablehnungsgrund nach § 42 Abs. 2 ZPO dar. Begründete bereits die Mitwirkung im Vorprozess die Besorgnis der Befangenheit, führte dies auf dem Umweg über § 42 ZPO im Endergebnis zu einer unzulässigen Erweiterung des Anwendungsbereichs des § 41 ZPO.[65] Ein Richter kann abgelehnt werden, wenn aus der Sicht einer objektiv und vernünftig urteilenden Partei die Besorgnis besteht, der zur Entscheidung berufene Richter stehe der Sache nicht unvoreingenommen und unparteiisch gegenüber.[66] Allein der Umstand, dass es einem Richter bei einer Zweitbefassung mit einem Sachverhalt zugemutet wird, sich von dessen früherer rechtlicher Beurteilung zu lösen und den Fall neu zu durchdenken, reicht hierfür nicht aus. Aus objektiver Sicht ist es dem in typischer oder atypischer Weise vorbefassten Richter grundsätzlich zuzutrauen, dass er auch den neuen Fall ausschließlich nach sachlichen Kriterien löst.[67]

VI. Grundurteil

1. Voraussetzungen

Im Anwaltshaftungsprozess gehört jedenfalls dann, wenn dem Anwalt vorgeworfen **27** wird, seine Vertragspflichten bei der Durchsetzung eines Anspruchs – sei es in einem Prozess oder außergerichtlich – verletzt zu haben, die Frage, ob jener Anspruch überhaupt bestand, zu dem, was für den Erlass eines Grundurteils nach § 304 ZPO feststehen muss. Eine andere Beurteilung würde zu einer ungerechtfertigten Verzögerung und Verteuerung des Regressprozesses führen. Sollten in einem Vorprozess Leistungsansprüche auf Krankenhaustagegeld und auf Invaliditätsentschädigung geltend gemacht werden, kommt ein Grundurteil gegen den Anwalt nur in Betracht, wenn diese Ansprüche nach Versicherungsvertrag gegeben waren.[68] Bei einem Klagebegehren, das sich aus mehreren Teilansprüchen zusammensetzt, kann ein einheitliches Grundurteil nur ergehen, wenn feststeht, dass jeder der Teilansprüche dem Grunde nach gerechtfertigt ist. Es muss für alle geltend gemachten Ansprüche feststehen, dass im Betragsverfahren voraussichtlich etwas übrig bleibt.[69]

2. Bindungswirkung

Ein Grundurteil hat für das Betragsverfahren, soweit es den Klageanspruch bejaht **28** hat und soweit dessen Höhe durch den anerkannten Klagegrund gerechtfertigt ist, Bindungswirkung. Der Umfang der Bindungswirkung richtet sich danach, worüber das Gericht bereits entschieden hat, was durch Auslegung zu ermitteln ist. Das Grundurteil bindet nur, soweit es selbst eine bindende Entscheidung zu Streitpunk-

---

65 BGH, Beschl. v. 18.12.2014 – IX ZB 65/13 Rn. 10.
66 BGH, Beschl. v. 18.12.2014 – IX ZB 65/13 Rn. 11.
67 BGH, Beschl. v. 18.12.2014 – IX ZB 65/13 Rn. 12.
68 BGH, Beschl. v. 17.9.2015 – IX ZR 263/13 Rn. 10.
69 BGH, Beschl. v. 17.9.2015 – IX ZR 263/13 Rn. 11.

ten treffen wollte. Ausführungen, die ausschließlich die Höhe des Anspruchs betreffen, sind im Grundurteil unzulässig und binden im Betragsverfahren nicht. Davon abgesehen besteht keine Bindungswirkung zulasten der geschädigten Mandantin, wenn das Grundurteil von einem Schadensersatzanspruch der Mandantin wegen des Verlusts des Versorgungsausgleichs ausgeht und lediglich die Möglichkeit in Betracht zieht, dass der Schadensersatzanspruch um einen etwaigen weiter bestehenden Unterhaltsanspruch der Mandantin gegen ihren geschiedenen Ehegatten zu ermäßigen ist.[70]

VII. Berufungsrechtszug

1. Zulässigkeit der Berufung

a) Statthaftigkeit der Berufung gegen zweites Versäumnisurteil

29 Das Säumnisverfahren ist Folge des Mündlichkeitsprinzips und der Verhandlungsmaxime. Eine Partei könnte den Fortgang des Verfahrens blockieren, wenn sie nicht zum Termin erscheint oder nicht zur Sache verhandelt. Die Zivilprozessordnung knüpft daher **nachteilige Rechtsfolgen an die Säumnis.** Ein erstes Versäumnisurteil kann noch im Wege des Einspruchs aus der Welt geschafft werden. Um zu verhindern, dass der Einspruch „ein bequemes Mittel zur Verschleppung der Prozesse" wird, hat der historische Gesetzgeber seine wiederholte Zulassung jedoch beschränkt. Erscheint die Partei nach rechtzeitigem Einspruch gegen das (erste) Versäumnisurteil erneut nicht zur mündlichen Verhandlung über den Einspruch oder erscheint sie zwar, ist sie aber nicht ordnungsgemäß vertreten oder verhandelt sie nicht, hat das Gericht nur noch die Voraussetzungen der wiederholten Säumnis, insbesondere die ordnungsgemäße Ladung zum Termin, zu prüfen, bevor es den Einspruch durch (zweites) Versäumnisurteil verwirft (§ 345 ZPO). Ein weiterer Einspruch findet nicht statt. Die Berufung gegen ein (zweites) Versäumnisurteil kann nur darauf gestützt werden, dass der Fall der schuldhaften Versäumung nicht vorgelegen habe (§ 514 Abs. 2 Satz 1 ZPO).[71]

30 Die Berufung gegen ein zweites Versäumnisurteil gemäß § 514 Abs. 2 ZPO kann folgerichtig nur die Zulässigkeit des Versäumnisurteils betreffen. Eine Erweiterung der Prüfungskompetenz des Berufungsgerichts hat der Bundesgerichtshof wiederholt abgelehnt. Die Berufung gegen ein zweites Versäumnisurteil kann nicht darauf gestützt werden, dass bei Erlass des ersten Versäumnisurteils ein Fall der Säumnis nicht vorgelegen habe. Sie kann auch nicht auf die fehlende Schlüssigkeit der Klage gestützt werden. Ebenso unbehelflich ist es, wenn die Partei wegen einer vermeintlich **fehlerhaften Behandlung eines Ablehnungsgesuchs** der mündlichen Verhandlung fernbleibt. Die an die wiederholte Säumnis einer Partei geknüpfte Sanktion des § 514 Abs. 2 ZPO steht in einer Reihe mit weiteren gesetzlichen Regelungen im Versäumnisverfahren (§ 708 Nr. 2, § 340 Abs. 3, § 341 Abs. 1 ZPO), die sämtlich darauf hin-

---

70 BGH, Urt. v. 24.9.2009 – IX ZR 87/08, FamRZ 2009, 2075 Rn. 19 ff.
71 BGH, Beschl. v. 7.12.2017 – IX ZR 81/17, WM 2018, 445 Rn. 4; Urt. v. 5.7.2018 – IX ZR 264/17 Rn. 17.

auslaufen, eine Partei, gegen die ein Versäumnisurteil erlassen ist, im Interesse der Prozessbeschleunigung zu besonders sorgfältiger Prozessführung zu veranlassen. Bleibt die Partei erneut schuldhaft säumig, ist es nur konsequent, an dieses Fehlverhalten die schärfere Sanktion des endgültigen Prozessverlustes zu knüpfen.[72]

b) Beseitigung erstinstanzlicher Beschwer

Die Zulässigkeit des Rechtsmittels der Berufung und der Revision setzt nach **31** höchstrichterlicher Rechtsprechung voraus, dass der Angriff des Rechtsmittelführers (auch) auf die **Beseitigung der im vorinstanzlichen Urteil enthaltenen Beschwer** gerichtet ist. Das Rechtsmittel ist mithin unzulässig, wenn mit ihm lediglich im Wege der **Klageänderung** ein **neuer, bislang nicht geltend gemachter Anspruch** zur Entscheidung gestellt wird; vielmehr muss zumindest auch der in erster Instanz erhobene Klageanspruch wenigstens teilweise weiterverfolgt werden. Die Erweiterung oder Änderung der Klage kann nicht alleiniges Ziel des Rechtsmittels sein, sondern nur auf der Grundlage eines zulässigen Rechtsmittels verwirklicht werden. Eine Berufung, welche die Richtigkeit der vorinstanzlichen Klageabweisung nicht in Frage stellt und ausschließlich einen neuen – bisher noch nicht geltend gemachten – Anspruch zum Gegenstand hat, ist unzulässig. Der Mandant, der im Vorprozess mit seiner Klage nicht durchgedrungen ist, kann seinen **Kostenschaden** auf zwei sich wechselseitig ausschließende **Sachverhaltsalternativen** gründen: Einmal kann er behaupten, dass der Vorprozess bei pflichtgemäßem Vorgehen des Anwalts **gewonnen** und ihm folglich keine Kostenpflicht auferlegt worden wäre. Hier wird der Kostenschaden regelmäßig neben den Schaden treten, der im Verlust der Hauptsache liegt. Zum andern kann der Mandant geltend machen, der Anwalt habe den aus Rechtsgründen **nicht gewinnbaren Vorprozess** gar nicht erst einleiten dürfen. Mit Rücksicht auf den gegensätzlichen Sachverhalt handelt es sich dabei um **unterschiedliche Streitgegenstände.** Wird die gegen einen Rechtsanwalt gerichtete Regressklage darauf gestützt, dass ein Vorprozess infolge pflichtwidriger Prozessführung des Rechtsanwalts verloren wurde, ist mangels Bekämpfung der erstinstanzlichen Beschwer eine Berufung unzulässig, mit der erstmals geltend gemacht wird, der Rechtsanwalt habe mangels Erfolgsaussichten bereits von der Einleitung des Vorprozesses abraten müssen.[73]

c) Begründungsanforderungen

Die Berufungsbegründung muss gemäß § 520 Abs. 3 Nr. 2 ZPO jeweils auf den **32** Streitfall zugeschnitten sein und im Einzelnen erkennen lassen, in welchen Punkten tatsächlicher oder rechtlicher Art sowie aus welchen Gründen der Berufungskläger das angefochtene Urteil für unrichtig hält. Es reicht nicht aus, die tatsächliche oder rechtliche Würdigung durch den Erstrichter mit formellen Wendungen zu rügen oder lediglich auf das Vorbringen erster Instanz zu verweisen. Betrifft die erstinstanzliche Entscheidung **mehrere prozessuale Ansprüche**, so ist für jeden Anspruch eine den Anforderungen des § 520 Abs. 3 Nr. 2 ZPO genügende Begründung

---

72 BGH, Urt. v. 5.7.2018 – IX ZR 264/17 Rn. 18.
73 BGH, Beschl. v. 29.9.2011 – IX ZB 106/11, WM 2011, 2113 Rn. 7 ff.

der Berufung erforderlich. Solcher im Einzelnen differenzierender Beanstandungen bedarf es freilich nur dann, wenn die Vorinstanz die erhobenen Ansprüche aus jeweils unterschiedlichen tatsächlichen oder rechtlichen Gründen für begründet erachtet hat; decken sich dagegen die Voraussetzungen für die verschiedenen Ansprüche, reicht es aus, wenn die Berufungsbegründung einen einheitlichen Rechtsgrund im Ganzen angreift. Insbesondere ist es notwendig, dass sich die Berufungsbegründung mit der die angefochtene Entscheidung tragenden Begründung auseinandersetzt. Sind gegen den Kläger bezogen auf unterschiedliche Jahre (etwa 1991–1993) jeweils gesonderte Steuerbescheide ergangen, betrifft sein einheitlich formuliertes Feststellungsbegehren wegen der unterschiedlichen Veranlagungszeiträume tatsächlich **mehrere Streitgegenstände**. Hat das Erstgericht die Klage bezogen auf die einzelnen Streitjahre mit jeweils eigenständiger Begründung abgewiesen, muss sich der Kläger, soll sein Rechtsmittel insgesamt zulässig sein, damit jeweils im Einzelnen auseinandersetzen.[74]

2. Notwendigkeit einer Beweiserhebung

33 Grundsätzlich steht es im Ermessen des Berufungsgerichts, ob es Zeugen, die in der Vorinstanz bereits vernommen worden sind, nach § 398 Abs. 1 ZPO erneut vernimmt. Das Berufungsgericht ist zur nochmaligen Vernehmung jedoch verpflichtet, wenn es die Glaubwürdigkeit der Zeugen anders beurteilen will als das Erstgericht; Gleiches gilt dann, wenn das Berufungsgericht die protokollierte Aussage eines Zeugen anders verstehen will als der Richter der Vorinstanz oder wenn es die Aussage eines Zeugen für zu vage und für präzisierungsbedürftig hält oder wenn es der Aussage auch nur ein anderes Gewicht, eine andere Tragweite oder ein vom Wortsinn abweichende Auslegung geben will. In all diesen Fällen kann die nochmalige Vernehmung eines Zeugen nur unterbleiben, wenn sich das Rechtsmittelgericht auf Umstände stützt, die weder die Urteilsfähigkeit, das Erinnerungsvermögen oder die Wahrheitsliebe des Zeugen noch die Vollständigkeit oder Widerspruchsfreiheit seiner Aussage betreffen.[75]

3. Erhebung der Verjährungseinrede im Berufungsrechtszug

34 Sind die die Erhebung der Verjährungseinrede und die den Verjährungseintritt begründenden tatsächlichen Umstände unstreitig, ist die erstmals in der Berufungsinstanz eines Anwaltshaftungsprozesses erhobene Verjährungseinrede auch dann zuzulassen, wenn zur Frage der Sekundärhaftung weitere Feststellungen erforderlich sind. Wie der Große Senat für Zivilsachen des Bundesgerichtshofs entschieden hat, ist die im Berufungsrechtszug erstmals erhobene Verjährungseinrede unabhängig von den Voraussetzungen des § 531 Abs. 2 Satz 1 Nr. 1–3 ZPO zuzulassen, wenn die **Erhebung der Verjährungseinrede** und die den Verjährungseintritt begründenden **tatsächlichen Umstände** zwischen den Prozessparteien **unstreitig** sind. § 531 Abs. 2 ZPO stellt nicht darauf ab, ob der Rechtsstreit durch die Berücksichtigung

---

74 BGH, Urt. v. 14.6.2012 – IX ZR 150/11, WM 2012, 1454 Rn. 10 ff.
75 BGH, Beschl. v. 20.11.2014 – IX ZR 275/13 Rn. 7.

des neuen Vortrags verzögert wird. Neuer unstreitiger Tatsachenvortrag ist in der Berufungsinstanz selbst dann zuzulassen, wenn dies dazu führt, dass vor einer Sachentscheidung eine Beweisaufnahme erforderlich wird. Gleiches gilt für die Einrede der Verjährung.[76]

4. Aufhebung und Zurückverweisung

a) Grundlagen

Eine Zurückverweisung nach § 538 Abs. 2 Satz 1 Nr. 1 ZPO kommt als Ausnahme **35** von der in § 538 Abs. 1 ZPO statuierten Verpflichtung des Berufungsgerichts, die notwendigen Beweise zu erheben und in der Sache selbst zu entscheiden, nur in Betracht, wenn das erstinstanzliche Verfahren an einem so wesentlichen Mangel leidet, dass es keine Grundlage für eine instanzbeendende Entscheidung sein kann. Ob ein solcher Mangel vorliegt, ist nach ständiger Rechtsprechung vom **materiell-rechtlichen Standpunkt des Vorderrichters** aus zu beurteilen, auch wenn dieser verfehlt ist und das Berufungsgericht ihn nicht teilt. Hiernach begründet es keinen Fehler im Verfahren der Vorinstanz, wenn das Berufungsgericht Parteivorbringen materiellrechtlich anders beurteilt als das Erstgericht, indem es **geringere Anforderungen an die Schlüssigkeit und Substanziierungslast** stellt und infolge dessen eine Beweisaufnahme für erforderlich hält. Ein Verfahrensfehler kann in einem solchen Fall auch nicht mit einer **Verletzung der richterlichen Hinweis- und Fragepflicht** (§ 139 ZPO) begründet werden. Eine unrichtige Rechtsansicht des Erstrichters darf nicht auf dem Umweg über eine angebliche Hinweispflicht gegenüber den Parteien in einen Verfahrensmangel umgedeutet werden, wenn auf der Grundlage der Auffassung des Erstgerichts kein Hinweis geboten war. Das Berufungsgericht muss vielmehr auch insoweit bei Prüfung der Frage, ob ein Verfahrensfehler vorliegt, den Standpunkt des Erstgerichts zugrunde legen.[77]

b) Folgerungen

Gebietet danach allein die **rechtliche Würdigung des Tatsachenvorbringens 36 durch das Berufungsgericht** die Erhebung angebotener Beweise, kommt ein Verfahrensfehler des Erstgerichts nicht in Betracht. Die Erwägung des Berufungsgerichts, es komme im Regressprozess nicht darauf an, ob das Finanzgericht in dem Ausgangsverfahren die Zeugen gehört hätte, sondern wie das Ausgangsverfahren richtigerweise hätte entschieden werden müssen, betrifft die **Beurteilung der materiellen Rechtslage.** Deshalb scheidet ausgehend von der gegenteiligen Rechtsauffassung des Landgerichts ein Verfahrensfehler aus, soweit dieses mit Rücksicht auf das **mutmaßliche Vorgehen des Finanzgerichts** in dem Ausgangsverfahren eine Zeugenvernehmung abgelehnt hat. Soweit das Berufungsgericht außerdem nach dem Inhalt des klägerischen Sachvortrags eine Vernehmung der Zeugen für geboten

---

76 BGH, Urt. v. 16.10.2008 – IX ZR 135/07, WM 2008, 2307 ff. Rn. 7, 22 = NJW 2009, 685; v. 10.5.2012 – IX ZR 125/10, WM 2012, 1351 Rn. 54; v. 10.5.2012 – IX ZR 143/11, WM 2012, 1451 Rn. 7.

77 BGH, Urt. v. 14.6.2012 – IX ZR 150/11, WM 2012, 1454 Rn. 14.

erachtet, stellt es – was ebenfalls eine Aufhebung und Zurückweisung ausschließt – mildere Anforderungen an die Darlegung der Schlüssigkeit und die Substanziierungslast. Auch vermag der von dem Berufungsgericht angenommene Verstoß gegen § 139 ZPO die Aufhebung und Zurückverweisung nicht zu rechtfertigen, weil ein solcher Hinweis aus der materiell-rechtlichen Sicht des Erstgerichts, das – wenn auch zu Unrecht – auf die mutmaßliche Verfahrensweise des Finanzgerichts bei Stellung der Zeugen im Termin abgestellt hat, nicht geboten war.[78]

VIII. Revisionsverfahren

37 Ein Verstoß des Berufungsgerichts gegen § 308 Abs. 1 ZPO wird nicht dadurch geheilt, dass der Kläger die Zurückweisung der Revision beantragt und sich dadurch die Entscheidung des Berufungsgerichts einschließlich der zusätzlichen Klagegründe zu eigen gemacht hat. Insoweit handelt es sich um eine Klageerweiterung, die im Revisionsverfahren grundsätzlich nicht zulässig ist. Dem Kläger ist auch nicht durch Zurückverweisung der Sache an das Berufungsgericht Gelegenheit zu geben, die Klage auf neue Klagegründe zu stützen, nachdem er in den Tatsacheninstanzen keine entsprechenden Vorwürfe erhoben hat.[79] § 563 Abs. 3 ZPO, wonach das Revisionsgericht in der Sache selbst zu entscheiden hat, wenn die Aufhebung des Urteils nur wegen Rechtsverletzung bei Anwendung des Gesetzes auf das festgestellte Sachverhältnis erfolgt und nach Letzterem die Sache zur Endentscheidung reif ist, greift nicht ein, wenn das Sachverhältnis bisher nur vom erstinstanzlichen Gericht festgestellt worden ist und das Berufungsgericht noch nicht gemäß § 529 Abs. 1 Nr. 1 ZPO geprüft hat, ob **konkrete Anhaltspunkte Zweifel an der Richtigkeit der Feststellung** des erstinstanzlichen Gerichts begründen. Diese Prüfung kann nicht vom Revisionsgericht vorgenommen werden, weil die Ermittlung oder Verneinung konkreter Anhaltspunkte für eine Unrichtigkeit der erstinstanzlichen Tatsachenfeststellungen ihrerseits eine neue Tatsachenfeststellung darstellen kann und damit in die Zuständigkeit des Tatrichters fällt.[80]

IX. Verfahrenskosten

38 Grundsätzlich steht es den **einfachen Streitgenossen** (§§ 59, 60, 61 ZPO) wie den mehreren beklagten Rechtsanwälten **frei**, sich von einem **eigenen Anwalt** vertreten zu lassen, wenn sie gemeinsam verklagt werden. Dies hat kostenrechtlich zur Folge, dass im Falle des Obsiegens ihr Prozessgegner die jedem Streitgenossen entstandenen Anwaltskosten nach § 91 ZPO erstatten muss. Von diesem **Grundsatz** sind je nach den Umständen des Einzelfalles aber dann **Ausnahmen** zu machen, wenn feststeht, dass ein eigener Prozessbevollmächtigter für eine interessengerechte Prozessführung nicht erforderlich sein wird. Ein sachlicher Grund für eine getrennte Prozessführung ist in der Rechtsprechung angenommen worden, wenn nur einer der

---

78 BGH, Urt. v. 14.6.2012 – IX ZR 150/11, WM 2012, 1454 Rn. 16 ff.
79 BGH, Urt. v. 17.3.2016 – IX ZR 142/14, AnwBl 2016, 524 Rn. 21.
80 BGH, Urt. v. 14.5.2009 – IX ZR 60/08, WM 2009, 1296, 1298 Rn. 15 = MDR 2009, 996.

verklagten Rechtsanwälte ein Mandat betreut hat und der andere nach Beendigung des Mandats aus der gemeinsamen Sozietät ausgeschieden ist. Entsprechendes kann gelten, wenn ein **Regress zwischen den Gesellschaftern** droht. Auch wird ein die getrennte Beauftragung von Rechtsanwälten rechtfertigender Interessenwiderstreit angenommen, wenn Anhaltspunkte dafür erkennbar sind, dass im **Innenverhältnis der verklagten Rechtsanwälte** eine vom Grundsatz des § 426 Abs. 1 Satz 1 BGB **abweichende Ausgleichungspflicht** in Betracht kommt. Wenn **beruflich zusammengeschlossene Rechtsanwälte** gegebenenfalls auch **neben der Gesellschaft** wegen eines anwaltlichen Beratungsfehlers von der Mandantschaft als Streitgenossen auf Schadensersatz in Anspruch genommen werden, besteht regelmäßig ein **sachlicher Grund zur getrennten Prozessführung,** der den Rechtsmissbrauch ausschließt. Denn in den Fällen der Haftung eines Rechtsanwalts für Beratungsfehler kann im Grundsatz **nicht davon ausgegangen** werden, dass die **Interessen der gemeinsam verklagten Rechtsanwälte gleichgerichtet** sind und ihnen eine gemeinsame Prozessführung zugemutet werden kann. Das Haftungsrisiko kann bei **unterschiedlichen Versicherern** versichert sein, die ihrerseits auf der Beauftragung bestimmter, **unterschiedlicher Prozessbevollmächtigter** bestehen. Aus dem **Gesellschaftsvertrag** oder aus § 426 BGB können sich im Innenverhältnis **unterschiedliche Haftungsquoten** ergeben. Auch kann die **Stellung der verklagten Rechtsanwälte** innerhalb der Rechtsanwaltsgesellschaft so **unterschiedlich** sein, dass sie sich für eine getrennte Prozessführung entschließen, ohne dass hierin ein Rechtsmissbrauch gesehen werden kann. Es liegt auf der Hand, dass die Interessen von Sozien und mithaftenden Scheinsozien, von Seniorpartnern, Vollpartnern, Juniorpartnern und angestellten Partnern divergieren. Dies gilt insbesondere für die gegebenenfalls international tätigen Großkanzleien mit einer Vielzahl im Briefkopf angegebener Partner.[81]

X. Urteilstenor

Die Urteilsformel (§ 313 Abs. 1 Nr. 4 ZPO) hat den Anforderungen an die Bestimmtheit des Klageantrags (§ 253 Abs. 2 Nr. 2 ZPO) zu genügen. Handelt es sich um ein Schadensfeststellungsurteil, ist eine bestimmte Bezeichnung des zum **Ersatz verpflichtenden Ereignisses** geboten, damit über den Umfang der Rechtskraft des Feststellungsausspruchs keine Ungewissheit herrschen kann. Insoweit begegnet die Fassung eines Urteilstenors Bedenken, weil Schadensersatz „aus der fehlerhaften Errichtung und Verpachtung" einer Immobilie zuerkannt wurde, obwohl sich der Beratungsfehler erst im Anschluss an eine (spätere) Betriebsprüfung im Jahre 1985 ereignet haben soll.[82] Die **gesamtschuldnerische Haftung** eines weder mitverklagten noch bereits verurteilten Dritten kann bei der Tenorierung außer Betracht bleiben.[83]

39

---

81 BGH, Beschl. v. 16.5.2013 – IX ZB 152/11, WM 2013, 1428 Rn. 10 ff. = NJW 2013, 2826.
82 BGH, Urt. v. 20.3.2008 – IX ZR 104/05, WM 2008, 1042, 1044 Rn. 21 = NJW 2008, 2647.
83 BGH, Urt. v. 17.5.1990 – III ZR 191/88, NJW 1990, 2615 f.; BGH, Beschl. v. 29.11.2007 – IX ZR 18/06 Rn. 2.

I.
Allgemeine Honorarfragen

I. Formerfordernisse einer Honorarvereinbarung

Nach § 3 Abs. 1 Satz 1 BRAGO a. F. kann der Rechtsanwalt aus einer Vereinbarung **1** eine höhere als die gesetzliche Vergütung nur fordern, wenn die Erklärung des Auftraggebers **schriftlich** abgegeben und **nicht in einem Vordruck**, der auch andere Erklärungen umfasst, enthalten ist. Ein Schriftstück, das sich nach seiner **äußeren Aufmachung** als Formblatt (Formular) darstellt, von dem angenommen werden kann, dass es in gleicher Weise häufiger verwendet wird, ist als Vordruck im Sinne des § 3 Abs. 1 Satz 1 BRAGO anzusehen; auf die Art der Herstellung kommt es nicht an. Der Umstand, dass das Schriftstück möglicherweise mit der Schreibmaschine angefertigt wurde, stellt die Eigenschaft als Vordruck nicht in Frage. Entscheidend ist, dass die in dem Schriftstück niedergelegten Regelungen allgemeiner Art sind und sich für eine Vielzahl von Honorarabreden eignen, um das Vergütungsinteresse des Anwalts möglichst günstig für unterschiedliche Fallgestaltungen abzudecken. Unerheblich ist in diesem Zusammenhang, ob die Honorarabrede zwischen den Prozessparteien ausgehandelt wurde. Die Eigenschaft eines Vordrucks im Sinne des § 3 BRAGO knüpft lediglich an die **Verwendungsfähigkeit** für verschiedene Fallgestaltungen sowie an den Umstand an, dass es sich um ein **vom Anwalt stammendes Schriftstück** handelt.[1] Formunwirksam ist ein Vordruck, der „andere Erklärungen" im Sinne des § 3 Abs. 1 Satz 1 BRAGO enthält. Unbedenklich ist die Aufnahme solcher Nebenabreden, die sich ausschließlich und unmittelbar auf die Honorarabrede beziehen, wie dies etwa bei Bestimmungen über Stundung, Ratenzahlung, Erfüllungsort und außerdem zu vergütende Nebenleistungen der Fall ist. Das in dem Vordruck enthaltene **Empfangsbekenntnis** bezieht sich **ausschließlich** und **unmittelbar** auf die Honorarabrede, deren Erhalt der Auftraggeber mit der angeführten Erklärung bestätigt, und kann sich auch auf nichts anderes beziehen. Sie erweist sich damit als unschädlich. Nichts anderes gilt für die außerdem vorgesehene **Sicherungsabtretung etwaiger Erstattungsansprüche** des Mandanten an den Anwalt. Die Sicherungsabtretung ist honorarbezogen und beinhaltet keine „andere Erklärung" im Sinne des § 3 Abs. 1 Satz 1 BRAGO. Nicht zu folgen ist der Ansicht, der ausschließliche und unmittelbare Bezug zur Honorarvereinbarung sei nur gegeben, wenn die Abtretung erfüllungshalber in der Honorarabrede aufgenommen werde. Der Bezug ist aber nicht weniger ausschließlich und unmittelbar, wenn die Abtretung sicherungshalber vereinbart wird. Wenn Regelungen über die Erfüllung des Honoraranspruchs unschädlich sind, muss Entsprechendes auch für Sicherungsvereinbarungen gelten.[2]

---

1 BGH, Urt. v. 19.5.2009 – IX ZR 174/06, WM 2009, 1379, 1380 Rn. 7 ff. = MDR 2009, 1011.
2 BGH, Urt. v. 19.5.2009 – IX ZR 174/06, WM 2009, 1379, 1380 Rn. 10 ff. = MDR 2009, 1011.

II. Erfolgshonorar

2 Aufgrund der Vorschrift des § 49b Abs. 2 BRAO a. F. hat der Bundesgerichtshof in ständiger Rechtsprechung Vereinbarungen, durch die eine Vergütung oder ihre Höhe vom **Ausgang der Sache** oder vom **Erfolg der anwaltlichen Tätigkeit** abhängig gemacht worden ist (Erfolgshonorar) oder nach der der Rechtsanwalt einen **Teil des erstrittenen Betrages als Honorar** erhält (quota litis), als unzulässig angesehen. Mit diesem Verbot soll verhindert werden, dass der Rechtsanwalt den Ausgang eines Mandats zu seiner eigenen „wirtschaftlichen" Angelegenheit macht. Danach stellt jede Vereinbarung, durch die das Entstehen oder die Höhe des Vergütungsanspruchs des Rechtsanwalts vom Ausgang der von ihm vertretenen Sache oder sonst vom Erfolg seiner anwaltlichen Tätigkeit abhängig gemacht wird, eine unwirksame Erfolgshonorarvereinbarung dar. Ein solcher Fall ist gegeben, wenn die Höhe der von der Mandantin zu zahlenden Vergütung vom Ergebnis der Verhandlungen über den Unternehmenskaufvertrag abhängen sollte. Lässt sich ein Rechtsanwalt, der mit der Führung von Vertragsverhandlungen beauftragt ist, für den Fall des Abschlusses eines Unternehmenskaufvertrages die Zahlung einer „Vergleichsgebühr" versprechen, so stellt dies die Vereinbarung eines unzulässigen Erfolgshonorars dar.[3] Ein Ausnahmefall, in dem die Vereinbarung eines Erfolgshonorars der einzige Weg war, um rechtliche Beratung zu erlangen, ist nicht erkennbar. Der Anwalt hat nicht schlüssig dargelegt, dass ein anderer Anwalt ohne die Vereinbarung eines Erfolgshonorars die Beratung der Mandantin nicht übernommen hätte.[4] Das im Grundsatz weiterhin bestehende Verbot der Vereinbarung eines Erfolgshonorars ist entgegen der Auffassung der Revision der Klägerin nicht auf die **forensische Tätigkeit** des Rechtsanwalts beschränkt, sondern gilt auch für die **außergerichtliche Beratung** und **Interessenwahrnehmung**. Bei den Gründen, die für die grundsätzliche Wirksamkeit des Verbots sprechen, ist nicht zwischen dem außergerichtlichen und dem gerichtlichen Bereich zu unterscheiden. Die Unabhängigkeit des Rechtsanwalts muss hier wie dort gewahrt werden, wenn es darum geht, das Vertrauen auf eine objektive Beratung zu gewährleisten. Diese darf nicht dadurch geprägt sein, dass ein vereinbartes Honorar nur im Fall einer bestimmten Entscheidung des Auftraggebers gezahlt wird. Dies birgt in beiden Bereichen die Gefahr eines Einflusses von Gebühreninteressen auf die Beratung, die nicht Maßstab der anwaltlichen Tätigkeit sein soll, in sich. Auch ist der Rechtsuchende in beiden Bereichen vor einer Übervorteilung durch überhöhte Vergütungen zu schützen.[5]

III. Stundenhonorar

3 Der Bundesgerichtshof hat sich in einer Grundsatzentscheidung mit der Wirksamkeit einer Vereinbarung befasst, durch die der Mandant seinem Strafverteidiger eine

---

3 BGH, Urt. v. 23.4.2009 – IX ZR 167/07, WM 2009, 1249, 1251 Rn. 15 f. = NJW 2009, 3297.
4 BGH, Urt. v. 23.4.2009 – IX ZR 167/07, WM 2009, 1249, 1252 Rn. 20 = NJW 2009, 3297.
5 BGH, Urt. v. 23.4.2009 – IX ZR 167/07, WM 2009, 1249, 1252 Rn. 22 = NJW 2009, 3297.

Vergütung in Höhe eines bestimmten Stundensatzes zusagt.[6] Die dabei gewonnenen Erkenntnisse können weitgehend auf die Vertretung in Zivil- und Steuerverfahren erstreckt werden.[7]

1. Anfechtung der Vereinbarung

Mitunter macht der Anwalt die Fortsetzung seiner Tätigkeit vom Abschluss einer   **4** eine Zeitvergütung vorsehenden Vereinbarung abhängig. Erklärt er, im Falle einer Weigerung des Mandanten, ihn entsprechend zu honorieren, das Mandat niederzulegen, scheidet eine Anfechtung des Vertrages unter dem Gesichtspunkt einer widerrechtlichen Drohung (§ 123 Abs. 1 BGB) regelmäßig aus. Die mit dem Übel der Mandatsniederlegung in Aussicht gestellte Drohung ist nicht rechtswidrig, weil der Rechtsanwalt das Mandat – abgesehen von Fällen der Unzeit – jederzeit kündigen darf.[8] Auch ist der Zweck der Drohung nicht rechtswidrig, weil der Anwalt mit Rücksicht auf seinen Zeitaufwand ein berechtigtes Interesse an dem Abschluss einer solchen Vereinbarung hat. Aufgrund der **Mittel-Zweck-Relation** ist freilich eine widerrechtliche Drohung gegeben, wenn der Verteidiger unmittelbar vor Beginn der Hauptverhandlung seinen Mandanten mit dem Hinweis, anderenfalls das Mandat niederzulegen, zur Unterzeichnung einer Gebührenvereinbarung veranlasst.[9] Eine solche Situation ist in Zivil- oder Steuerverfahren nur ausnahmsweise denkbar. Danach könnte eine Anfechtung in Betracht kommen, wenn der Anwalt **unmittelbar vor einer entscheidenden Verhandlung** den Abschluss einer Vereinbarung nach Stundensätzen fordert.

2. Höhe

a) Sittenwidrigkeit

Bei Vorhandensein einer Gebührenordnung steht nicht nur die gesetzliche Gebühr   **5** in Einklang mit den Sitten (§ 138 Abs. 1 BGB), weil sich bei einer solchen Begrenzung in umfangreichen und schwierigen Sachen vielfach kein geeigneter Anwalt zur Mandatsübernahme bereitfinden würde. Für die Frage eines auffälligen Missverhältnisses von Leistung und Gegenleistung sind also nicht ohne Weiteres die gesetzlichen Gebühren gegenüberzustellen, wenn sie den mit der anwaltlichen Tätigkeit verbundenen Aufwand nicht angemessen abdecken. Mithin kann eine anwaltliche Honorarvereinbarung das Sittengesetz nicht verletzen, wenn sie zu einem **aufwandsangemessenen Honorar** führt. Das mehrfache Überschreiten der gesetzlichen Gebühren gestattet also ohne Berücksichtigung des tatsächlichen Aufwands nicht schon für sich genommen die Schlussfolgerung auf ein Missverhältnis von Leistung und Gegenleistung.[10]

---

6 BGH, Urt. v. 4.2.2010 – IX ZR 18/09, BGHZ 184, 209 ff.
7 BGH, Beschl. v. 11.12.2014 – IX ZR 177/13 Rn. 2.
8 BGH, Urt. v. 4.2.2010 – IX ZR 18/09 Rn. 35.
9 BGH, Urt. v. 4.2.2010 – IX ZR 18/09 Rn. 37.
10 BGH, Urt. v. 4.2.2010 – IX ZR 18/09 Rn. 40.

b) Angemessenheit

6   Bei der Frage, ob die Höhe des vereinbarten Stundensatzes das Mäßigungsgebot des
§ 3a Abs. 2 Satz 1 RVG (früher § 3 Abs. 3 BRAGO) verletzt, ist Zurückhaltung geboten. In Strafsachen kann die aus dem Überschreiten des fünffachen Satzes der gesetzlichen Gebühren herzuleitende Vermutung der Unangemessenheit eines vereinbarten Verteidigerhonorars durch die Darlegung entkräftet werden, dass die vereinbarte **Vergütung im konkreten Fall unter Berücksichtigung aller Umstände
angemessen** ist.[11] Da die bei einem qualifizierten Überschreiten der gesetzlichen
Gebühren eingreifende Vermutung der Unangemessenheit in Zivilsachen nicht eingreift, ist der Anwalt bei der Aushandlung seines Honorars freier. Die Angemessenheit einer **Pauschalvergütung** dürfte davon abhängen, ob der tatsächlich erbrachte
Zeitaufwand des Beraters damit sachgerecht entgolten wird.[12] Es entspricht dem
Wesen einer Pauschalvergütung, dass ein Nachweis der im Einzelnen entfalteten Tätigkeiten grundsätzlich entbehrlich ist.[13] Die Vergütung nach Maßgabe eines **Stun-
denhonorars** ist nicht als unangemessen zu beanstanden, wenn diese Honorarform
unter Würdigung der Besonderheiten des Einzelfalls sachgerecht erscheint und die
geltend gemachte Bearbeitungszeit sowie der ausgehandelte Stundensatz angemessen sind.[14] Der Richter ist nicht befugt, die vertraglich ausbedungene Leistung durch
die billige oder angemessene zu ersetzen. Folglich ist nicht darauf abzustellen, welches Honorar im gegebenen Fall als angemessen zu erachten ist, sondern darauf, ob
die zwischen den Parteien getroffene Honorarvereinbarung nach Sachlage als unangemessen hoch einzustufen ist. Ein vereinbartes Honorar kann nicht mehr „angemessen" sein, ohne den Tatbestand des § 3a Abs. 2 Satz 1 RVG zu erfüllen. Durch
die Regelung sollen also **Auswüchse** bei vertraglichen Vergütungsregelungen beschnitten werden. Für eine Herabsetzung ist danach nur Raum, wenn es unter Berücksichtigung aller Umstände unerträglich und mit den Grundsätzen des § 242
BGB unvereinbar wäre, den Mandanten an seinem Honorarversprechen festzuhalten. Es muss also ein **krasses, evidentes**, vom Willen des Mandanten offenkundig
nicht mehr abgedecktes **Missverhältnis** der anwaltlichen Leistung und zu ihrer Vergütung gegeben sein.[15] Ein Zeithonorar von 250 € darf der Anwalt grundsätzlich mit
Rücksicht auf seine Bürounkosten beanspruchen. Auch höhere Honorare von 500 €
bzw. 1300 DM können angemessen sein. Regelmäßig kommt es auf die Verhältnisse
des Einzelfalls an.[16]

3. Nachweis der abgerechneten Stunden

7   Soweit ein Anwalt Ansprüche aus einer Zeitvergütung herleitet, trägt er die Beweislast dafür, dass die berechnete Vergütung tatsächlich entstanden ist. Mithin hat er
grundsätzlich den Nachweis zu führen, dass der geltend gemachte zeitliche Arbeits-

---

11 BGH, Urt. v. 4.2.2010 – IX ZR 18/09 Rn. 47 ff.
12 BGH, Urt. v. 4.2.2010 – IX ZR 18/09 Rn. 50; Beschl. v. 25.4.2013 – IX ZR 277/12 Rn. 2, 3.
13 BGH, Beschl. v. 25.4.2013 – IX ZR 277/12 Rn. 3.
14 BGH, Urt. v. 4.2.2010 – IX ZR 18/09 Rn. 73.
15 BGH, Urt. v. 4.2.2010 – IX ZR 18/09 Rn. 87.
16 BGH, Urt. v. 4.2.2010 – IX ZR 18/09 Rn. 93 f.

aufwand überhaupt angefallen ist. Bei der Vereinbarung eines Zeithonorars muss die naheliegende Gefahr ins Auge gefasst werden, dass dem Mandanten der tatsächliche zeitliche Aufwand seines Verteidigers verborgen bleibt und ein unredlicher Anwalt deshalb ihm nicht zustehende Zahlungen beansprucht. Deshalb erfordert eine schlüssige Darlegung der geltend gemachten Stunden, dass über pauschale Angaben hinaus die während des abgerechneten Zeitintervalls getroffenen **Maßnahmen konkret und in nachprüfbarer Weise dargelegt** werden. Eine nähere Substanziierung ist unverzichtbar, weil die für eine Mandatswahrnehmung aufgewendete Arbeitszeit einer tatsächlichen Kontrolle nicht oder allenfalls in geringem Rahmen zugänglich ist. Dies bedeutet für den Anwalt keinen unzumutbaren Aufwand. Er kann ohne Weiteres stichwortartig in einer auch im Nachhinein verständlichen Weise niederlegen, welche konkrete Tätigkeit er innerhalb eines bestimmten Zeitraums verrichtet hat. Insoweit ist etwa anzugeben, welche Akten und Schriftstücke einer Durchsicht unterzogen, welcher Schriftsatz vorbereitet oder verfasst wurde, zu welcher Rechts- oder Tatfrage welche Literaturrecherchen angestellt oder zu welchem Thema mit welchem Gesprächspartner wann eine fernmündliche Unterredung geführt wurde. Nicht genügend sind hingegen allgemeine Hinweise über Aktenbearbeitung, Literaturrecherche und Telefongespräche, weil sie jedenfalls bei wiederholter Verwendung inhaltsleer sind und ohne die Möglichkeit einer wirklichen Kontrolle geradezu beliebig ausgeweitet werden können.[17]

IV. Kündigung des Vertrages

1. Dienste höherer Art

a) Beratervertrag

Dienste höherer Art können solche sein, die besondere Fachkenntnis, Kunstfertig- **8** keit oder wissenschaftliche Bildung voraussetzen oder die den persönlichen Lebensbereich betreffen. Der Gesetzgeber wollte vorwiegend solche Tätigkeiten erfassen, die einer akademischen Ausbildung bedürfen und sich durch ein besonders qualifiziertes Berufsbild auszeichnen. Die Tätigkeit der Ärzte, Privatlehrer, **Rechtsanwälte** und **Steuerberater** fällt typischerweise unter § 627 Abs. 1 BGB. Steuerberater leisten in der Regel Dienste höherer Art. Der ihnen erteilte Auftrag kann jederzeit und ohne Angabe von Gründen mit sofortiger Wirkung beendet werden. Es ist für die Einstufung einer Leistung als Dienst höherer Art ohne Bedeutung, ob der Berufsträger sie selbst vornimmt oder ob er sie – im Rahmen seiner Berufspflichten – durch einen Helfer unter seiner Verantwortung vornehmen lässt. Das in § 627 Abs. 1 BGB vorausgesetzte generelle persönliche Vertrauen kann darum auch dann vorliegen, wenn es sich bei dem Dienstverpflichteten um eine juristische Person handelt. Zur fristlosen Kündigung ist sowohl der Berater als auch der Auftraggeber berechtigt.[18]

---

17 BGH, Urt. v. 4.2.2010 – IX ZR 18/09 Rn. 76 ff.
18 BGH, Urt. v. 2.5.2019 – IX ZR 11/18 Rn. 13.

b) Buchführung

9 Die Durchführung der Finanz- und Lohnbuchhaltung hat für sich genommen keine Dienste höherer Art (§ 627 Abs. 1 BGB) zum Gegenstand, weil diese Tätigkeit keine besondere wissenschaftliche, künstlerische oder technische Vorbildung erfordert.[19]

10 Der Tätigkeitsbereich des Steuerberaters geht über die eigentliche steuerliche Rechtsberatung (§ 1 Abs. 1 StBerG) weit hinaus. Die Hilfeleistung in Steuersachen umfasst nach § 1 Abs. 2 Nr. 2 StBerG auch die **Hilfeleistung bei der Führung von Büchern und Aufzeichnungen** sowie bei der **Aufstellung von Abschlüssen**, die für die Besteuerung von Bedeutung sind. Das Berufsbild des Steuerberaters kennt danach wenigstens zwei selbständige Formen der Berufsausübung innerhalb des Sammelbegriffs Hilfeleistung in Steuersachen, einmal die **eigentliche Steuerberatung** in der Form echter Rechtsberatung auf dem Gebiet des Steuerrechts und zum anderen die **Buchführungshilfe**. Von der eigentlichen Steuerberatung als Rechtsberatung auf dem Gebiet des Steuerrechts ist die Hilfeleistung bei der Erfüllung der Buchführungspflichten zu unterscheiden, die der Rechnungslegung zuzuordnen ist. Die Tätigkeit der Finanz- und Lohnbuchhaltung unterfällt gemäß § 6 Nr. 4 StBerG außerhalb der Aufstellung von Steuerbilanzen und deren steuerrechtlicher Beurteilung (vgl. § 33 StBerG) nicht dem Verbot unbefugter Hilfestellung in Steuersachen nach § 5 StBerG. Die Buchführungshilfe ist allein von der Buchführungstätigkeit geprägt und enthält nicht die weitergehenden Bestandteile der Steuerberatung, insbesondere die Hilfe bei der Erstellung von Jahresabschlüssen und Steuererklärungen sowie die Vertretung vor den Finanzbehörden und Finanzgerichten.

11 Die nicht dem Steuerberater vorbehaltene Buchhaltung gehört mangels Notwendigkeit einer besonders qualifizierten Vorbildung nicht zu den Dienstleistungen höherer Art. Die Verbuchung der laufenden Geschäftsvorfälle erfordert **keine besonderen handelsrechtlichen und steuerrechtlichen Kenntnisse**. Hier geht es vor allem darum, die Vielzahl des täglich anfallenden Buchungsstoffs den eingerichteten Konten der betrieblichen Buchführung zutreffend und möglichst rationell zuzuordnen. Bei der Buchführung, die durch einschlägig vorgebildete kaufmännische Gehilfen erbracht werden kann (§ 6 Nr. 4 StBerG), können zwar vereinzelt auch Rechtsfragen auftauchen und eine Rolle spielen, etwa für die Frage, wie der eine oder andere Posten zu verbuchen ist. Im Vordergrund stehen solche Überlegungen aber nicht; vielmehr überwiegen bei der kaufmännischen Buchführung bei weitem die technischen Buchungsvorgänge ohne rechtlichen Gehalt. Das Wesentliche der Buchführung liegt nicht in der rechtlichen Beratung, sondern in **außerrechtlichen Aufgaben**. Demgemäß wird die kaufmännische Buchführung vielfach von Buchhaltern wahrgenommen. Die Kontierung von Belegen stellt sich als eine nicht durch besondere rechtliche Erwägungen geprägte, schematisierte Subsumtion von Geschäftsvorfällen unter den betrieblichen Kontenplan dar. Der weit überwiegende Teil der zu verbuchenden Geschäftsvorfälle wirft nicht einmal aus der Sicht des Buchhalters besonders schwierige Fragen der zutreffenden Verbuchung auf, weil die zugrunde liegenden Sachverhalte einfach gelagert sind und sich zudem im Laufe der Zeit

---

19 BGH, Urt. v. 2.5.2019 – IX ZR 11/18 Rn. 17 ff.

ständig in gleicher Weise wiederholen. Vor diesem Hintergrund kann ein Unternehmer seine laufende Buchführung zulässigerweise selbst oder mit Hilfe von Angestellten erstellen.

Bei der Buchhaltung handelt es sich folglich nicht um eine die besondere Qualifikation der steuerberatenden Berufe erfordernde Tätigkeit. Den Personen, die im Rahmen einer **kaufmännischen Ausbildung** Buchführungskenntnisse erlangt und in der Gehilfenprüfung nachgewiesen haben, kann die Eignung für diese Tätigkeit nicht abgesprochen werden. Die Vermittlung von Buchführungskenntnissen ist wesentlicher Gegenstand der staatlich anerkannten Ausbildung in kaufmännischen Berufen und wird in den Ausbildungsrahmenplänen der kaufmännischen Berufe zum Teil ausdrücklich erwähnt. Auch wenn ein zugelassener steuerlicher Berater die laufende Buchführung besorgt, erledigt er diese häufig nicht selbst, sondern bedient sich angestellter buchhalterischer Hilfskräfte. Die im Rahmen einer kaufmännischen Ausbildung vermittelte und mit der Gehilfenprüfung nachgewiesene einfache „handwerkliche" Tätigkeit der Buchführungshilfe erfordert mithin keine besondere wissenschaftliche, künstlerische oder technische Vorbildung, welche sie als Dienstleistung höherer Art ausweisen könnte.

2. Kündigung

a) Grundsatz

Auch nicht dem Steuerberater oder Rechtsanwalt vorbehaltene Tätigkeiten sind **13** Dienste höherer Art, wenn sie Bestandteil eines einheitlichen Dienstvertrages sind, der auch die **steuerliche Geschäftsbesorgung** zum Gegenstand hat. Der gesetzgeberische Grund für die gegenüber § 626 BGB erleichterte, jederzeitige Möglichkeit zur Lösung eines Dienstverhältnisses im Sinne des § 627 BGB liegt nämlich in dem **Vertrauen**, von dem derartige Dienstverhältnisse getragen werden. Dieses kann schon durch unwägbare Umstände und rational nicht begründete Empfindungen gestört werden, die objektiv keinen wichtigen Grund zur Kündigung darstellen. Deshalb soll bei derartigen, ganz auf persönliches Vertrauen ausgerichteten Dienstverhältnissen die Freiheit der persönlichen Entscheidung eines jeden Teils im weitesten Ausmaß gewährleistet werden. Der Sinn und Zweck der Vorschrift des § 627 Abs. 1 BGB, nur Personen des eigenen Vertrauens mit der steuerlichen Beratung befassen zu dürfen, würde nicht erreicht, wenn der Auftraggeber gezwungen wäre, den wegen entzogenen Vertrauens wirksam gekündigten Berater bestimmte Teilleistungen weiterhin erbringen zu lassen, zumal wenn er ihm dann weiterhin und erneut Einblicke in vertrauliche Einzelheiten seiner Berufs-, Einkommens- und Vermögensverhältnisse gewähren müsste.[20] Der Beratungsvertrag mit einem Anwalt oder Steuerberater kann folglich als Vertrag über Dienstleistungen höherer Art gemäß § 627 Abs. 1 BGB jederzeit gekündigt werden, so dass der Berater künftige Vergütungsforderungen verliert. Werden Leistungen der Lohn- und Finanzbuchführung innerhalb eines Steuerberatervertrages erbracht, endet mit der Kündigung des Beratungsvertrages zugleich eine Vergütungsvereinbarung hinsichtlich der Buchfüh-

---

20 BGH, Urt. v. 2.5.2019 – IX ZR 11/18 Rn. 15.

rung. Mithin kann der Mandant mit der Kündigung des Beratungsvertrags dem Steuerberater auch die Buchführung entziehen, ohne insoweit weiteren Vergütungsforderungen ausgesetzt zu sein. Die Regelung des § 627 Abs. 1 BGB kann nicht durch AGB, sondern nur durch eine **Individualvereinbarung** abbedungen werden.[21]

b) Kündigung bei alleiniger Vornahme von Buchführungsleistungen

14 Das außerordentliche Kündigungsrecht aus § 627 Abs. 1 BGB gelangt bei einheitlichen Verträgen, welche neben Diensten höherer Art weitere nicht höhere Dienstleistungen umfassen, auch dann zur Anwendung, wenn von dem Dienstverpflichteten bis zum **Zeitpunkt der Kündigungserklärung** tatsächlich **keine Dienste höherer Art** erbracht wurden. Nach dem Wortlaut des § 627 Abs. 1 BGB ist eine außerordentliche Kündigung gerechtfertigt, wenn der Dienstverpflichtete Dienste höherer Art „zu leisten hat". Daraus folgt, dass für die Anwendung des § 627 BGB nicht darauf abzustellen ist, ob die geleisteten Dienste tatsächlich solche höherer Art waren, sondern nur darauf, ob es der Dienstverpflichtete **vertraglich übernommen** hatte, solche Dienste höherer Art zu leisten. Die Richtigkeit dieser Annahme ergibt sich aus dem Grundsatz der Privatautonomie. Wird die Verpflichtung, Dienste höherer Art zu erbringen, von den Parteien vereinbart, ergibt sich daraus die Anwendung des § 627 BGB. Diese Würdigung führt nicht zu einer unzulässigen Umgehung der Vorschrift des § 626 BGB, welche die Vertragsbeendigung an die Voraussetzung eines wichtigen Grundes knüpft. Das Vertrauen eines Dienstverpflichteten, der Dienste höherer Art und sonstige Dienste zu erbringen hat, eine nicht auf einen wichtigen Grund gestützte außerordentliche Kündigung nur nach Leistung von Diensten höherer Art hinnehmen zu müssen, ist nicht schutzwürdig. Vielfach wird es von Zufällen abhängen, ob der Dienstverpflichtete bis zu dem Eintritt des Vertrauensverlusts und der darauf beruhenden Kündigung bereits Dienste höherer Art oder nur sonstige Dienstleistungen erbracht hat. Gerade bei einem umfassend beauftragten Steuerberater liegt es nahe, dass er nach Vertragsschluss zunächst laufende Buchführungsarbeiten erledigt, bevor es zu einer steuerlichen Beratung als Dienstleistung höherer Art kommt. Es kann von einem Mandanten, der auf der Grundlage eines einheitlichen auch die Steuerberatung umfassenden Vertragsverhältnisses bereits nach Durchführung der Lohn- und Finanzbuchhaltung das Vertrauen in seinen Steuerberater verliert, nicht verlangt werden, diesen nur deshalb auch mit steuerlichen Angelegenheiten zu betrauen, um das Kündigungsrecht des § 627 BGB ausüben zu können. Ein Dienstverpflichteter, der Dienste höherer Art und sonstige Dienstleistungen schuldet, muss es hinnehmen, dass das Kündigungsrecht aus § 627 BGB unabhängig von den geleisteten Diensten für das gesamte Vertragsverhältnis gilt. Dem Steuerberater steht es frei, zum Zwecke der eingeschränkten Geltung des § 627 BGB seine Beauftragung davon abhängig zu machen, dass über die Finanz- und Lohnbuchhaltung einerseits und über die steuerliche Beratung andererseits getrennte Vertragsverhältnisse vereinbart werden. Gelingt es ihm nicht, dieses Ansinnen durchzusetzen, muss er die Kündigungsmöglichkeit des § 627 Abs. 1 BGB für das gesamte Vertragsverhältnis hinnehmen.

---

21 BGH, Urt. v. 11.2.2010 – IX ZR 114/09, WM 2010, 626 = NJW 2010, 1520.

c) Kein dauerndes Dienstverhältnis mit festen Bezügen

Bei der Beauftragung eines als juristische Person geführten Wirtschaftsprüfungsun- **15**
ternehmens mit Beratungstätigkeiten handelt es sich um einen Vertrag über die Leistung von Diensten höherer Art, die aufgrund besonderen Vertrauens übertragen zu werden pflegen.[22] Für die in § 627 Abs. 1 BGB geregelte **negative Voraussetzung** des Kündigungsrechts genügt es nicht, dass nur eines der Merkmale „**dauerndes Dienstverhältnis**" und „**feste Bezüge**" erfüllt ist; vielmehr müssen **beide Merkmale** – kumulativ – vorliegen, weil sie als gemeinschaftliche Bestandteile der negativen Voraussetzung und aufeinander bezogen zu verstehen sind. Ein Dienstverhältnis muss, um ein „dauerndes" zu sein, die Erwerbstätigkeit des Verpflichteten zwar nicht vollständig oder hauptsächlich in Anspruch nehmen; es setzt auch keine soziale und wirtschaftliche Abhängigkeit des Verpflichteten voraus. Allerdings muss eine gewisse persönliche Bindung zwischen den Vertragsparteien bestehen, an der es fehlt, wenn ein Dienstleistungsunternehmen seine Dienste einer großen, unbestimmten und unbegrenzten Zahl von Interessenten anbietet. Dementsprechend ist im Regelfall erforderlich, dass das Dienstverhältnis die **sachlichen und persönlichen Mittel des Dienstverpflichteten** nicht nur unerheblich beansprucht. Im Blick auf das Merkmal der **festen Bezüge** bedarf es der Festlegung einer **Regelvergütung**, mit der ein in einem dauernden Vertragsverhältnis stehender Dienstverpflichteter als **nicht unerheblichen Beitrag zur Sicherung seiner wirtschaftlichen Existenz** rechnen und planen darf. Die Größe eines Wirtschaftsprüfungsunternehmens und die vergleichsweise geringe Inanspruchnahme seiner persönlichen und sachlichen Mittel sowie der Höhe der vereinbarten Vergütung kann gegen ein dauerndes Dienstverhältnis mit festen Bezügen sprechen.[23]

V. Honorarverlust bei Kündigung wegen vertragswidrigen Verhaltens

Gemäß § 628 Abs. 1 Satz 2 BGB steht dem Rechtsanwalt ein Honoraranspruch für **16**
erbrachte Leistungen dann nicht zu, wenn er die Kündigung des Mandats durch vertragswidriges Verhalten veranlasst hat und seine bis zur Kündigung erbrachten Leistungen infolge der Kündigung für den Mandanten kein Interesse haben. Die Kündigung des Dienstverhältnisses ist nur dann durch ein vertragswidriges Verhalten veranlasst, wenn zwischen dem vertragswidrigen Verhalten und der Kündigung ein **unmittelbarer Zusammenhang** besteht. Dies ist dann der Fall, wenn die Vertragsverletzung Motiv für die außerordentliche Kündigung war und sie diese adäquat kausal verursacht hat. Für § 628 Abs. 1 Satz 2 BGB wird allgemein vertreten, dass die schuldhafte Vertragsverletzung der Grund für die außerordentliche Kündigung gewesen sein muss. Die Vertragswidrigkeit muss für die konkrete Kündigung kausal gewesen sein. Erlangt der Kündigende erst später Kenntnis von einer hinreichenden Vertragswidrigkeit, fehlt die Kausalität. In diesem Sinne hat der Bundesgerichtshof zum Honoraranspruch des Arztes entschieden: Veranlassung bedeutet, dass zwischen dem vertragswidrigen Verhalten und der Kündigung ein unmittelbarer Zu-

---

22 BGH, Urt. v. 29.9.2011 – III ZR 95/11, WM 2011, 2190 Rn. 8, 9 = NJW 2011, 3575.
23 BGH, Urt. v. 29.9.2011 – III ZR 95/11, WM 2011, 2190 Rn. 11 ff. = NJW 2011, 3575.

sammenhang besteht. Dies ist dann der Fall, wenn die Vertragsverletzung Motiv für die außerordentliche Kündigung gewesen ist und sie adäquat kausal verursacht hat. Nichts Anderes gilt für den Vergütungsanspruch des Rechtsanwalts. § 628 Abs. 1 Satz 2 BGB kann, um Wertungswidersprüche innerhalb der Regelung zu vermeiden, nicht anders ausgelegt werden als § 628 Abs. 2 BGB, welcher ebenfalls darauf abstellt, dass die Kündigung durch vertragswidriges Verhalten des anderen Teiles veranlasst wird. Zu dieser Regelung wird einhellig vertreten, dass die schuldhafte Vertragsverletzung Anlass für die Auflösung gewesen sein muss. Es muss ein unmittelbarer Zusammenhang zwischen dem vertragswidrigen Verhalten und der Kündigung oder dem Aufhebungsvertrag bestehen.[24]

17   Ein vertragswidriges Verhalten im Sinne von § 628 Abs. 1 Satz 2 BGB setzt die schuldhafte Verletzung einer Vertragspflicht voraus. Dies bedeutet allerdings nicht, dass jeder geringfügige Vertragsverstoß des Dienstverpflichteten den Entgeltanspruch entfallen lässt.[25] Bloße Vorarbeiten eines Anwalts, welche noch zu keinem Arbeitsergebnis geführt haben, das an den Mandanten oder einen Dritten herausgegeben werden sollte, können eine die Kündigung veranlassende und zum Ausschluss seines Vergütungsanspruchs führende Pflichtwidrigkeit im Sinne von § 628 Abs. 1 Satz 2 BGB nicht begründen, selbst wenn sie Fehler aufweisen.[26] Hat der Anwalt den Mandanten deshalb nicht vor Gericht vertreten, weil die gegnerische Bank dies von ihm verlangte und er um den Umsatz der Kanzlei fürchtete, hat er die aus dem Anwaltsvertrag folgende Verpflichtung verletzt, die Interessen des Mandanten gegenüber der Gegenseite nach allen Seiten hin, gegebenenfalls auch gerichtlich, wahrzunehmen. **Darlegungs- und beweispflichtig** für die tatsächlichen Voraussetzungen des vertragswidrigen Verhaltens der Gegenseite ist grundsätzlich der Dienstberechtigte, der sich auf § 628 Abs. 1 Satz 2 BGB beruft[27]. Die Weigerung des Anwalts, den Mandanten vor Gericht gegen eine bestimmte Bank zu vertreten, kann ein die Kündigung rechtfertigendes vertragswidriges Verhalten sein. Muss der Mandant infolge eines von seinem bisherigen Rechtsanwalt verschuldeten Anwaltswechsels in der gleichen Angelegenheit nochmals Gebühren zahlen, sind die bisherigen Beratungsleistungen für ihn regelmäßig nicht mehr von Interesse.[28]

18   Lehnt der Rechtsanwalt aufgrund der von ihm auftragsgemäß vorzunehmenden, **inhaltlich zutreffenden Rechtsprüfung** die Begründung einer Berufung, die nach Kündigung des Mandats durch den Mandanten von einem anderen Anwalt vorgenommen wird, ab, **verliert er nicht seinen Vergütungsanspruch.** Ein zutreffender Hinweis auf fehlende Erfolgsaussichten des Rechtsmittels und die daran anknüpfende Empfehlung, das Rechtsmittel zurückzunehmen, sind nicht zu beanstanden. Der Hinweis dient der Kostenminderung im Interesse des Mandanten. Hiermit kommt der Anwalt seinen mandatsbezogenen Verpflichtungen nach, wenn er einen aus-

---

24 BGH, Urt. v. 7.3.2019 – IX ZR 221/18 Rn. 12 ff.
25 BGH, Urt. v. 7.3.2019 – IX ZR 221/19 Rn. 22.
26 BGH, Urt. v. 7.3.2019 – IX ZR 221/19 Rn. 23.
27 BGH, Urt. v. 7.3.2019 – IX ZR 221/19 Rn. 22.
28 BGH, Urt. v. 8.11.2008 – IX ZR 5/06, WM 2008, 371, 373 Rn. 22 ff. = BGHZ 174, 186 = NJW 2008, 1307.

drücklichen Prüfauftrag erhalten hatte. Der Anwalt hat von der **Durchführung eines erfolglosen Rechtsmittels** ebenso **abzuraten**, wie von der **Führung eines von vornherein aussichtslosen Rechtsstreits**. Nach dem Grundsatz der Vermutung beratungskonformen Verhaltens kann der Anwalt bei Mandatserteilung davon ausgehen, der Mandant werde bei inhaltlich zutreffender Rechtsprüfung den sich hieraus ergebenden Empfehlungen auch folgen. Dies bedeutet, dass der Anwalt annehmen darf, er werde nicht wider bessere Überzeugung eine aussichtslose Berufung begründen müssen. Für einen Rechtsanwalt ist dies insbesondere im Hinblick auf sein Selbstverständnis als unabhängiges Organ der Rechtspflege und auf sein Ansehen in der Öffentlichkeit auch nicht zumutbar.[29]

Die vorstehend entwickelten Maßstäbe, ob die Kündigung des Dienstverhältnisses **19** seitens des dienstberechtigten Mandanten durch ein vertragswidriges Verhalten des dienstverpflichteten Anwalts ausgelöst wurde, können für die Beurteilung nutzbar gemacht werden, ob der **dienstverpflichtete Rechtsanwalt** durch ein **vertragswidriges Verhalten des Mandanten** zur Kündigung des Dienstverhältnisses veranlasst wurde. Demgemäß ist der Rechtsanwalt wegen eines vertragswidrigen Verhaltens des Mandanten zur Kündigung berechtigt, wenn dieser sich nach einer rechtlich zutreffenden Begutachtung des Sachverhalts der daraus folgenden Empfehlung verschließt, von der Erhebung einer Klage oder von der Durchführung eines Rechtsmittels abzusehen.[30]

Eine andere Beurteilung könnte nur gelten, wenn das Mandat mit der Maßgabe erteilt wurde, **unabhängig vom Ausgang einer Rechtsprüfung** das Rechtsmittel auf jeden Fall einzulegen und zu begründen. Regelmäßig können Rechtsanwälte davon ausgehen, der Mandant werde bei inhaltlich zutreffender Rechtsprüfung den sich hieraus ergebenden Empfehlungen auch folgen. Deswegen muss der Anwalt einer der objektiven Rechtslage zuwiderlaufenden Weisung des Mandanten zur Fortsetzung eines objektiv aussichtslosen Rechtsstreits nicht nachkommen. Anderes kann nach dem Grundsatz einer beiderseits interessengerechten Vertragsauslegung nur dann gelten, wenn der Mandant bereits die Erteilung des Mandats davon abhängig macht, dass die begehrte Rechtsverfolgung – gleich ob es sich um die Abgabe einer Willenserklärung, die Erhebung einer Klage oder die Einlegung eines Rechtsmittels handelt – ungeachtet des Ergebnisses einer Rechtsprüfung des Anwalts in jedem Fall durchgeführt werden soll. Übernimmt ein Rechtsanwalt ein ihm unter diesem Vorbehalt angetragenes Mandat, hat er es ungeachtet der objektiven Rechtslage – soweit das ihm auferlegte Vorgehen als solches in Einklang mit der Rechtsordnung steht – im Sinne des Mandanten wahrzunehmen.[31]

---

29 BGH, Urt. v. 26.9.2013 – IX ZR 51/13, WM 2014, 89 Rn. 9 ff.; v. 16.2.2017 – IX ZR 165/16, NJW 2017, 3376 Rn. 19
30 BGH, Urt. v. 16.2.2017 – IX ZR 165/16, NJW 2017, 3376 Rn. 20 ff.
31 BGH, Urt. v. 16.2.2017 – IX ZR 165/16, NJW 2017, 3376 Rn. 17.

VI. Vertragskündigung und Pauschalhonorar

21 Bei vorzeitiger Beendigung des Steuerberatervertrages ist ein vereinbartes Pauschalhonorar auf den Teil herabzusetzen, welcher der bisherigen Tätigkeit des Steuerberaters entspricht. Die Bestimmung des § 628 Abs. 1 BGB regelt die Frage, in welchem Umfang dem Dienstverpflichteten nach der außerordentlichen Kündigung gemäß § 627 BGB Honoraransprüche gegen seinen Auftraggeber zustehen. Danach kann der Verpflichtete grundsätzlich einen seinen bisherigen Leistungen entsprechenden Teil der Vergütung verlangen (§ 628 Abs. 1 Satz 1 BGB). Diese Regelung gilt auch für Verträge mit Rechtsanwälten sowie mit Steuerberatern.[32] Nach der höchstrichterlichen Rechtsprechung ist bei vorzeitiger Beendigung des Anwaltsvertrages aufgrund der Bestimmung des § 627 Abs. 1 BGB ein vereinbartes Pauschalhonorar nach § 628 Abs. 1 BGB auf den Teil herabzusetzen, welcher der bisherigen Tätigkeit des Rechtsanwalts entspricht. Hierbei ist ausgehend von der vereinbarten Vergütung und der insgesamt vorgesehenen Tätigkeit zu bewerten, welcher Anteil auf die bereits erbrachten Leistungen des Rechtsanwalts entfällt. Diese Grundsätze sind auch auf eine vereinbarte Pauschalvergütung für steuerrechtliche Beratungsleistungen anwendbar.[33]

22 Die in § 14 StBGebV geregelte Pauschalvergütung verschafft dem Steuerberater keinen schuldrechtlichen Anspruch auf Bezahlung noch nicht erbrachter Leistungen, sondern erleichtert lediglich das Abrechnungsverfahren für schon ausgeführte Leistungen. Anstelle einer Vielzahl von Einzelvergütungen sollen die Parteien eine Pauschalvergütung vereinbaren können. Ob und gegebenenfalls inwieweit der Steuerberater die Pauschalvergütung verlangen kann, ist demnach zunächst keine Frage des Steuerberatergebührenrechts, sondern eine solche der vertraglichen Regelung und der Vorschriften des Bürgerlichen Rechts.[34] Eine gewisse Einschränkung erfährt § 628 Abs. 1 Satz 1 BGB durch § 12 Abs. 4 StBGebV, wonach es auf bereits entstandene Gebühren ohne Einfluss ist, wenn sich die Angelegenheit vorzeitig erledigt oder der Auftrag endigt, bevor die Angelegenheit erledigt ist. Diese Bestimmung ist jedoch auf den Tatbestand der Pauschgebühr zugeschnitten und findet deshalb entgegen der Ansicht des Berufungsgerichts auf eine Pauschalvergütung, die – wie im Streitfall – mehrere Pauschgebühren abdeckt, keine Anwendung.[35]

VII. Vergütungsanspruch trotz Interessenwiderstreit

1. Nichtigkeit des Vertrages

23 Ein Verstoß gegen das Verbot des § 43a Abs. 4 BRAO führt zur Nichtigkeit des Anwaltsvertrages. Gemäß § 43a Abs. 4 BRAO ist es einem Rechtsanwalt verboten, **widerstreitende Interessen** zu vertreten. Die Wahrnehmung anwaltlicher Aufgaben setzt den unabhängigen, verschwiegenen und nur den Interessen des eigenen Man-

---

32 BGH, Urt. v. 22.5.2013 – IX ZR 147/12, DB 2014, 1485 Rn. 8.
33 BGH, Urt. v. 22.5.2013 – IX ZR 147/12, DB 2014, 1485 Rn. 9 f.
34 BGH, Urt. v. 22.5.2013 – IX ZR 147/12, DB 2014, 1485 Rn. 12.
35 BGH, Urt. v. 22.5.2013 – IX ZR 147/12, DB 2014, 1485 Rn. 13.

danten verpflichteten Rechtsanwalt voraus. Der Wortlaut der Norm ist eindeutig. Die Vorschrift des § 43a Abs. 4 BRAO verbietet es dem Rechtsanwalt, widerstreitende Interessen zu vertreten. Gesetz im Sinne des § 134 BGB ist jede **Rechtsnorm**. Dass es sich bei § 43a Abs. 4 BRAO um eine berufsrechtliche, keine zivilrechtliche Bestimmung handelt, steht der Anwendung des § 134 BGB daher nicht entgegen. Adressat des Verbotes des § 43a Abs. 4 BRAO ist der Rechtsanwalt, nicht auch der Mandant. Ein Verstoß gegen ein gesetzliches Verbot, das nur einen der Vertragsbeteiligten betrifft, führt in der Regel nicht zur Nichtigkeit des Rechtsgeschäfts, wenn das gesetzliche Verbot nur die eine Seite der Beteiligten in ihren Handlungen beeinflussen und vom Abschluss eines Vertrages abhalten soll. Nur dann ist ausnahmsweise die Folgerung gerechtfertigt, ein Rechtsgeschäft sei nach § 134 BGB nichtig, wenn es mit **Sinn und Zweck des Verbotsgesetzes** unvereinbar wäre, die durch das Rechtsgeschäft getroffene rechtliche Regelung hinzunehmen und bestehen zu lassen. Der Schutzzweck des Verbots, nämlich der Schutz des Vertrauens in die Rechtspflege und die Eindämmung von Interessenkollisionen, liefe weitgehend leer, wenn der Anwalt aus seiner verbotswidrigen Tätigkeit eine Vergütung beanspruchen könne. Der verbotswidrig geschlossene Vertrag ist nichtig und begründet auch dann keine Vergütungsansprüche des Rechtsanwalts, wenn sich die Beratung nicht im Nachhinein als wertlos erweist und gebührenpflichtig von einem neuen Anwalt wiederholt werden muss.[36]

2. Kein Vergütungsanspruch aus sonstigen Rechtgründen

Bei Nichtigkeit des Anwaltsvertrages gemäß § 134 BGB kann ein Vergütungsanspruch nicht aus dem Recht der **Geschäftsführung ohne Auftrag** (§§ 683, 670 BGB) abgeleitet werden, weil die erbrachten Dienste in einer gesetzwidrigen Tätigkeit bestanden haben, die der Anwalt nicht den Umständen nach für erforderlich halten durfte.[37] **24**

Ein **bereicherungsrechtlicher Anspruch auf Wertersatz** nach § 812 Abs. 1 Satz 1, § 818 Abs. 2 BGB kommt bei Abschluss eines nach § 134 BGB nichtigen Anwaltsvertrags grundsätzlich in Betracht, wobei sich die Höhe des Anspruchs nach der üblichen oder (mangels einer solchen) nach der angemessenen, vom Vertragspartner ersparten Vergütung richtet. Hierfür sind in erster Linie die Bestimmungen des Rechtsanwaltsvergütungsgesetzes heranzuziehen. Dem Wertersatzanspruch kann aber die Regelung des § 817 Satz 2 BGB entgegenstehen. Die Anwendung dieser Bestimmung setzt voraus, dass der Leistende vorsätzlich verbotswidrig gehandelt hat. Dem steht es gleich, wenn er sich der Einsicht in das Verbotswidrige seines Handelns leichtfertig verschlossen hat.[38] Die Anwendung des § 817 Satz 2 BGB setzt nur einen bewussten oder zumindest leichtfertigen Verstoß gegen ein gesetzliches **25**

36 BGH, Urt. v. 12.5.2016 – IX ZR 241/14, NJW 2016, 2561 Rn. 7 ff. = WM 2017, 537.
37 BGH, Urt. v. 21.10.2010 – IX ZR 48/10, NJW 2011, 373 Rn. 18 = WM 2011, 2374; v. 10.1.2019 – IX ZR 89/18, NJW 2019, 1147 Rn. 27 = WM 2019, 728.
38 BGH, Urt. v. 21.10.2010 – IX ZR 48/10, NJW 2011, 373 Rn. 19, 20 = WM 2011, 2374; v. 10.1.2019 – IX ZR 89/18, NJW 2019, 1147 Rn. 28 = WM 2019, 728.

Verbot voraus, nicht aber das Bewusstsein der Vertragsnichtigkeit oder ein leichtfertiges Sich-Verschließen vor der Erkenntnis dieser Rechtsfolge des Verstoßes.[39]

3. Kein Anspruchsverlust wegen Illoyalität

26   Es verstößt nicht gegen Treu und Glauben, wenn der Rechtsanwalt sein Honorar für erbrachte Leistungen geltend macht, obwohl er sich nachträglich – nach Verwirklichung der Gebührentatbestände – als illoyal erwiesen hat. Nach § 654 BGB ist der Anspruch auf den **Maklerlohn** ausgeschlossen, wenn der Makler dem Inhalt des Vertrags zuwider auch für den anderen Teil tätig geworden ist. Ein Makler, der in dieser Weise seine Pflichten verletzt und dadurch den Vertrag nicht erfüllt, soll ohne Lohn bleiben, auch wenn er dem Auftraggeber keinen Schaden zugefügt hat. Das Reichsgericht hat in dieser Bestimmung die Ausprägung eines allgemeinen Rechtsgedankens erblickt und sie daher bei schwerwiegenden Verstößen eines Rechtsanwalts gegen seine Berufspflichten entsprechend angewandt. Der Bundesgerichtshof ist dieser Ansicht nicht gefolgt. Er hat für die dort entschiedenen Rechtsstreitigkeiten dargelegt, dass der **Anwalt kein Makler** sei und der Gedanke des § 654 BGB nach der Interessenlage bei einem Anwalt nur dann zum Ausschluss einer Gebührenforderung führen könne, wenn der Anwalt pflichtwidrig beiden Parteien gedient und sich des vorsätzlichen Parteiverrats im Sinne des § 356 StGB schuldig gemacht habe. Hieran wird festgehalten. Die Mandantin hat nicht dargetan, dass der Anwalt mit dem Bewusstsein und dem Willen gehandelt hat, pflichtwidrig Parteien mit entgegengesetzten Interessen beruflichen Rat oder Beistand zu gewähren. Nur ein solcher Verstoß würde seiner Tätigkeit den Wert einer anwaltlichen Leistung nehmen. Die bloß fahrlässige oder auch grob fahrlässige Verletzung anwaltlicher Pflichten füllt die Voraussetzungen für einen Verlust des Vergütungsanspruchs nicht aus.[40]

VIII. Verfügung über die Gebührenforderung des Beraters

1. Abtretbarkeit

a) Abtretung durch Anwalt

27   Der Mandant unterzeichnete im März 2006 eine ihm von seinen Rechtsanwälten vorgelegte Zustimmungserklärung folgenden Inhalts:

Ich erkläre mich ausdrücklich einverstanden mit der
– Weitergabe der zum Zwecke der Abrechnung und Geltendmachung jeweils erforderlichen Informationen, insbesondere von Daten aus der Mandantenkartei (Name, Geburtsdatum, Anschrift, Gegenstandswert, Prozessdaten und -verlauf, Honorarsatz) an die A. und die C. GmbH,
– Abtretung der sich aus dem Mandat ergebenden Forderungen an die C. GmbH.

---

39 BGH, Urt. v. 10.1.2019 – IX ZR 89/18, NJW 2019, 1147 Rn. 30 = WM 2019, 728.
40 BGH, Urt. v. 23.4.2009 – IX ZR 167/07, WM 2009, 1249, 1254 Rn. 38 = NJW 2009, 3297.

Diese Abtretung ist wirksam. Nach § 49b Abs. 4 Satz 1 BRAO in der Fassung vom   **28**
2. September 1994 war eine Abtretung einer Honorarforderung an einen nicht als
Rechtsanwalt zugelassenen Dritten nur zulässig, wenn die Forderung rechtskräftig
festgestellt, ein erster Vollstreckungsversuch fruchtlos ausgefallen war und eine ausdrückliche Einwilligung des Mandanten vorlag. § 49b Abs. 4 BRAO ist seit Dezember 2007 wie folgt gefasst:

> *„(4) Die Abtretung von Vergütungsforderungen oder die Übertragung ihrer Ein-
> ziehung an Rechtsanwälte oder rechtsanwaltliche Berufsausübungsgemein-
> schaften (§ 59a) ist zulässig. Im Übrigen sind Abtretung oder Übertragung nur
> zulässig, wenn eine ausdrückliche, schriftliche Einwilligung des Mandanten vor-
> liegt oder die Forderung rechtskräftig festgestellt ist. Vor der Einwilligung ist der
> Mandant über die Informationspflicht des Rechtsanwalts gegenüber dem neuen
> Gläubiger oder Einziehungsermächtigten aufzuklären. Der neue Gläubiger oder
> Einziehungsermächtigte ist in gleicher Weise zur Verschwiegenheit verpflichtet
> wie der beauftragte Rechtsanwalt."*

Der Schutzzweck der Regelung, die anwaltliche Verschwiegenheitspflicht abzusi-   **29**
chern, erfordert nur die ausdrückliche und schriftliche Einwilligung des Mandanten,
um dem Rechtsanwalt die **Forderungsabtretung** oder die **Übertragung ihrer Einziehung** zu gestatten. Da der Mandant den Rechtsanwalt von der Pflicht zur Verschwiegenheit entbinden kann, ist es konsequent, dem Mandanten die Entscheidung
zu überlassen, ob der Anwalt Vergütungsforderungen auch an Nichtanwälte abtreten
darf. Die neue Regelung ermöglicht es insbesondere, dass Rechtsanwälte das **Inkasso** ihrer Honorare auf Verrechnungsstellen übertragen. Die Abtretung kann im Rahmen eines **Factoring** auch als Finanzierungsinstrument genutzt werden. Nach diesen Erwägungen war § 49b Abs. 4 Satz 2 BRAO in der hier anzuwendenden Fassung
vom 2. September 1994 mit den in Art. 2 Abs. 1, Art. 12 Abs. 1, Art. 14 Abs. 1 GG
garantierten Freiheits- und Eigentumsrechten **unvereinbar**. Denn ein Rechtsanwalt
durfte in seiner Freiheit, über seine Vergütungsansprüche zu verfügen und entsprechende Verpflichtungen einzugehen, nicht ohne sachlichen Grund und nicht weiter
als von einem solchen geboten beschränkt werden. Der Gesetzgeber hätte demgemäß zur Schließung der Gesetzeslücke, die durch die Nichtigkeit der Altregelung
entstanden war, die abhelfende Änderung von § 49b Abs. 4 Satz 2 BRAO rückwir-
kend in Kraft setzen müssen. Dies hat der Gesetzgeber in Art. 20 Satz 1 des Gesetzes
zur Neuregelung des Rechtsberatungsrechts übersehen. Diese Gesetzeslücke ist daher im Wege verfassungskonformer Auslegung dahin zu schließen, dass die Neuregelung auch auf abgeschlossene Sachverhalte anwendbar ist.[41] Inhaltliche Bedenken
gegen die Wirksamkeit der Einwilligung des Mandanten bestehen auch im Hinblick
auf § 307 BGB nicht, wenn der Mandant in einer nach dem Schutzzweck des Ge-
heimhaltungsrechts ausreichenden Weise über die Folge belehrt worden ist, wie es
der Gesetzgeber nunmehr in § 49b Abs. 4 Satz 3 BRAO ausdrücklich bestimmt hat.
Selbst die Zustimmung zur Vertragsübernahme kann bei namentlich bezeichneten

---

41 BGH, Urt. v. 24.4.2008 – IX ZR 53/07, WM 2008, 1229, 1230 Rn. 4 ff. = NJW-RR 2008, 1647;
    BGH, Urt. v. 5.11.2009 – IX ZR 131/07, juris Rn. 9.

Dritten, wie der Abtretungsempfängerin hier, nach § 309 Nr. 10 Buchstabe a) BGB formularmäßig erteilt werden.[42]

b) Abtretung durch Steuerberater

30   Kauft eine Steuerberatungsgesellschaft gewerblich Honorarforderungen von Steuerberatern auf und lässt sich diese Forderungen abtreten, führt das für Steuerberater geltende Verbot gewerblicher Tätigkeit nicht zur Unwirksamkeit des Kaufvertrages und der Abtretung der Honorarforderung. Allerdings durfte die Klägerin kein gewerbliches Inkasso betreiben. Gemäß § 57 Abs. 2 Satz 1, Abs. 4 Nr. 1 StBerG sind dem Steuerberater aber **gewerbliche Tätigkeiten grundsätzlich untersagt** und nur bei Zulassung einer Ausnahme erlaubt.[43] Doch ist die Abtretung der Honorarforderung der Steuerberaterin an die Klägerin nicht nach § 134 BGB nichtig. Bei § 57 Abs. 4 Nr. 1 StBerG handelt es sich um ein **Verbotsgesetz** im Sinne von § 134 BGB, das sich ausschließlich gegen den Steuerberater und nicht auch gegen dessen Vertragspartner richtet. Betrifft das gesetzliche Verbot **nur einen Vertragspartner**, so hat dies im Regelfall nicht die Unwirksamkeit des Rechtsgeschäfts zur Folge; anderes gilt aber, wenn es mit dem Sinn und Zweck des Verbotsgesetzes nicht vereinbar wäre, die durch das Rechtsgeschäft getroffene rechtliche Regelung hinzunehmen und bestehen zu lassen, und hieraus die Nichtigkeit des Rechtsgeschäfts gefolgert werden muss.[44] Sinn und Zweck des § 57 Abs. 2 Satz 1 und Abs. 4 Nr. 1 StBerG – Regelung der Funktionsfähigkeit der Steuerrechtspflege und Verhinderung einer Interessenkollision – verlangen nicht die Unwirksamkeit des infolge der verbotenen gewerbsmäßigen Tätigkeit abgeschlossenen Forderungskaufvertrages und der damit verbundenen Forderungsabtretung. Denn die Honorarforderungen von Steuerberatern können unter Beachtung der Einschränkungen des § 64 Abs. 2 StBerG an Berufsträger auch ohne Zustimmung des Mandanten abgetreten werden. Auch ist eine Inkassotätigkeit, soweit sie nicht gewerblich betrieben wird oder eine Ausnahmegenehmigung der zuständigen Steuerberaterkammer vorliegt, zulässig. Der Mandant muss nicht allgemein vor den Folgen eines Forderungsverkaufs geschützt werden; vor der Gefahr, dass seine Daten an unbefugte Dritte weitergegeben werden, ist er bei der Abtretung an einen anderen Steuerberater durch die diesen treffende Verschwiegenheitspflicht als Berufspflicht und bei einer Abtretung an einen Dritten durch die in § 64 Abs. 2 Satz 4 StBerG angeordnete Verschwiegenheitspflicht hinreichend geschützt.[45]

31   Die Befolgung von § 57 Abs. 2 Satz 1, Abs. 4 Nr. 1 StBerG wird ausreichend durch die Möglichkeit berufsrechtlicher Sanktionen sichergestellt. Die Steuerberaterkammer kann – wie im Fall der Klägerin geschehen – die Anerkennung als Steuerberatungsgesellschaft gemäß § 55 Abs. 2 Satz 1 Nr. 2 StBerG „wegen unzulässigen Unternehmensgegenstandes" widerrufen. Sie kann den betroffenen Steuerberater rügen (§ 76 Abs. 2 Nr. 4, § 81 Abs. 1 StBerG), auch können gegen ihn berufsgericht-

---

42 BGH, Urt. v. 24.4.2008 – IX ZR 53/07, WM 2008, 1229, 1231 Rn. 13 = NJW-RR 2008, 1647.
43 BGH, Urt. v. 25.9.2014 – IX ZR 25/14 Rn. 7 ff.
44 BGH, Urt. v. 25.9.2014 – IX ZR 25/14 Rn. 14 f.
45 BGH, Urt. v. 25.9.2014 – IX ZR 25/14 Rn. 16.

liche Maßnahmen gemäß § 89 Abs. 1 StBerG verhängt werden. Kann das Verbot der gewerblichen Inkassotätigkeit mit Mitteln des Berufsrechts durchgesetzt werden, besteht kein Allgemeininteresse daran, die Abtretung einer Steuerberaterforderung nur deswegen als unwirksam anzusehen, weil der Steuerberater die Forderung im Rahmen einer gewerblichen nicht genehmigten Tätigkeit ankaufte und abgetreten erhielt.[46]

2. Aufrechnung mit Gebührenforderung durch Anwalt

Zwar ist nach ständiger Rechtsprechung die Aufrechnung über die gesetzlich und **32** vertraglich ausdrücklich geregelten Fälle hinaus ausgeschlossen, sofern der besondere Inhalt des zwischen den Parteien begründeten Schuldverhältnisses, die Natur der Rechtsbeziehungen oder der Zweck der geschuldeten Leistung eine Erfüllung im Wege der Aufrechnung als mit Treu und Glauben unvereinbar erscheinen lassen. Insbesondere **Treuhänder** und **Geschäftsführer** dürfen gegen den Anspruch auf Herausgabe des Erlangten nicht beliebig aufrechnen. Diese Grundsätze gelten auch für Rechtsanwälte hinsichtlich der von ihnen als Treuhänder empfangenen Fremdgelder. Gleichwohl ist ein Rechtsanwalt grundsätzlich nicht gehindert, sich durch Aufrechnung mit Honoraransprüchen aus **nicht zweckgebundenen Fremdgeldern** zu befriedigen, auch wenn die Vergütungsansprüche nicht gerade den Auftrag betreffen, der zu dem Geldeingang geführt hat.[47] Im Gegenschluss verbietet sich eine Aufrechnung gegen einen Anspruch auf Auskehr zweckgebundener Fremdgelder. Hat der Auftraggeber, um sein Vermögen dem Zugriff der Gläubiger zu entziehen, Geld zur Verwahrung einem uneigennützigen Treuhänder übergeben, darf dieser gegenüber dem Anspruch auf Herausgabe des Erlangten auch mit Forderungen aufrechnen, die nicht auf dem Treuhandverhältnis beruhen.[48]

3. Zurückbehaltungsrecht des Anwalts

Nach § 50 Abs. 3 BRAO kann der Rechtsanwalt seinem Mandanten die **Herausgabe** **33** **der Handakten** verweigern, bis er wegen seiner Gebühren und Auslagen befriedigt ist, sofern nicht die Vorenthaltung der Handakten oder von Teilen davon nach den Umständen, insbesondere wegen verhältnismäßiger Geringfügigkeit der geschuldeten Beträge, gegen Treu und Glauben verstoßen würde Unter Handakten in diesem Sinne sind nach § 50 Abs. 4 BRAO die Schriftstücke zu verstehen, die der Rechtsanwalt aus Anlass seiner beruflichen Tätigkeit vom oder für den Auftraggeber erhalten hat. Das Zurückbehaltungsrecht nach § 50 BRAO ist ein Sonderrecht des Rechtsanwalts, das weiter geht als das allgemeine Zurückbehaltungsrecht nach § 273 BGB und es dem Anwalt ermöglichen soll, seine berechtigten Ansprüche gegen den Auftraggeber auch ohne Prozess und ohne Anrufung der Gerichte durchzusetzen. Damit ist insoweit dem Rechtsanwalt gestattet, was nach der allgemeinen Regel des § 273 BGB dem Auftragnehmer nicht erlaubt ist: Er darf, sofern das nicht ausnahmsweise

---

46 BGH, Urt. v. 25.9.2014 – IX ZR 25/14 Rn. 18.
47 BGH, Urt. v. 23.2.1995 – IX ZR 29/94, NJW 1995, 1425, 1426.
48 BGH, Urt. v. 4.3.1993 – IX ZR 151/92, NJW 1993, 2041, 2042.

zu einer besonders schweren Beeinträchtigung des Auftraggebers führt, auch dessen Geschäftsunterlagen als Druckmittel zur Begleichung seiner Honoraransprüche verwenden. Der damit verbundene weitgehende Eingriff in die Geschäftstätigkeit des Mandanten erfordert jedoch zum Ausgleich insofern eine **enge Auslegung**, als Honorarforderungen aus anderen Aufträgen desselben Mandanten grundsätzlich nicht miteinbezogen werden dürfen. Das Zurückbehaltungsrecht besteht vielmehr in aller Regel nur wegen der Forderungen, die sich aus der konkreten Angelegenheit ergeben, auf die sich die zurückbehaltene Handakte bezieht. Die Formulierung „aus Anlass seiner beruflichen Tätigkeit" in § 50 Abs. 4 BRAO schließt ein solches Verständnis nicht aus.[49]

IX. Forderungssperre nach PKH-Bewilligung

1. Beiordnung eines Einzelanwalts

34 Die Forderungssperre gegenüber dem Mandanten nach § 122 Abs. 1 Nr. 3 ZPO gilt für alle nach der Beiordnung verwirklichten Gebührentatbestände. Sie ist zwingend und greift selbst dann ein, wenn der Gebührentatbestand vor der Beiordnung erfüllt war. Die Forderungssperre gegenüber dem Mandanten endet erst mit Aufhebung der Bewilligung. Sie gilt auch dann, wenn der Mandant dank der Tätigkeit des beigeordneten Anwalts obsiegt und einen die Vergütungsansprüche des Anwalts übersteigenden Titel erlangt hat. Wollte man unter der Voraussetzung, dass der beigeordnete Rechtsanwalt in dem Verfahren, für das Prozesskostenhilfe bewilligt worden ist, für seinen Mandanten einen Betrag erstritten hat, der den gesetzlichen Gebührenanspruch um ein Vielfaches übersteigt, einen Fall systemkonformer Reduktion der Vorschrift annehmen, führte dies im Ergebnis zu einem gesetzlichen Erfolgshonorar. Die gesetzlichen Regelungen, die die Anwaltsgebühren für den Prozesskostenhilfe-Anwalt gegenüber den sonstigen Rechtsanwaltsgebühren geringer festlegen, sind verfassungsgemäß.[50]

2. Beiordnung eines Anwalts einer Sozietät

35 Der für eine Sozietät handelnde Rechtsanwalt ist verpflichtet, den Mandanten vor Übernahme des Auftrags die gebührenrechtlichen Folgen einer Beauftragung der Sozietät einerseits, nur desjenigen Mitglieds (oder Angestellten) der Sozietät, das schließlich im Wege der Prozesskostenhilfe beigeordnet werden würde, andererseits zu erläutern. Gemäß § 122 Abs. 1 Nr. 3 ZPO kann der beigeordnete Rechtsanwalt Ansprüche auf Vergütung gegen seine Partei nicht geltend machen. Bei der Beauftragung einer Sozietät – nicht nur des handelnden Rechtsanwalts – stellt sich das Problem, dass es gängiger Praxis der Gerichte entsprach, keine Anwaltssozietäten, sondern nur einzelne Anwälte beizuordnen. Der Gebührenanspruch der nicht beigeordneten Sozietät unterfiel dann nicht § 122 Abs. 1 Nr. 3 ZPO. Der für die Sozietät handelnde Rechtsanwalt hat darum den Mandanten darauf hinzuweisen, dass er trotz

---

49 BGH, Urt. v. 3.7.1997 – IX ZR 244/96, WM 1997, 2087, 2090 = NJW 1997, 2944.
50 BGH, Beschl. v. 24.9.2009 – IX ZR 224/06 Rn. 3.

der Bewilligung von Prozesskostenhilfe weitergehenden Gebührensansprüchen der Sozietät ausgesetzt sein kann. Nach der Vermutung beratungsgerechten Verhaltens hätte der Mandant, wenn er auf diesen Umstand hingewiesen worden wäre, nur den handelnden Rechtsanwalt als denjenigen Rechtsanwalt beauftragt, dessen Beiordnung im Wege der Prozesskostenhilfe bei Gericht beantragt werden sollte. Ein Anspruch der Sozietät gegen den Mandanten persönlich wäre nicht entstanden. Die Pflicht, den Mandanten auf die für ihn nachteiligen Folgen eines Vertragsschlusses mit der Sozietät hinzuweisen und auf eine Beauftragung nur desjenigen Anwalts hinzuwirken, der schließlich beigeordnet werden würde, trifft die Sozietät als die Vertragspartnerin des Mandanten. Das Verschulden ihres Angestellten, welcher das Mandat im Einverständnis der Sozietät für sie bearbeitet, ist ihr gemäß § 278 BGB zuzurechnen. Rechtsfolge der vorvertraglichen Pflichtverletzung ist die Verpflichtung zum Schadensersatz. Der Kläger als Rechtsnachfolger der Sozietät ist verpflichtet, denjenigen Zustand wieder herzustellen, der bestünde, wenn kein Vertrag zwischen der Sozietät und der Beklagten geschlossen worden wäre (§ 249 Abs. 1 BGB).[51]

---

51 BGH, Urt. v. 15.7.2009 – IX ZR 227/09, WM 2010, 1718 Rn. 9 ff. = AnwBl 2010, 716.

Sachregister

Die Buchstaben beziehen sich auf die Kapitel,
die Zahlen beziehen sich auf die Randnummern.

Sachregister

Sachregister